观察与思考:苏州发展现实问题研究

方 伟 著

苏州大学出版社

图书在版编目(CIP)数据

观察与思考:苏州发展现实问题研究/方伟著. ——
苏州:苏州大学出版社,2015.12
 ISBN 978-7-5672-1645-7

Ⅰ.①观… Ⅱ.①方… Ⅲ.①区域经济发展—研究—
苏州市②社会发展—研究—苏州市 Ⅳ.①F127.533

中国版本图书馆 CIP 数据核字(2015)第 313720 号

书　　名:	观察与思考:苏州发展现实问题研究
著　　者:	方　伟
责任编辑:	施　放　王　娅
装帧设计:	吴　钰
出版发行:	苏州大学出版社(Soochow University Press)
社　　址:	苏州市十梓街1号　邮编:215006
印　　刷:	苏州市正林印刷有限公司
邮购热线:	0512-67480030
销售热线:	0512-65225020
开　　本:	700 mm×1 000 mm　1/16　印张18.5　字数352千
版　　次:	2015年12月第1版
印　　次:	2015年12月第1次印刷
书　　号:	ISBN 978-7-5672-1645-7
定　　价:	48.00元

凡购本社图书发现印装错误,请与本社联系调换。
服务热线:0512-65225020

前 言

当前,国内外发展环境发生了深刻变化,破解改革发展稳定难题、协调推进"四个全面"的复杂性和艰巨性前所未有,各级党委、政府科学决策的要求越来越高,难度和复杂程度越来越大,迫切呼唤中国智库更好地发挥咨政建言等作用。智库作为现代决策的智囊机构,既是服务党委与政府科学决策、推动社会进步的重要力量,又是国家治理体系和治理能力现代化的重要示标,更是国家软实力的重要体现。党的十八届三中全会明确提出"加强中国特色新型智库建设",中办国办联合印发的《关于加强中国特色新型智库建设的意见》做出了明确部署,建设中国特色新型智库不仅成为时代的必然要求,而且进入了快速发展的新时期。为党委、政府科学决策发挥智库作用是党校的重要职责。作为中国特色新型智库体系的重要组成部分,加强党校智库建设,既是履行《中国共产党党校工作条例》赋予党校职责的迫切需要,又是落实中央关于中国特色新型智库建设意见"党校篇"的重要举措,更是彰显党校作为、体现党校担当、提高党校地位和影响力的根本要求。新的时代为党校学人开展社会科学研究提供了更为广阔的空间和舞台。与之同时,党校作为党委的重要部门,与决策主体党委、政府及领导干部距离近,与基层实际距离近,并且长期重视围绕党委、政府中心工作开展教科研工作,党校发挥新型智库作用有着独特优势。正是基于这些时代要求和独特优势,党校学人更应该充分抓住机遇、发挥优势,自觉担当起建设新型党校智库的时代使命,积极作为,全面提升咨政建言水平和决策咨询服务能力,努力以敏锐的思维、厚实的地气和宽广的视野观察和思考现实发展问题,为党的理论创新服务,为党委和政府的科学决策服务,做出更多、更具独创、更高质量的思想贡献。近十年来,本书著者坚持既求理论之思又解实践之问,以苏州实践立论,聚焦苏州党的建设、公共管理与基层治理、民生发展、城乡一体化改革、文化苏州建设等经济社会发展重点难点问题、广大干部群众关心的热点焦点问题,开展长期跟踪研究,先后有十多项课题研究获得省、市社科立项资助,完成相关部门工作课题、委托课题十多项,取得了系列研究成果,提出了一些有见地的对策建议。著者将这些项目研究成果按照"党的先进性和纯洁性建设"、"公共管理与基层治理"、"和谐苏州建设和城乡一体化改革发展"、"民生建设与民生改革发展"、"文化建设与文化改革发展"分为五个篇章,以《观察与思考:苏州发展现实问题研究》为名结集出版,直观呈现了一名党校学人在党校智库建设中所做的努力、有益探索以及深深的苏州情怀。

2015年10月

目录

第一篇 党的先进性和纯洁性建设

- 廉洁从政制度建设的有效性研究
  ——以苏州市为例 /3
- "两新"组织反腐倡廉建设的苏州实践和思考 /10
- 苏州基层党组织党内民主发展现状及推进建议 /31
- 提升反腐倡廉教育工作实效性研究
  ——以苏州市为例 /38
- 关于基层党员干部理想信念状况的调查与思考 /48
- 改革开放时代的"红色精神"
  ——对苏州"三大法宝"的再思考 /60

第二篇 公共管理与基层治理

- 苏州社区建设和社区管理实践与创新研究 /71
- 苏南地区农村基层民主演进的轨迹和逻辑 /77
- 公共管理机制的创新与安定有序和谐社会的构建
  ——苏州政府公共管理实践创新的调查与思考 /84
- 苏州发展过程中的政府管理创新及启示 /93
- 美国公共管理和社会服务的基本做法及其对苏州的启迪 /103
- 苏州加快形成社区共治与居民自治有效机制研究 /108

第三篇 和谐苏州建设与城乡一体化改革发展

- 苏州建设社会主义和谐新农村的实践思考 /135
- 城乡一体化进程中城郊社区转型的实践探索
  ——以苏州市平江区城郊社区转型为例 /142
- 苏州城乡一体化发展目标定位的逻辑必然和路径安排 /147
- 深化苏州城乡一体化改革发展研究 /152

- 全面深化改革　健全城乡一体化发展体制机制
  ——以苏州市为例　/174

第四篇　民生建设与民生改革发展

- 现代化进程中苏州民生建设的新变化和新要求　/183
- 苏州市农村卫生现代化研究　/187
- 城市居家养老模式的发展困局和突破
  ——基于沧浪区"邻里情"虚拟养老院的调研　/201
- 苏州城乡养老服务体系完善和老龄产业发展研究　/210
- 深度推进区镇一体化是解决民生问题的最佳路径
  ——关于娄葑、唯亭、胜浦十个社区的调研和思考　/218
- 苏州高新区枫桥街道"十二五"时期优化发展研究　/226

第五篇　文化建设与文化改革发展

- 新农村建设中苏州农民思想道德建设情况调查与思考　/239
- 加快把文化产业发展成为支柱性产业的现实基础和路径分析
  ——以苏州市为例　/250
- 苏州率先建成城乡文化一体化发展示范区面临的问题和对策研究　/256
- 建立健全苏州现代公共文化服务体系和现代文化市场体系研究　/275

后记　/289

第一篇

党的先进性和纯洁性建设

廉洁从政制度建设的有效性研究

——以苏州市为例①

2010年胡锦涛同志在第十七届中央纪律检查委员会第五次全体会议上强调，要以建立健全惩治和预防腐败体系各项制度为重点，以制约和监督权力为核心，以提高制度执行力为抓手，逐步建成内容科学、程序严密、配套完备、有效管用的反腐倡廉制度体系，切实提高制度执行力、增强制度实效。研究制度建设有效性便成为当前全党共同的实践命题。多年来，苏州在廉洁从政制度建设有效性方面进行了不懈探索，通过富有特色的制度建设和制度创新，特别是在制度有效执行方面有了显著成效，如昆山市的廉政风险防控标准化工程、太仓市开展的"勤廉指数"测评、吴江市的"惩防体系预警平台、农村资产租售监管平台和GPS公车监控平台"、全市公检法系统的全员风险防控等做法，拓展了从源头上防治腐败的工作领域，倾力打造了规范有序的制度执行环境，有效促进了苏州广大党员干部廉洁从政，为基层经济社会又好又快发展提供坚强有力的组织保证。苏州市党员干部廉洁从政制度建设的创新实践富有启迪性，系统分析并揭示其推广价值有着重要的理论和实践意义。

一、苏州市廉洁从政制度建设概况

自2003年8月中纪委要求苏州率先探索惩防体系建设路子，为全国创造经验以来，苏州的惩防体系建设已经有八个年头。八年来，苏州市委先后出台了3个惩防体系建设规划性文件，惩防体系牵头单位和协办部门先后出台310个工作意见，市级机关先后修订完善1 164项制度规程，各县级市、区先后出台了2 230项反腐倡廉制度。至2010年，这些体现时代性、把握规律性、富有创造性的规范性文件、工作意见和工作制度初步形成了"以反腐倡廉制度建设为根本，以廉政风险防控为载体，以制约监督权力为核心，以项目管理和科技成果运用为保障"，具有"苏州特色"的惩防体系基本框架，受到中央纪委、省纪委领导充分肯定。

反腐倡廉制度建设是加快推进惩防体系建设的根本要求和关键措施。8

---

① 本文为2010年江苏省党校系统调研课题，著者主持，项目编号XT1026，已结项。

年来,苏州紧紧抓住腐败易发多发重点领域和关键环节,加强反腐倡廉教育制度、监督制度、预防制度和惩治制度建设,形成了反腐倡廉教育机制、权力运行监控机制、预防腐败工作机制、纠风工作长效机制、惩治腐败工作机制和综合考评办法有机统一的执行保证体系。具体表现在:一是形成了较为完善的教育制度。苏州市委出台了《关于加强党性党风党纪建设的意见》等26项制度,苏州市纪委、市委组织部等单位先后制定了11项廉政教育专项工作意见。二是形成较为完备的重点领域和关键环节的反腐制度,覆盖各领域各环节,建立健全源头性反腐改革各类制度63项,出台工程建设、土地批租等领域238项制度,围绕"环境、体制、权力、管理、人员和政策"6个方面排查和防控廉政风险8万余项。三是先后出台《中共苏州市委常委会议事决策规则》《苏州市人民政府工作规则》等制度,建立健全一批规范权力运行工作规程。四是建立《关于开展市四套班子党性原则暨作风效能评议的实施意见》等一批作风效能建设制度。五是健全完善从严惩戒腐败的制度和机制,市纪委监察局、市委政法委、市检察院等先后出台《关于加强协作办案综合效果的意见》《关于加强对新发现案件线索管理的暂行办法》等制度27项。在此基础上,苏州辖属各市(区)还结合自身实际进行创新探索,均已初步形成与自身经济社会发展相适应的惩防体系基本框架。如昆山市率先完成五大类22项128条制度体系建设,为昆山"全面达小康,率先现代化"提供了坚强的政治保证;吴江市从2005年以来连续6年开展"反腐倡廉制度建设年"活动,全市各地各部门新建制度160余项,完善制度980余项,建成包括554项重点规章制度数据库;张家港市近两年来全市共排查廉政风险岗位2 850个,查出廉政风险1 279条,建立和完善相关制度3 882项。

二、苏州提升廉洁从政制度建设有效性的基本做法

如何提升廉洁从政制度建设的有效性?苏州市以及所属的各市(区)进行了积极探索,主要在以下方面下了功夫,强化廉洁从政制度建设和执行的合力、效力和活力。

(一)科学谋划,精心组织,强化廉洁从政制度建设的组织合力

一是健全组织领导机制和工作推进机制。苏州市坚决贯彻中央和省市要求,进一步明确党委政府主要领导及各有关部门负责的主体责任,强化纪检监察机关牵头协调和督察作用,形成党委统一领导、党政齐抓共管、纪检监察牵头协调、部门各负其责、广大干群积极参与的领导体制和工作机制。市委始终把惩防体系建设抓在手上,列为常委会每年必讨论的法定议题,纳入经济社会发展总体规划,站在经济社会发展前沿,制定出台具有指导性连续性文件。明确党委(党组)主要负责同志负总责,做到重要工作亲自部署,重大问题亲自过问,重要案件亲自督办,班子其他成员按照职责分工抓好职责范围内的反腐倡廉建设,切实保证了把廉洁从政制度建设和执行贯穿到全市

各级各部门公共权力行使全过程之中。

二是健全责任落实机制。以落实党风廉政建设责任制为抓手,层层签订《党风廉政建设责任状》,把廉洁从政制度建设和执行作为党风廉政考核的重要内容。昆山市还制定出台了全市构建惩防体系基本框架工作百分考核办法,将主要内容细化为95个指标,量化为百分考核,考核评价结果作为干部任用、奖先评优的重要依据。

三是统筹协调,切实发挥全党全社会作用。强化民主决策,凡重大问题都由党委或政府集体研究,凡重大决策都听取人大、政协、民主党派的意见,注重发挥人大、政协、司法、审计和社会舆论等监督合力,营造全社会参与民主监督的浓厚氛围。

(二)突出重点,完善廉洁从政制度体系,夯实制度执行的基础

多年来,苏州市主要从三方面不断推进教育制度、监督制度、预防制度和惩治制度建设,一是以反腐倡廉制度的完善和执行为重点;二是围绕惩防体系建设工作性目标和成效性目标;三是针对干部人事、行政审批、司法、财税、金融、投资、国有企业监管、征地拆迁、工程建设、土地批租、房地产开发、教育收费、食品药品安全、环境保护、安全生产、专项基金和专项资金监管等腐败易发多发重点领域、重点部门和重点行业、重点环节。三方面齐头推进,促进了初步形成内容科学、程序严密、配套完备、有效管用的反腐倡廉制度体系,促进了初步形成拒腐防变教育长效机制、重点领域和关键环节的防腐机制、权力运行监控机制、纠风提效工作机制、从严惩戒机制,为提升廉洁从政制度执行力夯实了基础。至2010年,在切实保障中央、省和市重大决策部署贯彻落实中,按照省委"惩防体系基本框架形成年"工作部署,坚持上下联动、点面结合,初步形成了具有苏州特色的惩防体系基本框架。

(三)狠抓落实,全面提升制度执行的权威效力

廉洁从政制度重在建设,贵在执行。制度的生命力在于执行。用制度来管权、管事、管人,不仅要注重制度的建立和完善,更关键的是将制度落到实处。为此,苏州市进一步健全权责明确、协调有力、运转高效的落实机制,强化抓落实的领导责任机制,全面提升制度执行的权威性和有效性。

第一,苏州市非常注重发挥教育先导作用。一是每年下发《党员领导干部廉政教育意见》突出教育重点;二是教育方式不断创新,分类分层次开展岗位廉政教育、示范教育、警示教育,贯穿在干部培育、选拔、管理、使用的全过程,融入各项工作中;三是全力打造基层"廉石"品牌群,扎实推进廉洁文化"六进"和示范点工程建设,扩大教育覆盖面,截止到2010年底,全市共创建省、市、县(区)三级示范点650余家。

第二,苏州市非常注重发挥改革创新的推动作用。坚持用改革的思路,最大限度减少腐败滋生蔓延的土壤和条件,源头上防腐措施不断创新,廉政

风险预警措施不断强化。如昆山率先探索了廉政风险防控标准化工程，2008年以来，昆山风险防控经验已在全市积极推广，针对共性和个性廉政风险，积极实施分类分级预警，促使广大党员干部排查风险、知道风险、不敢冒险、力求保险。张家港2001年率先在苏南成立了行政服务中心；太仓推行"勤廉指数"测评，创设了"勤廉"品牌体系。

第三，苏州市非常注重发挥监督的关键作用，建立一批规范权力运行工作规程，整合社会各界力量，有力强化了对重点人员、重点岗位、重要职能、重要事项的监督；推进权力阳光运行，大力推进行政权力公开透明运行，依托全市电子综合监察平台，加强对政府信息公开、行政审批、行政处罚、行政事业性收费、便民服务、工程建设和政府采购等情况实时监察，在全省率先实现"县级以上行政机关、行政权力事项和网上行政监察"三个全覆盖。

第四，苏州市非常注重发挥纠风整治作用，持续大力度开展作风效能建设，强调"机关就是服务，公务员就是服务员"，大兴主动服务、创新服务、尽责服务、高效服务和廉洁服务。全市每年都派出工作督察组，设立作风效能监测点。2010年全市开展"问题解决月"活动，如扎实开展工程建设领域突出问题专项治理，抽查政府投资和使用国有资金的重点项目3 269个，发现问题2 065个，整改率达99%，开展"小金库"专项治理，对556家单位开展重点检查。强调便民服务，建立四级便民服务网络，2009年以来全市开展"学昆山、优服务、讲效能、树品牌"活动，大力推进市级机关部门服务品牌创建工作，各部门、各单位初步形成服务品牌56个。在着力解决损害群众利益的突出问题中，苏州市持续开展太湖集中式饮用水源地环境综合整治，将"黄标车"等高污染车辆作为治理重点，开展机动车尾气污染治理工作，深化医疗和医药购销领域不正之风专项治理，深入开展治理教育乱收费工作，规范行业协会和市场中介组织服务收费行为，等等，专项治理减轻企业和群众负担，受到广大群众欢迎。

第五，苏州市非常注重发挥惩治的威慑作用，从严惩治各类腐败问题，专门成立反腐败协调小组，整合法、检、公等部门办案资源，形成集中力量查办大案要案的工作合力，针对办案中发现的问题，帮助案发单位查找管理体制机制上的缺陷和漏洞，讲究政治效果、法纪效果和社会效果的统一，切实提高执纪办案的综合效应。

（四）创新开拓，不断提升廉洁从政制度建设和执行的活力

创新，彰显出全市纪检监察工作的"苏州特色"和率先作为。一是不断随着经济社会发展率先探索新领域、创新工作新内容，与时俱进推进反腐倡廉建设与经济社会发展需求相适应。如，组织部门在全市积极稳妥推行党政领导干部"三责联审"，现已经取得卓越成效，在中组部委托国家统计局进行的组织工作满意度调查中，基层各项指标连续上升，列入全国"第一方阵"。

2009年，苏州市纪检监察机关在全省率先开展非公有制企业党的纪律监督工作，并在全省纪检监察工作"创新奖"评选中荣获一等奖，走出了一条新经济组织反腐倡廉建设的新路子。"昆山市推行电子绩效评估，提升政府服务水平"和"吴江市加强中介机构长效监督管理"分别荣获三等奖。各地、各部门纷纷结合实际，大胆探索、勇于实践，形成了一批各具特色的亮点工作，增强了全市纪检监察工作的活力。

二是不断探索把市场机制、公开机制和信息化手段创新应用到廉洁从政制度建设和执行中，尤其是注重提高制度建设和执行的科技含量，把现代社会网络化、数字化、信息化融入反腐倡廉工作之中，提高制度建设和执行的工作实效，注重将系统论、控制论、信息论和现代管理学、心理学、组织学、社会学等学科理论引入廉洁从政制度建设，增强反腐倡廉建设的科学性。如，把项目化管理、绩效考核评价、质量管理引入惩防体系建设，张家港在市政府本级和39个工作部门、9个镇（区）全面导入了ISO 9001质量管理体系，着力避免管理失控、监督不力等问题。再如，苏州市通过在吴江试点，自主开发了惩防体系建设管理软件，软件设置了联网互通、数据交换、期限提示、跟踪督导、绩效考评、任务调整、学习交流以及统计汇总八大模块，将工作任务全部纳入软件进行管理，较为直观地显示了"由谁做、做什么、怎么做、何时做"问题；通过信息平台，对全市重点部门和单位进行落实党风廉政建设责任制、反腐倡廉制度体系建设等内容进行监督考核，通过信息化考核，动态监测腐败发生动向，及时修正制度偏差，及时通报发现问题；信息化大大推进权力公开，打造了权力阳光运行平台，创新行政监察工作方式，提高办案科技化水平。常熟还进一步将通信技术、信息技术、网络技术为主要内容的科技手段有机融合，建立了党风廉政宣传教育网络平台，建立市镇村三级电子政务信息平台，建立工程建设招投标电子监管平台，建立农村"三资"信息化监管平台，建立公共便民信息服务平台，建立查办案件信息监管平台。总之，信息化手段的全面运用，有效提升了制度建设和执行的质量和效率。

三、苏州廉洁从政制度建设有效性的基本经验

总体来看，近年来，苏州加快反腐倡廉制度建设步伐，坚持全面规划、整体推进、突出重点、突破难点，深化体制机制改革创新，建立健全反腐败领导体制和工作机制，完善领导干部廉洁自律和廉洁从政教育、查处违纪违法案件、权力运行制约和监督、预防违纪违法和腐败行为、保障党员权利等反腐倡廉实体性制度和程序性法规，反腐倡廉制度建设领域不断拓宽，成效不断显现，保证了党风廉政建设和反腐败斗争有力进行。

审视苏州廉洁从政制度建设和执行的实践，我们可以发现，苏州廉洁从政制度建设和执行富有权威性和有效性，主要是得益于以下方面：

一是制度体系的权威和有效。即形成了完备、权威、可操作、透明、公正、兼容、可持续、多赢的制度体系。

二是机构权威有效。苏州各级党委政府能够坚强领导,党委政府、人大、民主党派和政协、司法系统、公职人员规范建设、媒体、社会等得到了全部动员,联动起来,各自发挥了积极作用。

三是全市各级廉政机构,他们富有高度政治责任感,始终将推动苏州党风廉政建设和反腐败工作继续走在全省前列,努力把苏州打造成为惩防体系建设的示范区、反腐倡廉制度创新的先行区、党员干部干事创业的安全区作为自身使命,遵循反腐倡廉建设规律,找到了工作重心,且不断加强自身能力建设,在制度的制定、执行、维护诸环节狠下功夫,从而提升了廉洁从政制度建设和执行的有效性。

四是全社会重视反腐倡廉教育和廉政文化建设,促进廉洁光荣、腐败可耻的荣辱观深入公众意识和社会价值体系,构成苏州廉政体系大厦的基础。

五是善于吸纳先进理论和借鉴国际国内经验,如学习香港经验,学习新加坡经验,借用外部力量和智慧优化制度建设和执行。

四、制约苏州廉洁从政制度建设有效性因素的理性反思

苏州形成了一套有效的廉洁从政的制度体系,实践也取得了显著成效。但从实践来看,仍有一些因素影响了廉洁从政制度建设的有效性,主要表现在:

一是存在一些制度本身不严密现象。如,有的制度太原则,制度之间缺乏连贯性和系统性,给操作留下障碍;还存在把制度建设当作应付文件和工作的举措,制度制定脱离了实际,制度初衷被忽视,制度执行变烦琐,影响了效力。有的制度不严密,存有盲区,有的制度责任不具体明确,致使部门之间上下之间扯皮。有的制度明显偏于部门利益,如招投标制度部门留有解释权较大,扩大了自由裁量的余地。

二是存在一些制度执行随意性现象。当前有些部门单位反腐倡廉制度执行存在不严格现象,一些同志对制度缺乏敏感性,认为与自己无关,思想麻痹,行动随意,缺少规范,自行其是。还有一些制度执行不到位,如领导干部重大事项报告制度,往往是选择性报告。有的对规律驾驭不够,不到位,运作失效。

三是存在一些监督制约不到位现象。有的干部自我监督缺位,不愿接受监督,甚至认为组织监督是对他不信任;也有部分监督人员主动监督意识不强,不主动监督,还有的不会监督,有的过于注重保护干部,不敢监督。

四是一些主体认识不够到位,态度消极。如相当一部分人存在廉政教育无用论、虚功论的认识误区,认为廉政教育是虚的、软的,查案才是硬的、实的,搞反腐倡廉教育本身是做虚功,不如查案来得快、影响大、效果明显。一些党员领导干部重视不够、示范不足。

五是社会环境功能薄弱,支撑乏力。世界反腐倡廉的实践证明,要使反腐倡廉建设富有成效,必须与改造社会环境联系起来,要有坚实的廉荣腐耻的社会环境和公民文化的支撑。但现实来看,我国当下社会上大量存在与反腐倡廉相悖的低俗现象。如,家长制、官本位、享乐主义、个人利益至上的思想盛行;对腐败现象容忍漠视,麻木不仁;贪廉观念扭曲和错位,独善其身者被视为迂腐;人们普遍存在羡腐心态,庸俗关系学得到推崇等,甚至成为一种社会公民文化。

究其上述问题的原因,我们认为,制度执行的大环境,制度体系科学性、制度建设主体缺失不到位是主要原因,都需要加强建设。

五、提升苏州廉洁从政制度建设有效性的建议

一是营造制度执行文化,强化社会支撑力量。为政者率先垂范,执法者树立执行信誉,提高监督普适性和容忍度。尤其是积极培育公民社会,强力营造反腐倡廉教育的社会环境。

二是不断完善制度,强化制度执行的基础。要从简单、有效、适用角度去设计制度,要不断完善提高其合理性和可操作性,要尽可能地设量化限度标准,尽可能减少单位或个人规避空间。

三是切实落实维护制度的责任,强化制度执行刚性和权威。要坚决落实党建责任制,建立完善制度执行的责任制;要提升主体意识,提高反腐倡廉规律驾驭能力;要注意部门利益等对制度执行的干扰因素;等等。

四是形成强有力的监督力量,集合全社会力量,健全反腐倡廉的机构体系,提升各主体的独立权威的监督权力,充分发挥监督力量。

"两新"组织反腐倡廉建设的苏州实践和思考[①]

一、课题研究提出的背景

新经济、新社会组织（以下简称"两新"）领域是社会领域的重要组成，是反腐倡廉建设的全新领域。以"'两新'组织反腐倡廉建设的苏州实践和思考"为题开展研究，主要基于以下考虑：

（一）基于中央、省、市要求

2010年1月，中纪委十七届五次会议特别提出，大力加强非公有制经济组织和新社会组织反腐倡廉建设。2011年1月，中纪委十七届六次会议再次指出，要积极探索非公有制经济组织和新社会组织开展反腐倡廉建设的途径和方法，研究制定社会领域预防腐败工作指导意见。国家预防腐败局还将"开展非公经济组织防治腐败试点工作"列为2011年年度工作要点。[1]中共中央政治局常委、中央纪委书记贺国强在十七届中央纪委第六次全会上做工作报告时强调，"整治行业协会、市场中介组织违规违法问题，研究制定社会领域防治腐败工作指导意见，努力形成各方面积极参与、共同推进反腐倡廉建设的社会氛围"[2]。江苏省纪委和苏州市委按照中纪委要求也相继下发了在非公有制企业开展党的纪律监督试点工作的意见。

（二）基于"两新"领域反腐倡廉形势

不可否认，"两新"组织已成为我国经济发展不可或缺的中坚力量，但近年来，因"两新"组织行贿腐败案日益增多，"两新"组织反腐盲区凸显，成为我国反腐倡廉建设必须关注和加强的新领域。

（三）基于"两新"组织自身健康发展需要

目前，非公有制经济组织和新社会组织还普遍缺乏制度化的反腐体系，这已成为其自身健康发展的一个瓶颈。如何在其内部预防和打击腐败，已成为当下中国反腐倡廉建设一个棘手而全新的课题。

（四）基于基层率先探索的丰富实践

2009年，苏州市纪检监察机关在全省率先开展非公有制企业党的纪律监

---

① 本文为2011年苏州市哲学社会科学研究立项课题，著者主持，项目编号11—D—03，良好结项。

督工作,先后在波司登集团、常熟开关制造有限公司等非公企业内部建立纪律监督委员会,此项探索在全省纪检监察工作"创新奖"评选中荣获一等奖,走出了一条新经济组织反腐倡廉建设的新路子。目前,基层已全面把非公有制经济组织纳入预防和反腐败格局,全面推行在非公有制经济组织内部设立纪律监督组织,从组织建设、业务培训、制度规范和宣传引导等方面探索了非公有制经济组织反腐倡廉建设的途径和方法。

(五)基于研究的现状

在"两新"组织中开展反腐倡廉建设已摆上议事日程,将之作为反腐倡廉建设新领域进行研究有着实践和理论必然。笔者以检索式"关键词=两新组织+反腐倡廉"在中国知网进行搜索发现,对于两新组织的反腐倡廉建设多见宣传报道,理论研究却不多见,明显滞后于探索实践和实践需要。为此,我们从分析苏州实践入手,努力观照兄弟省份和国际社会的经验,以求对"两新"组织反腐倡廉建设的工作理念、方法、途径和机制形成系统化理论化的认知。

二、"两新"组织反腐倡廉建设理论及实践的国际国内观照

(一)中央对"两新"组织反腐倡廉建设的理论认识和部署

中央对"两新"组织反腐倡廉建设的理论认识和部署是党在改革开放后伴随着反腐倡廉建设的深入推进逐步提出的。

(1)党的十一届三中全会恢复、重建党的纪律检查机构以后,确立了以端正党风为中心的工作指导方针,从认真纠正群众反映强烈的不正之风入手,开展了打击严重经济犯罪活动为重点的专项斗争。[3]这一时期的纠风和打击经济犯罪仅限于我们自身政治体系和体制之内,未从社会领域入手。

(2)党的十三届四中全会以后,坚决反对和防止腐败成为全党一项重大的政治任务,中央决定把纠风工作纳入反腐败斗争进行整体部署,自1990年在全国统一开展,推动反腐倡廉从侧重遏制转到标本兼治、综合治理、逐步加大治本力度的轨道。[4]这一时期的反腐倡廉建设虽未延展至社会领域,但其"标本兼治、综合治理"的方针使反腐倡廉建设领域有着拓展和深入,走向社会领域已成为一种不可逆转的趋势。

(3)党的十六大以来,我国积极研究借鉴国际社会反腐经验,同时作为《联合国反腐败公约》缔约国之一,开展社会领域防治腐败工作,成为我国加入《联合国反腐败公约》后必须履行的法定义务。中央确立了标本兼治、综合治理、惩防并举、注重预防的反腐倡廉方针,提出了要拓展从源头上防治腐败工作领域,在《建立健全教育、制度、监督并重的惩治和预防腐败体系实施纲要》就明确指出,要"规范并加强对社团、行业组织和社会中介组织的管理"。2006年中共中央办公厅、国务院办公厅出台《关于开展治理商业贿赂专项工作的意见》,提出坚决纠正企业事业单位及中介机构在经营活动中,违反商业

道德和市场规则的不正当交易行为。[5]此后,深入开展治理商业贿赂专项工作成为反腐倡廉建设的年度工作重点,社会领域反腐倡廉进入我党反腐倡廉建设的视野。到2010年,中纪委十七届五次会议提出,大力加强非公有制经济组织和新社会组织反腐倡廉建设;2011年,中纪委十七届六次会议则进一步指出,要积极探索非公有制经济组织和新社会组织开展反腐倡廉建设的途径和方法,研究制定社会领域预防腐败工作指导意见。显然,"两新"组织反腐倡廉建设愈加凸显,倍受强调,反腐倡廉建设向社会领域延伸拓展得到了进一步加强。

(二)兄弟省市对"两新"组织反腐倡廉建设的实践探索

1. 南京实践

南京科学探索了将制约和发挥社会组织积极作用相统一之路。2006年,南京六合区开展预防中介机构腐败的实践探索:一是建立以"机构库"为主要依托的中介机构选聘机制,在严格市场准入中保障中介机构为反腐倡廉建设提供优质服务;二是建立以"勤廉度"为核心指标的中介机构考核机制,在建立"中介机构库"的同时,配套出台规范性文件,强化对入库中介机构的"勤廉度"考核,实现"中介机构库"的常优常新,在严格日常监管中强化中介机构为反腐倡廉建设自觉服务;三是建立以"智力源"为基本定位的中介机构提升机制,积极利用中介机构的专业性和独立性弥补纪检监察干部在知识、法规和技术方面的不足,在实施借力引智中放大中介机构为反腐倡廉建设服务的效益性。这一创新实践获得南京市2006—2007年度纪检监察工作创新奖评比一等奖。[6]

2. 上海实践

上海不仅注重从实践上探索,而且注重从理论上探索总结和思考,"两新"组织反腐倡廉建设科学化水平较高。2003年8月,上海市成立了全国首家省级社会工作委员会和社会纪工委,2004年,上海党政机构改革设立的社会工作党委同步切入社会,2005年就已从理论上探讨两新组织的反腐倡廉建设,2008年"两新"组织反腐倡廉建设第一次被写进了市纪委全会工作报告,《非公有制企业反腐倡廉方法途径研究》被列为市社会工作党委年度调研重点课题。2009年初,建立了由上海市纪委、市委组织部、市委统战部、市社会工作党委、市监察局组成的联席会议制,并决定在闸北等五区进行试点,逐步建立健全了运行顺畅的组织协调机制,形成了市—区(县)—社区(街道)三级工作体系,实现了"两新"组织反腐倡廉建设有机构负责、有人员落实、有网络覆盖的目标。在区(县)试点的同时,市层面还建立了上海市"两新"组织廉洁建设沙龙。"两新"组织在党员教育监督、廉洁文化培育、内控机制建设、权力制约监督、违法违纪人员处理等方面摸索总结出一批成功经验。2010年9月,上海召开了试点经验总结大会,颁布了《上海市推进"两新"组织反腐倡廉建设的若干意见（试行）》，试点由局部进一步向面上铺开。在历年摸索和积累的基础上，经过反复的验证和提炼，初步形成了"坚持一个核心、三个融入，坚持一个原则、三个加强"的行动方针，即坚持以促进"两新"组织健康发展为核心，把反腐倡廉建设融入增强"两新"组织党建有效性的工作之中，融入党和政府相关部门对"两新"组织的公共管理与服务之中，融入"两新"组织自身经营与发展之中的指导理念；坚持服务发展、引导监督、开拓创新、分类指导、合力推进的工作原则，加强对党员的党纪党风教育监督，加强对企业主和新社会组织负责人贯彻党和国家方针政策的宣传引导，加强对"两新"组织健全自身反腐倡廉机制的帮助指导。[7]

3. 广西实践

广西以玉林为典型。玉林地区因企制宜，从规范组织和作用发挥入手探索两新组织反腐倡廉。一是健全机制，有序推动非公企业反腐倡廉建设，成立了由市委常委、纪委书记担任组长，纪委、组织、宣传、统战、工商联等相关部门人员组成的领导机构，具体负责全市非公企业反腐倡廉建设的日常工作。对有党委的非公企业，指导其依照有关程序筹建纪委；对有党总支、党支部的非公企业，党员人数比较多的，指导其成立纪律监督委员会（简称"纪检委"）；对不具备条件成立纪检委的企业，指导其按"七个有"（有专职人员、有独立办公室、有工作牌子、有专用电话、有工作制度、有档案柜、有办公经费）的要求，成立纪监组或纪监室，负责人由党支部的纪检委员兼任，纪监机构的其他成员则从企业监事会、财务、审计、工会等部门的党员中产生，做到党的监督资源与企业的监管资源有机结合。二是通过试点抓好示范，典型引导非公企业反腐倡廉建设。从重点民营企业、私营企业、国有（集体）改制企业中分别选定试点单位，先行先试，探索实践，推广经验。三是发挥作用，服务保障非公企业健康发展成长。帮助非公有制企业制定纪律监督机构的工作职责，积极引导企业建立和完善了《公司廉洁管理制度》；从规范原料购进、准入、采购行为、营销费用执行程序等方面入手，建立完善《供应商审计管理制度》《营销费用开支执行程序监督细则》等相关规章制度，实现企业廉洁经营与依法经营、诚信经营的有机融合。由于充分尊重企业的主体地位和企业主意愿，把开展非公企业反腐倡廉建设融入企业生产经营管理各个环节，使之真正成为帮助企业发展的助推器、保护神，受到了企业认同。[8]

4. 深圳实践

深圳市将私营领域廉洁从业建设作为推动"廉洁城市"建设的重要切入点，立足市场诚信体系建设，加大商业贿赂治理力度，探索开展私营领域预防腐败工作。一是分批在行业协会、商会组织中建立廉政建设委员会，其性质为加强行业廉政建设的自治组织，组成人员包括市级以上党代表和人大代表、政协委员身份的党组织负责人、民主党派、无党派人士等知名代表人士，并派员作为指导员,加强委员会工作。二是以加强企业内部廉政制度和廉洁文化建设为手段,实现企业经营方式自律、员工从业行为自律,推进民营企业践行对创建廉洁城市的承诺。如创作、播报廉洁主题情景短片,使民营企业廉政制度和廉洁文化建设更贴近民营企业、行业协会、商会组织及其出资人、高管和其他人员。在私营企业内部推行诚信管理计划,要求企业制定一套员工商业行为准则;开展员工商业道德培训,建立畅通的投诉渠道,引入公司外部监督、不诚信行为调查处理、问责改进机制等;在行业协会建立自律机制,由行业协会组织牵头各企业签署反商业贿赂等方面的自律公约,制定行业恪守商业道德、落实自律公约的具体措施及对违背诚信行为的处罚细则。三是建立"深圳市企业信用信息系统"、"深圳市个人信用征信系统",推进重点领域诚信建设。在工程建设领域,建立"黑名单"机制;在房地产开发和中介服务领域,建立"公开曝光"机制;在司法领域,建立"信息共享"机制;在财政专项资金管理领域,建立"不良记录禁入"机制;按照企业被投诉和不良记录情况进行电脑打分,评出企业当年度的诚信分值,向市场公开推荐。[9]

5. 福建实践

福建省晋江通过在非公企业开展廉洁文化建设,深度拓展反腐倡廉工作领域。一是坚持通过服从服务于企业发展来开展活动,着力增强非公企业廉洁文化的生命力。紧紧围绕培育、弘扬企业精神和价值观,结合企业党建、精神文明创建推进非公企业廉洁文化建设,以强有力的廉洁文化建设为企业文化建设把好方向,进而为提高企业的核心竞争力提供保证。二是坚持抓组织建设,着力完善非公企业廉洁文化建设工作机制。在市纪委设立非公企业纪委工作室,在市非公企业党工委设立纪工委;在各镇(街道)企业党委设立纪委,在非公企业党委设立纪委;在非公企业党总支、党支部委员会设立纪检委员;建立非公企业纪委学习培训、工作例会、协调指导、挂钩联系、监督检查五项工作制度,并按要求加强了企业纪委规范化建设。在实践中,许多企业按照用制度管人、按程序办事、源头防腐、综合治理的要求,建立了廉洁制度,规范领导人员和管理人员的行为,把防治腐败和建立现代企业制度融为一体,逐步形成制度健全、管理规范、法人治理结构完善的企业制度,乃至设立专门的纪检监察机构,对物资采购、营销、基建、后勤等关键岗位和关键人员生产经营活动实施监督,以达到预防腐败的目的。[10]

6. 重庆实践

重庆南岸区坚持四个"强化",积极探索"两新"组织反腐倡廉新途径,在机构设置、制度建设、厂务公开、教育宣传等方面狠下功夫,为非公经济营造风清气正的生产经营环境,助推企业发展到达新高点。一是强化机构建设。二是强化制度规范。先后制定印发《党内纪律考核制度》《廉洁情况通报制度》《产品经销回避管理办法》《上交礼品礼金管理制度》《礼品礼金处理制度》《对收受礼品礼金不及时上缴的处理办法》《廉洁信访、举报办理制度》等,在企业内部积极营造公平、公正、廉洁的氛围。三是强化厂务公开。把廉洁建设与厂务公开紧密结合,在厂务公开栏上定期公布各部门技术革新、增产节约、节能减排、公平营销等情况;定期公开各支部廉洁文化建设工作情况;定期公布投诉处理情况,根据群众提供线索,积极查处违纪违规行为。四是强化廉洁宣传。积极开展多种方式的廉洁文化学习宣传活动,大力营造思廉、倡廉、助廉的文化氛围,培养合法经营、诚实守信、廉洁从业的公司文化。[11]

(三)国内各界对"两新"组织反腐倡廉建设的理论研究

国内对"两新"组织反腐倡廉建设的理论研究与蓬勃开展的实践相比,总体比较偏弱,不仅理论研究的成果偏少,而且研究的队伍偏少,2009年之前的研究成果从商业贿赂角度研究较为多见。目前开展研究的主要有政界、学界和媒体三支力量。

1. 政界

实践者自身进行思考和总结,偏于经验总结和做法探讨,职能部门还普遍成立了研究性组织,如中央纪委监察部廉政理论研究中心、中国监察学会等。上海社会工作党委最为典型。2005年他们就已经在理论上关注社会组织反腐倡廉问题,许德明领衔主编的《探索实践破解难题——上海新经济组织和新社会组织工作调研文选(2005)》编入了《中介机构反腐倡廉问题研究》[12],《探索实践破解难题——上海新经济组织和新社会组织工作调研文选(2006)》编入了《行业组织和社会中介机构在治理商业贿赂工作中的作用研究》《对本市非公有制企业建立纪检组织的探索与研究》《对开展社区"两新"组织党风廉政建设的思考》[13],在国内率先开始了有组织研究。在他们的努力下,上海先后总结、梳理出《探索创新"两新"组织反腐倡廉"提示性"工作的方法和途径》等"十个工作法"和工作"模板",形成了《建立健全行业协会自律性管理制度研究》《行业组织和社会中介机构在治理商业贿赂工作中的作用研究》等一系列调研报告,为反腐倡廉工作进入非公企业找到了切入点和理论支撑。[14]再如,何敏的《对玉林非公企业反腐倡廉建设的实践与思考》,中央纪委监察部廉政理论研究中心、中国监察学会提供的《发挥社会力量在反腐倡廉建设中的作用》[15],辽宁省纪委、监察厅的《辽宁省中小企业厅非公经济领域防治腐败工作调查与研究》[16],湖南省预防腐败局李域的《防治市场中介组织腐败的对策思考——以湖南省市场中介组织为例》[17],湖北省襄阳市纪委金世国等《关于加强社会组织和非公有制经济组织纪检组织建设的思考》[18],苏州市纪检监察学会的《社会中介组织监管工作的实践与探索》[19],等等,这些来自实践者的研究文章都作出了难能可贵的探索和回答,为工作推进提供了理论支撑。

2. 学界

学界在"两新"组织反腐倡廉建设的必要性、意义、问题和根源、路径和方法以及推进的措施等方面作了深入研究，众多高校、党校、科研院所成立了专门研究反腐倡廉的机构。关于"两新"组织反腐倡廉的必要性和意义，学界和政界都普遍认为，加强"两新"组织反腐倡廉建设，是巩固党的执政基础的迫切需要，是建立公平公正的市场经济环境的必然要求，是推动"两新"组织健康发展的重要保障，也是推进"两新"组织党建工作全覆盖的必然之举，对维护广大人民群众切身利益、构建社会主义和谐社会乃至树立我国良好的国际形象、在参与全球竞争中争取有利地位都有积极意义。关于"两新"组织反腐倡廉的问题、表现和根源，学界倾向从政治、经济、文化乃至价值判断等方面分析。人民网《人民论坛》刊文指出，商业贿赂有七大重灾区和十四大罪状。福州大学叶先宝在《试析社会中介组织腐败行为及其治理》中指出，由于社会转型、道德体系的嬗变与管理体制缺陷，社会中介组织发展面临诸多制度困境与管理困境，相比典型公共权力部门，社会中介组织的腐败行为更具组织性，相比典型营利机构则更具公共价值破坏性，其腐败行为形式复杂、潜显并蓄，主张社会中介组织腐败行为的治理应侧重组织行为秩序建构和行为自组织特性的引导与培育[20]。中国社会科学院经济研究所宏观室副研究员、经济学博士林跃勤在《社会中介组织的腐败成因及治理对策》中认为，私营领域腐败问题有独特的成因；在民主体制不健全，社会价值观、道德观存在瑕疵，权力缺乏全面监督，制度供给不足，现行治理商业贿赂法律体系尚不完善，法律处罚力度不够的环境中，私营机构既是商业贿赂的参与者，也是商业贿赂的受害者[21]。关于"两新"组织反腐倡廉建设的路径和措施，林跃勤博士的《社会中介组织的腐败成因及治理对策》与中国社会科学院发布的研究报告《社会中介组织的腐败状况与治理对策研究》从政策、法律和工作三个层面提出治理的具体思路和对策[22]。许国鹏的《经合组织〈公约〉对跨国商业贿赂行为的界定及制裁——兼谈对我国反跨国商业贿赂立法借鉴》[23]、国家预防腐败局选登的《香港澳门治理商业贿赂给我们的启示》[24]、浙江大学胡铭的《浅析治理商业贿赂的国际联合执法》[25]、虢预办的《加拿大市场中介组织监管及防治腐败的特点及启示》[26]等则从国际借鉴方面提出了"两新"组织反腐倡廉建设路径和方法。

3. 媒体

媒体观察以其独特视角对研究和实践乃至高层决策起到了积极推动作用。如2005年《国内动态清样》第2204期刊出的新华社记者题为《商业贿赂可能成为制约我国经济发展瓶颈》的报道得到了中央领导的批示，直接推动了国家对商业贿赂整治决策[27]；李松的《非公经济组织反腐"探路"》[28]，史德功等《上海：推进"两新"组织反腐倡廉建设》等这些媒体报道、宣传和观察都对"两新"组织反腐倡廉建设实践和研究起到了积极导引作用。

(四)国外(境外)对私营部门反腐倡廉建设的实践和理论

1. 香港澳门实践

香港廉署成立36年来,在打击商业贿赂案件方面铁面无私、不遗余力:一是成立了私营机构顾问组,编制《防贪锦囊》,推出防贪指引,积极引导企业健全内部管理机制,堵塞贪污漏洞。二是注重案件查处,发挥威慑作用。持续向侵犯公众利益的商业"潜规则"开刀,严查商业回扣行为,如"谢瑞麟回扣案"。三是注重加强企业领导诚信教育。香港廉署道德发展中心积极和香港中华厂商联合会、香港中华总商会、香港工业总会等六大商会沟通合作,在各行业中进行商业道德教育,树立企业诚信形象。四是香港廉政公署以"合作伙伴"形式全方位反贪,结合企业实际,为企业提供防贪服务。澳门地区2010年开始实施《预防及遏止私营部门贿赂法律》,将私营机构的贿赂行为纳入法律监管,推动自由经济体系内的竞争者在信守公平原则及诚实原则的前提下自由竞争,谋求"廉贾经商,取利守义",推动雇佣文化朝着一个更透明及健康的方向发展,促使雇用人与受雇人之间"坦诚相待",坚守"善意原则",摆脱过去隐蔽谋私之陋习,将澳门的劳动关系制度推向一个更文明及负责任的发展模式。[29]

2. 加拿大实践

加拿大在法治的基础上建立了以行业协会自律管理为主、政府宏观管理为辅、社会各方力量参与监督的市场中介组织监管机制。加拿大各类市场中介组织都有自己的行业协会,行业协会所形成的行业自律机制对市场中介组织发挥着主要监管作用。部分协会的监管权来源于联邦政府或者省政府法令的特别授权,另一部分协会的监管权则主要来源于会员授权。无论法令授权还是自行规定,行业协会对市场中介组织的监管职能大都体现在行业准入审批、会员准入审批、设定执业标准、设定职业操守、教育培训、监督检查、受理投诉、违纪调查、处罚惩戒等方面。加拿大政府对市场中介组织的监管主要是通过宏观规范、专项监管、保留最终裁决权、对犯罪行为的处罚、对行业协会进行监督来实现。社会各方力量参与监督,如议会对政府的决策、重大复杂问题有监督调查权,新闻媒体和群众舆论根据《信息法》和《检举保护法》等可以形成强大的监督合力,对市场中介组织、行业协会和政府监管工作中的腐败行为进行有效监管。上述做法注重维护职业操守和行业声誉,强制从业人员接受教育培训,注重加强协会内部的管理和权力制约,注重协会管理权力运行的公开透明,重视维护民众利益,有效保证了私营部门公平有序参与市场并恪守社会责任。[30]

3. 新加坡实践

新加坡从建国以来,坚持把廉政建设作为一项系统工程整体推进,把廉政建设作为一项重要的国家战略来开发和利用,各行业全面系统预防腐败,将腐败遏制和消除在萌芽状态,取得了很好的效果。

4. 对私营部门反腐倡廉问题的理论认知

关于腐败产生。美国政治学家亨廷顿作出了独到研究。他在《变动社会中的政治秩序》中认为腐化程度与社会和经济迅速现代化有关[31],他分析了产生腐败的原因:"首先,现代化涉及社会基本价值观的转变。其次,现代化开辟了新的财富和权力来源,从而进一步助长了腐化行为。再次,现代化通过它在政治体制输出方面所造成的变革来加剧腐化。"[32]

关于反腐领域。当前,国际社会普遍认为,反腐败不仅需要关注公共部门和公共权力的腐败行为,同时也需要关注私人企业和公民社会领域的腐败现象。在许多发达国家,企业被当作是腐败现象的主体,企业作为法定主体负有自律和反腐的法定责任。

关于反腐力量。不但有政府,许多国际组织也积极开展行动反对商业贿赂,一些非政府组织为反对贿赂做出了大量的努力。美国在20世纪70年代末率先通过了《海外反腐败法》;欧盟国家和经济合作组织其他成员国先后通过了打击国际商业交易中的贿赂行为的法律《关于反对在国际商务活动中贿赂外国公务人员行为的公约》;2003年,联大通过的《联合国反腐败公约》,把防治腐败的范围从政府部门扩展到社会领域,公约第13条规定各缔约国均应当"推动公共部门以外的个人和团体,例如民间团体、非政府组织和社区组织等,积极参与预防和打击腐败,并提高公众对腐败的存在、根源、严重性及其所构成的威胁的认识"[33],呼吁私营部门和商界领袖采取严格反腐败政策,以提高诚信和透明度;国际著名的反腐民间组织"透明国际"持续致力于私营部门反腐;美国著名的反商业贿赂组织"商业改进协会"、以色列的"国家廉政运动"、韩国的"经济正义实践市民联合"等积极拓宽群众参与反腐倡廉工作渠道,着力解决群众反映强烈的突出问题。

关于反腐制度。国际社会认为,不论美国的政府道德署还是英国的独立审计制度,都是在长期反腐经验教训积累下逐步形成的。国外反腐经验中最具有普遍意义的是建立符合国情需要的、有效的反腐监督、预警和惩处机制。

综合来看,国际社会在政府、国际组织、透明国际等倡导下,在以下四方面获得了普遍共识:一是反腐领域要从公共部门扩展到了私人经济部门和第三部门,如《联合国反腐败公约》将"贿赂犯罪"直接界定为三类,即贿赂本国公职人员、贿赂外国公职人员或者国际公共组织官员、私营部门内的贿赂。二是更加重视腐败犯罪的预防。三是更加趋向将治理理念引入反腐领域,从治理改革的角度推动反腐败制度建设,这已成为国际反腐败的一个重要努力方向。联合国、世界银行等国际组织无不将反腐败与治理改革联系在一起来讨论。四是鉴于所有国家都有责任反对国际商务活动中的贿赂行为,国际社会应加强合作与监督。[34]

三、"两新组织"反腐倡廉建设的苏州实践

（一）基本情况

苏州社会领域反腐倡廉实践全面铺开始自党的十六大后，新社会组织的反腐倡廉实践要早于新经济组织的反腐倡廉。目前，"两新"组织反腐倡廉建设已纳入全市惩防体系整体格局，体现了反腐倡廉建设覆盖"两新"组织的苏州特色。

1. 苏州新社会组织的反腐倡廉实践

2007年初，苏州市各地陆续结合实际开展了对招标、评估、监理、会计、审计、测绘、咨询、检测等中介组织的清理整顿。一是突出机构资质、人员资格、执业行为、财务管理、收费项目、脱钩情况、日常监管七个方面进行集中清理、整顿。二是出台了《中介机构管理办法》《中介机构信用评价管理办法》及各行业《信用评价实施细则》等一系列管理制度，进行了常态化长效化监管。三是强化政府、社会等外部监督的同时，鼓励各类中介成立行业协会，制定完善本行业职业准则、执业规范和奖惩规则进行自我监督，逐步形成"政府监管、协会自律、社会监督"三位一体的监管格局。四是由市监察局牵头，工商、民政等部门参加，组建中介组织日常监管联席会议，形成定期交流工作，商讨对策的监管机制，逐步建立了"市场准入、备案公示、联合检查、信息公开"四项监督制度。五是每年开展信用评价，明确规定信用结果使用规范，构建了守信激励失信惩戒的机制，构建了中介信用体系。六是大力开展"廉洁文化进中介"、年度"诚信中介"评选等活动，充分发挥廉洁文化的引领作用，提高中介组织从业人员的自律意识和诚信意识。七是切实加强社会中介组织党建工作，把党的建设与社会中介组织的发展紧密结合起来，帮助社会中介组织树立良好的职业形象，使党建工作成为社会中介组织自律机制的一个重要组成部分。如2009年9月苏州市就举办了新经济新社会组织党组织"科学发展、诚信服务带头人"示范培训班。至2010年，据苏州市民政局社会组织管理处的统计显示，全市具备建立党组织的87家新社会组织，都采取了单独组建、联合组建、行业挂靠等形式建立了党组织[35]。总之，基层加强社会组织的反腐倡廉建设，把与市场经济领域关系比较密切的行业协会、市场中介组织作为社会组织反腐倡廉建设的重点，将推进政社分开、健全社会组织内部自律机制和外部监督机制、开展专项治理作为社会组织反腐倡廉建设的着力点，新社会组织反腐倡廉建设取得了明显成效。

2. 苏州新经济组织的反腐倡廉实践

相比新社会组织，新经济组织面广量大。苏州这一领域的反腐倡廉实践主要是借助于非公经济党建工作这个平台，以开展纪律监督工作的方式，推动党的纪律检查工作进入非公企业的。2009年，首先在常熟波司登集团进行

试点,成立了全市第一家非公企业纪律监督委员会[36],2010年常熟经验在全市非公企业推广,形成了县级市和区纪委、非公企业纪工委、非公企业纪律监督组织"三级联建"的组织格局。据统计,至2010年底,全市党委建制非公企业建立纪律监督委员会已达102个。总体来看,苏州非公经济领域反腐倡廉建设从组织建设、业务培训、制度规范和宣传引导四方面入手,现已形成了较为系统的工作目标、工作内容、工作要求、工作实施的框架体系,以常熟、张家港和工业园区尤具代表性。

常熟实践。2009年11月,波司登集团在常熟市纪委的指导和帮助下,在已经组建党委机构的基础上首探在企业内部建立约束党员干部、中层管理者的机构——纪律监督委员会(简称"纪检委"),纪检委参与企业审计项目,对发现的问题与审计部共同督促整改并研究妥当的处理方法,受到了企业欢迎。其后,常熟市针对不同企业的规模和特点,分类分层次稳步推进非公企业纪律监督组织建设,苏州市纪委及时跟进指导,在实践探索和理论思考的基础上,常熟市出台了《关于加强全市非公有制企业党的纪律监督工作的意见(试行)》。该意见特别明确:关于组织建构,纪检委一般由5至9人组成,书记一般由同级党组织副书记担任,其他成员一般从监事会,财务、审计、工会等部门的党员中产生。关于工作开展,一是以企业内部审计和查找企业风险点为突破口,规范企业内部管理,促进公司依法经营、诚信经营、廉洁经营;二是同时制定非公企业党的纪律监督组织建设流程图,编写纪律监督工作业务手册,加强指导服务,促进纪律监督工作的规范化运作;三是充分调动广大党员职工参与纪律监督工作,注重发挥公司董事会、监事会、职代会以及工会等组织的作用,联动形成纪律监督工作的整体合力。[37]

张家港实践。2010年,张家港市拉开非公企业反腐倡廉建设大幕。首先,从调研入手,突出使党的纪律监督工作融入企业的各项工作以及加强企业党员的教育监督,提出了非公企业纪律监督"1+N"工作思路,即抓好一个龙头企业、搭建一个共建平台、带动一批中小企业,推进全市非公企业纪律监督工作。其次,在大新镇先行试点,探索非公企业反腐倡廉建设的新机制:以廉洁经营、防止商业贿赂为主题,坚持与企业工会、职代会、监事会、审计科监督职责结合起来,加强管理制度和业务流程的监督管理,并对管理人、财、物、基建、采购、销售等关键部门的企业中层干部进行重点教育和集中培训。再次,规范推广。2010年7月,张家港市纪委出台了《关于进一步加强和改进全市非公企业纪律监督工作的实施意见》,举办第一期非公企业纪律监督工作培训班,按照"党的组织建设设置到哪里,党的纪律监督工作延伸到哪里"的原则,通过设立纪律监督委员会、纪律监督小组或纪律监督指导员,实现了全市非公企业纪律监督工作的全覆盖,全面打开非公企业纪律监督工作新局面。[38]

苏州工业园区实践。苏州工业园区借鉴港澳和新加坡等国和地区私营部门反腐防腐经验,探索了一条切合园区实际有着园区特色的路径。在组织设置上,以私营部门预防协会形式介入企业开展防腐反腐工作。2010年5月,苏州三星电子、友达光电等24家具有较强实力和业绩的外资、民营企业成为协会的首批会员。在工作推进上,则以反贪机构苏州园区检察院以"防案顾问小组"形式对协会工作进行指导帮助,积极为私营部门提供预防职务犯罪方面的政策法律咨询、培训、联络、交流、信息发布等服务,促进和加强私营部门之间在职务犯罪预防方面的信息交流和联系协作,形成私营部门对职务犯罪的预防合力。检察部门借助私营部门职务犯罪预防协会这个平台,发挥检察机关参与社会治安综合治理的职能作用,建立了适应园区企业发展和社会管理需要的私营领域职务犯罪预防工作新机制。[39]

(二)基本做法

综合上述苏州"两新"组织反腐倡廉实践情况,苏州"两新"组织反腐倡廉建设的基本做法可以归纳为以下几点:

(1)充分发挥纪委和监察部门作用,有效建立领导体制和工作机制。在调研、试点的基础上,苏州各地纪委和监察部门加强了对"两新"组织惩治和预防腐败体系建设工作的帮助和指导,出台指导意见,差别化规范推进,形成了有效的工作机制。

(2)借助党建平台切入,以党内监督为重点,着眼于非公有制企业加强党的路线、方针政策的贯彻执行,加强党内监督,加强党的纪律维护和执行,加强廉洁文化建设,推进党风廉政建设和非公有制经济全面健康发展(简称"四加强一推进"),赢得"两新"组织认同。

(3)加强制度建设,以风险防范为抓手,不断健全"两新"组织管理各项制度。苏州各地把廉政风险防控的理念引入企业生产、经营、管理之中,堵塞管理漏洞,以风险防范为切入点;从权力最集中、岗位最敏感、工作最薄弱的部位和环节入手,建立健全决策、执行和监督相对独立的制衡机制,推进企业自律和内控机制建设,减少和防止企业失信、失廉行为的发生。这就有效实现了反腐倡廉工作融入企业管理,把非公企业党的纪律监督工作与促进企业守法、诚信、健康、持续发展结合了起来。如,常熟市建立了信访举报、监督检查、党务公开、厂务公开、廉洁文化建设基本要求5项非公企业纪律监督组织工作制度,绘制了非公企业纪律监督组织建设流程图,编写了业务手册。

(4)加强廉洁教育,以廉洁文化为引导,注重廉洁文化建设与企业文化建设有机结合,强化对党员企业负责人和关键岗位人员的教育、监督与管理,推动企业树立先进的经营理念和价值观念,培育具有企业特色和时代精神的先进文化。

(5) 注重营造非公企业纪律监督工作的社会氛围。利用报刊、电台、网络等媒体,大力宣传和扩大"两新"组织纪律监督工作的意义和影响,邀请媒体及时采访报道试点企业的成功做法,编写《苏州市加强非公有制企业纪律监督工作巡礼》,为推动工作鼓劲造势。

(6) 注重教育提升"两新"组织纪律监督队伍素质。常熟市建立了一支300多人的非公企业纪律监督工作指导员队伍,经过专题培训后,对非公企业开展纪律监督工作进行指导。张家港市以各基层工作室为依托,在龙头企业设立服务联系点,及时解决非公企业开展纪律监督工作中遇到的难题。

(7) 逐步开展了理论研究和工作试点;逐步积累了先行经验和先进典型;逐步梳理了突出问题和主要矛盾;逐步探索了工作规律和工作目标。

(三) 初步成效

苏州市在"两新"组织开展反腐倡廉建设实践中,边试点、边总结、边完善,建立"两新"组织党的纪检组织,取得了较为明显的成效。

(1) 进一步拓宽了纪检监察工作领域。推进"两新"组织纪律监督工作,扩大了苏州党风廉政建设的覆盖面,不仅有利于促进"两新"组织自律,还可以影响社会大环境。

(2) 进一步促进了"两新"组织廉洁经营、健康发展。以廉政风险防控带动企业经营风险防范,完善内控机制,减少经营管理上的漏洞,降低经营费用和成本支出,一定程度上遏制非法侵占、贪污受贿等现象的产生。

(3) 进一步促进了"两新"组织形成廉洁诚信企业文化。以廉洁文化带动企业文化建设,通过开展形式多样的廉洁文化建设活动,将廉洁守法等理念融入具体的规章制度,不断增强职工遵纪守法的自觉性。

(4) 进一步形成较为全面的"两新"组织党的纪律监督工作长效机制,如组织体系、制度体系、机制体系、队伍人才体系,等等。

(5) 进一步保障了党员和职工的合法权益。通过党内监督带动企业民主管理,积极推动党务公开、厂务公开,将职工普遍关心的热点问题以及涉及他们切身利益的问题进行公开,及时调解矛盾纠纷,切实维护职工权益,促进了和谐劳动关系的形成,丰富了党的工作扎根社会的新途径、新渠道。

四、"两新"组织反腐倡廉建设需要探索的问题和建议

不可否认,党的十六大以来,无论是苏州,还是全国,以"两新"组织为重点的社会领域反腐倡廉建设都取得了显著进展和明显成效,但与国际社会、与我国经济社会生活发展要求、与"两新"领域腐败风险相比,在推进的广度、深度和实效性等方面,客观上仍有许多问题值得我们去思考,去重视。

(一) 基于苏州实践的一次实证调查

为进一步摸清"两新"组织对此项工作开展的立场态度、成效以及建议,我们在2011年10月举办的"苏州市规模以上非公企业党工负责人培训班"上

进行了一次问卷调查。该培训班实到75人,收回问卷48份,回收率为64%。基本情况是:

1. 关于态度

对于"在非公有制企业开展党的纪律监督工作是否必要"问题,认为"很有必要"32人,占受调查者的67%;"比较重要"12人,占受调查者的25%;"有比没有好"4人,占受调查者的8%;无人认为"完全没有必要"。这一结果也与"如果对您所在的企业开展党的纪律监督工作,您的态度如何"结果一致,"支持"的37人,11人"接受"的,无1人"反感"。这些数据充分说明非公有制企业开展党的纪律监督工作必要性在非公企业党工负责人中获得了较为充分的认同,但仍能反映出在这个问题上,"两新"组织党工负责人中有一些人还持有被动情绪。

2. 关于进展

对于"您所在的企业是否开展了党的纪律监督工作"问题,21人回答"已开展",占受调查者的44%,11人回答"着手开展",占受调查者的22%,16人回答"未开展",占受调查者的34%。这一结果在关于"基层在非公有制企业开展党的纪律监督试点工作的力度"问题的回答上得到了验证,受调查者认为力度"很大"的10人,"较大"的11人,"一般"的12人,有15人选择了"不了解"。这一情况说明,苏州"两新"组织开展反腐倡廉实践覆盖面达到68%,但仍有较大空白,且从推进来看,存在着不平衡情况,值得纪检监察部门和"两新"组织的党组织共同重视。

3. 关于成效

对于"基层在非公有制企业开展党的纪律监督试点工作的成效"问题,受调查者认为成效"很大"的5人,"较大"的12人,"一般"的28人,"不了解"的2人,未回答的1人,无人回答"没成效"。这一情况表明,非公企业党工负责人普遍认为党的纪律监督试点工作取得了成效,但从实效性看,"很大"和"较大"只占35%,"一般"占受调查者58%,需要我们积极重视,予以改进和加强。

4. 关于影响因素

对于"非公有制企业开展党的纪律监督工作制约因素",受调查者认为主要有以下因素: 是与认识不到位有关。企业包括员工认为抓生产经营是硬任务,抓党风廉政建设惩治腐败是软任务,抓与不抓无碍大事;或者认为抓党风廉政建设是政府党委的事,与企业没有多大关系,不需要纪检监察机关插手监管。二是从企业内部看,与企业支持的力度,人力资源是否配置,监管权限、制度、力度是否到位,对外透明如何实现等方面有关。如有的受调查者认为与非公企业党员队伍结构不合理、作用发挥不明显以及企业党务工作者队伍薄弱、人才难选拔、队伍难稳定、作用难发挥,不能适应现实工作需要有关;有的认为,生产经营管理日益严密化,党组织工作方式与之不相适应,而且企业内部也有管理监督和风险控制,若违背了经济法规会予以制裁,党内监督与之重复了;有的认为,监督对一般党员有一定制约,对老板或股东党员难以监督,若企业领导不是党员则更难监督。三是从企业外部看,企业业务开展有潜规则,业主既有无奈心理也有防备心里,受大环境影响较大。

5. 关于途径

对于"在非公有制企业开展党的纪律监督工作可采取哪些途径",受调查者认为,一是要加强企业内控制度建设,如建立与项目招投标同步、与制度制定同步、与项目审计同步、与工作验收同步,以及轮岗等机制;二是参与经营管理过程,推进党内民主和职工民主,与厂务公开、民主监督、职代会评议党员相结合,有监督组织;三是与企业人力资源管理、绩效考核联系起来;四是加大上级督查力度;五是建强党组织,使之发挥作用;六是加强教育,推进企业廉洁文化建设。受调查者还表示,用制度的方式,依靠企业内部自身力量,典型示范来推进易被企业接受,也有被调查者提出上级党组织派驻监督员。

6. 关于建议

受调查者的建议主要集中在:提高认识、讲究工作方法、完善制度、强化党组织的权威、提高开展工作的能力,等等。

(二)推进"两新"组织反腐倡廉建设迫切需要研究和探索的问题

比较研究苏州和全国兄弟省市开展"两新"组织反腐倡廉建设的实践,比较研究我国社会领域反腐倡廉实践与国际社会的异同,结合社会各界对"两新"组织反腐倡廉现有分析和研究,结合我们的实际调研和观察,我们认为"两新"组织反腐倡廉建设迫切需要研究和探索的问题主要有以下方面:

(1)思想认识不够到位。企业、企业党员、党委和政府以及社会对"两新"组织开展反腐倡廉建设的必要性和意义虽有了较好认识,但认同和支持仍然缺乏坚实和广泛的社会基础。一些非公企业甚至认为行贿是"行业惯例"、"潜规则",是推动企业发展的"润滑剂"。这些认识误区影响了一些非公企业开展反腐倡廉工作的成效。

(2)没有制定全社会领域防治腐败工作指导意见。目前,国内对"两新"组织反腐倡廉建设指导性文件是由各地自行制定的,虽都有创新和突破,但不可避免的是,对"两新"组织开展反腐倡廉建设的指导思想、基本方针乃至主体、机构、内容以及所建机构的职能、方法及作用发挥等方面,认识和规定都存在着差异,迫切需要有一个全社会统一的工作指导意见,对社会组织、非公经济组织反腐倡廉机构设置、职能任务、人员配备、任职资格和条件、任职待遇、分设还是交叉兼配、职责权限、工作方法等方面,作出明确规定。

(3)"两新"组织的反腐倡廉工作与党建工作不同步。"两新"组织的反腐倡廉建设是"两新"党组织自身建设的职责,应该纳入"两新"党组织党建安排,成为其一贯内容并保持同步性。但实践中,"两新"组织党建工作中反腐倡廉建设或多或少地被忽视了,存在着一定的滞后性。调查中我们发现,苏州市建立党组织的非公企业正常开展反腐倡廉建设的企业还不到一半,即使有的企业能够开展工作,也处于不正常不规范的状态。

(4)"两新"组织反腐倡廉组织的设置不够规范。无论是从苏州来看,还是从全国来看,"两新"组织专门履行监督管理职能的部门机构,名称有廉政建设委员会、纪律监督委员会、私营部门预防协会等,大多是把企业纪律监督机构设置在党组织里面,有的企业把纪律监督委员会直接简称为"纪委",直接等同中国共产党纪律检查机关,这就抹杀了政治领域反腐倡廉组织与社会领域反腐倡廉组织的差别,一定程度上会影响对该项工作的认同。

(5)"两新"组织反腐倡廉组织的职责不够明确,职能定位有所偏失。当前,各地在实践中对非公企业纪律监督机构的职能定位没有非常明确的界限,工作中赋予的职能也各不相同:有的负责公司纪律等方面的工作;有的只管党员遵纪守法方面的工作;有的负责跟踪监督公司决策、目标等方面的实施情况;有的负责跟踪抓好企业各项工作任务的监督落实,等等。工作职责如何定位,怎样发挥作用,与工会、监事会如何区分职能,还有待规范。

(6)"两新"组织反腐倡廉对管理者的监督管理比较薄弱,处于不好监督、难以监督、监督难以有效的境况。一些"两新"组织的反腐热情还遭遇企业的漠视,监督动力不足,缺乏有效制度保障和问责机制,反腐倡廉工作保障机制和权利义务等方面的制度规范也需要进一步完善。不少党员感到在社会组织、非公有制经济组织中开展党风廉政建设有些无所适从。

(7)社会环境支撑缺失。群众参与监督、参与反腐败的保障制度缺失,反腐败机构独立性和执行力不足,新闻媒体的管理制度、网络媒体的监管制度以及诚信管理制度不完善等,没有形成坚实的反腐防腐社会支撑。

(8)反腐倡廉工作与社会组织、非公经济组织经济活动的结合点问题。如何调动"两新"组织内在机制,与党组织共同发挥廉政监督作用,真正形成党组织、企业、社会同步推进廉洁的工作新格局?如何把反腐防腐工作融入企业的经营管理?如何与公司董事会、监事会、职代会以及工会等组织形成反腐防腐的合力?除借助非公党建平台外,如何建立加强行业廉政建设的自治组织,使反腐倡廉工作更适应"两新"组织自身发展的需要?政治领域的纪委、监察部门如何予以指导?这些仍需进一步探索。

(9)组织建设不够健全,工作进展不够平衡,已建的还存在重建设轻作用发挥、只挂帅不出征的监督弱化现象。由于党组织和纪检监察机构设置不健全,人员配备不到位,严重影响了"两新"组织反腐防腐的实效性。如以苏州为例,我们在调查中发现,经过2009年试点和2010年推进,苏州规模非公企业建立反腐倡廉组织接近70%,反腐倡廉组织的覆盖率不是很高;而且,被调查者觉得已建组织的成效很大和较大的只占35%,说明反腐倡廉工作覆盖率及实效性不是很高。有些非公企业规模偏小、家族制企业居多的地方,这项工作还基本没有启动,即使有的企业建立了纪检组织,工作也缺乏整体性,没有发挥应有的作用。

(10)开展引导"两新"组织守法经营工作需要多部门联动,国家反腐败工作没有形成社会各界协作联动的工作格局。如,我国中介组织因其设立条件或性质不同而分属于不同的部门管理,一定意义上影响了监管的统一同步性。

(三)进一步推进"两新"组织反腐倡廉建设的几点建议

(1)尽快统一制定社会领域防治腐败工作指导意见,提高建设的制度化水平。推进"两新"组织有序参与政府和社会防治腐败,需要设立统一、规范的反腐倡廉机构,明确组织设置标准和职责,这是推进"两新"组织反腐倡廉建设的基础。

关于机构名称,笔者认为,社会组织、非公经济组织的反腐倡廉建设与国家机关、国有企业党风廉政建设是有区别的,考虑到社会组织、非公经济组织的特点,在"两新"组织设置反腐倡廉机构,若称谓延用"纪委"、"纪检委"说法,易于与政治领域和党内混为一谈,因此,我们认为不宜笼统称作纪检组织或纪律监督委员会,可借鉴国际社会的做法,凸显其社会领域的社会属性。建议根据党章、《公司法》和《刑法》等相关法律规定,根据企业实际来科学确定称谓和合理设置"两新"组织反腐倡廉机构。

关于组织机构植入"两新"组织的路径,现行一般是借道党组织介入,这种方式的最大优点是对党员实施党内监督,但是难以对"两新"组织高层实施监督。需要依据《公司法》,进一步探索与"两新"组织既有机构的兼容和融合。深圳、苏州工业园区的做法不失为一种良好机制。

关于机构的工作内容、目标、范围、方式方法、措施和制度等方面,我们认为,应与国家机关、国有企业党风廉政建设有所区别,有所创新,不能因循守旧。建议推动"两新"组织反腐倡廉建设工作深入开展应确立以下基本思想:一是以服务发展为目标,即"两新"组织反腐倡廉工作必须服从、服务于社会组织、非公经济组织的生产经营,着眼于保护和促进社会组织和企业健康发展,发挥监督和服务的职能。二是以党内监督为重点维护各方权益和以风险防范为抓手融入企业管理,在防范业务风险的同时注重防范廉洁从业的风险。三是坚持法律规范,行业自律,政府监管的原则,强化政府、行业、社会的三方监管机制,培育"两新"组织的主体性和自组织管理能力。四是以廉洁文化为载体提升形象,即倡导廉洁文化、诚信文化和职业道德，针对党员、企业主和新社会组织负责人、重点岗位人员以及广大职工群众等开展廉洁文化活动，积极营造和谐、廉洁、民主、诚信的企业内部环境。

（2）强化全社会反腐意识和行动。推动公共部门以外的个人和团体，积极参与预防和打击腐败，并提高公众对腐败的存在、根源、严重性及其所构成的威胁的认识。这是"两新"组织反腐倡廉建设能否最终取得成效的重要影响要素。

（3）强化队伍建设，提升反腐倡廉组织工作能力。紧密围绕"两新"组织实际，建立健全非公经济组织反腐倡廉建设人才支撑机制。如，优选骨干力量，加强培训指导，通过解读反腐倡廉形势任务，讲授纪检工作实务知识，邀请有关执法部门、律师等以案说法、以案释纪，开展研讨，交流经验等举措，提升"两新"组织专职干部素质。

（4）强化反腐倡廉工作与其他党建工作共同部署和推进，创新方式方法，提高工作覆盖面和吸引力。如可编印业务手册，介绍各地成功做法，促进"两新"组织相互学习、共同提高。再如，促进"两新"组织健全工作制度，结合实际，探索建立《非公有制企业人员诚信守法廉洁从业工作守则》《新社会组织从业人员职业道德行为规范》，提高"两新"组织反腐倡廉的规范化运作水平。

（5）强化"大纪检"意识，统筹规划和部署各职能部门的密切合作。推进廉洁社会的建立，是一项系统工程，要充分考虑"两新"组织的特点，健全由纪委、组织部、监察局牵头负责的推进"两新"组织反腐倡廉建设联席会议制度，要建立市、区、街、社区推进"两新"组织反腐倡廉建设的组织机制，纪委监察职能部门要加大工作指导力度，促进"两新"组织廉政建设均衡发展。要联合法院、检察院、公安、民政、司法、工商以及工会、工商联、企业联合会等人民团体的力量，形成齐抓共管的联动工作局面。

（6）强化在"两新"组织构建反腐倡廉建设的长效机制。加强"两新"组织反腐倡廉建设，必须要在探索建立政府引导、企业为主，内外协力、上下联动的长效机制下功夫。一是改革和完善反腐倡廉进"两新"组织工作的领导体制和工作机制，保证给予"两新"组织以科学有效的协调和引导。二是进一步加强"两新"组织反腐防腐组织的能力建设。三是建立健全"两新"组织反腐倡廉建设宣传教育工作机制，为反腐防腐营造氛围。四是加强对反腐倡廉建设的投入，包括人才、制度、经费等，尤其着力建立健全防止利益冲突制度和加强诚信体系建设，加大执法监督的力度。五是建立和完善"两新"组织反腐倡廉综合化、社会化的考评机制，以考促廉。

参考文献

[1]《国家预防腐败局2011年年度工作要点》,国家预防腐败局网,http://www.nbcp.gov.cn。

[2] 贺国强在十七届中央纪委第六次全体会议的工作报告,新华网,2011年2月20日,http://news.xinhuanet.com/lianzheng/2011-02/20/c_121101942.html。

[3][4][5] 参见何勇:《改革开放30年党的纪律检查工作高举中国特色社会主义伟大旗帜深入开展党风廉政建设和反腐败斗争》,《求是》2008年第24期;励慧芳:《反腐倡廉:从政治自觉到文化自觉——改革开放30年来中国共产党廉政观念的演进》,《浙江社会科学》2008年第6期。

[6] 毛可斌、吴德、戴网林、蔡轶:《中介机构:是腐败温床还是反腐利器?》,2008年3月5日,http://ssjj.nj.gov.cn/www/jcj/jllw_mb_a39080305711.html。

[7] 参见史德功、戴志祥、朱铭元:《上海:积极开展"两新"组织反腐倡廉建设》,《中国监察》2011年第5期;《上海:"两新"组织纳入反腐倡廉格局》,中国共产党新闻网,2011年1月26日。

[8] 参见何敏:《对玉林非公企业反腐倡廉建设的实践与思考》,《中国纪检监察报》,2011年9月13日。

[9] 参见《深圳市积极探索在私营领域开展预防腐败工作》,国家预防腐败局网,2011年5月16日。

[10] 曾清金:《浅谈非公企业廉洁文化建设》,《中国纪检监察报》,2011年6月3日。

[11]《重庆市南岸区坚持四个"强化",积极探索"两新"组织反腐倡廉新途径》,国家预防腐败局网,2011年6月7日,http://www.nbcp.gov.cn/article/shlyfzfb/201106/20110600013411.shtml。

[12] 许德明:《探索实践破解难题——上海新经济组织和新社会组织工作调研文选(2005)》,上海交通大学出版社,2006年8月出版。

[13] 许德明:《探索实践破解难题——上海新经济组织和新社会组织工作调研文选(2006)》,上海三联书店出版社,2007年8月出版。

[14]《为"两新"组织保驾护航》,上海纪检监察网,2011年2月11日,http://www.shzgh.org/node2/2005jcw/node27/node1444/node1453/u1a21802.html。

[15] 周开让:《发挥社会力量在反腐倡廉建设中的作用》,新华廉政,2011年4月14日,http://news.xinhuanet.com/lianzheng/2011-04/14/c_121304030_4.html。

[16] 辽宁省纪委、监察厅:《辽宁省中小企业厅非公经济领域防治腐败工作调查与研究》,《中国纪检监察报》,2011年8月19日。

[17] 李域:《防治市场中介组织腐败的对策思考——以湖南省市场中介组织为例》,国家预防腐败局网,http://www.nbcp.gov.cn/article/shlyfzfb/

201109/20110900014362.shtml。

[18] 金世国、彭志新、文顺福:《关于加强社会组织和非公有制经济组织纪检组织建设的思考》,国家预防腐败局网,2011年7月18日。

[19][35] 苏州市纪检监察学会:《社会中介组织监管工作的实践与探索》,廉石网,http://www.lianshi.gov.cn/。

[20] 叶先宝:《试析社会中介组织腐败行为及其治理》,国家预防腐败局网,2009年11月3日,http://www.nbcp.gov.cn/article/shlyfzfb/200911/20091100004445.shtml?2。

[21] 林跃勤:《社会中介组织的腐败成因及治理对策》,《中国监察》,2009年第15期。

[22] 中国社会科学院:《社会中介组织的腐败状况与治理对策研究》,中国社科院网,http://www.cass.net.cn/file/20090205217163.html。

[23] 许国鹏:《经合组织〈公约〉对跨国商业贿赂行为的界定及制裁——兼谈对我国反跨国商业贿赂立法借鉴》,《中国纪检监察报》,2011年7月4日。

[24][29]《香港澳门治理商业贿赂给我们的启示》,中国廉政文化网。

[25] 胡铭:《浅析治理商业贿赂的国际联合执法》,《中国纪检监察报》,2010年10月29日。

[26][30] 虢预办:《加拿大市场中介组织监管及防治腐败的特点及启示》,国家预防腐败局网,2010年1月13日。

[27]《完善体系致力建设》,长江网,2009年3月25日,http://news.cjn.cn/htxw/200903/t900711.html。

[28] 李松:《非公经济组织反腐"探路"》,《瞭望》,2011年2月。

[31][32] (美)塞缪尔·P.亨廷顿著,王冠华等译:《变化社会中的政治秩序》,三联书店,1989年7月出版。

[33]《联合国反腐败公约》,百度贴吧 http://tieba.baidu.com/f?kz=60101095。

[34] 何增科:《国际社会反腐败的一些新趋势》,《中直党建》,2010年第12期。

[36][37] 常纪宣、苏纪宣:《江苏省常熟市积极探索非公有制经济组织和新社会组织开展反腐倡廉建设的途径和方法 非公企业引入"廉当家"》,《中国纪检监察报》,2010年5月5日。

[38] 李燕:《"廉当家"护航非公企业发展——基层开展非公企业反腐倡廉建设纪实》,《张家港日报》,http://www.zjglz.gov.cn/html/_wangqianshao/gongzuozaixian/20101215/6325.html。

[39]《苏州工业园区:成立私营部门职务犯罪预防协会》,http://www.js.jcy.gov.cn/readnews.asp?nid=18366。

其他参考文献

1. 中央纪委监察部廉政理论研究中心、中国监察学会:《发挥社会力量在反腐倡廉建设中的作用》。
2. 《规范中介市场,加大惩治商业贿赂力度——部分代表、委员谈治理中介腐败》,《中国纪检监察报》,2011年3月21日。
3. 林跃勤:《社会中介组织是怎样参与腐败的》,《中国社会科学院报》,2009年5月26日。
4. 侯鑫:《关于社会领域防治腐败有关问题的思考》,国家预防腐败局,2011年7月29日。

苏州基层党组织党内民主发展现状及推进建议[①]

党内民主是党的生命,基层党内民主则是党内民主建设的基础工程。"十一五"以来,尤其是党的十七大报告强调探索扩大基层党内民主多种实现形式,党的十七届四中全会又对基层党内民主推进作出了重大部署后,基层党内民主实践因之获得了飞跃性发展,山东"乳山模式"(从保障党员民主权利入手)[1]、江苏"南京经验"、上海闵行全委会运行机制、四川雅安选举和监督等实践探索尤为突出[2]。对苏州而言,"十一五"时期区域经济社会的快速发展也激发了基层广大党员群众发展基层党内民主的热情,各级党组织适时推进,涌现了太仓实行村级党组织、村委会换届选举"双直选"等实践探索[3]。可以说,苏州地区基层党内民主的探索和创新非常活跃。但我们应该看到,随着经济社会的快速发展,基层党内民主在推进过程中普遍出现了一些亟须要改进的新问题,如非公企业党组织在劳资矛盾解决中如何领导工会发挥协商民主作用等,深化这些方面的实践创新,必将有效提升"十二五"时期苏州基层党组织党内民主的发展质量。

一、"十一五"时期苏州基层党内民主发展现状

观照中央要求和兄弟地区的创新实践,"十一五"时期苏州基层党内民主实践主要集中在以下五方面:保障党员民主权利方面、基层党务公开方面、基层党内选举方面、基层党内民主监督方面、党内民主与人民民主互动方面。

(一)以保障党员权利为核心和根本,提升党员主体地位的实现程度

党员主体地位主要体现在党员民主权利实现上,以党员知情权、参与权、选举权、监督权为重点内容,尤其是强调党员对党内事务的参与度。苏州基层党组织主要通过以下方式落实党员民主权利:推进党务公开,健全党内情况通报制度,建立健全党内事务听证咨询制度,党员代表旁听领导班子民主生活会制度,广泛推进在党的重大事项上召开有普通党员及其代表参加的党内听证会、咨询会。如太仓市落实"六权",即完善选举办法,切实保障党员的选举权;推进党务公开,有效落实党员的知情权;规范决策过程,充分保障党

---

① 本文为2010年苏州市委党校党建研究所年度调研课题,著者主持。

员的决策权；开展绩效评议，努力实现党员的监督权；划小基层组织，确保党员的话语权；自定承诺内容，突出党员的自我管理权。再如，吴江市积极试行党代表常任制，探索加强党内民主制度建设，并在代表的产生、代表活动、党代表作用发挥等方面推出了一系列涉及党内民主选举、民主决策、民主监督的新举措。苏州党员代表列席市委全委会，使党员的知情权逐步从党小组、支部扩大到更高层次。

（二）以党务公开为载体，扩大基层党内民主的发展广度

苏州基层党组织在党务公开上的探索主要集中在规范党务公开的内容、形式和程序，公开的内容主要有推选后备干部、发展党员、党员承诺、党内评议、党组织工作目标、党费收取情况等，基本上做到了多层次、多领域、有重点地确定公开内容与项目，而且平台愈加现代化、网络化、智能化。如在创先争优活动过程中，常熟市以"党员行为公示制"为抓手，采取行为"承诺、积分、考评"三公开的形式，量化考核农村党员的日常行为，引导激发农村基层党组织和党员服务群众、服务发展，创先争优的热情。张家港市全面实施"阳光党务"，实现党务公开内容、范围、形式、程序、时限和机制的"六个规范化"，并将党务公开满意度测评、定期交流通报等做法用制度的形式固定下来，科学评判党务公开工作开展情况和工作成效。

（三）以选举制度改革为突破，提升基层党内民主的发展高度

苏州各地围绕党组织、党员、群众这三个重点群体实现多种多样的选举突破。主要是完善党内选举办法、拓展选举范围、逐步扩大竞争性选举等，主要集中在组织建设和干部人事制度改革中。如普遍实行"公推公选"、"公开选拔"领导干部，探索党代表大会常任制，直选镇党委书记和党代表，推行直选基层党组织党支部书记等，目前这些探索大多业已制度化，成为基层干部产生的经常性途径。以苏州市为例，近年来，干部人事制度改革推出了八项制度，民主推荐、民主测评，已经成为干部选拔任用工作的必经程序和基础环节；考察预告、用前公示、试用期和地方党委全体会议无记名投票表决重要干部等制度已经全面推行，公推公选、公推直选、公推差选、差额直选等改革，取得了很好的成效，大力度深化了党内民主的发展深度。2010年沧浪区公推直选的社区党组织的换届选举，全部由群众联名推荐或党员自荐，凸显了党员在提名上的巨大作用；沧浪区在公推公选副科职干部中引入人岗相适度评价，提高了竞争性选拔科学性。

（四）以基层党内民主监督为抓手，深化基层党内民主的发展深度

苏州基层党组织主要是通过党员旁听党委会、党员议事会、党员代表旁听党委全委会、基层党组织书记述职评议会、党员代表列席班子民主生活会等多种形式，进一步发挥了党员在党内事务管理、决策和监督等方面的作用。如太仓市坚持在全市召开推广基层党内民主监督工作暨农村党风廉政建设

制度规范执行现场推进会,动员和部署推进全市基层党内民主监督工作。再如苏州市继实施领导干部离任"阳光交接"后又在全市范围内全面推行党政领导干部任期用人责任审查、编制责任审核、经济责任审计的"三责联审"工作,打出了干部监督的"组合拳",整合了监督资源,提高了监督的权威性。

（五）以党内民主带动人民民主,增强党内民主引领基层民主的示范效度

如苏州沧浪区健全五项制度以党内民主推进社区基层民主：完善社区党员代表议事会议制度,建立社区党员代表建议回复制度,建立社区党组织报告工作制度,建立社区居委会向社区党组织报告工作制度,推行社区党务公开制度。

总之,苏州基层党内民主四方面实践与山东乳山、四川雅安等兄弟地区做法相比,在探索方向、基本内容和做法上有着共通的地方,以制度化建设为中心推进基层党内民主建设,但在广度、深度和系统性上还存在着一定的差异。

二、苏州基层党内民主发展的特点及提升空间分析

苏州基层党内民主循着形式、制度、机制逐步探索,上述五个方面的探索发展体现了五个共性：一是在建立健全制度中扩大民主；二是在拓宽选举方式和范围中扩大民主；三是在干部选拔任用中扩大民主；四是在带动人民民主中扩大民主；五是在方法论上坚持了分层次、稳妥有序以及重点突破,注重了与基层人民民主互动发展。但是,我们还要看到苏州为数不少基层党组织存在主动参与民主的意识相对淡薄、参与民主的途径相对较少、扩大民主的范围相对较窄、民主事项的公开程度相对较低等现象,如下方面"十二五"时期尚待改进。

（一）缺乏基层党内民主发展整体规划,由点到面、上下联动、全面推进的格局尚未形成

目前的实践主要集中在局部领域的试点探索,拓展延伸和联动做得不够,离全方位、深层次、综合性配套推进尚有差距；众多较成熟的做法还没有向机关、学校、医院、企业及社会组织拓展延伸。

（二）组织主导推进过程、党员参与被动现象尤为突出

目前大多实践探索是由基层党组织主导的,甚至存在单纯由党组织或党组织领导人个人主导基层民主进程,作为党内主体的党员大多对党内事务的参与度较低,党员群体被动参与多,参与程度明显不够且参差不齐。如党内直接选举范围小、层次低、党员参加选举的机会少,党代会代表中领导干部占80%左右,一线党员较少,苏州也不例外；再如,现在党内选举中仍有许多做法,便于领导掌握情况及实现组织预设意图,不便于选举人自由表达自己的意志,虽然有的是自下而上地提出候选人,但必须经过党组织再"充分酝酿"和"集中",然后组织党员或党员代表投票,有时在投票前还要通过直接或间

接的多种方式向投票者"打招呼"、讲明组织意图,甚至向投票者提出党性的要求、与上级党组织保持一致的要求。总之,选举是否成功,主要以是否实现了组织的意图为标准,党员权利"虚置"现象较为突出[4]。

（三）一些基层党组织在发展党内民主方面责任感不强,动力不足,工作滞后

基层党组织是发展党内民主的主要责任主体,但不少基层党组织忽视这方面建设,主要表现为一些基层党组织支委一班人对发展党内民主、保障党员权利组织应负的责任认识不到位、工作不到位。如有的觉得发展党内民主,对以后管理工作难度较大;有的只让党员负责任、尽义务却不尊重党员应有的权利;有的缺少畅所欲言的民主氛围;有的对一般侵犯党员权利的行为不屑一顾,认为都是些小事没什么大不了;有的甚至对犯了错误的党员不但不能及时帮助他们正确认识和改正错误,而且还对犯错误的党员存在歧视思想;有的支部委员对不属于自己分管的工作,采取事不关己,高高挂起的态度;有的怕承担责任,什么事都随声附和;有的对说真话、挑问题的党员往往采取压制或不理的态度;有的重要事项和涉及党员工作、生活等切身利益的问题不能及时向党员通报;有的对保障党员权利不能立足岗位深入探索和研究解决的途径和方式;等等。总之,知情权落空、参与决定权难落实、揭发检举权和监督权难行使、选举权和被选举权流于形式大多与基层党组织民主工作不到位有关。

（四）党员民主素质与新形势下加强基层党内民主建设的要求不相适应,党员参与党内事务的能力较弱

当前,不少党员同志民主意识比较淡薄,如有些党员把上下级关系搞成了人身依附关系,有不同意见不敢发表,只满足于听话、肯干,不知道自己在党内有什么民主权利,更不知道如何正确行使民主权利,对党的政策参加讨论有禁忌,还有极少数的党员认为参不参加党组织活动无所谓。

（五）民主集中制原则落实得不够规范,对集中统一还缺乏科学认识,制约了党内民主的发展质量

发展党内民主必须坚持民主集中制,但在实践中,有的把民主与集中看成是党组织实施决策过程中的两个发展阶段,觉得调查论证是民主,讨论决策是集中;有的把党支部研究讨论重大问题看成是"委员民主、书记集中"。在这种实践中,党内民主更多地被视为一种手段,而且往往容易注重的是集中统一的强制性、服从性,这样的民主集中制显然有很大的工具性和局限性。其实,集中统一的基本价值取向不是按照个人意志、少数人的意志集中,而是看是否按党和人民的意志去集中统一,基层党组织往往漠视对集中统一本身进行必要的价值评判。

（六）党内民主带动人民民主的示范效应不够大，还有很大的提升空间

基层党内民主建设的现状与当下社会民主发展形势存在不相适应的地方，尤其是有的农村基层党组织、社区基层党组织、非公经济基层党组织、新社会组织基层党组织发展民主的态势滞后于公民社会成长。这些基层党组织尤其要积极适应经济社会的管理体制创新步伐，推动自身工作机制的创新，切实体现党内民主的优势和示范效应，体现党的政治优势，发挥基层党组织的政治引领作用，保证经济社会的健康发展。

三、"十二五"时期苏州进一步推进基层党内民主的建议

可以肯定，"十二五"时期苏州现代化发展步伐将会更快，政治民主化是现代化不可或缺更不容滞后的重要方面，苏州政治现代化的挑战将更加艰巨，民主政治的发展要求更高。目前，党的十七大和十七届四中全会对基层党内民主推进有着重大期盼和政策安排，而且，经过"十一五"的探索和积累，可以说"十二五"时期苏州全方位推进基层党内民主的时机业已成熟，我们必须进一步科学审视基层党内民主发展高度和节奏。基于苏州基层党内民主的发展现状，建议从以下方面探索党内民主建设的新路径，开辟党内民主的新空间和新境界，提升苏州基层党内民主建设的发展水平。

（一）各级党委要从战略高度科学谋划基层党内民主发展的整体规划

推进基层党内民主是一个系统工程，各级党委要从各领域、各环节审慎把握推进的时机、力度、广度和深度，系统化规划民主建设框架与内容，使各领域各环节的基层党内民主建设有序可控、不断深化，形成由点到面、上下联动、全面推进、互相促进、整体发展的格局。建议要切实履行党建责任制，继续加强组织领导，营造推进基层党内民主建设更好环境，在党内生活的各个方面全面推进党内民主；苏州应科学确立基层党内民主发展的内容、程序、机制等，推动区域基层党内民主建设率先全面发展，成为发展基层党内民主的先行地。

（二）继续分层次全面拓展基层党内民主建设的空间

1. 党务公开要有更大的推进步伐

建议大力度全面贯彻中央《关于党的基层组织实行党务公开的意见》，推行更大力度党内改革开放，推进党内民主深化和常态化。如深刻改变有选择的党务公开，注重事前、事中公开，将现在的有选择公开转入全面公开，促进党内各项工作公开化成为常态，向随时公开、全程公开、双向多渠道公开延伸；可在机制加大力度探索，如建立党务公开质询制度，巩固和完善党组织每年至少两次向党员代表或群众代表报告工作制度，推行当场解答群众质询制度。

2. 平台和制度建设要有更大的尺度推进

首先要更大范围丰富党员实现民主权利的载体和途径，建议着力创新党

员参与管理、监督党内事务的新载体。如市、县(区)、镇(乡)三级党的代表大会作为实现党内民主最重要载体,可以在直接民主、间接民主、代议制民主诸多环节作出科学规划和改进,如提高基层一线代表比例,改善党代表结构;改革和完善候选人提名方式,更大范围引入竞争性民主,扩大选举差额的范围和比例等;建议现阶段全面推进基层支部书记直选,更大幅度推进党委书记尤其是机关党委书记的党内直接选举;建议探索党员人数在500—1 000名以下的基层党委由党员大会直接选举产生基层组织领导班子[5]。其次,要更加重视制度体系系统化建设,完善党内民主制度运作的一整套程序、规则,并及时将成功的实践经验、探索创新上升到制度机制层面,真正形成全方位全过程程序化、规范化、长效化的运作机制。再次,尤其要正确贯彻民主集中制原则,坚持正确科学的集中,确保基层党内民主的质量。

3. 整合民主资源,更广更深层次上推进党内民主、协商民主、人民民主的联动

建议各类基层党组织要在快速发展的形势面前,不仅要将组织内党内民主发展到新水平,还要思考如何将党内民主与人民民主结合起来,如引入协商民主,尤其要加大非公经济和新社会组织领域党组织的党内民主建设,营造该领域党组织和党员的民主工作能力,尤其是非公经济领域党组织的工运工作能力,民主协商能力,在劳资矛盾凸显中充分及时发挥好在该领域的政治作用。

4. 着力提高党员民主素质,培育党内民主内生动力

建议加大党内民主教育力度,克服党员"不想民主"、"不敢民主"的思想障碍。建议在民主推进过程中着手纠正以下现象:片面强调党员"应尽的义务"、忽视党员"应有的权利"的倾向;片面强调党员是被监督的对象,而忽视党员是党内监督主体的倾向;往往只把党员作为被管理的对象,而漠视党员有一律平等地参与党内管理权利的倾向;往往只强调党员无条件地贯彻党的决策的义务,而忽视党员以多种直接或间接的方式参与党的决策的权利的倾向;要建立落实党员主体地位保障机制,有效克服一些基层党组织中存在的重义务、轻权利,重服从、轻平等,重统一意志、轻主动精神的倾向,要克服党员民主权利虚泛化倾向[6],真正把落实党员的知情权、参与权、选举权和监督权贯穿于党内民主的始终。

5. 提升试点层次,逐步推进基层党内民主向更高阶段发展

如将竞争性民主、协商民主向上延伸,为基层党内民主赢得更大的支撑和保障空间。目前,体现党内权力授受关系的民主机制没有普遍归位,导致实现党内民主缺乏系统的内在动力。建议从区县层面、市级层面加大地方党组织与基层党组织党内民主适时联动,使党内民主在更广领域更高平台与人民民主、政治协商民主互动和共生发展,这对基层党内民主的发展必将具有更大的推进意义。

参考文献

[1] 山东省乳山市委组织部:《对推进基层党内民主建设的探索》,《组织人事学研究》,2010年第1期。

[2] 全国党建研究会课题组:《推进基层党内民主建设做法和问题》,《紫光阁》,2009年第4期。

[3] 引自苏州党建网的报道。

[4] 梅丽红:《党员权利"虚置":党内民主建设必须解决的难题》,《探索》,2005年第5期。

[5] 刘益飞:《发展党内民主的新认识》,《理论探索》,2010年第1期。

[6] 张奎义:《基层党内民主建设存在的问题及对策》,《党建》,2008年第8期。

提升反腐倡廉教育工作实效性研究

——以苏州市为例①

加强反腐倡廉教育是党风廉政建设和反腐败工作中的基础性工作,也是建立健全惩治和预防腐败体系的重要环节。我们党历来高度重视党员干部的廉洁自律,取得了突出成效,积累了丰富经验。与此同时,我们也要看到,反腐倡廉教育的实效性不够理想,不能适应党和国家发展形势和任务的需要,无论是理论上还是实践中都需要作一个系统的审视和反思,本文试从政治方位、实现机理、影响因素、苏州实践、对策建议进行分析。

一、科学认清反腐倡廉教育工作的政治方位

反腐倡廉是世界政治的普遍议题,也是考量各国各党政治文明发展的最直观示标。在我国,由于我党马克思主义执政党的政治属性和全心全意为人民服务的宗旨,反腐倡廉在党和国家政治生活中被赋予比其他国家、政党更为庄严的价值,它承载着马克思主义执政党和社会主义国家的价值追求和形象,在党和国家政治生活中有着极为重要的政治地位。对此若认识不到位,将会严重影响反腐倡廉教育工作的坐标定位和实际成效。

(一)反腐倡廉是世界主流政治文明的核心

反腐倡廉是古今中外政治文明的内在要求,也是人类社会政治文明建设的重要内容之一,对于人类社会政治过程和政治发展有着重要意义。从人类政治文明发展史以及中外学术界对古今中外政治的研究来看,反腐倡廉主要是针对权力运作而派生出来的政治议题,自古以来,作为掌握公权力的政治行为者,公职人员及其群体无一例外都被要求要廉洁自律、道德高尚,进入近现代社会,随着民主政治的不断进步,从根本上愈加明确了公权的来源和归属,对法律的尊崇和遵守以及社会对权力的警惕和限制也使公民权利意识、法治意识不断增强,等级观念、特权思想、官本位做派等落后政治藩篱愈加成为世界各国政治发展革新的对象。在这样的世界政治文明发展趋势中,反腐倡廉愈加成为当今世界主流政治文明建设的当然的选择。

---

① 本文为2013年苏州市纪委年度重点工作课题,李杰同志主持,著者执笔。

（二）反腐倡廉是我们党和国家政治追求和政治建设的形象标尺

我党历史和共和国史表明,清廉的政治文明是我党取得新民主主义革命胜利的基石,也是新中国成立以来取得社会主义建设伟大成就的前提。在改革开放社会主义建设新时期,党风廉政建设一直是党和国家政治建设的重心。这一时期,我党对反腐倡廉在党和国家政治生活中的地位和作用的认识愈加深刻和系统,并且站在社会主义政治文明和政党现代化的角度,将反腐倡廉置于社会主义民主政治建设大框架中去考量,与马克思哲学执政党的性质和宗旨相联系,与社会主义国家属性相联系,细化在社会主义物质建设、精神建设、政治建设、社会建设和执政党建设之中。这种理论上的思考和实践上的探索集中体现在建立健全教育、制度、监督并举的惩治和预防腐败体系的战略安排之中,成为政党文明和国家政治文明建设的形象标尺。

（三）反腐倡廉教育在党和国家廉政建设和反腐败斗争中处于基础地位

建立健全教育、制度、监督并举的惩治和预防腐败体系是我党对反腐倡廉政治文明建设规律性认识的结晶。在这一体系架构和运作中,教育始终处于基础性地位,发挥着基础性作用。这是因为反腐倡廉是信仰教育、道德教育、文化教育及相关能力和技能的统一,说到底就是为了培养公职人员廉政信念,并使之内化为人格修养,最终转化为符合廉政规范的行政行为;同时也是在全社会推崇廉洁奉公的道德风尚,培育良好的政治生态,使制度效能最大化,实现有效监督的政治社会化过程。换句话说,就是培养公职人员和全社会公众对廉政理念从"知"到"信",再从"信"到"行"的运动过程,其中"知"是"知——信——行"必经的至关重要的环节。因此,无论是最大化的充分发挥反腐倡廉教育的能动作用,让教育成为开展反腐倡廉的强大支撑,还是在根本上实现反腐倡廉体系的协调运转,实现惩治和预防腐败的科学发展,都在说明,反腐倡廉教育发挥着教化、导向、约束、潜移的渗透作用,处于基础地位,发挥着不可替代的作用。

二、科学认识反腐倡廉教育有效实现的机理

（一）廉政信念确立的德育机理

反腐倡廉教育本质上是一个德育过程,从德育机理上看,反腐倡廉教育有效与否首先看个体能否真正确立起廉政信念以及能否真正践行廉政信念,即真信、真行。这其中个体廉政信念内化于心又取决于四对矛盾的争决:一是正面灌输与负面灌输谁占上风。二是崇尚廉政,按廉政道德规范行政的社会环境与贪赃枉法、行贿受贿、徇私舞弊成风的社会环境的影响谁占上风。三是社会舆论评价的肯定与否定谁占上风。若一个人按廉政信念行事,受到社会的广泛赞誉时,就会产生自信、荣誉和幸福感,从而更加坚定自己的廉政信念;当一个人按廉政信念行事,遭到讥讽、嘲弄时,就会产生自卑、迷惘和失落感,从而怀疑自己的廉政信念。四是制约机制的正向与逆向谁占上风,若政党和国家对廉政道德规范强制并能够确保严格执行,便形成正向制约,进而能坚定人们的廉政信念和行为。当这种强制力软弱无力或者徒有其表,便会产生逆向制约,进而削弱甚至动摇人们的廉政道德信念。总之,当正面因素压倒负面因素时,才会有助于个体廉政信念内化于心,廉政教育才会真正有效。

(二)廉政理念确立的社会支托机理

从社会环境上看,反腐倡廉教育与整个社会是紧密相连的,社会矛盾、经济结构、价值观念、制约机制是对反腐倡廉教育影响最大的外在要素。当今社会生活中,消极腐败现象极其严重,与廉政教育的要求已经形成了极大的反差,这一反差往往使得廉政理念得不到肯定和褒扬,而且,腐败现象的滋生和蔓延一定程度上动摇了一些人的廉政道德信念,它的消极作用抵消了廉政教育的效果。

(三)廉政理念确立的运作机理

从反腐倡廉教育自身运行看,若反腐倡廉教育工作开展得不系统,不全面、不彻底,缺乏针对性、缺乏创新,形不成党风廉政建设宣教的大格局,党和全社会动员不起来,廉政教育的基础作用自然就会得不到有效发挥,其工作成效必然是有限的。

二、科学总结反腐倡廉教育的苏州实践

苏州市结合本地社会经济发展和党员干部实际,以廉洁精神为基石,以反腐倡廉教育体制和制度为保证,积极创新教育的方式方法,建立了一套较为完善的、独具特色的地方反腐倡廉教育体系。

(一)建立专门的廉政制度,完善反腐败工作机制

惩治与预防腐败,必须依靠法律,依靠合理的制度和体系建设;但是,再完善的廉政法律制度也不可能无遗漏地囊括一切有关廉政问题,与此同时,必须进一步加强反腐倡廉教育,形成坚实的廉政道德基础。苏州市在深入调研试点的基础上,明确了构建反腐倡廉教育机制的四项原则和"一个体系、三项机制"的工作思路,在健全完善反腐倡廉教育制度的过程中,逐步建立并完善了专门的廉政机构、反腐败领导体制和工作机制。"四项原则",即整体谋划、统筹协调;以人为本、按需施教;贴近实际、注重实效;完善制度、健全机制;"一个体系",即健全以领导干部为重点的分类分层次教育体系;"三项机制",即建立以促进干部健康成长为目标的教育管理机制、以崇廉尚洁为取向的社会引导机制、以强化责任落实为重点的工作保障机制。按照党风廉政建设责任制的要求,苏州市各级党委把对领导干部进行反腐倡廉教育纳入党的建设和党的宣传教育总体部署,在市委全会工作的报告、《全市思想宣传工作意见》和《全市党员教育工作意见》等各级文件中都明确年度反腐倡廉教育,形成了各有关部门协同抓的工作机制,形成一级抓一级,层层抓落实的工作格局。

2013年，苏州市委专门下发了《建立完善苏州市反腐倡廉教育机制的意见》，按照"党委统一领导，党政齐抓共管，纪委组织协调，部门各负其责，依靠群众支持参与"的领导体制，出台教育主体分工负责制度，建立和完善大宣教格局，形成齐抓共管的良好工作态势。苏州市反腐倡廉教育由纪委牵头，组织部、宣传部、市中级人民法院、市委党校等24个部门组成党风廉政宣传教育工作联席会议。联席会议成员单位根据职能，分解任务，落实责任，立足全局，密切配合，形成反腐倡廉宣传教育的强大合力。各新闻单位、社会团体、基层组织等单位共同参与协作，反腐倡廉宣教工作在人力、物力、财力等各个方面得到保障。目前，苏州正处于"苏州市廉洁文化建设工作第二个五年规划"期间，各机关、社会、企业等组织部门在《苏州市廉洁文化建设工作第二个五年规划（2011—2016）》文件的指导下建立了行之有效的工作机制。在党委、政府及相关部门支持下，高校、党校的力量得到了高效的运用，纪检监察机关内部的作用得到有效发挥，极大促进了反腐倡廉教育工作健康有序地开展。

（二）围绕"廉石"品牌，协调创新反腐倡廉宣传教育形式

苏州具有深厚的廉政文化传统，其中尤以"廉石"为代表（苏州文庙的"廉石"来自三国时期的苏州名人陆绩。陆绩在广西为官，两袖清风，回乡时船上无物可载，只好装了一块大石头压船，后人敬仰其清廉，将这块石头刻上"廉石"两字以为纪念）。苏州市在反腐倡廉教育工作中以廉石为基，不断协调并创新着反腐倡廉宣传教育形式。去年下半年，苏州市宣传室、教育室合并为宣教室，确定了"三个转变"的工作理念，即转思路、转方式、转作风。2012年11月和12月，先后召开了全市宣教工作会议和党风廉政宣传教育联席会议，对落实"三个转变"进行了研究落实。今年3月，再次召开联席会议，修订并由市委办公室印发了《苏州市党风廉政宣传教育联席会议制度（修订）》。

在专门的廉政制度指导下，苏州反腐倡廉教育以协调联动为基础，以系统的思维、整体的观点，整合反腐倡廉宣传教育的各种资源，形成宣传教育工作合力。在反腐倡廉教育工作过程中，苏州市各级领导主动贯彻落实委局机关作风建设推进会精神，转变工作理念，加强组织协调，整合各地资源，实现共同策划、资源共享、成果共用、联动推进。2013年苏州市以"廉石之光——2013年苏州市反腐倡廉宣传教育十大行动计划"作为全市反腐倡廉宣传教育工作的重点和主线，整合市级机关、条线部门的宣教资源，充分发挥联席单位各部门的积极性和优势，统筹协调，资源共用，成果共享，形成工作合力，取得了共赢的效果。

苏州市反腐倡廉教育立足"体现时代元素、体现勤廉元素、体现故事元素、体现苏州元素"，以弘扬"廉石"精神为主线，结合当地实际相应开展群众喜闻乐见、参与性的活动，以形式多样、喜闻乐见的表演形式，倡导廉洁文化，

力求达到事半功倍的效果。目前,"美好家园,廉洁是福"廉洁文化进社区活动在全市全面推开;"中国梦廉石颂"系列活动得到了社会各界广泛的积极的参与,其中廉政书画摄影征集巡展活动共征集省内外报送的廉政书画摄影作品 2 450 多件,其中有 55 位书画名家创作的 60 件作品。活动被《中国纪检监察报》、新华网、中央纪委监察部网站等各级各类媒体广泛报道;《前车之鉴(五)》、警示教育片《贪之祸》《廉石印象——2012 年主流媒体报道苏州纪检监察工作汇编》《廉石印迹——全市廉洁文化建设示范点工作选编》《廉石》杂志等,一系列生动活泼的反腐倡廉影片、刊物的涌现,在社会上取得广泛反响。此外,《廉石风采——委局机关作风建设提升年演讲活动侧记》已形成样稿;"廉石之光"廉政微电影(微动漫)创作展评活动官网上线暨微电影《一线之间》已经开动。报纸、电视媒体、户外显示屏、气象专栏等载体得到充分运用,39 个省级 244 个市级廉洁文化建设示范点,创 9 个廉政教育基地,优选的 6 条廉政文化专线,丰富的廉洁文化使得廉石之光在处处闪耀。

苏州市充分利用现代技术,构建全面宣传教育平台。全市初步建立了涵盖 79 个市级机关部门的"每日一测试一提醒"网上在线教育平台,每个机关干部每天都会接受测试或提醒,目前正在进一步优化提升该平台。各市、区正抓紧建立在线教育平台,高新区、张家港、昆山、太仓已经建成并投入使用。"廉石视点"发布重要观点,"廉石网"、"寒山闻钟"开展联动报道,及时的回应及处理跟踪切实联系社情民意,促进了社会和谐。适应新时期宣传的新特点和干部群众的新期待的宣传的方式方法,将传统的宣传转化为传播,变单向的施予变为双向的互动,这些反腐倡廉宣教工作,更加贴近百姓生活,直面社会关注,适应受众需要,切实提升了宣传工作的实效性。

(三)建立监督考评机制,保证反腐倡廉教育的导向性和实效性

苏州市注重从健全完善反腐倡廉教育制度入手,积极探索创新教育的方式。在健全完善反腐倡廉教育制度的过程中,注重遵循五个结合,即在工作格局上,统筹协调与齐抓共管相结合;在教育对象上广泛性与重点性相结合;在教育时间节点上,阶段性和经常性相结合;在教育手段上,强制性与互动性相结合;在制度运行上,自体运行与惩防体系运转相结合。

(1)分口负责,落实"三抓",即"抓规划、抓责任、抓分工",确保反腐倡廉教育制度的执行力。全市各级党委按照党风廉政建设责任制的要求,把对领导干部进行反腐倡廉教育纳入党的建设和党的宣传教育总体部署,统一规划,统一部署,统一落实。一把手负总责,亲自抓,分管领导具体抓,各有关部门协同抓的工作机制,形成一级抓一级,层层抓落实的工作格局。把反腐倡廉教育列入年初党建工作计划及年度党建目标管理考核内容,把反腐倡廉宣传教育工作纳入党风廉政建设的重要内容,明确目标,分解任务,落实责任,与党风廉政建设责任制同部署、同检查、同考核。苏州市各级党委(党组)、纪

委(纪检组)坚持和完善廉政谈话制度,采用任前谈话、提醒谈话、诫勉谈话等形式,加强对党员干部的交流沟通、启发提醒和说服教育,谈话教育的体会要求形成文字,存入领导干部廉政档案。畅通人民群众来信来访、干部考核考察、民主评议、党风廉政建设责任制检查等渠道,及时掌握党员干部思想状况和反腐倡廉实际情况。

(2)定期召开成员单位联席会议,市委组织部、宣传部联合下发《党员干部教育要点》,进一步规范廉政法规的日常教育活动。根据《党员干部教育工作考核奖励办法》,对教育落实情况常检查、勤督办、定期通报、单项考核,年终将考评结果作为各单位落实党员干部教育的重要内容,对教育工作成绩突出的单位和个人,给予通报表彰,使分类分层次教育工作实现了从"要我抓"到"我要抓"的转变。机关各室都要承担一定的宣传教育工作任务,并将任务完成情况与本室年终考核挂钩,充分调动了机关各室宣传教育工作的积极性,形成工作合力。

(3)加强反腐倡廉日常教育考核制度,日常教育列入各单位党风廉政建设责任制年度考评目标。苏州市通过建立廉政学习制度,开设"菜单式讲座"等形式,强化对党员领导干部的自我教育和党政一把手"一岗双责"意识。各级党政一把手带头上廉政党课,学习情况与领导干部年终学分考核挂钩;上级部门组织专门同课组和考察组检验上课内容和效果,对上课情况进行考察,廉政党课教案和课堂现场照片等档案材料报各级纪委宣教部门备案。反腐倡廉教育的工作制度被详细划分为三个部分,即面向领导干部的党风廉政建设教育制度、面向全党全社会的反腐倡廉宣传教育制度和面向全社会的勤廉文化建设制度。按照分类分层次的培训对象,提高针对性,确保培训收到实效。各级纪委监察局建立领导干部廉政教育培训档案,对领导干部接受廉政教育培训实行登记制度,领导干部参加廉政教育培训学习情况纳入领导干部年度考核内容,并作为其廉政鉴定的依据之一。

科学合理、切实可行的反腐倡廉教育考核制度,既做到面向领导干部,又做到面向全党全社会的普通党员群众,将反腐倡廉的意识和规范固化为价值观念,转化为自觉行为,打牢反腐倡廉教育的基础。

三、科学认识影响反腐倡廉教育实效性的相关因素

无论在政党、国家的政治文明建设的框架中,还是在反腐倡廉体系的协调运转中,反腐倡廉教育都处于基础性地位,应该发挥着能动的政治作用。在实践中,不可否认,无论是苏州一域,还是全党全国,虽然我们为之付出了努力,但成效并不令人满意。细究其因,反腐倡廉教育实效性主要受制于以下三大方面因素的影响。

(一)主体认同不够到位,态度消极

突出表现在两方面:一是对反腐倡廉教育的地位和作用认识不够到位。

相当一部分人存在廉政教育无用论、虚功论的认识误区。认为廉政教育是虚的、软的，查案才是硬的、实的，搞反腐倡廉教育本身是做虚功，不如查案来得快、影响大、效果明显。二是党员领导干部重视不够、示范不足。一些领导往往把教育当成软任务，无论是思想还是行动都重视不够，或表现为推进力度不够，导致教育工作松散无力；或表现为仅把教育工作视作上级组织交代的阶段性任务，应付式对待，教育的全面性和持续性大打折扣；或表现为有些领导干部的言传身教出现缺位，不能率先垂范。中央明确规定，党风廉政教育的重点对象应是各级党员干部特别是党员领导干部，由于从事反腐倡廉宣传教育工作的绝大多数人是领导干部，他们往往以教育者自居，很少首先作为被教育者自觉接受教育，有的甚至不参加廉政教育，久而久之导致最应该接受反腐倡廉教育的领导干部游离于教育之外。而且，一旦教育者自身出了问题，教育的效果也就大打折扣。

（二）反腐倡廉教育规律驾驭不到位，运作失效

针对性不强。从教育学角度看，反腐倡廉教育属"德育"范畴，被教育者的认知结构对教育效果起主要作用，教育一定要考虑被教育者的认知结构，应该科学实施分类分层教育。但在实践中，反腐倡廉教育往往上下一般粗，一锅煮，忽视被教育者的差异性，没有做到有的放矢，没有把教育与解决党员干部党风党性党纪方面存在的问题相结合，与解决群众反映的热点难点问题相结合，存在"走过场"的弊病。如党员与群众，党员群众与党员领导干部，年轻党员干部与阅历丰富的中高级领导干部等，应该进行差别教育；再如对党性修养还需坚定、人生观价值观尚不稳定、思想活跃的年轻干部而言，进行案例教育时，若对作案手段、过程描写十分详尽，就可能出现负面效应。

系统性缺失。从认识论和实践论角度看，反腐倡廉教育是面向全党全社会的系统工程，既不同于一般思想政治教育，又不同于单纯的道德教化，它融道德性、政治性、文化性为一体，不仅受施教者、受教者个体因素等内因的影响，还受政治制度、文化传统、社会环境、风俗习惯等外因的综合影响，必须全面科学系统化施行之，而且，作为一项经常性工作，还要讲究教育的连续性、持久性和多元联动，才会持续有效。但在实践中，往往"一阵风"，孤立状开展教育，缺失反腐倡廉教育社会化（如有人认为面向全社会的廉洁教育是"领导生病，群众吃药"，完全没有必要）；缺失单位教育与自我教育、家庭教育、社会教育的联动；缺失政治学、伦理学、教育学、文化学、传播学等领域客观规律的利用，形不成固化和累积效应，对广大干部群众触动不大，效果不好。就是拿党校、干部学院等党员干部反腐倡廉教育的主阵地来说，也还存在着党风廉政教育课程体系的设计缺乏系统性、完整性问题。

强制性弱化。从政治学角度看，反腐倡廉教育带有很强的政治性，党员干部必须参加，带有一定的强制性色彩。但在实践中，这种特质未能得到充

分体现,自律和他律都不够到位,弱化了反腐倡廉教育的政治性。不能突出教育鲜明的政治性和强制性,肯定会削弱教育的效果。实践中经常存在雷声大、雨点小,虎头蛇尾,只布置没验收,只有讲话、没有兑现等考评机制严重欠缺的现象,再加上当今处于转型期,往往存在行政手段弱化,法律手段尚未跟上,舆论手段因缺少行政手段的支持显得没有力度,执行不力追究不严等现象,很大程度上失去了他律的制约作用。这样,就对受教育者形不成压力,可参加可不参加,可践行可不践行,自然影响了教育效果,导致干部群众对反腐倡廉教育产生失望情绪。

多样性欠缺。反腐倡廉教育是将廉政理念内化于心、外化于行的德化过程,教育方式和教育内容必然是多元的,简单、刻板去处置,必然会扼杀教育的实效性。如,基层党组织是开展反腐倡廉教育的主要主体,但现在大多基层党组织在开展教育活动时主要以学文件为主,手段单一、传统、陈旧,特别缺乏更现代化、更综合、更生动、更活泼的教育形式和方法,教育的吸引力和感染力显然要大打折扣。

规范性空缺。实践中大多单位和组织施行教育的方式没有形成规范,弹性大、随意性强,没有规范就硬化不起来,自然难以强化教育效果。以党校为例,安排学员进行党性修养分析是廉政教育的经常性手段,但在实践中仍没有形成规范性运作机制。另外,党校、干部学院、媒体、公民社会、纪检监察、学校等载体之间的协同、互动缺乏规范性安排,党的建设和大众教育之间也统筹不够,这些状况自然分散和弱化了教育效应。再者,教育、制度、监督三者之间缺乏规范,存在相互脱节的问题,教育仅抓教育,教育没有用制度进行规范,也没有很好地运用监督的成果来抓教育;就制度抓制度,制度订得多,用制度抓教育少,没有很好发挥制度的监督作用。

科学性和创造性欠缺。从内容上看,反腐倡廉教育涉及多学科多理论,教育受众涉及党和全社会,必须讲究教育体系和教育内容设置的科学性。但在实践中,这些方面都得不到细化,自上而下、党内党外一个样,缺乏创造性和特色,这一点已成为反腐倡廉教育低效的主要硬伤所在。

(二)社会环境功能薄弱,支撑乏力

世界反腐倡廉的实践证明,要使反腐倡廉教育功能得到充分发挥,必须与改造社会环境联系起来,要有坚实的廉荣腐耻的社会环境和公民文化的支撑。但现实来看,我国当下社会上大量存在与反腐倡廉相悖的低俗现象,如,家长制、官本位、享乐主义、个人利益至上的思想盛行;对腐败现象容忍漠视、麻木不仁;贪廉观念扭曲和错位,独善其身者被视为迂腐;人们普遍存在羡腐心态,庸俗关系学得到推崇等,甚至成为一种社会公民文化,这都增加了反腐倡廉宣传教育工作的难度。再者,中国历史上缺少一种民主的政治文化,如在民俗习惯中,对贪污贿赂属于腐败一般是没有争议的,而对请客送礼则视为礼尚往来,至于对公款吃喝之类则认为是工作上的需要,根本不把它当作是腐败。公民普遍严重缺乏现代公民意识,反腐倡廉政治文明自然难以获得深度认同、共鸣和践行。

四、科学探寻提升反腐倡廉教育实效性的对策

影响反腐倡廉教育实效的因素是多方面的,在方法论上,我们必须系统辩证分析,建议从以下角度去克服。

（一）坚决落实党建责任制,强化教育的刚性和权威性

坚决落实党建责任制,以党员干部为重点加强反腐倡廉的强制性教育。一是强化领导的责任意识,把反腐倡廉教育贯穿于每个党员干部的工作之中,把教育的责任落实到每个岗位、每个党员干部的身上。二是强化党员干部灌输教育的强制性,尤其是发挥党组织的权威和力量,"逼迫"领导干部接受廉政教育,用加强教育的强制性来提高针对性,提高廉政教育的权威性。三是强化领导干部示范带头效应。

（二）着力加强干部教育的制度化建设,增强反腐倡廉教育的规范性

进一步加强反腐倡廉教育制度建设,加强和改进教育培训工作,建议中央制定关于加强全党全社会反腐倡廉教育的意见,统领全党全社会反腐倡廉教育工作,在全局上以提高反腐倡廉教育的规范性,并将规范性上升为制度,以制度明确教育目标、落实教育责任、规范教育内容、拓宽教育领域。

（三）深入研究廉政教育规律,提升教育的针对性、系统性、科学性和创新性

创新反腐倡廉教育理念,特别在以下层面大力革新：一是注意层次和类别,分层分类实施、全面推进岗位廉政教育,针对不同行业、不同年龄、不同岗位人员的教育要有所区别,如,新党员、新录用公务员、执法执纪人员、新提拔领导干部、国企领导干部、高级领导干部、即将离（退）休干部、党外干部等都是受教对象,但各不相同,需要区别对待,精心设计,切实增强教育的针对性。二是要遵循个体认知规律,讲求个性与共性统一,掌握领导干部接受廉政教育的心理,从干部的思想底线、廉政底线抓起,强调教育的通俗性,讲透"腐败不值"的道理,使一些干部远离腐败。三是从政行为的规律出发,增强教育的及时性和导向性,适时开展教育活动。四是提高教育的超前性和预防性,要抓住重点人、重点对象,可通过提醒、劝告、正式谈话,书面警告,纪律处罚,适时开展反腐倡廉宣传教育。五是要实施终身教育,有计划地对党员干部进行终身党风廉政教育,提高反腐倡廉教育的系统和长效。

（四）积极培育公民意识,强力营造反腐倡廉教育的社会环境

以香港廉政公署为例,其成立30年来,最大的功劳就是通过宣传让市民知道了政府公共服务应免费获得、应公平公开地分配,从而彻底改变了以往政府服务中存在的腐败恶习。香港的经验告诉我们,一是要开展公民权利意

识教育和国民素质教育，教育公民依法享受各项公共服务，依法维护自己的权利，鼓励公民抵制公职人员索贿受贿行为。二是要充分发挥公民意识对政府及其干部队伍的监督制约作用，在全社会形成人人追求公平正义，敢于监督、乐受监督、支持监督的社会文化。三是政党和政府要确保公民的思想和言论自由，保证信息自由流动，支持和鼓励人民群众利用信访、举报、申请行政复议、进行行政诉讼等监督形式，同腐败行为作斗争。四是各种社会组织特别是新闻媒体要切实负起监督的责任，通过强大的舆论监督，防范权力滥用和腐败。五是要强化社会自治自律，培育各职业阶层的从业人员恪守职业道德、依法诚信经营的职业文化，推动商业道德建设。六是定期组织一定范围内的干部群众对领导干部廉洁自律状况进行评议。多管齐下，在全社会筑起一道廉洁自律的防线，增强反腐倡廉的自觉性。

（五）开阔视野，深刻审视影响教育实效的其他相关致因

不能"就腐败讲反腐败"、"就廉政讲廉政"、"就教育讲教育"，还要以辩证唯物主义和历史唯物主义哲学思维洞悉影响教育实效的其他相关致因，如经济体制、政治体制、文化体制、社会体制，包括党的执政体制和领导方式。要从更高层面注重加强社会主义市场经济体制改革和建设，注重民主政治制度建设，注重社会主义先进文化特别是廉政文化建设。只有社会整体进步了，全民族的思想道德文化水平提高了，才能最终解决好廉政教育有效的问题。

（六）花大力气进行理论和实践问题的研究

要提高党风廉政教育的效果，就必须花大力气进行理论和实践问题的研究。理论思维的高度决定实践的深度。因此，要深入研究党员干部群众廉政心理、廉政思维和相关价值取向的发展变化特征，探索他们道德结构形成和变化的规律；研究影响其思想道德状况的社会因素以及个人与环境之间的互动关系，探索有效的党风廉政教育模式；研究国外公务员道德建设的成功经验，从中进行借鉴；等等。

关于基层党员干部理想信念状况的调查与思考[①]

理想信念是共产党人的政治灵魂,是共产党人经受任何考验的精神支柱。对理想信念坚贞不渝是我们党的强大政治优势,不仅对保持党的先进性纯洁性有重大意义,而且对中国特色社会主义事业的兴衰成败关系极大。党的十八大也把"坚定理想信念,坚守共产党人精神追求"作为党的建设八项任务之首。为摸清基层党员干部理想信念的底情,切实提高党员理想信念教育的针对性和实效性,我们课题组,以"关于基层党员干部理想信念状况的调查与思考"为题,先后在苏州市委党校春季主体班(县处班、正科班)和张家港塘桥镇、相城区望亭镇两地农村群众中发放问卷350份,回收问卷201份;集中2天时间分两组随机走访了相城区望亭镇鹤溪社区、望亭迎河村等,张家港塘桥镇韩山、周巷、鹿苑、妙桥等6个村的普通党员和群众;召开2场座谈会,座谈对象包含村支部书记、党务工作者、普通党员和群众。调研样本具有一定的典型性和代表性,基本反映了当前基层党员干部理想信念的基本状况。

一、当前基层党员干部理想信念的基本现状

(一)总体上看,当前基层党员、领导干部理想信念状况的主流是积极、健康、向上的

调查问卷显示,对"新时期党员干部的理想信念应包括哪些内容",受调查的领导干部中,70.1%选择"坚定的共产主义政治理想",59.9%选择"坚定的马克思主义信仰",81%选择"坚定的中国特色社会主义信念",说明党章把"具有共产主义远大理想和中国特色社会主义坚定信念"作为党的各级领导干部"必须具备"的"基本条件",基层党员领导干部对此绝大多数有明确认知;58.5%认为日常生活中的大多数党员干部能够体现先进性要求,57.8%认为自身能够体现先进性;对"与身边的党员干部交流比较多的理想"一题,68.7%选择了"中国特色社会主义事业"。59.1%赞成坚定理想信念比增强能力更重要,93.9%认为坚定的理想信念有助于更好地开展工作,87.1%认为理想信念状况与党的先进性和纯洁性相互关联。受访群众均表示家庭生

[①] 本文为2013年苏州市委组织部、市委党校联合调研课题,著者为主要执笔人。

活、地方发展比过去有很大进步、变化,说明群众对中国特色社会主义实践成就的认同和肯定。调查表明,绝大多数党员干部对理想信念的认识明确,他们对马克思主义有比较普遍的认同,对中国特色社会主义事业有着高度认同,对坚定理想信念的重要性有着较高认知,坚定党员干部理想信念具有坚实的思想基础。

(二)尽管党员干部理想信念的主流是积极、健康、向上的,但也存在着一些倾向性问题,情况不容乐观

调查问卷显示,在调查的领导干部中,有34%认为当前党员干部的理想信念总体上是坚定的,58.5%认为一般,7.5%认为比较缺失;但在调查的群众中,42.6%认为党员干部理想信念坚定,42.6%认为一般,5.6%认为比较缺失。数据虽然都不乐观,但群众认定"坚定"的比率明显高于领导干部,说明领导干部在这个问题上有着强烈的危机意识。具体而言,当前基层党员干部理想信念方面存在以下突出的倾向性问题:

1. 马克思主义淡化倾向

突出表现在对马克思主义信仰认同度低。对"新时期党员干部的理想信念应包括哪些内容",领导干部70.1%选择"坚定的共产主义政治理想",59.9%选择"坚定的马克思主义信仰",81%选择"坚定的中国特色社会主义信念";而群众的选择则依次为8.1%、40.7%、57.4%。这些数据反映,无论党员干部还是党员群众,对"坚定的马克思主义信仰"的认知度最低,说明理想信念教育中对马克思主义经典和原理的教育缺失,而这恰是坚定理想信念的根基。显然,马克思主义教育有着巨大缺位。在走访中我们发现,少数党员干部对共产主义理想也表现出怀疑态度,在子女入党支不支持问题上持无所谓态度。

2. 精神状态弱化

突出表现在认同度低且精神状态不佳,政治迷茫。调查反映,50.3%的党员干部表现出对共产主义的前途命运信心不足,与身边的党员干部交流比较多的理想仅有9.5%选择"共产主义理想"。在理想信念存在的问题上,40.1%的党员干部选择了政治迷茫,77.6%的人选择了精神懈怠;在群众问卷调研中,精神懈怠同样位列"理想信念存在的问题"之首,这一点必须要引起足够重视。

3. 价值追求物化倾向

突出表现在入党动机和目标理想物化。被调查领导干部,57.1%认为干部在思想上出现庸俗化,追求个人享乐、个人名利。在看待当前群众入党动机上,40%认为是因为"容易得到提拔重用";12.2%是为了"个人、家庭的光荣";与周边党员干部谈理想,6.8%选择"房子、车子、票子、孩子";32.7%选择"生活安逸、身体健康"。有49%的党员干部认为新时期党员理想信念教育

应从党员的切身利益出发。如何正确处理个人利益问题被突出地反映出来。

4. 生活情趣腐化倾向

突出表现在庸俗化消极腐败和道德滑坡。在领导干部问卷中，57.1%认为"思想上出现庸俗化，追求个人享乐、个人名利"，25.2%的人觉得消极腐败是当前党员干部理想信念存在的严重问题，党员干部群众一致认为，腐败现象直接影响了群众对党的认同，销蚀了党员领导干部理想信念和对党的忠诚；27.2%认为党员干部出现了道德滑坡。统计数据表明，现在有些党员干部思想要求放低了，理想信念放弃了，无免疫力，生活情趣腐化奢靡，因嫖娼或生活作风问题受处置的党员占总处理比例较大。

5. 模范作用退化倾向

突出表现在群众面前作用不显形象不佳。群众问卷中，49.7%的党员干部认为当前很多干部对消极落后甚至错误的东西不抵制、不斗争，认为"党员意识不强，不能代表党的先进性，把自己等同于、甚至不如普通群众"，说明为民服务意识淡化、沉不下去。座谈时群众反映存在党员的牌子、没有党员的样子，"各赚各的钱，交得起党费带不好头"现象；有的党员对群众工作推诿，工作消极、不讲奉献讲条件；在群众眼里，党员干部对群众要求敷衍、态度强硬，不能深入群众。走访中的半数以上村民对党员干部联系群众、深入基层和工作中的公平表达不满，说明作风上脱离群众较为突出。

(三) 新时期，党员干部理想信念表现出一些新的时代特征

调查中我们发现，以下两点新变化值得注意。

1. 不同年龄和党龄的党员在理想信念的坚定程度上的不同

在走访中，我们发现对理想信念较为坚定的，大多数是基层老党员，他们对党有着深厚的感情，对党无比忠诚，对共产主义理想和中国特色社会主义信念是无比坚定的。而对于广大基层的年轻人来说(包括在家务农、在企业工厂里打工、在外求学的年轻人、开店办厂)，除少数青年对入党表现出积极正确的态度以外，大部分年轻人对入党表示无所谓，他们的父母对孩子入党也表现出了不干涉、不要求。而党龄较短的党员干部，大多数以做好本职工作为主要的信念，领导干部由于受教育的频次高且能注重政治理论学习，状况明显好于党员群众。这些数据表明，不同党龄和年龄，不同岗位，由于环境不同，党员干部的理想信念坚定程度不同。

2. 新时期党员理想信念的评价标准发生变化

调查发现，党员群众和干部的一些反馈也传递出新时期党员干部理想信念评价的新诉求。在新时期衡量党员干部坚定与否的标准上，有29.6%的群众选择了不谋私利，44.4%的人选择了和群众打成一片，而有77.8%的人选择了为民造福。在走访中，超过70%以上的受访者认为党员干部是否具有坚定的理想信念应该主要表现在是否能带领一方百姓致富、奔小康，认为衡量

一个党员干部是否具有坚定的理想信念不是看他是否经常谈论共产主义理想和中国特色社会主义信念,而是能够和群众打成一片,深入基层。这些干部群众的期待和诉求,表明新时期党员干部理想信念的评价标准要强化有新的时代内涵,准确把握党员理想信念以及评价标准出现的新情况、新变化是必要而紧迫的。

二、当前基层党员干部理想信念存在问题的原因分析

部分党员干部之所以在理想信念方面存在上述这样那样的问题,分析其原因,主要有以下几个方面:

1. 从个体因素来看

一是认识不到位。部分党员干部认为理想信念可有可无,只要把分内的工作做好就行了,认为理想信念虚无缥缈,遥不可及。领导干部问卷调查表明,对"坚定的理想信念是否有助于更好地开展工作"有近6%的人认为没有帮助或帮助一般。对"党员干部坚定理想信念比增强能力更重要"观点持基本赞成、有不同意见甚至不赞成达40.9%。二是自主学习不主动。"不注重政治理论学习"达37.7%,对政治理论学习的态度不感兴趣、无所谓的占17.7%,"没有学习的必要"占3.4%。对"党章、党史、党建知识的学习情况",47.6%"比较系统地学习过","学过重点课程和著作"占47.6%,学得很少占4.8%。三是主观改造不自觉。调查表明,党员干部精神懈怠的问题较为严重,说明部分党员干部放松了、甚至放弃了主观世界的改造,从而导致了观念上的错位。

2. 从组织因素看

一是在发展党员问题上,存在入口不严、出口不畅的情况。群众问卷调查显示,对"申请入党的主要动机"是为了"方便找工作"和"容易得到提拔重用"占62.2%;座谈中,很多党员干部群众反映,由于出口不畅,没有及时把一些蜕化变质、消极腐败的堕落分子及时清除出党,反而影响了党的声誉,败坏了党的形象,从整体上影响了党员干部理想信念的纯洁性和坚定性。党员干部和群众调查问卷均表明,超过四分之一以上的人认为"党组织放松了对党员干部的教育管理"是影响党员干部理想信念的一个重要因素。二是教育不够、培训不力,导致了部分党员干部理想信念日益淡薄。这次调查中老党员反映,其所在党组织很少组织党员学习培训,偶尔的一次集中学习也是为了应付形势,书记在那里念报纸,与会党员却在那里抽烟聊天打瞌睡,至于集中学习或专门的党员干部理想信念教育活动则从来没有过。群众问卷调查也表明,对"当前党员干部理想信念教育开展得如何"一题,回答"经常开展,但没效果"、"走过场,成效不行"、"很少开展"占66.7%。领导干部问卷调查也有40.8%的人"认为工作生活中所接受的理想信念教育的机会""很少"或"偶尔"。

3. 从环境因素看

一是市场经济的负面影响突出。领导干部和群众问卷调查表明,"影响党员干部理想信念的外部因素","市场经济的负面效应"均占据之首,分别达79.6%和61.1%。调查中群众反映,干部和群众基本是两个圈子,互不联系,互不往来,有的村民甚至多年都没有见过村里的书记,不知道是谁,村干部都在忙挣钱。有的党员说:"现在搞市场经济,手中有钱是最实际的,理想信念那一套看不见摸不着,离现实生活实在是太遥远了。"二是多元文化和价值观的强力冲击。座谈中党员反映,开放以来,西方各种文化思潮和思想意识蜂拥而至,在这种强力的冲击面前,部分党员干部由于觉悟不高、识别能力不强,致使原来一直所崇尚的思想信念和价值体系发生了坍塌,成为胸无理想、目光短浅、得过且过、没有信念支撑的、低级趣味的庸人。三是腐败现象的负面效应和反向引导。腐败现象就像一种腐蚀剂,它不断侵蚀党的健康肌体,毒化党员的思想,败坏党的形象,从而从根本上动摇党员干部的理想信念。领导干部和群众问卷认同"党内腐败现象使一些党员干部对社会主义前途产生忧虑"的分别达54.4%和38.9%,均位列"影响党员干部理想信念的外部因素"之二。四是在党管舆论上存在一定的误区,舆论的正面导向作用发挥不够,对党员干部缺乏积极健康的引导。调查中金谷村的一位老党员就反映,现在报纸杂志等媒体上宣传反面典型的报道太多了,无形之中对党员干部的思想意识有一种潜移默化的负面作用。舆论上过度宣传误导。

4. 从制度因素看

缺乏保持党员干部理想信念的长效机制。党员干部的理想信念状况如何,不仅与个人因素、组织因素、环境因素有关,还与制度因素有着密切的关系。部分党员干部之所以理想信念动摇,从某种意义上来讲就是因为制度的缺失,没有建立起一整套保持党员干部理想信念的制度化和常态化的机制。一是缺乏学习方面的制度化和常态化的机制。调查中大家反映,党员干部整天埋头工作、忙于应付,除了组织提供的以外,很少有自主学习的时间、精力、机会和平台。二是缺乏专项教育培训的制度化和常态化的机制。现有的教育培训不是没有,但既不系统、也无重点,往往流于形式;并且在时间上得不到保证,缺乏连续性;在内容和方法上陈旧单一,缺乏科学性和规范性。三是在实践操作方面缺乏制度化和常态化的机制。理想信念只有付诸实践,把它从抽象的教条变成活生生的现实,才能有说服力和感召力,才能凝聚人心和令人信服。因此,有必要为党员干部树立正确的理想信念多建载体,多搭实践平台,使理想信念具象化、实体化,使神圣的观念通俗化和社会化,并使之成为理想与现实之间的牢固纽带和桥梁。四是在考核激励方面缺乏制度化常态化的机制。理想信念属于观念形态的东西,是一种无形的力量,如何考核,这是一个值得研究的问题。但是不考核又是不行的。究竟怎样才算有理想信念？党员干部究竟要有怎样的言行和表现才称得上理想信念坚定？这就需要建立一套可操作的、衡量和评价的标准。

三、加强基层党员干部理想信念建设的思考和建议

（一）思考

基于当前基层党员干部理想信念方面存在的问题、症结以及调研中党员干部群众的呼声，我们认为，在坚定党员干部理想信念上迫切需要在两大方面实现与时俱进。

1. 创新观念，科学看待党员干部理想信念建设问题

我们认为，基层党员干部理想信念方面所凸显的问题和致因在全党都具有普遍性，解决这些问题，单靠教育这一视角已不能应对当下党员干部理想信念出现的新变化。理想信念虽然指向未来内化于心，但必须外化于行体现在当下，它是一个系统的、动态的认知过程、知行统一的过程，需要远近结合、虚实并重、知行统一、理论联系实际，不能仅仅侧重教育，局限在思想建设之中，而更应该把理想信念实实在在延展到党的建设和党的事业各个方面和各个环节中去，使之真正达到入脑入心入行。这就需要我们在党建观念上，把"教育"提升至"建设"高度，以更为宽广的"建设"思维去谋划加强党员干部理想信念问题，用"建设"思维去统合党建各方面中的理想信念建设要素，只有这样，才能应对当下党员干部理想信念方面出现的新变化，这也是理想信念教育在"全面提高党的建设科学化水平"背景下拓展提升的必然表现。

2. 确立评价标准，有效引导理想信念落地生根

通过调研，我们强烈感受到，坚定理想信念有一个必须"落地生根"的问题。内化于心、固化于制、外化于行、建之有效、信之有力，每个环节都必须要落地生根，而积极的评价机制则更有助于理想信念"落地生根"。调研中我们发现，党员干部群众一致认同，判断党员干部理想信念是否坚定，不能光看其怎样说，更多的还要看其怎样做。

怎么评价"做"？根据党员干部群众呼声，我们认为：一是做到"三个评价"相结合。可以通过党性修养加强自我评价，结合民主评议做实组织评价，突出作风业绩引入群众评价，在自我评价的基础上，突出组织评价和群众评价，更注重群众评价，并做到三者的有机结合。二是评价标准必须具体实化。新时期衡量党员干部理想信念是否坚定，通过问卷、座谈和随机走访，我们获得的意见较多集中在：政治坚定，清正廉洁，为民服务，先锋模范作用和业绩显著，言行如一，在个人利益与大局利益发生冲突时自觉地放弃个人利益，困难时期、关键时刻能够经得起检验和考验等方面。群众调查显示，党员干部理想信念评价要素在实干、为民造福的业绩表现，亲民务实廉洁的作风表现、顾全大局、立场坚定的政治表现，奉献无私高尚的品德表现四方面最为集中和强烈。

（二）建议

基于上述两点思考，我们对加强和改进基层党员干部理想信念建设工作提出如下建议：

1. 强化理想信念教育，侧重以完善基层党员干部理想信念教育体系为突破口，做到"内化于心"

针对党员干部理想信念存在的问题和致因，我们建议，要按照党的十八大提出的"抓好思想建设这个根本"、"抓好党性教育这个核心"、"抓好道德建设这个基础"，以各级党组织尤其是各级党校为主阵地，针对党员干部理想信念存在的问题，建设形成符合马克思主义原则、富有时代内涵、积聚苏州特色的理想信念教育体系，其中包含分层施教的组织责任体系、内容体系、平台体系，分类分层推进基层党组织党员干部理想信念建设，形成丰富多元多层次的教育供给，切实解决理想信念教育供给短缺、不力的问题。建议要以党校为龙头为主阵地，编撰基层党员干部群众理想信念教育读本，开发系列课程：马列主义基础理论教育（突出唯物史观教育和经典著作学习）、中国特色社会主义理论体系教育（突出理论路线方针政策教育）、中国特色社会主义实践教育（突出基层"两个率先"伟大实践）、党史党性党风教育（突出国情教育、革命传统教育）、道德修养教育、实践体验教育（英模引路、警示教育、红色导向、基地教育）、反腐倡廉纪律教育等。

2. 注重实践养成，侧重以完善党员干部理想信念的实践体现体系为突破口，做到"外化于行"

理想信念具有实践性，绝不能只停留在教育层面，把抽象的理想信念建设做实在，必须"外化于行"。调查问卷表明，65.3%的领导干部和57.4%的群众都一致把"搭建坚定党员干部理想信念的实践平台"视作"加强党员干部理想信念教育"的第一位关键因素。"理想就在岗位上"、"信念就在行动中"，坚定共产主义远大理想和中国特色社会主义共同理想，说到底，就是理想信念建设要贴近时代旋律，要把这种坚定性自觉体现到为实现党的基本路线和基本纲领而不懈奋斗的具体实践上，要把理想信念融入地方发展、岗位任务中去体现，切实转化为推动工作落实的具体行动，体现到为民服务上去，体现到讲党性、重品行、作表率、清正廉洁上去，要直指当前基层党员干部理想信念存在模范先锋作用退化等问题。望亭镇项路村的党组织和党员队伍就是一个好的典范，党员普遍有入党光荣感自豪感，他们以优秀的发展业绩为民谋幸福，赢得了群众高度认同，也影响和带动了青年人积极申请入党，多年来没有一名党员受过处分处置。张家港塘桥非公经济党委通过商会沙龙把非公企业个人创业、企业集群发展、地方发展、国家发展结合起来，影响和带动了接班的"富二代"能把个人理想、企业发展与国家发展联系起来，更影响他们对党的认同。根据党员干部群众的呼声和期待确定权重，分层级建立基层党员干部理想信念的评价体系;各级党组织要善于总结各领域先进基层党组织经验,结合组织建设和党员教育管理,每年根据党建目标和任务,细化分解、做实做细本单位本组织党员干部理想信念的实践体现工作手册,结合个人评价、组织评价、群众评价,建立健全考核评价标准,指导和促进党员在岗位工作中践行理想信念。

3. 优化制度机制,侧重以完善党员干部理想信念建设的长效机制为突破口,做到"固化于制"

针对存在的问题和原因,理想信念建设要坚持经常抓、长期抓,促进其常态化和制度化,以科学制度作保障促进正确的理想信念的养成。加强组织改进:一是强化入口出口机制促进理想信念纯洁;二是要与干部的选拔任用相结合,考察注重德,把理想信念坚定、党性坚强、作风优良的好干部选拔到各级领导班子中来,使理想信念教育起到事半功倍的作用;三是完善定期的思想分析制度,建立党员个人自我修养机制,促进党性锻炼和党性修养;四是要建立长效的教育和培训机制、管理和监督机制、奖惩激励和考核评估机制,尤其是对党员干部政治品质和道德品行进行单项"体检"和全面"普查",把群众测评、干部互评、部门评议、领导点评等方式,将职业道德、社会公德、家庭美德和个人品德等隐性指标显性化,用制度和机制促进理想信念建设落实在行动上。

4. 创新方法途径,侧重以阵地建设、方式方法创新为突破口,做到"建之有效"

理想信念建设如何建之有效受党员干部欢迎?必须围绕针对性、实效性下功夫。一是抓好阵地建设,创建品牌,如通过"红色驿站"、"党员联系户"等一系列党建品牌,发挥基层党组织的带领、组织、引导作用,重视并强化党校培训教育主阵地作用。二是以正面宣传为主,媒体应该多一些积极正面的引导,少一些反面典型的宣传;多一些旗帜鲜明的主张,少一些模棱两可的报道。同时,辅以道德谴责、法律惩罚、警示教育等反面教育警醒心灵。三是注重以人为本,改革空洞说教,以党员干部方便、易行、易懂、生动的方式推行理想信念教育和实践。四是重视载体多元,把党组织优势转变为学习教育优势,可推广张家港的主题教育(三信教育、三观教育、三创教育、警示教育、示范教育、纪律廉政教育)、主题活动(学习党章、学习中国特色社会主义理论三个自信、学习党史发扬优良传统和作风、向人民学习)、"五老协会"、红色家园、党员联系户等创新载体、方式,开展形式多样、丰富多彩的教育活动。

5. 融入党的建设各方面,侧重以认真解决执政党自身建设存在问题为突破口,做到"信之有力"

党员领导干部理想信念建设在党的建设中具有极其重要的地位与作用,它贯穿在党的建设的各个方面,也需要党的建设其他方面给之以公信力。面对执政党自身建设存在的问题影响党员领导干部的忠诚、影响党的公信力等现状,建议以改革创新精神加强党员干部理想信念建设,以认真解决其自身建设中存在问题为突破口,将理想信念建设融入以下工作并形成联动,进而提升理想信念建设的公信力。第一,融入作风建设,要积极应对各层级的不正之风、形式主义、官僚主义特别是腐败现象对理想信念建设的影响。第二,强化党性和宗旨教育,提高党员领导干部党性修养,增强其宗旨意识,夯实理想信念之基础。第三,融入党的制度建设,构建党员干部理想信念确立的长效机制,把理想信念教育与思想建设、组织建设、作风建设、反腐倡廉建设、制度建设有机结合起来,贯穿到加强对党员教育管理监督的各个环节,标本兼治,规范管理,不断从源头上解决党员干部理想信念存在的突出问题。第四,融入党内各类评价激励环节,把党员干部的理想信念教育作为考核党的执政能力、评价领导班子思想政治建设的重要内容,纳入创建党建工作先进单位和文明单位的考评范围。

另外,我们还需要重视三个问题:一是要重视教育者素质提升;二是注重理想信念在各阶层新生代中的传承;三是重视和加强全社会理想信念教育。这些问题的解决将对党员干部理想信念建设予以有力支撑。

附:

关于党员干部理想信念的调查问卷

理想信念是对未来的向往和追求,是奋斗的目标和精神的支柱。为准确认识和把握我市党员干部理想信念状况,加强和改进党员干部理想信念教育,我们特进行本次调查,请您如实填写,衷心感谢您的支持!

本课题调研组
2013 年 4 月

1. 您的性别:☐ 男　　　☐ 女
2. 您的年龄:☐ 30 岁以下　☐ 30—39 岁　☐ 40—49 岁
　　　　　☐ 50 岁以上
3. 您的职级:☐ 处级　　　☐ 科级
4. 您的政治面貌:☐ 中共党员(党龄:☐ 5 年以下　☐ 5—9 年
　　　　　　　☐ 10—19 年　☐ 20 年以上)　☐ 非中共党员

5. 您认为,当前党员干部理想信念的总体状况如何?
　☐ 坚定　　　☐ 一般　　　☐ 比较缺失　　　☐ 不清楚
6. 在日常工作生活中,您所接触的党员干部能否体现先进性?

☐ 大多数　　☐ 一部分　　☐ 很少　　☐ 没有

7. 在日常工作生活中,您认为您自身能否体现先进性?
☐ 能够　　☐ 基本能够　　☐ 不能够

8. 您与身边的党员干部交流比较多的理想是什么?
☐ 共产主义理想　　　　☐ 中国特色社会主义事业
☐ 生活安逸、身体健康　　☐ 房子、车子、票子、孩子

9. 如果您是党员,请问您当初入党的动机是什么?
☐ 为实现共产主义而奋斗　　☐ 更好地为人民服务
☐ 个人、家庭的光荣　　　　☐ 有利于找工作
☐ 有利于个人升迁　　　　　☐ 其他

10. (接上题)您目前的理想信念与当初入党动机是否有变化?
☐ 没有变化　　☐ 稍有变化　　☐ 较大变化　　☐ 完全不同

11. 您认为,当前群众申请入党的主要动机是什么?
☐ 为实现共产主义而奋斗　　☐ 全心全意为人民服务
☐ 找工作方便　　　　　　　☐ 容易得到提拔重用
☐ 其他

12. 您认为,坚定的理想信念是否有助于更好地开展工作?
☐ 有帮助　　☐ 没有帮助　　☐ 一般　　☐ 说不清楚

13. 您赞成"党员干部坚定理想信念比增强能力更重要"的观点吗?
☐ 赞成　　☐ 基本赞成　　☐ 有不同意见　　☐ 不赞成

14. 您对党章、党史、党建知识的学习情况是:
☐ 比较系统地学习过　　☐ 学过重点课程和著作
☐ 学得很少

15. 您对政治理论学习的态度?
☐ 感兴趣　　☐ 不感兴趣　　☐ 无所谓

16. 您认为,部分党员干部不重视理论学习的原因是什么?
☐ 缺少学习的平台和机会　　☐ 工作繁忙,没有时间
☐ 没有学习的必要　　　　　☐ 内容空洞,脱离实际工作
☐ 教学方法陈旧、枯燥,流于形式

17. 您认为,当前党员干部理想信念存在的主要问题有哪些?
☐ 政治迷茫　　☐ 精神懈怠　　☐ 消极腐败　　☐ 道德滑坡

18. 您认为,当前党员干部理想信念缺失的主要表现有哪些?
☐ 对共产主义的前途命运信心不足
☐ 对消极落后甚至错误的东西不抵制、不斗争
☐ 思想上出现庸俗化,追求个人享乐、个人名利
☐ 参与宗教和封建迷信活动

☐ 党员意识不强,不能代表党的先进性,把自己等同于、甚至不如普通群众
☐ 其他

19. 您认为,影响党员干部理想信念的外在因素主要有哪些?
☐ 市场经济的负面效应使一些党员干部人生观价值观发生扭曲
☐ 当前教育、医疗、住房分配等方面存在的突出矛盾,使一些党员干部产生失落感
☐ 党内腐败现象使一些党员干部对社会主义前途产生忧虑
☐ 党组织放松了对党员干部的教育管理
☐ 其他

20. 您认为,影响党员干部理想信念的内在因素主要有哪些?
☐ 享乐主义　　☐ 个人主义　　☐ 官僚主义　　☐ 主观主义
☐ 不注重政治理论学习
☐ 其他

21. 您认为,新时期党员干部的理想信念应包括哪些内容?
☐ 坚定的共产主义政治理想
☐ 坚定的马克思主义信仰
☐ 坚定的中国特色社会主义信念
☐ 具有正确的世界观、人生观和价值观
☐ 坚持全心全意为人民服务的根本宗旨
☐ 其他

22. 您认为,党员干部的理想信念状况与党的先进性纯洁性是什么关系?
☐ 互相关联　　☐ 作用与反作用　　☐ 决定于被决定　　☐ 主次关系

23. 您平时工作生活中所接受的理想信念教育的机会?
☐ 经常　　☐ 偶尔　　☐ 很少　　☐ 从没有

24. 您对您所接受过的理想信念教育所持的评价?
☐ 满意　　☐ 基本满意　　☐ 不满意　　☐ 无所谓

25. 您认为,加强党员干部理想信念教育的关键是什么?
☐ 注重从党员的切身利益出发
☐ 善于调动党员的情感因素
☐ 培养党员干部对群众的感情
☐ 搭建坚定党员干部理想信念的实践平台

26. 您认为,加强理想信念教育最有效的方法有哪些?
☐ 社会实践　　　　　　☐ 案例分析教学
☐ 课堂专家讲授　　　　☐ 座谈研讨交流
☐ 其他

27. 您认为,如何加强党员干部理想信念教育?
□ 进一步加大理论教育的力度
□ 大力加强革命传统教育
□ 针对不同党员干部实际情况,改进教育的方式方法
□ 正面宣传与反面教育相结合
□ 不断提高教育者的能力水平
□ 其他

28. 您认为党员干部具有坚定理想信念的表现是什么?

29. 您认为衡量党员干部理想信念坚定与否的标准是什么?

改革开放时代的"红色精神"

——对苏州"三大法宝"的再思考[①]

在30多年、恢宏壮观的中国特色社会主义伟大实践中,苏州形成了具有以"张家港精神"、"昆山之路"、"园区经验"为主体的"三大法宝",全国闻名,这是苏州发展核心竞争力的重要组成部分,是苏州改革开放时代的"红色精神",生动体现了苏州共产党人坚守精神追求,始终把人民群众利益放在首位,敢于解放思想、锐意创新,矢志不渝团结和带领苏州人民为中国特色社会主义共同理想而奋斗,真正做到立党为公、执政为民的时代风貌,有力诠释了改革开放和中国特色社会主义道路、理论和制度的正确性和生命力。

一、苏州"三大法宝"的形成发展和内涵实质

（一）张家港精神及其"拼搏率先"的精神内核

张家港精神诞生于20世纪90年代。1992年1月,秦振华出任张家港市委书记。上任伊始,他审时度势,大胆提出"工业超常熟,外贸超吴江,城建超昆山,项项工作争创一流"的"三超一争"新思路。[1]这一思路描绘出了气势恢宏的发展愿景,并且很快在决策层中达成共识。这种自我加压,向强手挑战,把自己推向风口浪尖的大无畏气概,振奋广大干部群众,成为激励全市人民奋发向上的巨大动力。邓小平南方谈话后,张家港人敏锐意识到新一轮发展机遇就在眼前。怎么办？以秦振华为首的市委班子认为,经济要腾飞,思想必先行,只有用邓小平理论武装党员干部和人民群众头脑,着力塑造和弘扬反映时代特点、体现区域特色、富有激励作用的精神,才能凝聚人心鼓舞斗志,才能进一步解放思想、抢抓机遇,才能真正体现共产党人的先进性。他们以此为契机,在总结基层实践的基础上,提出"团结拼搏、负重奋进、自加压力、敢于争先"的张家港精神,这是从拼与抢的实践中凝聚和升华起来的精神。张家港精神契合了人民群众改变现状的呼唤,又是鼓舞士气催人奋进的战斗号角,张家港就此进入一个爆发式发展阶段。从当年"苏南的苏北",到

[①] 如何充分挖掘和利用红色精神资源,进一步增强党性教育的针对性和实效性？苏州市委校近两年来,以"三大法宝"为党性教育教材开发党性实训课程,引导学员深刻思考在改革开放条件下,共产党人的价值追求是什么？党性如何体现？如何做一名党和人民期待的好干部？受到了学员的热烈欢迎。本文为作者课程开发时的研究成果。

迅速晋级全国百强县,再到荣获国家级以上荣誉170余项,张家港精神成为"率先"的"精神品牌"。

在张家港,人民群众一致认为,秦振华同志是张家港精神的重要倡导者,也是最好实践者和示范者。张家港正是因为有秦振华这样的一批能人,才带出一支思想过硬的干部队伍,也正是有这样一批干部队伍,才能将广大人民群众的心紧紧凝聚起来,汇作推动创业发展的强大动力。张家港精神反映了张家港共产党人执政为民和执政富民的崇高理想,显示了张家港共产党人不甘落后、敢争一流的高昂志气,也生动地诠释着张家港共产党人决策果断、抢抓机遇、争作奉献、勇当率先发展先行军的担当精神,这是社会主义核心价值观在张家港的具体体现。

综上,张家港精神体现的是一种解放思想、顺应形势、率先发展、创优发展的时代精神;体现的是一种与时俱进、善于开拓奋进的改革创新精神;体现的是一种求真务实精神;体现的是一种以民为本、甘于奉献的公仆精神;体现的是一种团结拼搏、齐心创业的团队精神,其灵魂是拼搏率先。

张家港精神是苏州率先发展精神的典型,是苏州三大法宝之首。张家港的发展恰是苏州发展的"全息缩影"。苏州从一个山温水软的江南小城,到中国的大工业城市;从一个以园林著称的后花园,到中国引进外来资本、技术、管理经验的前沿热土,小苏州变成大苏州,老苏州融汇洋苏州,每一次发展与跃升,都有拼搏率先之魂在昂然引领。拼搏率先发展,已经成为苏州前行的主旋律。可以说,张家港精神是新时期苏州精神的真实写照,也是江苏"创业创新创优"精神的集中体现。

(二)昆山之路及其"开放卓越"的精神内核

改革开放以来,昆山坚持以开放促发展、促改革、促创新,走出了一条属于自己的"昆山之路",率先达到江苏全面小康社会水平,成为全国18个改革开放典型地区之一。今日昆山,被誉为中国百强县之首,是江苏率先发展的一个典型,是全面建设小康社会的一个样板。然而,就在并不那么遥远的1985年,昆山GDP仅7.9亿元,居全省第19位,是经济发达地区的一块洼地。[2]昆山人靠着自己的努力奋斗、自强不息铸就了昆山之路。

回顾历史,"昆山之路"一路走来,不断带来生机和转机,主要经历了五个阶段:第一,20世纪80年代,"昆山之路"开始了奠基阶段,实现"农转工"的历史性跨越。第二,1992年小平南方谈话前后,"昆山之路"步入开创阶段,昆山紧紧抓住国家实施沿海开发开放的机遇,以超凡的胆魄自费创办开发区,成功地走出了一条"富规划、穷开发、滚动发展、逐步到位"的自费开发之路,适时提出"东依上海,西托'三线',内联乡镇,面向全国,走向世界"的发展思路。他们借梯上楼,借势发力,大力发展横向经济联合,把上海一些国有企业和"三线"部分军工企业引到昆山,从而奠定了工业发展的基础,开放的大门从此打开,实现了"内转外"的格局性转变。第三,1997年亚洲金融危机之后,"昆山之路"进入拓展阶段。面对亚洲金融危机的严峻考验,昆山"不管东西南北风,咬定开放不放松",强化"昆山就是开发区、开发区就是昆山"的理念,作出"主攻台资、巩固日韩、拓展欧美"的招商策略,并通过建立出口加工区等功能园区、完善亲商安商富商的各项措施,全面改善投资环境,大规模引进台湾IT产业,并由分散发展向各类园区聚合。昆山经济开始进入以电子信息、精密机械制造等为主导的产业发展新阶段,实现"散转聚"的阶段性变化。第四,党的十六大后,"昆山之路"处于提升阶段,这个阶段的昆山,坚持富民与强市良性互动,经济与社会协调并进,外资与民资竞相发展,城市与乡村共同繁荣,环境与发展同步提升。经过全市上下三年多的共同奋斗,率先实现了江苏省全面建设小康社会的指标,基本达到了全面小康社会水平,走出了一条全面建设小康社会的新时期之路,呈现"低转高"的发展新态势。第五,党的十七大以来,"昆山之路"处于提质阶段,呈现"大转强"的发展新趋势。这一阶段,昆山已经进入工业化中后期、经济增长转型期、国际化提升期和城市化加速期。他们坚持率先发展、科学发展、和谐发展,坚定不移地实现富民优先、经济国际化、自主创新、城市化和可持续发展"五大战略",全面增创转型升级、科技创新、现代农业、城乡一体、社会建设、文化建设、生态文明"七大领先优势",不断巩固小康社会建设成果,率先奋进在率先基本实现现代化的征途中。

总的来说,昆山沐浴着改革开放的春风,率先改革、率先开放、率先发展,以自费开发为起点,走出了一条以改革开放为时代特征、以"三创"精神(艰苦创业、勇于创新、争先创优)为强大动力、以全面小康为显著标志、以人民幸福为不懈追求的率先发展、科学发展、和谐发展的"昆山之路"。

这条路具有丰富内涵,概括起来,昆山之路,就是一条率先争先、创新之路;是一条开明开放之路;是一条自主自强之路;是一条合心合力之路;是一条符合当代实际的开放型经济发展之路。这条路催生了"开放、融合、创新、卓越"的昆山精神,而这种昆山发展最可宝贵的精神财富,为昆山之路形成和发展提供了强大的精神动力。

更为重要的是,这条路以创办自费开发区为起点,与时俱进,与日俱宽,是中国特色社会主义伟大理论的成功实践,是全球化时代中国改革开放伟大实践的光辉典范,在江苏和全国树立了县域经济社会全面协调可持续发展的一个样板。

(三)园区经验及其"圆融共赢"的精神内核

苏州工业园区是中国和新加坡两国政府的重要合作项目,1994年5月正式启动,位于苏州城东金鸡湖畔,面积288平方公里,人口25万。1994年到2004年的第一个十年,苏州工业园区经济实力与开发前1993年的苏州市基本相当。十年再造了一个苏州！第二个十年,即到2014年,园区的经济实力将与2003年的苏州市相当,又再造出一个新苏州！园区取得的实实在在的成就,是对区域发展的重要贡献。然而,20年来园区最大的贡献,莫过于为各级各类开发区乃至全国各地展现了一条清晰完整、又好又快的科学发展之路,成为中国对外开放和国际合作的成功范例。

为什么园区起步比其他国家级开发区起步晚了整整十年,但确能大手笔高起点弥合了这十年时空之差？归根结底,在艰苦奋斗的创业历程中,苏州园区虚怀若谷地吸收一切先进国家、先进地区的发展经验,化西为中,化人为我,在和谐、融合中汲取新的发展力量,孕育形成了"借鉴、创新、圆融、共赢"为核心的园区经验。园区经验形成经历三个阶段：

一是园区经验酝酿阶段。1994年5月,园区首期开发启动。在这一阶段,形成配套的体制机制,确立科学的规划体系,组建了市场化的开发主体,培植了专业的招商网络,更为可贵的是,营造了浓厚的创业氛围。园区创业之初,薪酬待遇、工作环境并不好,很多人是抱着实现理想与价值的想法投身园区开发建设。他们不辞辛劳,不计报酬,很少有休息日,在热火朝天的开发实践中,园区人养成了"艰苦创业、乐于奉献、团结拼搏、务实争先"的工作作风,正是依靠这种作风,园区人创造了一流的服务,一流的效率,一流的环境和一流的业绩,逐渐形成了推进跨越发展的精神支柱,同时也为园区经验的形成酝酿了精神要素。

二是亲商理念生根开花阶段。迈入21世纪,园区进入中方控股、加速发展的新阶段。这一时期,最为鲜明的亮点和特色就是亲商理念在园区生根开花结果。亲商理念是开放融合的产物,是苏州工业园区借鉴新加坡经验的精髓,系统学习借鉴新加坡"亲商"理念,是中新两国政府合作开发园区的成功之笔。园区人经过长期的磨合与实践,将亲商理念概括为"开放融合、尊商惠民、创新创优、和谐共赢"的政府理念,并结合实际借鉴新加坡经验,相继编制了80多项体现园区特色、与中国现行体制相衔接、与改革方向相符合的规章制度和管理办法,用一整套规章制度把来之不易的"思想观念革命"成果规范下来,延续下来。这些制度规范,涵盖了城市规划建设与管理、勤政廉洁的政府和公务员队伍建设各个领域。

因此,亲商理念是政府地位和角色的转变,是思想观念革命中最深刻、最艰难的一次突破。亲商理念是新加坡公共管理经验的核心,只有当政府成功地提供了一种适于工商业发展的环境,并使这些企业取得比在其他国家和地区更高的投资回报率,才能吸引更多的优质投资,国家经济才能得到快速发展。如今,园区人把"亲商"拓展到"富商"、"安商"、"便民"。从亲商的服务内容上来看,从原来办证一条龙服务拓展到为生产提供配套服务,再到为投资者提供医院、学校、银行等生活方面的配套服务；从服务对象上看,从外资拓展到一般意义的民资,从为外来投资者服务拓展到为创业者服务,从"亲商服务"拓展到"便民服务";从区域上来看,从工业园区拓展到全市所辖范围,拓展到整个政府机关;从服务层面上来看,从观念、服务方式延伸到体制上,实现了"亲商制度化"。一句话,亲商理念把政府、工商业和人民利益三者有机统一,通过发展工商业提高人民群众的生活水平,提高国家竞争能力,促进国家经济的持续快速发展。事实表明,亲商理念是基层置身经济全球化的汹涌浪潮立身法宝,是学习国际先进经验,接轨国际市场,掌握国际惯例的现实选择。而以亲商理念为主体的园区经验,就恰恰是结合国情、接轨国际、博采众长、创新融合的结晶。

三是园区经验锤炼丰富阶段。2004年,顺应园区发展所呈现的外向开放、多样性、包容性,园区经验被进一步拓展提升锤炼为"借鉴、创新、圆融、共赢"[3]。"借鉴"是高起点自主学习,"创新"是高目标自主探索,"圆融"是高品质结合统一,"共赢"是高效益共同发展。其中,"借鉴创新"是园区开发的模式与精神,包含学习借鉴、开拓创新、致精求美、不断取人所长、不断超越自我、不断追求卓越的意境;"圆融、共赢"是园区发展理念与追求,包含开放融合、亲商为民、利益统筹,突出创业和谐、区镇和谐、人与自然和谐,体现率先发展、科学发展、和谐发展的有机统一。此后,园区围绕转型发展,坚持把创新作为第一动力,把发展作为第一要务,把富民作为第一导向,把和谐作为第一追求,统筹推进园区经济社会发展不断实现更大跨越,使园区成为高科技企业集聚的一方热土,成为一座现代化、国际化、园林化的新城。如今,园区的国际理念、本土实践为全国开发区展现了科学发展的样板,开启了从"输入型现代化"走向"辐射型现代化"(从2002年开始,苏宿工业园、苏通科技产业园、苏滁现代产业园、霍尔果斯经济开发区等跨区合作项目,将园区经验辐射全国)的宏伟历程,她所涵盖的融东西方价值追求为一体的智慧必将具有世界意义。

二、苏州"三大法宝"彰显了中国特色社会主义的活力魅力和改革开放条件下共产党人的价值追求

(一)苏州"三大法宝"充分彰显了中国特色社会主义的活力与魅力

苏州"三大法宝"昂然引领了苏州发展取得辉煌的成就。张家港凭借"团结拼搏、负重奋进、自加压力、敢于争先"张家港精神,把一个发展基础薄弱的"苏南的苏北"带进了中国县级市综合竞争力前三甲,实现全国文明城市"三连冠",成为实现经济社会持续协调发展、全国闻名的文明城市[4]。昆山以自费开发为起点,以外向型经济集聚全球资源与要素,以服务型政府提高工作效率和降低交易成本,先行先试,走出了一条"艰苦创业、勇于创新、争先创优"的昆山之路,引领昆山从"基层小六子"跃升为全国综合实力百强县之首,成为全国18个改革开放典型地区之一,实现了由单一农业向全面现代化的跨越式发展,被列为美国哈佛大学商学院研究中国区域发展的样本,收入世界银行为指导发展中国家开发建设的专门教材。苏州园区在短短二十年间,虚怀若谷地吸收一切先进国家、先进地区的发展经验,化西为中,化人为我,在创新、融合中汲取新的发展力量,孕育形成了"借鉴、创新、圆融、共赢"为核心的园区经验,用自身的跨越式发展和转变为各级各类开发区乃至全国各地展现了一条清晰完整、又好又快的科学发展之路,成为中国对外开放和国际合作的成功范例。其实,"三大法宝"就是苏州率先发展精神的"全息缩影"。今天的苏州,以占全国不到0.1%的土地、0.7%的人口,创造了超过全国2%的GDP和地方一般预算收入,实现了全国10%左右的进出口总额和到账外资[5],综合实力位居全国发展前列,经济发展、开放创新、城乡一体、精神文明、社会和谐等领跑全省全国,已成我国全面建成小康社会和率先基本实现现代化的先行军。

在此伟大发展历程中,"三大法宝"昂然引领了苏州每一次发展与跃升,成为苏州发展的一个重大引擎和核心竞争力。苏州在乡镇企业时期形成了"张家港精神",在开发区建设中形成了"昆山之路",在新世纪初形成了"园区经验",可以说苏州"三大法宝"顺应时代发展孕育而成又随时代发展而不断丰富,始终引领了苏州走在时代前列。

引领苏州走在时代前列的"三大法宝"代表着苏州精神,汇聚着苏州力量,坚实地开辟了苏州之路。因此,苏州"三大法宝"是我们深刻解读苏州总是能够率先全国而不断发展、总是能够超越自我而不断创新、总是能够正确选择更高目标而勇往直前的一把钥匙;也是我们深刻认知中国特色社会主义道路、中国特色社会主义理论体系、中国特色社会主义制度的活力和真理性的一把钥匙;更是我们深刻认知中国道路、中国力量、中国精神,增强道路自信、理论自信、制度自信的一把钥匙。

(二)苏州"三大法宝"生动演绎了改革开放条件下共产党人的价值追求

改革开放30多年来,一批又一批像秦振华、沈文荣、常德盛那样的共产党人,他们既是苏州"三大法宝"的缔造者,又是"三大法宝"的模范践行者,他们坚守共产党人的精神追求,牢记党的宗旨,忠诚党的事业,勇于担当,勇于奉献,勇于开拓,勇于创新创业创优,奋发有为地团结和带领基层人民不断走在时代前列,不断取得经济社会发展一个又一个新胜利,有力诠释了在改革开放条件下,共产党人的价值追求是什么?党性如何体现?如何做一名党和人民期待的好干部?主要体现在:

1. 共产党人要有"坚持向先进看齐,主动向强手叫板,样样工作争一流"的争先进位的事业豪情

张家港,昔日"苏南中的苏北";昆山,昔日基层"小六子",为何能逐步成长为今日走在全国前列的先锋?为什么园区起步比其他国家级开发区起步

晚了整整十年,但却能大手笔高起点弥合了这十年时空之差?首先靠的就是这些地方党员干部对事业的豪情,始终有着一种敢为人先、敢争一流的高昂士气。靠着这种事业豪情,张家港拿到了全国文明城市等82项国家级荣誉称号,园区人创造了一流的服务,一流的效率,一流的环境和一流的业绩,昆山争第一、创唯一,成为全国百强县之首,基层也因之领跑江苏、领跑全国。

2. 共产党人要有"守土有责、舍我其谁、责无旁贷、争相贡献"的敢于担当的政治品格

苏州自古就有敢于担当的传统,曾有过"先天下之忧而忧,后天下之乐而乐"和"天下兴亡,匹夫有责"的担当精神。新时期,张家港大胆提出"工业超常熟,外贸超吴江,城建超昆山,项项工作争创一流"的新思路;昆山提出勇当全省"两个率先"的排头兵;苏州提出做苏南现代化建设的先行军,为全省、全国现代化建设继续探索新路径、积累新经验、做出新示范。正是这种强烈的政治担当品格,驱使苏州总能够率先全国而不断发展,总是能够超越自我而不断创新,总是能够正确选择更高目标而勇往直前。

3. 共产党人要有"不等不靠不要,敢想敢当敢干"、"咬定发展不放松"的团结拼搏的实干精神

昆山开发区起步时,一没政策、二没资金、三没人才、四没技术,但昆山人凭借敢为人先,艰苦卓绝的拼命实干自费创办了开发区;园区创业之初,薪酬待遇、工作环境并不好,但园区创业人不辞辛劳,不计报酬,没有休息日,热火朝天搞开发;当年张家港干部群众上下团结一心,拧成一股绳,劲往一处使,奋不顾身向前冲。更为重要的是,虽然领导干部一任接一任,一棒传一棒,但领导工作始终坚持连续性、开创性,使"三大法宝"在接力中加速,在加速中创新,在创新中发展,体现了苏州共产党人薪火相传、同心协力的团队精神。

4. 共产党人要有"高起点自主学习、高目标自主探索,开拓创新闯新路"的改革创新的时代追求

中国特色社会主义在苏州的生动实践一再证明,改革创新是苏州持续前进的不竭动力,也是新时期苏州率先发展的鲜明特色。30多年来,从推进农村改革、发展乡镇企业,到创办开发区、壮大开放型经济,再到建成全面小康、迈向现代化,都有苏州率先改革创新的身影。正是由于苏州勇于高起点自主学习,高目标自主探索,始终超前谋划新的改革开放思路,通过改革闯路径、开放拓空间、创新求突破,从而不断构筑体制机制新优势,赢取了发展先机。

5. 共产党人要有"人民幸福就是社会主义"、"是共产党的干部就要让人民过好日子"的执政为民的公仆情怀

苏州发展离不开一心为民、无私奉献的苏州共产党人。这其中,有40多年如一日,带领乡亲们艰苦创业、开拓创新、创造"蒋巷奇迹"的常德盛书记;有把昔日沙洲县最小最穷的村子发展成"华夏第一钢村"——永联村的吴栋

材书记;有靠2万元贷款、8根绣花针起家,把一个村办小作坊发展成为拥有总资产35亿元现代企业集团的钱月宝书记;有17年执着奉献,树起外企党建"红色地标"的昆山沪士电子有限公司党委书记陈惠芬[6]……他们一个个坚定信念,始终满怀对苏州人民的深厚情感,胸怀建设苏州的崇高责任,把百姓的冷暖贴在心窝,将苏州人民的利益举过头顶,秉持"是共产党的干部就要让人民过好日子"、"人民幸福就是社会主义"、"努力建设一个不含水分的、人民得实惠的、老百姓认可的全面小康"、"现代化建设的成效最终要由人民来评判"等执政为民、执政富民理念,为维护、发展好苏州人民利益全心全意、鞠躬尽瘁。

参考文献

[1] [2] 王荣主编:《基层精神 "三大法宝"的价值与升华》,苏州大学出版社,2008年。

[3] 施艳燕:《20年园区经验:借鉴为创新圆融求共赢》,《苏州日报》,2014年10月26日。

[4] 中国张家港·首页·走进港城,http://www.zjg.gov.cn/home/infodetail/? InfoID=c1a3b4d8-6b5e-4edc-b125-1f5fe4b84696。

[5]《苏州模式对改革开放具有借鉴意义》,《中国经济时报》,2008年10月28日,http://finance.sina.com.cn/china/dfjj/20081028/11065439147.shtml。

[6] 陈震欧:《树起一座城市的精神坐标》,《苏州日报》,2013年12月25日。

第二篇

公共管理与基层治理

苏州社区建设和社区管理

实践与创新研究[1]

一、问题的提出

自20世纪90年代以来,我国社区建设和管理得到蓬勃开展,涌现了上海卢湾区、南京白下区、沈阳和平区、哈尔滨南岗区、杭州下城区、武汉江汉区、深圳福田区等不同的城市社区建设模式。学术界对此进行了多角度研究,在解构这些模式的经验尤其是动力机制方面成果颇丰。但是,目前学术界的研究多偏重以城市具体社区为个案,揭示的是点上的典型经验,无论在实践中还是在理论上都还鲜见从行政区整体角度来探索囊括城乡不同层次、不同发育水平在内的社区建设和社区管理。如何在科学发展观大视野下,统筹推进同一行政区内不同层次、不同发育水平的社区建设,系统探索富有地方特色、同时又具立体层次的社区建设和管理?这成为实践中和理论界迫切需要解决的问题。

近年来,伴随"两个率先"发展进程,苏州在此方面勇于率先探索,逐步显现出城乡联动、差异化而又整体推进的大发展风貌,城乡社区建设一体化快步发展的特色日趋鲜明,涌现了平江区的社区改革、沧浪区的幸福社区创建、工业园区的现代社区发展、张家港农民社区创建等各具特色的新鲜实践。苏州形式丰富、成效显著的实践创新为我们开展课题研究提供了鲜活样本。

二、苏州社区建设和管理的现状、特色、经验和实践价值

（一）苏州社区建设和管理的现状和特色

依据苏州地域的各类社区经济、政治、文化、社会建设、发展的现状以及社区的发育程度和水平,通过与其他兄弟城市社区模式的比较,我们将苏州社区发展分为城乡两大类四种类型,城市社区包括以平江区为典型的社区改革、以沧浪区为典型的幸福社区创建、以工业园区为典型的现代社区发展;农村社区即以张家港塘桥镇韩山社区为典型的乡村社区创建。

苏州平江区自2006年12月开始,以社区管理体制改革为抓手,架构了四位一体的组织体系,实行社区党组织、社区居委会、社区工作站、社区居民服

---

[1] 本文为2007年苏州市哲学社会科学研究课题,著者主持,项目编号BYJBAB2007027,已结项。

务所各司其职、协调联动的社区工作运作机制。为了确保政社分开的彻底性,平江区政府同步走了四着好棋:一是强力推行了条线工作进社区准入制度;二是进行项目改革和工作流程再造,大规模减轻社区工作负担;三是减负的同时多举措让社区强身;四是加大社区工作人员培育力度,提升他们的社区管理水平。这次改革,触及了城市管理和社区建设中的主要矛盾和问题,也使城市管理体制改革的重点(培育社会服务组织)、难点(政府转变职能)、着力点(公共服务体制建设)更加明确。平江社区管理体制改革最核心的精神是政社分开,让社区从根本上回归自治本位,极大地推进了苏州社会建设迈向政府治理现代化,居委会民主化,服务社会化,居民公民化。

苏州市沧浪区2006年开始推进幸福社区的指标体系的标准化建设("幸福社区"评估指标体系,囊括了社区安全感、环境舒适感、生活便利感、消费放心感、邻里友善感、身心健康感、家庭和睦感、社区归属感等八大类别),多渠道完善社区服务。社区建设还推行"612标准"(社区硬件建设达到六个统一,社区管理达到十二项规范),出台《沧浪区养老机构认定标准》和《沧浪区居家养老认定标准》,促进了各社区主体服务能力的提升,养老服务走向了品牌化、规范化的发展道路。2007年,沧浪区开始推行居家养老虚拟养老院,以其现代、便捷、经济、规范的服务迅速赢得受益群众的一片赞扬。

苏州工业园区湖西社区以其新体制新服务主动接轨国际化,全力推进现代社区发展,使苏州社区建设有了国际视野。湖西社区工委积极借鉴新加坡社区建设经验,社区工作自始就以居民为中心、以参与为导向、以沟通为手段、以活动为载体、以满意为标准、以和谐为追求,营造了"包容、参与、互助、共享"的现代社区和谐氛围,工作理念先进、机制高效。仅以社区工作站为例,三个工作站13名工作人员就承担了辖区内14个社区居委会、19 548户55 000余人,其中境外居民8 000余人的基本公共服务任务。

张家港市塘桥镇韩山社区、常熟支唐镇蒋巷社区是苏州市农村社区建设的典型。这些农村社区创建工作从2005年开始,按照城乡联动、整体推进的基本方针,全部纳入苏州社会主义新农村建设的整体规划,以城市标准规划农村、以社区标准建设村庄、以市民标准培育农民,不断缩小农村社区与城市社区的差距。目前,苏州农村社区服务项目已涵盖法律维权、家电维修、婚育保健、入住办证、家政服务、文明礼仪、文化教育、强身健体等八大系列,普遍形成了"15分钟便民服务圈",社区服务真正全面融入了村民生活之中,得到广大农民的欢迎和拥护。

总体来看,苏州农村社区侧重提供社区服务建设,古城社区侧重进行社区自身能力建设,发育水平较高的园区社区侧重社区发展,这些生动而又差异化的发展典型形成了既与苏州经济社会发展水平相当,又与苏州率先全面建设小康社会、率先实现基本现代化进程相适应、相促进的社区发展格局,以行政区划为一体、差别化共同推进的社区建设模式初具成型,充分体现了苏州的社区建设和社区管理的多样化、民本化、现代化和国际化,充分体现了苏州各类社区建设、社区管理的科学性、系统性与专业性不断增强的态势。

(二)苏州社区建设和管理实践创新的价值意义

我们认为,社区管理体制创新是推动社区进步的强大动力,也是社会管理体制创新的最佳起点。社区管理体制应该包括两个方面,一是政府管理社区的体制,二是社区自治组织内部的管理体制。前者改革的主要任务是理顺关系、明确职责、简政放权、重心下移、强化基层;后者改革的主要任务是按照"自我管理、自我教育、自我服务、自我监督"的要求,构建新型社区组织体系,扩大基层民主,完善社区基本功能,改变行政化倾向。从改革的机理上看,以上述四个类型为代表的苏州社区管理体制改革较好地体现了这一原理。

(1)这次改革既反映了苏州政府行政改革的深化,又反映了苏州社会管理体制改革的深入。改革的一个直接功效在于政府管理社区的体制得到了科学梳理,理顺了政府组织、社区党组织、社区自治组织、社区群团组织和社区民间组织的管理职责及其相互关系,对其行政性管理职能、中介性管理职能、自律性管理职能、自治性管理职能作出了科学界定,还权、转权、赋权于社区。再者,"四位一体"的组织体系构建了比较系统的社区管理体制,实现社区各类社会管理的有机整合,为各主体做到不缺位、不越位、各尽其职、相互配合奠定了体制基础。

(2)这次改革突出了现代化进程中社区改革的两个重要目标即强化政府服务与强化居民自治,体现了以居民需求为导向的现代社会社区治理的价值取向,昭示着苏州城市基层管理从直接管理走向社区治理。可以预见,改革将会极大地推进苏州社会建设的"四化"——政府治理现代化,居委会民主化,服务社会化,居民公民化。

(3)这次改革使社区组织的分工更加明确合理,切实提高了政府管理社会的行政效能,提高了社区组织的管理水平。一是成立社区建设和街道工作协调委员会,整合了社区管理资源,增强了社区管理的执行力;二是职能调整和机构设置改革,提高了办事效率,居民满意率也大大提高。从老百姓角度看,改革彰显了和谐,惠泽了百姓。

苏州四类社区建设和管理有着积极意义:这些社区发展模式与苏州经济社会发展水平是相吻合的,与苏州现代化国际化发展目标是相呼应的,极大地激活了苏州的社会活力,解放了苏州的社会生产力,有力地诠释了党中央关于"推动科学发展、促进社会和谐"的指导方针,有力诠释了苏州经济建设、政治建设、文化建设、社会建设四位一体的现代化发展特色。

三、现代化进程中的苏州社区建设和管理的存在问题和制约因素

依据国际通行的社会现代化发展要素以及建设现代化国际化新苏州的

发展定位,我们认为影响苏州未来社区建设和管理的主要因素有以下方面:

一是各社会主体的公共精神的培育程度以及各社会主体的社会治理意识的强化程度。社区建设和社区管理需要全社会的参与,社会主体意识不强、回应不力必将深刻影响社会建设的效能。发达的公共精神是良好社会治理的决定性因素,但当下大多居民缺乏社区建设的公民意识和公民责任,而这恰是我们现实工作中的薄弱环节,各社会主体的公共精神的缺乏导致了我们难以实现更好的社会治理。

二是市、区、街道三级政府职能的集约组合程度。特别是应进一步推进街道层面的政府改革,让街道的职能定位于城市管理和社区建设,这样才能全面适应城市管理重心下移的需要,更好地促进政府行政性管理与社区自治性管理的有机结合。

三是社区内部管理体制的不足及社区成员自治性的改进程度。当前,苏州各类社区建设不同程度仍带有很强的政府主导色彩,社区的自治能力仍显不足,如社区工作者依赖政府的思想还较重;大多居民游离于社区活动之外;一些驻社区单位平时基本不与居委会打交道,不关心社区工作;社会中介组织尚未真正成为政府职能转移的载体,社会团体等民间组织的作用也未得到充分发挥;社会资本的开发利用不足;这些都制约了苏州社区建设和管理的深入发展。

四是社区信息化管理系统的建立和效能发挥程度。目前,苏州城区社区的信息化建设相当普及,但社区之间的共享、与政府各公共服务平台的共享、与居民家庭之间的共享等方面还存在着隔断,严重制约了社区现代化发展水平。农村社区信息化水平急待提高。

五是农村社区发展平衡程度。目前,苏州农村社区建设离不开集体经济的支撑,同规范化、城市化服务要求相比还有相当大的差距,农村社区综合管理队伍亟待加强,管理水平相对较低,这些因素将影响农村社区建设质量的提高和持续的发展。

六是社区工作人才队伍建设跟不上社区发展需要。目前,大多数社区专职工作者没有社会工作专业的学科背景,缺乏社区工作的专业知识和技能,这是推进社区建设向纵深发展的当务之急。

四、苏州社区建设和管理的现代化趋势及政策建议

从趋势上看,苏州四种类型社区互鉴互动互进将会加快,整个行政区社区进步将会提速:社区建设主体愈加多元化;社区组织体系中的非政府、非营利组织将日趋主导化;社区服务愈加社会化、业态化、民本化;社区管理愈加社会化、自治化;社区文化趋向大众化、多元化;社区教育趋向全民化、系统化。基于对苏州各类社区未来发展趋势的预测,我们拟对现代化进程中的苏州社区建设和管理提出如下政策建议:

一是统筹加强苏州城乡社区建设规划。在率先发展、构建和谐苏州的进程中,苏州已涌现了平江区的社区改革、沧浪区的幸福社区创建、工业园区的现代社区发展、张家港农民社区创建等各具特色的新鲜实践。我们认为,以政府为主导,以行政区划为一体,城乡联动,差别化共同推进的苏州社区模式初具成型。政府需要在此基础上,针对苏州城乡社区不同发育水平统筹规划,并纳入社会建设规划,实行以城带镇,城镇联动,使不同发育水平的社区在社区服务、社区改革、社区建设上互鉴互联互进,推动全市社区建设整体快速发展。尤其要抓住苏州城乡一体化建设机遇,建立苏州社区建设和管理的联动机制和互通平台,促进苏州四类社区融合交流,协同进步,尤其要加强苏州城乡社区建设统筹规划,实行以城带镇,城镇联动,重点强化农村社区建设和管理,使不同发育水平的社区在社区服务、社区改革、社区建设上互鉴互联互进,推动全市社区建设整体快速发展。

二是普及和加强公民意识、社会治理的宣传教育工作。党委政府加大引导力度,在各类社区建设和管理中有预见地培育、植入、催生现代社会必需的现代化元素。建议以各级政府为主导,以干部培训、社区教育、市民学校为主渠道,各报刊媒体齐造势,加强社会治理、公民意识的宣传教育工作,培育公民的社区意识和公共精神,增强他们建设社区的责任感和社区归属感。

三是政府社区管理改革仍需深入推进。① 市、区、街道三级政府的社会管理职能需进一步集约组合;② 应进一步推进街道层面的政府改革,让街道的职能定位于城市管理和社区建设,既巩固前一轮的社区改革成果,又进一步全面适应城市管理重心下移的需要,更好地促进市、区、街道三级政府行政性管理与社区自治性管理的有机衔接,各司其职,丰富社区公共物品和公共服务的供给。

四是完善社区工作体系,强化社区自治能力,拓展中介组织、民间非营利组织等社区主体的发展空间,提升他们共建共享的意识,充分发挥以社区党组织为核心的居委会、社区工作站、业主委员会、物业管理单位等社会主体参与社区建设和管理的积极性;鼓励居民根据自己需要、喜好自我组织起来自我服务;结合苏州服务业的扶持政策,大力培育发展社区中介组织;培育社会资本,普遍推行以"项目经费"为核心的运行机制;探索多元化的社区建设投入机制、环境养护市场运作机制以及多元化社会参与机制。农村社区更要注意探索民间组织在农村壮大。

五是整合资源,加强社区社会资本的开发利用,增加社会资本社区服务功能,多思路、多渠道,推进社会服务社会化,促进社区服务向产业化发展。重点发展面向广大居民的各项便民、利民、护民、爱民服务,面向弱势群体的社会救助和福利服务,面向下岗失业人员的再就业服务和社会保障服务,面向社区单位的社会化服务。政府要利用公共政策等杠杆,制定优惠政策,鼓励企事业单位、社会民间组织、个人以各种形式捐赠或兴办社区公益事业,在社区内形成社会福利服务、社会互动服务和市场有偿服务相结合的社区服务网络。

六是加大社区工作人才队伍的建设力度,选拔一批素质较高的大学生充实社区干部队伍,全面提升苏州市社会工作的职业水准。建议政府启动社区人才培训工程,把建立一支高素质的社区工作者队伍,作为组织和民政部门人力资源开发的战略重点,加强社区党组织、自治组织后备人才的选拔、培养和储备,建立社区人才库。

七是因地制宜、循序渐进地完善社区信息化管理系统,不断开发完善社区管理的网络化、数字化功能,为社区管理和社区服务提供更为通畅、便捷、高效的信息化通道。同时,大力度探索信息工程向农村延伸,早日完成城乡社区网的并轨联网,建成覆盖全市城乡的社区管理服务网络。

苏南地区农村基层民主演进的轨迹和逻辑[①]

改革开放以来,中国基层民主颇富创新和活力,在党和政府的推动下,已经建立了以农村村民委员会、城市居民委员会和企业职工代表大会为主要内容的基层民主自治体系。其中村民自治是伴随着农村改革的深入而逐渐出现在中国政治术语之中的,是改革开放以来我国亿万农民在党的领导下的伟大创造之一。广大农民群众在村民委员会这一基层群众性自治组织平台上,依法直接行使民主选举、民主决策、民主管理和民主监督的权利,对所在村的公共事务和公益事业实行民主自治管理,已经成为当代中国最直接、最广泛的民主实践。这一发展格局吸引了众多国内外机构和学者展开研究,也在苏南区域的基层民主建设中得以体现。如美国前总统卡特先生就于2001年9月全过程观察了苏州周庄镇全旺村村委会改选。卡特说,"我认为这是一次非常好的选举","20年前我来过苏州,今天来发现苏州发生了巨变。我看到了中国农村的新面貌,也看到了全旺村的村民已经懂得自己有更多的权利来决定他们的未来"[1]。随着区域经济社会的发展进步,苏南地区农村基层民主也日益扩大,民主的参与渠道日益增多,民主的实现形式日益丰富,初步形成了富有苏南区域特色的农村基层民主形式,这是苏南地区经济社会发展全面进步的一个集中表现和有力证明。

一、苏南地区农村基层民主发展历程、基本内容和实现形式的区域特色

苏南地区农村基层民主建设经历了一个逐步发展进步的过程。

第一阶段,以推动经济管理上的民主为主要诉求内容的农村民主自主摸索阶段。主要指从农村土地承包改革到1988年村委会组织法试行前的这一时期。

这一时期农村基层民主是由农村经济改革启动和引发的。苏南地区的农村与全国农村一样,农村改革迈出的第一步,是实行以家庭承包经营为核心的农村经营体制改革,广大农村普遍实行了以家庭承包经营为主、统分结合的双层经营制度,从经济上保障了农民的生产经营自主权,最大限度维护

[①] 本文为2008年度环太湖经济社会发展研究中心规划课题,著者主持,已结项。

农民的物质利益,充分调动农民的生产积极性。虽然这一改革带来了队为基础的农村经济政治管理体制解体,但此时的苏南地区农村基层党组织在乡村社会仍具有相当的影响力,凭借自身权威,承担了乡村经济、政治、社会管理的大部分职责,发挥了强有力的组织和管理作用。以苏、锡、常为例,在上级党委政府的带动下,包产到户的同时,由镇村党组织牵头,苏南地区广大农村冲破传统计划经济体制的束缚,纷纷利用原有的集体积累,或由政府出面向银行贷款等形式,大力兴办村办工业,实现了农村集体经济自发与市场接轨,此时兴起的集体经济恰是农村改革开放带来的经济民主的直接体现。与其他农村地区在实行联产承包责任制后,有集体无"经济"的状况不同,苏南地区农村集体普遍有"经济"。客观上看,此时的村级党组织基本承担了乡村管理的全部职责,但在此过程中,诸如村级财务如何管理等问题逐步作为显性的突出问题提到全体村民面前。于是,以推动乡村集体经济管理上的民主为诉求内容的农村基层民主政治改革就在苏南地区农村管理中开始萌芽、酝酿和发展,而且,对乡村集体经济管理上的民主诉求如账务公开等成为当时苏南农村基层民主的基本内容,从政治上扩大农村基层民主成为农民维护自身权益的必然选择。但总体上看,这一时期苏南地区的基层党组织仍具有绝对权威,农民的民主诉求尚不能得到规范化的制度保证。

审视这一阶段苏南地区农村基层政治生态的表现,与我国其他村民自治先期萌发地区相比有很大的不同,有着自身特色。如,与广西罗山、宜山地区相比,虽同属农民自我管理的探索,但苏南地区在民主探索的具体内容上还是有区别的。苏南地区村民自治的先期发展主要是村民维护经济权益而引发的,表现为经济民主呼唤政治民主的伴生;广西罗山一带的农民则是为了填补人民公社管理机能下降和生产队、生产大队的瘫痪状态引起的管理真空,率先成立了"村管会"、"议事会"和"治安领导小组"等全国第一批自发性组织,来负责管理当地的各种事务[2]。

第二阶段,村民自治的法制化推进阶段。主要指从1988年村委会组织法开始试行到1998年村委会组织法正式施行前的有组织的试点时期。

1988年6月1日起试行的《中华人民共和国村民委员会组织法》第一次明确规定了村民委员会是村民自我管理、自我教育、自我服务的基层群众性自治组织,使此前农民自主摸索的村民自治有了法律的保障。苏南地区作为东部沿海地区,得益于改革开放政策的深度推进,得益于允许一部分人先富起来政策的大力度推行,市场竞争机制日益向农村渗透,农村乡镇企业得到了飞速发展,广大农民的市场主体意识得到空前增强,1993年至1997年,苏南出现第一次乡镇企业改制潮,有资料显示,80%的江苏乡镇企业参与了这次改革[3],这就赋予苏南乡村更加开放的经济民主权利。伴随乡村集体经济改革的推进,广大农民强烈期望能自主选择自己信任的、懂经济、懂法律、懂政策、擅长管理又有献身精神的所谓"能人"担任村级领导,而村委会组织法的试行,规定了农村社会实行村民自治,这就给广大农民以自主选择带头人的权利,而这恰是农民们积极支持并参与村民自治的一个重要原因。在党和政府着力推进和支持下,苏南地区农村在这一时期村务公开和以民主选举、民主管理为基础的基层民主制度得以普遍推行,其核心内容是赋予广大农民的知情权、参与权、决策权、监督权。此阶段,苏南地区广大农村都勇于超越和创新,使村民自治工作充满活力,其中苏州市的太仓尤为突出,1992年太仓成为江苏省第一个"村民自治示范县",并于1995年、1998年、2003年连续三次被国家民政部授予"全国村民自治模范市"的称号[4]。

从民主选举来看,这一阶段苏南地区农村村委会的选举一般都经历了最初的以乡镇党委确定候选人的等额选举为主,逐渐转到不确定候选人的等额选举,应该说,较之过去的委任制,选举的民主程度在逐步提高,而且还形成了一系列基本做法和程序。以苏州吴江庙港镇开弦弓村为例,开弦弓村1986年进行了第一次村委会选举,这次选举是由庙港乡党委确定候选人,村民投票选举;1989年的换届选举仍然是由乡党委直接提出了候选人,其间虽有少数村民试着提名,但未成"气候";1992年和1995年的两届选举,候选人由村民一人提名十人附议或单位、团体提名,经反复酝酿后确定正式候选人。虽然对村委会的主要人选,乡镇党委应当说有意图,但乡镇党委没有直接提名,在操作时十分强调几上几下,反复酝酿协商,乡镇党委的意图是通过单位、团体提名得以反映的,民主进程显然有了进步[5]。再从民主管理来看,这一时期苏南农村逐步确立了村级民主管理的途径和载体:一是建立和完善村民代表大会制度;二是推行村务公开,建立健全村级财务制度,村级财务公开已作为常规性工作得到落实;三是自治章程、村规民约在管理村级事务中得到广泛运用。

审视这一时期的苏南农村的政治生态,经济改革和政治改革的深入推进再次同时汇聚在苏南地区的农村中,以乡镇企业集体经济产权制度改革为表征的经济民主与以农村基层选举、村务公开为表征的农村基层政治民主得以形成了互动关系,民主的内容和形式都得到了大大拓展,以"民主选举、民主决策、民主管理、民主监督"为主要内容的制度框架逐步建立。苏南地区再次以经济、政治的同步发展体现了中国现代化进程中最为动人的一步,体现了改革开放的市场化、民主化方向。

第三阶段,村委会组织法正式施行以来,以"四个民主"为核心的村级治理开始走向完善阶段。

这一时期,苏南各地农村基层民主建设面临两大发展机遇:一是党的十六大以来,中央深化农村综合改革,积极推进社会主义新农村建设,统筹城乡发展的步伐逐步加大,创新统筹城乡发展的体制机制成为农村基层建设的新内容,这就为农村基层民主建设创设了新的大发展的机遇。苏南地区各地农村在推进农村基层经济、政治民主化进程的基础上,普遍进行农村财产制度、农村基层民主制度、组织制度和乡村管理体制改革等基础性的配套改革,把农村税费制度纳入基层政治体制改革之中;允许农民自发组织不依托任何部门的社区合作和专业合作组织;建立健全各级农村合作组织体系(农协),包括生产合作、运销合作、信用合作;建立规范的合作组织管理制度;制定扶持合作经济组织发展的优惠政策;允许农民将其拥有的股份化的土地使用权和对其他财产的所有权在社区范围内自主变现、退出社区;彻底实行村民自治,由村民大会决定社区公益事业的发展项目、规模和速度。以苏州太仓为例,太仓始终注重把深化农村改革、创新体制机制作为一件大事来抓,通过引导和推动基层"五大合作"新型合作经济组织健康快速发展,推动基层多元主体协同自治,提高村民自治质量,引领农村基层民主发展。至2008初,全市基层各类新型合作经济组织累计已达到310个,其中:社区股份合作社85个,土地股份合作社90个,农民专业合作社63个,投资性富民合作社19个,劳务合作社33个,专业协会20个[5]。二是伴随苏南地区经济社会的快速发展和转型,伴随着城市化、现代化的迅速推进,苏南农村出现了青壮劳力务工多、村区域调整村域大、外来人员激剧上增、老龄化等新情况,这些也为农村基层民主建设提供了新机遇。以苏州为例,苏州市各级政府积极探索以农村社区为单元,统筹城乡发展、完善乡村治理的途径,从2002年开始探索在村级建立功能全面的"社区服务站",延伸村民自治功能,强化农村公共服务,拓展社区服务领域,实行自我服务,这一举措现已普遍推开。实践证明,社区服务站的建立,把村委会工作从管理型转变到服务型,受到了村民的普遍欢迎。

在这样的背景下,苏南地区基层民主建设从基本普及到全面展开,从推进"四个民主"到开展农村社区建设,以村民自治为核心,以"民主选举、民主决策、民主管理、民主监督"为主要内容的制度框架逐步完善,自治组织逐步健全,民主形式更加多样,民主自治理念和技术程序得到推广,"四个民主"被赋予新的时代内容,苏南区域的农村基层民主逐步拓展到经济民主、政治民主、文化民主、生态民主等诸多方面,大大拓展了农村基层民主的广度和深度,如无锡市至2005年上半年,农村村委会依法自治达标率就达到了98%,比目标值高出了3%[7],在改进农村社会治理状况,促进民主政治发展方面都发挥了重要作用。

第一,民主选举基本实现。村委会组织法正式施行,极大促进了苏南地区农村基层民主选举质量的提高,总体上呈现了程序一届比一届规范,民主程度一届比一届透明,百姓满意度一届比一届高、选举成效一届比一届明显的良好态势。仅民主选举就有协商方式、预选方式、候选人直接竞争方式以及"海选"方式等形式。以太仓为例,1983年,太仓市出现了改革开放后由选举产生的第一届村委会。从候选人由基层党组织提名,到以村民小组为单位提议和村民代表复议,再到10人以上村民联名、党组织和群团组织提名,在2000年第六届村委会换届之前,太仓市的村委会选举模式经历了"间接选举"的3个阶段。2000年,选民直接提名,并以得票多少确定候选人;从2003年起,不再预设候选人,而是直接采取无记名投票进行"海选",直接把村和社区的民主选举权交给了村民。

第二,民主管理得到落实。苏南地区农村普遍实行村民代表会议的议事形式,村民代表的产生正逐步依法规范;普遍实行村会计委托乡镇代理,村级的收支预决算、工程招投标、土地流转、民主理财、财务公开、财务审计等制度得到了进一步落实、健全,如苏州市吴中区农村基层民主建设实施六项制度,即村级重大事务民主决策制度、村党组织、村民委员会联席会议制度、民主议政日制度、村级民主理财制度、村干部年度审计制度、民主评议村干部制度,使吴中区农村基层民主建设的内容不断扩大,程序日趋规范,机制逐步健全,富有成效[8]。另外,苏南地区农村普遍建立健全了自治章程和村规民约,范围涵盖政治的、经济的、生产的、生活的,内容具体到人到事,凡涉及村内一切事务均能做到有章可依。

第三,民主决策趋于规范。纵观全市农村基层民主决策,可概括为三个方面的特点:一是制度制定的民主化。自治章程或村规民约在制定过程中,普遍通过村民会议或村民代表会议讨论决定,是全体村民共同意志的体现。二是决策过程的民主化。村级收支预决算、公益事业建设项目、工程建设招投标、资产租赁发包方案、村内筹资筹劳、宅地安排、计划生育、公共集体福利、收益分配方案等涉及村民切身利益的事务分别通过村两委会联席会议、村民代表会议、村民会议讨论决定。三是绩效评价民主化。村级绩效评价主要包括对人对事两个方面内容。对人是指对村两委会成员为主的村级管理人员的德能勤绩廉进行年度考核,大多数村是在乡镇统一组织下,由村民代表以无记名方式填写测评表,村干部在老百姓心目中的分量一目了然。对事是指村民对村级事务办理结果的认可度,一般由村两委会组织村民代表测评,有的村还走访农户征询意见。常州市出台了民主管理百分制考核办法,实现了由定性考核、粗放推进为主向定量考核、精致运作为主的转变[9]。

第四,民主监督得到加强。总体来看,苏南地区村级民主监督主要通过村务公开民主管理监督小组、民主理财小组等村内群众监督小组的常规监督;通过村务信息、发布会接受村民代表会议的组织监督;通过村务财务公开栏、意见箱收集群众意见,接受群众监督;通过财务审计、村干部任期经济审计等接受经济主管部门的专项业务监督。苏州市平江区以健全基层党组织领导的充满活力的村民自治机制为指导原则,探索建立集党务、村务、财务监督为一身的监督主体——村监督委员会,村监督委员会作为村常设机构,负有监督村干部廉洁自律、党务村务财务公开、村级工程招投标等方面的职责，还规范了工作流程，初步探索了一条党领导下的、符合村民自治特色的、代表村民依法行使民主监督的新路子。

二、苏南地区农村基层民主的发展特色和演变逻辑

透视新时期以来苏南地区农村基层民主发展历程，我们可以清晰得出苏南区域村民自治的发展特色和演变的逻辑。

首先，苏南区域农村基层民主正在由形式民主迈向实质民主。一是在工作重心上从起初组织重建、建章立制逐步过渡到现在走向权利保障；二是在自治形式上，不仅从点到面、从指定到选举、从等额选举到差额选举、从间接选举到直接选举的转变，选举的自由度、公开性、竞争性有所增强，而且从只有选举民主逐步过渡到选举式民主和经常性民主共同推进，民主的广度和覆盖面在扩大；三是在自治主体上从封闭走向开放；四是在可持续发展的动力机制上从政府推进走向群众主导，上述变化愈加体现了民主的实质要义，大大拓展了我国基层民主政治的生长空间，表明民主政治正在内化为亿万农民的社会生活习惯，村民自治已经成为亿万农民政治生活中的一项基本权利和自己创造幸福生活的制度平台。

其次，苏南区域基层民主发展是在农村改革的大背景中完成的，与农村改革是同步推进的，清晰显现了中国农村经济发展与基层民主发展的互动关系。改革始终贯穿一条红线，就是扩大和保障农民的物质利益，维护农民的民主权利。实行以家庭承包经营为核心的农村经营体制改革和苏南地区乡镇企业的兴起，催生了富有苏南区域特色的村民自治；乡镇企业的改制和外向型经济的迅猛发展以及实行以农村税费改革为核心的国民收入分配关系改革，丰富了以"四个民主"为核心的制度框架建设，使苏南地区村民自治制度体系逐步建立，逐步由形式上民主向真正实现民主权利过渡；党的十六大以来，伴随以促进农村上层建筑变革为核心的农村综合改革，伴随社会主义新农村建设，伴随全面建设小康社会统筹城乡一体化发展的步伐，苏南地区农村普遍开展"普选、自治、合作"为主题的改革，"四个民主"有了更为丰富的时代新内涵，农村基层民主建设的质量有了快速提升。

第三，苏南地区基层民主发展进步得益于高效的组织推进。苏南地区地方党委政府始终坚持把村民自治工作摆到重要位置，强化领导，形成合力，坚持党委、政府领导、人大监督保障、民政部门主抓、其他部门齐抓共管的工作格局，这为村民自治工作深入开展提供了强有力的组织保证和工作条件。始终坚持以落实"四个民主"为核心，着力探索建立政府行政管理与基层群众自治"有效衔接和良性互动"的机制，为基层民主不断提高质量和水平营造了发展环境。始终坚持村民自治与农村各项工作相结合，不断推进村民自治深入发展，促进农村经济和社会的共同发展进步。

参考文献

[1] 《卡特观摩村民选举》,《苏州日报》,2001年9月6日。
[2] 徐勇:《中国农村村民自治》,华中师范大学出版社,1997年,第27页。
[3] 《邹国忠再解苏南建议成立中小企业总局》,《第一财经日报》,http://www.jrj.com,2008年12月19日。
[4] 太仓市人民政府:《善于创新勇于超越使村民自治工作充满活力》,苏州市民政网。
[5] 周红亚:《提高村民自治质量引领农村基层民主发展》,中国农村村民自治信息网,2008年6月30日。
[6] 薛和:《江村村民委员会选举个案研究》,南京师大学报(社会科学版),2004年第2期。
[7] 《无锡基层民主自治建设:全省领先》,《无锡日报》,2005年10月26日。
[8] 苏州市吴中区委组织部:《苏州市吴中区农村基层民主建设六项制度》,吴中党建网,2007年2月5日。
[9] 常州市民政局:《常州市社区建设和城乡基层民主建设取得新进展》,常州民政网,2005年6月30日。

公共管理机制的创新与安定有序和谐社会的构建
——苏州政府公共管理实践创新的调查与思考[①]

安定有序是社会主义和谐社会的一个重要特征,它需要有效的公共管理来保证,而且一定时期公共管理的水平和能力直接反映社会安定有序的实现程度。一个民主的、法治的、负责任的、有能力的和有效率的公共管理体系和其运行机制,是一个地方乃至一个国家政治稳定、经济发展、社会进步的重要前提和条件。可见,公共管理是构建和谐社会的关键,苏州协调发展的历程充分证明了这一点。

一、创新公共管理机制是打造安定有序和谐社会的制度保证

公共管理是以政府为核心的公共部门整合社会资源,对社会公共事务进行有效治理的一套制度、体制和机制的安排。这些制度性安排是创造良好的社会环境和秩序、构建安定有序的和谐社会的制度保障。党的十六届三中全会也明确指出,我国各级政府的主要职能是"经济调节、市场监管、社会管理、公共服务",表明了政府职能的共同本质就是要提供有效的公共产品以达到社会的发展、稳定与和谐。

随着改革开放的深入,在实现经济、政治、社会、文化、人与自然诸方面协调发展中,政府负有特殊责任,应发挥关键作用,而这种关键作用的优劣,则主要决定于其经济体制、政治体制及社会的基本运行机制。胡锦涛同志指出,构建安定有序的和谐社会,就是要达到这样一种状态:社会组织机制健全,社会管理完善,社会秩序良好,人民群众安居乐业,社会保持安定团结。社会组织机制健全成为首要因素。鉴于我国正处于体制转轨、社会转型时期,机制比制度和体制更易创新,更具鲜活性。以完善职能、健全法制、优化政策和改进方式等为主要内容的政府运行机制的完善,便成为政府管理创新的重要内容。另外,市场化、城市化、现代化是社会发展不可逆转的趋势,也

[①] 本文系江苏省、浙江省、上海市三地联合发布的、姚尚健博士主持的2008年度哲学社会科学规划课题"长江三角洲区域经济社会协调发展研究系列"中的立项课题"长三角地区公共危机管理联动机制研究"(批准号2008SBG001)前期成果之一,著者执笔。

是我国政府公共管理面临的新课题,势必要在政府公共管理运行机制的各个层面得以体现。

公共管理机制,主要涉及做事的规则,如程序、标准、原则等。在我国,针对传统的政府管理机制,公共管理机制的创立必须围绕政府要代表最广大人民的根本利益,为社会提供公共决策、公共财政等公共产品和公共服务来进行,重点要实现三个方面的创新。一是基本职能实现机制的创新,以保证决策科学化和民主化,人的积极性、主动性和创造性能充分发挥,社会资源能得到有效整合,以及决策执行情况的信息能得到及时反馈。二是保障职能实现机制的创新,建立起权力制约机制、评价机制、考核机制、监督机制、纠错机制和责任追究机制,消除干扰,恢复正常的社会、政治与经济秩序的稳定机制。三是促进发展的机制创新,主要包括对外开放机制,自我发展机制,创新机制,等等。每一种运行机制的建立和正常运作,还需要引入一系列新的管理方式、方法的支撑。如引入听证、论证、绩效测评等方法以强化民主机制、竞争机制、责任机制。

在推进"率先全面建设小康社会,率先基本实现现代化"的历史进程中,苏州各级政府围绕上述公共管理机制进行了多方位的创新探索,推进了政府公共管理能力和效力的不断提升,推进了构建和谐苏州的伟大进程。在经济调节、市场监管、社会管理、公共服务等公共管理过程中,以科学发展促进和谐,以改革开放推进和谐,以先进文化打造和谐,以平安创建维护和谐,"活力苏州"、"开放苏州"、"文化苏州"、"诚信苏州"、"法治苏州"、"平安苏州"、"绿色苏州"等创建活动,有效推进了苏州经济社会的迅速发展,使苏州的工业化、城市化、现代化水平和社会和谐程度走在全国前列,物质文明、精神文明、政治文明建设协调共进,人民生活水平和质量不断提高,为构建安定有序的和谐苏州奠定了雄厚的物质基础。这不仅归功于苏州人民的劳动创造,而且与苏州政府公共管理机制的创新密不可分:工业化进程中,苏州政府逐步调整经济管理职能,由划桨转变为掌舵,并将政府的经济职能逐步限定为经济性公共服务;城市化进程中,苏州政府的社会管理职能得到了整合和显现;现代化进程中,苏州政府倾力打造人民群众的小康生活,公共服务职能不断强化。这些创新和进步为苏州发展逐渐累积了体制机制优势,优化了苏州的发展环境,增强了苏州的综合竞争力,2004年获评CCTV"中国十大最具经济活力城市"。

二、苏州公共管理机制的有效创构,打造了安定有序的发展环境、社会环境和服务环境

近年来,建设法治政府、责任政府、效能政府和服务型政府成为苏州公共管理领域自我创新的目标。为此,苏州各级政府不断更新管理理念,深化行政管理体制改革,创新公共管理方式,拓宽服务领域,完善社会管理和公共服

务职能,增添了构建社会主义和谐社会的体制机制新优势。

(一)逐步建立经济调节机制,从兴办企业为主向服务企业为主转变,打造了安定有序的经济发展环境

(1)顺应市场方向,调节苏州经济发展路径,不断推进苏州经济跃上新台阶。20世纪80年代,苏州基层政府抓住了中国市场化改革的动向,在老体制内率先拉出集体经济与市场接轨,乡镇工业迅速崛起,苏州农村也因此率先成为中国最早脱贫致富奔小康的地区之一。20世纪90年代,务实的苏州各级政府扬弃传统苏南模式,内外并举,进行产权改革,大力发展外向型经济,齐心协力为经济发展搭建新平台,开发区、出口加工区、工业园区、高新技术产业开发区纷纷建成,并产生了集群效应,成为地方经济发展重要增长极,实现了与国际市场的有效对接。进入新世纪,苏州对外开放形成了领先优势,各级政府继续谋划以科学发展观统领经济社会发展全局,正以"有形之手"调整产业布局、优化产业结构、推进产业升级,形成了外资内资民资"三足鼎立"、市区和五个县级市齐头并进的发展格局。

(2)顺应市场规律,以经济手段、法律手段和行政手段调节苏州经济运行的规模和质量。改革开放以来,苏州的经济总量平均以每年14.2%的速度快速增长,支撑和维系这种增长最重要动力之一,就是经济结构的调整和升级。近年来,苏州政府不断完善经济间接调节机制,先后出台了苏州市鼓励外商投资重点产业目录,《关于做大做强民营经济的意见》《关于促进软件产业发展的若干意见》《关于加快市属国有(集体)企业产权制度改革的决定》《关于推进新型工业化进程的决定》《关于促进服务业跨越发展的政策意见》《苏州市循环经济发展规划》《苏州市现代物流规划》等经济发展指导性文件,通过发展规划、财政政策、货币政策、区域政策和产业政策诸种调节方式来加强协调引导,所有制结构、产业结构、农业结构、产品结构、城乡结构、地区结构、劳动力结构、消费结构、国际贸易商品结构等都有了进一步优化,使苏州经济运行无论在规模还是在质量上都有质的提升,成为我国仅次于上海的第二大工业城市。最近两年,全国各地都在加快全面建设小康社会和现代化建设步伐,面对新一轮经济过热,苏州政府主动适应国家宏观调控形势,固定资产投资、房地产业没有强化项目的行政审批,而是把好信贷和土地两个闸门,利用财政政策、货币政策、税收政策等工具,调节行业理性、健康发展。

上述历程中,苏州各级政府逐步成熟地运用经济手段、法律手段和行政手段调节苏州经济运行,实现了苏州经济的持续、健康发展,体现了对经济调节机制的深刻把握和创新。

(二)建立各种市场监管机制,由管企业经营为主向管市场秩序为主转变,打造了安定有序的市场环境

通过对集体经济、市属国有企业的产权改革,苏州各级政府逐步实现了

由管企业经营为主向管市场秩序为主的转变。近年来,苏州各级政府为了营造公平有序的市场环境,在市场监管方面作出了许多艰辛努力,并在监管中提供了亲商优质服务,打造出非常具有竞争力的市场环境,突出做了六方面工作:一是深化行政审批制度改革,坚决取消不合理收费,降低投资成本;二是有重点地开展围绕维护市场经济秩序、营造公平竞争机制为目标的专项执法检查和综合执法检查,严厉打击制售假冒伪劣商品等违法犯罪活动,严肃查处虚抬物价、牟取暴利等不正当竞争行为;三是做好有形建筑市场招投标工作,完善专家评审机制;四是整顿和规范进出口经营秩序,提高通关效率;五是支持金融监管,整顿金融秩序,防范金融风险;六是推进社会信用机制建设,推行服务承诺制、行政赔偿制,构建失信处罚机制,引导社会建立企业、中介和个人的征信系统,鼓励行业组织加强行业自律,创建"全国消费放心城市"。这些创新举措的施行,初步形成了有效的市场监管的体系,营造了公平、公正有序的市场环境。

(三) 逐步建立社会管理机制,由直接管理为主向综合治理为主转变,打造了安定有序的社会环境

社会管理,就是通过制定社会政策和法规,依法管理和规范社会组织、社会事务,化解社会矛盾,维护社会公正、社会秩序和社会稳定。这是现代政府的一项基本职责,是衡量政府管理水平和能力的重要指针。近年来,苏州各级政府围绕实现"两个率先"的目标,把维护社会稳定、加强城市管理和促进社会事业全面发展作为社会管理的重点,积极探索,形成了以政策法规为依据,政府职能部门和相关事业单位为主体的社会管理体系,建立了基层群众性自治组织,发挥了城乡社区自我管理、自我服务的功能,加强和改进了对各类社会组织的管理和监督,基本建立了党委领导、政府负责、社会协同、公众参与的社会管理格局。

(1) 突出服务和效能建设,营造了高效、负责任的行政环境。苏州先后出台了《苏州市建设法治政府行动计划》《苏州市服务型政府建设纲要》《苏州市改进行政机关作风和提高行政效能的若干规定》《苏州市政府信息公开规定》《苏州市行政机关工作人员行政过错责任追究办法》,等等,规范了科学民主、公开透明的行政决策机制和决策程序,完善了行为规范、保障有力的行政执法机制和执法公示制;建立健全了政务公示制、岗位责任制、首问负责制、限时办结制,形成了长效责任追究机制;完善了行政机关效能投诉中心的建设,形成人大代表、政协委员、基层单位及新闻媒体综合评议的行政监督机制;大力发展电子政务,优化行政流程,简化办事程序,建立电子化的政府内部运作体系,建立健全政府信息公开工作协调机制。

(2) 建立社会安全稳定机制,营造了社会稳定的治安环境。围绕"平安苏州"建设目标,不断加强和完善社会治安综合治理工作机制,创新公安、城管、

工商、劳动等执法部门在城市管理中联合执法,减少中间平行管理层次,提升一线执法的效率;建立加强外来人员管理工作机制,建立和完善房屋租赁协作管理机制,加快推进外来人员集宿化管理,建立综合性的外来人员信息管理系统,形成管理合力;加强科技防范建设,不断提高"大防控"水平。在全市范围内建成市、县、镇三级互联互访、资源信息共享的路面治安图像监控体系,全面实施"家庭小技防"工程;深入开展"平安社区(村)"、"平安学校"、"无毒社区"等基层创安活动,形成人人参与的群众安全防范工作格局;建立行政裁决、行政调解、人民调解、信访调处等多元化社会纠纷解决体系。

(3)建立了各种预警和应急机制,提高政府应对处置公共安全和突发事件的能力与抗风险能力。近年来,苏州政府成功应对了2003年"非典"危机、2004年电力严重缺口危机、盛泽水污染事件、防禽流感事件,积累了处置突发事件和应对危机的经验。目前,苏州围绕重点行业、重点领域和重点企业,进一步落实安全生产责任制,坚决遏制重特大安全生产事故的发生。建立起110、119、120联网联动机制,完善了社会信息反馈网络,健全预警预报责任制。

(4)苏州政府还注重研究整合各种社会管理机制,如出台了《关于加快社区管理与服务信息系统建设的意见》,重视社会常态管理机制的进一步完善。

(四)逐步建立公共服务机制,由抓经济为主向抓公共服务为主转变,打造了安定有序的服务环境

公共服务指政府通过公共设施、公共事业和公共信息服务于社会公众,包括为社会提供社会保障、终身教育、医疗卫生、文化体育、社会就业,等等。多年来,苏州市各级政府在提供公共服务方面突出了五个重点,初步形成了全方位的公共服务的体系。

(1)大力发展公共设施。近年来,苏州的公共设施建设投入大,成效显著,高速公路密度达到发达国家水平;农村实现村村通公路并全部达到灰黑化;电力装机容量达到1 000万千瓦,用电需求得到保障;农村自来水普及率达到99%;建成覆盖全市的宽带信息网,网络光纤通达所有行政村。生态建设步伐加快,水资源、山体资源和湿地得到保护,环境质量有所改善,建成了国家环境保护模范城市群、国家园林城市群、中国优秀旅游城市群。

(2)大力发展公共事业。近年来,苏州教育事业全面发展,在全省率先高水平高质量普及九年义务教育,率先基本普及十五年教育,高等教育和职业教育快速发展,劳动力人均受教育年限达到14.5年,进入全国科技进步先进城市行列。优秀传统文化得到继承和弘扬,被确定为中国民族民间文化保护工程综合性试点城市。文艺创作精品迭出,多部作品荣获"国家舞台艺术精品工程剧目"和"五个一工程"奖。广电事业快速发展,有线电视用户超过150万户。健康城市建设进展顺利,疾病预防控制体系逐步健全,医疗卫生条件

不断改善,社区卫生服务中心建设力度加大,社区卫生服务普及率达到96.1%。食品、药品安全监督管理得到加强。强化计划生育管理与服务,人口自然增长率控制在1‰左右。2005年新建全民健身工程3个、全民健身点444个,全民健身活动蓬勃开展,竞技体育成果喜人。

(3) 建立健全良好的社会保障机制。苏州市现已初步建立制度规范、机构健全、体系完备、险种多样、基金来源可靠、覆盖城乡的社会保障体系,城乡保障水平逐年提高。在养老保险方面,形成企业退休人员基本养老金稳步增加机制,不仅全面实现养老金社会化发放,而且还高起点推进了退休人员社会化管理。在医疗保险方面,医疗保险政策体系更趋完善,筹资机制日益健全,初步形成了医疗费用的激励机制和节约机制。农村社会保险走在全省前列,医疗保障覆盖面达95%。苏州各级政府还动员社会各方面的力量,调动各方面的积极性,通过政府和社会相结合,建立社会救助、民间捐赠、慈善事业、志愿行动等各种形式的制度和机制,覆盖城乡的社会救助体系基本形成。

(4) 大力发展劳动力市场,完善就业服务体系,建立促进就业的长效机制。扩大就业是政府的基本职能,苏州各级政府把就业工作当成富民工程的一大抓手,加大就业扶持政策力度,如加强就业技能培训、职业介绍和就业指导,投资开发公益性岗位,建立困难群体的再就业援助基地,多层次、多渠道、多形式扩大人民群众就业、创业。现在,苏州农村普遍建立了创业指导服务中心、农民创业担保中心、农村社区管理服务中心,为群众创业搭建了体制平台。

(5) 全面创新社会事业领域的体制机制,引入竞争机制,改变政府包办社会事业的状况,形成社会力量兴办社会事业的新格局。2004年,苏州开始全面进行事业单位改革,将社会事业领域市属事业单位分为四类分别施行改革,如医院等公益类事业单位以"管办分离"、建立现代管理制度为突破口,城市公共交通等公司化运作单位和专业服务类事业单位则以产权制度改革为突破口,打破事业资源垄断,改变政府财政供给方式,建立起社会事业领域单位新型的法人治理结构、竞争性的人事劳动制度和有效的激励约束制度,形成富有活力和效率的管理运营机制。

二、苏州政府公共管理机制面临的新挑战

苏州公共管理机制的建构有了很大的突破,在构建安定有序的和谐苏州进程中已经发挥了积极作用。当然,从苏州的情况看,从构建和谐社会和实现"两个率先"的要求来看,公共管理机制本身还有许多不完善的地方,再加上传统体制、传统管理理论和理念的影响,仍然面临着许多新的挑战。

挑战之一是,政府职能仍需进一步转变。现时的政府都承担着引领地方经济社会发展的政治任务,加上传统体制以及传统政绩观和发展观仍然起着支配作用,不可避免地打上经济建设型政府的烙印,政府的社会服务功能受到了一定抑制,社会管理和公共服务落后于经济发展,造成了经济与社会发展的不平衡,政府公共管理体系和机制不健全,政府越位、错位和缺位时有发生,"强政府、弱市场"的现象依然存在。苏州也不例外。如何在履行"经济调节、市场监管、社会管理、公共服务"职能的基础上,更好地执行经济发展职能、更好地履行好社会管理和公共服务职能成为苏州各级政府公共管理中的一大挑战。

挑战之二是,社会服务和社会事业相对滞后。受传统的发展理念所影响,政府"重经济,轻社会"的倾向依然存在,在追求经济高速增长时,社会事业的发展难以同步,提供的公共产品数量不够、质量不高,不能满足人民群众日益增长的物质精神需求;同时,原有的社会管理工作机制已经不适应新形势的要求,社会管理和建设滞后,管理漏洞较多,从而带来社会群体性事件明显增多,火灾、生产安全等重大灾害和突发事件还有隐患存在,社会管理水平还有待于进一步提高,社会治安形势依然严峻。在社会保护领域,苏州同样面临着严峻的挑战。

挑战之三是,公共管理的制度保证不够健全。公共管理体制创新缺乏坚实的制度支撑,需要加快建立完善的公共服务制度,主要包括义务教育制度、社会保障与社会福利制度、公共医疗卫生制度、科技补贴制度、公共基础设施建设制度、公共收入与公共支出制度、公共服务参与制度、社会合作制度等。

挑战之四是,弱社会现象比较突出。目前,政府组织同各类社会团体的组织关系还没有理顺,弱社会现象比较突出。理应成为社会建设和社会管理的生力军的苏州社团、行业组织等社会主体,由于发育水平不高、力量不强,还有政府依赖情结,还不能承受和接纳体制转轨、经济转型所移交出来的职责和任务,其社会管理作用的发挥还很不够。因此,苏州各级政府还需要进一步研究如何给予它们制度、体制、环境支持,壮大各种社会主体,鼓励、引导、规范和支持它们发挥社会管理的积极作用。

四、苏州政府公共管理机制的创新和完善

按照构建社会主义和谐社会、实现安定有序的要求,借鉴发达国家公共管理的成功经验,我们认为,下一步,苏州政府公共管理体制机制的创新完善,要突出抓好五个重点。

(一)创新和完善执行经济发展职能的体制机制,继续营造体制机制新优势

实事求是地说,作为发展中国家,政府的经济建设职能还不可能一下子取消,但必须定位在产业结构的调整和升级、企业国际竞争力的培育、区域发展目标的确立、重大基础设施的建设、重大发展项目的规划、区域经济合作的协调等方面。未来发展中,苏州各级政府要以科学发展观统领苏州经济社会发展全局,公共管理要做好以下体制机制创新:要优化经济调节机制,注重产

业发展新格局的建设。不仅合理布局产业分布,加快形成"两轴三带"的产业布局(参见苏州"十一五"规划,沪宁东西发展轴,苏嘉杭南北发展轴;沿江产业带,沿湖产业带,沿沪浙产业带),而且要在结构上进行优化,提升产业层次,调优农业布局,推动制造业优化升级,增创服务业发展新优势,重点支持一批有自主创新能力的民营企业集团和民营科技企业做强做大,建设资本市场,活跃产权市场,发展土地、技术、人才、劳动力市场和各类商品市场,建立现代市场体系。要努力形成市场引导投资、企业自主决策、银行独立审贷、融资方式多样、中介服务规范、宏观调控有效的新型投资体制,使其成为苏州持续发展的动力引擎。要扩大城市的规模效应,实现区域一体、城乡互动,建立工业反哺农业、城市带动农村的统筹发展机制,促进城乡发展良性互动,做到农村现代化与城市现代化协同并进。要大力促进外资外贸外经转型升级,建立与国际接轨的涉外经济管理体制。以国家级、省级开发区为载体,整合各类资源,创新体制机制,推进"大通关"建设,提高口岸整体功效,降低商务成本和运作风险。加强政府、行业协会、企业的协调配合,健全进出口风险预警机制,促进公平贸易,完善符合世贸规则和市场经济要求的规章政策,营造开放透明、规范高效的投资环境。

(二)创新和完善维护社会稳定的工作机制,提供更高水平的社会管理

坚持稳定压倒一切的方针,继续完善党委领导、政府管理、各部门密切配合、各单位守土有责的维护稳定领导体制和工作机制。要完善司法机关惩治犯罪、化解矛盾和维护稳定的职能发挥机制;加强和完善社会治安综合治理工作机制;要健全维护稳定的评估机制和奖惩机制;要完善社会舆情汇集和分析机制;要完善社会利益协调机制;要完善信访工作责任制;要完善群众意见表达机制;要加快构建化解社会冲突的机制;要健全正确处理人民内部矛盾的工作机制;要完善法律援助制度,使普通老百姓享受到事实上的法律平等。要综合运用政策、法律、经济、教育、协商、行政等手段,及时合理地处理影响社会安定的问题。

(三)创新和完善增强公共服务能力的体制机制,提供更高水平的公共服务

要继续深化行政审批制度改革,启动公共管理的问责制。规范行政许可和其他行政审批事项,加强对审批行为、审批手续的监督检查,严格追究失察、失管、失职行为,加快建设服务型政府和责任政府。完善公共管理方式:一是大力发展电子政务,提高行政效率。完善市行政服务中心功能,增加网上办件量,实现与市级部门及各市、区中心的互联互通。办好市便民服务中心,扩大服务范围,及时为群众排忧解难。二是全面推行以工作实绩为核心的绩效标准和考评办法,加强效能监察,健全特约监察员、行风监督员和群众举报等制度,深入开展纳税人评议政风行风活动,提高政府部门和窗口行业

的服务质量。三是着力建立健全统一、公正、透明的法律制度和公共政策体系,创造一个良好的制度与政策环境,累积体制机制优势,不断提高政府公共服务的质量。四是完善各种提供公共产品的工作机制,最大限度地满足人民群众的公共需求。创新公共投入机制,进一步加强公用基础设施、公共文化设施、公共卫生设施、公共教育设施建设力度;创新公共医疗管理机制,让群众切实享有公共医疗卫生保健;创新社会保障管理机制,进一步提升城乡人民保障水平;创新环境保护的长效机制,缓解人口资源环境的压力,进一步提升人与自然的和谐度。努力形成完整系统的公共服务职能体系,做到公共服务不"缺位"、公共服务与经济增长协调发展。

(四)创新和完善社会预警体系,完善突发事件应急管理机制

当前,要进一步在全社会培养危机意识,建立和完善人民群众自我动员、自我保护机制;要建立完备的突发事件管理制度和紧急状态法律法规,将应对危机和突发事件纳入法制化轨道;要进一步健全完善应对突发事件的组织体制,完善指挥统一、结构完整、功能齐全、反应灵敏、运转高效的应急机制;要建立完整的社会信息反馈网络,确保党和政府所必需的社会动态、情报信息渠道畅通。通过这些机制的构建,形成有效覆盖全社会的应急管理系统。

(五)创新和完善城乡社区公共管理体系,建立健全社会自我治理机制

当前,人们居住的城乡社区成为加强社会管理和提供基本公共服务的新平台。政府要按照"党委领导、政府负责、社会协同、公众参与"的总要求,在城乡社区进一步扶持由基层群众组成的"自我管理、自我教育、自我服务"的自治组织,在进一步提高党和政府管理社会的效能同时,善于通过村民自治、社区自治组织、社会团体、行业组织、中介组织以及工青妇等群众组织和各类群众代表会议等形成社会管理的整体合力,形成政府调控、社会组织和公民协同参与的社会管理和公共服务的新机制,真正实现政府由社会的直接管理者逐步向社会治理主导者的转变。

苏州发展过程中的政府管理创新及启示[①]

一个有效的政府,无论是对一个国家还是一个地区的经济社会发展都具有决定性的作用。地处长三角区域经济腹地的苏州,自改革开放后迅速崛起,其独特的发展路子引人瞩目:20世纪80年代因乡镇企业异军突起而被称为"苏南模式",90年代以来则以开放型经济快速发展而被称为"苏州现象",新世纪开始,又以科学发展统筹城乡一体化而被称为"新苏南模式"。在推进工业化、城市化、现代化过程中,苏州各级政府适时、逐步地进行了政府管理职能的革新,不断地调整发展战略,通过对传统乡村集体企业全面实施民营化的产权改革、发展外向型经济、统筹城乡一体化发展、开发海外市场等一系列措施,引领了苏州发展不断跃上新台阶。目前,苏州已在全省率先实现了全面建设小康社会的省定指标,正向现代化国际化的新苏州迈进。纵观苏州改革开放30年的跨越发展,可以看出,它有着一个清晰的轨迹,即工业化伴生着城市化,工业化、城市化又催生着现代化,苏州经济社会的发展也随之发生了由"农"而"工"、由"内"而"外"、由"量"到"质"的嬗变,而这些嬗变都与苏州各级政府的管理创新密切关联。

一、苏州经济社会改革开放的过程与苏州政府职能创新的互动关联

(一)在工业化进程中,苏州各级政府自觉调整自身经济管理职能,逐步由划桨者转变为掌舵人

苏州历来以"历史文化名城"为城市性质和发展定位,但在改革开放以后却走出了一条以农村工业化为起点的工业化新路,政府经济管理职能也随之得到了转变。这一进程大致可分为三个阶段。

(1)1980—1992年,以乡镇工业迅速崛起为标志的农村工业化阶段,乡镇工业启动了农村工业化和城镇化进程,苏州农村走上了市场化和工业化道路。这一阶段,区域经济发展的动力源在农村,农村生产要素在区域内集聚,工业生产布局逐步展开,加工制造能力迅速扩大,总体上表现为自下而上的农村推动型经济,实现了由农业经济向工业经济的转型。就其实现机制而

[①] 本文为著者2008年苏州市纪念改革开放三十周年大会入选论文。

言，毫无疑问应归功于两点：一是基层政府的作用，二是集体经济的方法。当时苏州地区的大部分乡镇企业的创业资本源于集体投入，企业主要是由乡镇政府、村级组织，或者利用原有的集体积累、或者利用政府的动员力量、或者由政府出面向银行贷款兴办的，其实就是乡办企业、或镇办企业、或村办企业。"村"虽然不是一级政府，是村民自治组织，但在经济生活中，却实实在在表现为一个经济单元。

当时，乡镇政府是中国最基层的政府，国家对其很少下达经济计划，乡镇政府所能动员的经济也不可能是国有经济，只能是集体经济。这时的乡镇政府更多的是作为乡镇企业的总代表行事的，在计划经济老体制内率先拉出集体经济与市场接轨，扮演了企业家的角色，经济人属性表现得淋漓尽致，虽然与通常意义上的政府组织相去甚远，但它却抓住了中国市场化改革的动向，在解决农村大量富余劳动力就业、增加农民收入的激励下，凭借自身强大的行政动员和组织资源能力，充分发挥自身区位、产业和劳动力的比较优势，在中国农村率先大力发展集体工业，为比邻的上海等大城市工业生产配套加工产品，并获得了成功，率先成为中国最早脱贫致富奔小康的地区之一，为今后经济社会发展奠定了基础并在全国先行一步。这是苏州基层政府与市场博弈的开端。

（2）1992—2002年，以开发区建设为标志，以大规模引进外资为手段的城市工业化阶段。这一阶段，各类生产要素以及国外的新技术、新产品向中心城市特别是开发区集聚，企业改制、外向型经济和城市化齐头并进，这些重要变化加速推进了本地区经济结构的转型和非农化进程，区域经济的发展模式开始由农村推动型向城市辐射型转变。以乡镇集体经济为主要内容的传统苏南模式，逐渐被自身新发展所扬弃，苏州经济发展的档次也得到了提升，苏南模式的内涵得到了创新。

这次转型的一个主要牵动主体是乡镇政府。乡镇政府立足市场发展，主动抽身退出微观经济生活，先后对乡镇企业进行了两次改制，集体产权完全退出了乡镇企业。在全国广大农村地区仍在大力发展农业时，苏州已抢先一步发展集体工业，首先引入市场机制，面向市场进行生产，并将农业承包经营的成功经验率先普遍应用到集体企业中来，增强了企业活力。当全国广大农村大力发展乡镇企业之时，苏州又先行一步，全面改革传统集体企业制度，培育产权清晰、立足市场的市场主体。集体产权退出后，苏州乡镇企业通过与外商合资，或与其他法人企业组建企业集团、建立股份制公司等途径明晰产权，其中最有特色的是以昆山为代表的乡镇企业普遍与外商及港台投资企业合资，以常熟为代表的乡镇企业则是大多走向私人控股的企业集团，形成所有制多元化格局，经济发展实现了由内（内资）而外（外资）的转型，开始与国际化接轨。显然，苏州乡镇企业的转型深刻反映了苏州地区市场化改革的深入,也集中体现了苏州地方政府对地区市场化改革的深刻把握和创新精神。

实际上,苏州基层政府在与市场博弈的过程中,革新了自身划桨的职能,推动了政府管理的转型。这一时期,从集体经济抽身而出的苏州各级政府抓住了中国深化改革开放、世界产业梯度转移等历史机遇,把工作中心转向齐心协力为经济发展搭建新平台上来,国家级开发区、出口加工区、工业园区、高新技术产业开发区纷纷建成并持之以恒给以呵护,这就是苏州省级以上开发区数量和经济规模居全国之首的根本原因。至20世纪90年代末,苏州各类开发区建设已产生了集群效应,外向型经济迅猛发展,实现了与国际市场的有效对接,政府由划桨者转为掌舵人。

(3) 2002—2015年,以高新技术产业的集聚和发展为标志的新型工业化阶段。进入新世纪的前5年,苏州还是以接受国际IT产业梯度转移为主,以硬件的生产和加工为主。仅以电子产业为例,至2007年,苏州政府就已成功举办了6次世界电子信息博览会,规模一次比一次大,吸引了众多世界主要电子企业来苏参展,吸引和扶持众多自主知识产权软件企业落户苏州工业园区。从2004年开始,苏州开始积极引进研发机构,鼓励企业自主创新,发展软件行业,扩大自主知识产权,着手布局现代服务业。这一阶段,国有企业改革全面完成,事业单位改制全面推进,同时用高新技术改造传统产业,调整产业布局,进行产业升级,在工业各个领域全面贯彻落实科学发展观,工业化进程至此由量的扩张向质的追求转型。目前,以科学发展观为指导的沿江产业配套建设、港口建设等业已初步完成,循环经济业态初现,沿江开发渐成规模,高端物流、服务外包等现代服务业布局初具框架,启动了走出去战略。虽然这一过程尚在进行中,但是可以肯定,新型工业化将使苏州再次跃上新台阶,苏州各级政府将彻底退出微观经济活动,宏观调控区域经济发展方向和经济布局的能力将得到充分展现。

从苏州工业化进程中,我们可以看出,到21世纪初,苏州对当地经济社会发展作用最大的政府层次由乡镇政府上升到县级市政府,这与苏州经济活动层次的提升是相对应的。特别是2000年前后,苏州地区的城市化进入新阶段,通过撤乡并镇,改变了过去小城镇模式。与此相应,乡镇一级的政府机构也显著减少,这意味着企业所面对的政府机构也明显减少。调节区域经济活动的政府层次由乡镇上升到县级市,昆山、张家港、常熟、吴江、太仓无不如此,都是以县级市为单位来整合市场优势、推进区域经济社会发展的。随着城乡一体化水平的提高,当前这种经济宏观管理职能整合趋势正由县市一级移至地市一级,这就表明了政府的经济管理作用更为宏观,市域范围内各个地区将更加统筹协调,苏州发展成本也因为基层政府的减少和政府宏观作用的增强而降低。

可以看出,苏州工业化进程中政府的这几次职能转变,解放和促进了地方经济迅猛发展。虽然目前地方政府发展本地经济的积极性有增无减,但是政府作用的范围和方式却在不断地发生变化。地方政府逐步退出乡镇经济、国有经济的同时,服务于地方经济发展的经济调节、市场监管的公共功能得到了强化,集中表现在"政府搭台,企业唱戏",进而表现在为吸引各类投资创造公共环境。这时,苏州各级政府的作用已不是直接调控企业,政府也不再作为运动员参与市场活动。政府改革的关键问题是如何切切实实地把经济管理职能转到为市场主体服务和创造良好的发展环境上来。也正是有了这样的政府管理新理念,苏州政府经济管理职能的转变才做得如此积极和主动,赢来了地方经济的突飞猛进。

(二)在城市化进程中,苏州政府的城市管理水平不断提高,社会管理职能得到了整合和凸显

苏州的城市化是与工业化相伴而行的,从这一意义上讲,工业化是因,城市化是果,但从长远看,两者之间又是互为条件互为因果的。苏州改革开放后的城市化是在每一步工业化起步后开始的,稍稍滞后于工业化进程,同样具有明显的阶段性。

(1) 1985—1992年,以小城镇迅速发展壮大为标志的农村城镇化阶段,这是苏州城市化的初始阶段。20世纪80年代中期开始,乡镇工业成为区域经济的"半壁江山",在政府主导下,农村第一轮交通建设基本完成,乡镇企业聚集小城镇,刺激农村人口向小城镇集聚,小城镇出现大发展态势,规模扩大,功能提升,从而启动了区域内的农村现代化进程。

(2) 1992—2005年,以中心城市发展壮大为标志的城市化大发展阶段。1994年后,苏州各县市开放区建设突飞猛进,苏州进入以城市扩容增量为重要标志的城市化阶段。随着工业发展和市场要素的聚集,开发区使苏州各县市中心城区突破了原有的空间桎梏,中心城市的体量都迅速增大起来。2000年后,苏州城镇体系布局开始大幅度调整完善,在此基础上通过区划调整,增辟相城区,同时加大公共设施的投入力度,绕城高速等区域内交通、通信等基础设施进一步改善提升,由古城区、工业园区、高新区的"一体两翼"到吴中、相城两区的南北扩张,再到张家港、常熟、昆山、吴江、太仓的"五区组团",苏州城市群格局初步形成,中心城市的辐射带动能力大大增强。

(3) 2006—2020年,可以预计,苏州将进入以城市圈整体崛起为标志的城市化新阶段。这一阶段苏州区域经济将更加一体化,与此相适应,苏州"十一五"规划以区域为整体,科学布局了苏州未来的城市发展,在这一规划中,苏州主动将自身作为一个整体融于国家"十一五"发展规划,融于长三角,同时,还将科学发展理念融于城市发展中,与新型工业化同步推进,为现代化累积基础。尽管这一阶段目前还在实施进程中,但苏州城市化水平已提高到65.6%,城市圈整体崛起已经初见端倪,随着新型工业化的推进,中心城市将

出现全新的形态,政府管理将在更高平台上创新。

在苏州城市化发展过程中,政府的作用功不可没,表现在对城市发展进行了科学规划、实施了有效管理和提供了有效公共服务上,苏州各级政府的城市管理能力、社会管理能力也随之得到了大幅度提升,促使苏州社会发展的和谐度明显优于其他地域。

首先,苏州城市化得益于规划先行。一是城市化规划。20世纪80年代苏州的城市化是从农村开始的自下而上的自发过程,表现为城镇化。从20世纪90年代起推进的新一轮城市化则是从中心城区开始的自上而下的规划过程,中心城市体量迅速增大和功能迅速增强,表现为城市化。进入"十一五"时期,苏州的城市化进入新阶段,在规划目标上更加强调实现城乡一体化,其内容包括城市现代化和城镇城市化两个方面,县城和中心城镇的城市化成为重点。近十多年来,苏州市县两级政府娴熟运用经济手段和行政手段,在合并乡镇的同时适时将乡镇工业向工业园区集中,人口向小城镇集中,服务业向中心城镇集中,开发区集群效应迅速体现出来,不仅加快了苏州的工业化进程,也加快了苏州城市化发展进程。二是环境规划。以苏州市区为例,政府规划了清水工程、绿色工程、人居工程等,根据环境治理规划,政府加大环境保护和治理的投入,打造了适宜人居的城市品牌,提升了城市居民的生活质量,不仅有良好的社会效应,而且从苏州的实践看,政府的规划职能同时也收到了政府的投资效果。三是基础设施建设规划。如果说过去政府投资主要是投资于企业项目的话,那么现在政府的投资主要是根据城市化规划和环境规划所进行的公益性基础设施投资。交通、居民活动中心、社区医院等公益事业成为每年度政府实事工程的主要组成部分。而这些政府投资对企业和私人投资起了积极导向作用,营造了政府、企业、社会民众共同投资的发展氛围,从而在较短时间内有效地解决了城市化、区域内城乡一体化和人与自然的和谐等发展问题。在这里,政府的公共事业管理和投资起到了四两拨千斤的作用。相城区的迅速崛起,沧浪新城、平江新城、金阊新城的快速成长都说明了这一问题。

其次,苏州城市化水平得益于苏州城市管理水平和社会管理能力的提高。随着苏州硬环境的改观,苏州各级政府社会管理的软实力也得到了增强,政府社会管理和公共服务水平得到了提升。早在20世纪90年代初,苏州就已先行一步,提出文化苏州、平安苏州和全国文明城市的创建,着力于社会管理的发展和创新、公共服务的增强和创优。近几年,苏州各级政府围绕实现"两个率先"的目标,把维护市场秩序、加强城市管理和促进社会事业全面发展作为社会管理的重点,突出抓了四方面工作:第一,完善公共政策,完善如听证制度、招标制度、专家参与等较为有效的规范化管理措施,推动社会管理的科学化。这其中特别强调依法行政,加大法治苏州建设力度,切实解决公共资源的利用和保护、历史文化遗产的保护、食品卫生与安全等方面存在的突出问题,以及人民群众反映强烈、尚缺乏规范手段的热点、难点问题,为苏州经济可持续发展、建设生态城市、古城保护提供有效的法律支撑。第二,加强社会管理体制改革,激发社会自我管理和自我服务的活力。城市社区建设中,传统的社会管理模式是政府与社会高度合一的集中管理模式,它导致社会缺乏自我管理和自我发展的能力,最终影响到社会的协调、健康发展。同时,这种管理模式还使政府部门机构臃肿、层次重叠、人浮于事、效率低下、管理成本高。针对此弊端,苏州政府作出谋划和引导,将街道及至社区居委会的工作重心调整到做群众工作和社会工作上,创新社区党建、社区居民自治、社区文化建设等工作机制,打造出许多社会管理的好品牌,如平江区"一家人"慈善互助超市、沧浪区"邻里情"服务品牌、金阊区"手拉手"爱心援助中心等新型服务业态和服务品牌,巩固了党和政府在社会中的群众基础。第三,苏州政府还大力支持各类社会组织和民间团体成长为社会管理主体,促进社会主体自我管理和公共管理社会化。如市场秩序监管中,苏州政府充分发挥各行业协会的引导作用,餐饮协会、装饰协会、旅游协会等众多协会携手引导行业参与诚信苏州建设,营造了良好的市场信誉。第四,苏州政府还注重研究整合各种社会管理机制,重视社会常态管理机制的进一步完善,最终形成有效覆盖全社会的应急管理系统,提高政府应对公共危机的能力。如非典后,苏州完善抗非经验,建立了突发公共卫生事件应急机制。另外,还建立了处理新形势下人民内部矛盾和各种社会矛盾的有效机制、社会治安综合治理机制、城乡社区管理机制等。政府社会事务管理走上规范化道路。

综上所述,苏州各级政府在社会管理方面不断自我革新,建立了国家与政府负责、社会协同、公众参与的多元化社会管理模式,提高了政府引导和控制社会的行政管理效率,打造了安定有序的和谐苏州,为城市发展增添了时代魅力。

(三)在现代化进程中,苏州各级政府倾力打造更多的事关人民群众生活和谐的公共产品,公共服务职能不断得到强化

人类社会的现代化总要从物的现代化到人的现代化。由此可见,工业化、城市化只是手段,人的现代化才是目的。人的现代化体现在生产、生活水平的提高和人的综合素质的提高,而所有这一切都建立在人民生活水平的提高上,因此,苏州各级政府十分关注居民的收入结构,从不将现代化单纯理解为工业现代化和城市现代化,而是通过工业化和城市化实现社会的全面现代化,尤其是人民群众生活的提高和和谐社会的构建。

(1)20世纪80年代,伴随工业化和城镇化,苏州农村的现代化开始启动。此时的苏州农村居民随着大批农民进入乡镇企业,有了工资性收入,非农产业已经成为农民增收的主渠道,农民在衣食住行等方面的生活条件得到明显

改善,生活质量大幅提升;而这一时期的苏州城市居民生活水平同样有所提高,但基本处于传统的高福利、低工资状态,收入增长相对于农村而言较低。

(2)进入20世纪90年代后,苏州各地外向型经济得到快速发展,城市现代化步伐大大加快。此时的苏州农民收入增长趋缓,城市居民随着改革开放的深入,大量外资企业的进入和城市功能的提升,收入开始大幅度增长,但基本上以工资性收入为主且总体上滞后于GDP和财政收入的增长,贫富差距渐渐拉大。

(3)进入新世纪,随着城乡一体化战略的深入实施,苏州进入城市现代化和城镇城市化发展阶段。此时,苏州已形成外资、民资、国资"三足鼎立"格局,尤其是民营经济出现大发展态势,城乡人民收入开始由工资性收入为主向工资性收入与投资性收入、经营性收入并重的转变,并且出现了前所未有的大幅度增长。2003年,江苏省委制定了全面小康社会建设的四大类十八项指标,至2006年,苏州各个市县经过努力,全部实现了省定全面建设小康社会的各项指标,全面建设小康社会取得了突破性成就。2006年后,苏州各级政府坚持以科学发展观统领经济社会发展全局,着力实施增强自主创新能力、推进经济结构调整和转变增长方式、建设社会主义新农村、提高市民文明素质"四大行动计划",提升综合实力、竞争能力,向率先实现基本现代化迈进。

这一阶段,苏州各级政府勇于自我超越,敢于积极转型,牢牢抓住发展是执政兴国的第一要务,在优化结构,提升品质,实现经济又好又快发展的同时,更加关注民生建设、生态建设和文化建设,全力推进经济、社会、环境、人口的协调发展和可持续发展,自主创新能力进一步增强,现代化步伐明显加快。如,城乡居民的社会保障问题、教育资源问题、医疗卫生问题、文化体育问题、环境问题、进城农民问题、就业问题、贫富差距问题、外来农民工共享发展成果问题等一一成为政府工作议题;基本建成国际新兴科技城市和建设创新型城市进入全面提高阶段;创新苏州、文化苏州、法治苏州、平安苏州、生态苏州齐头并进。主要表现在:

一是大力度推进经济发展的现代化。面临国内、国际经济发展的新要求,苏州不仅保持并延续了较快的经济发展速度,而且产业结构进一步升级,新型工业化步伐加快,现代服务业、生产性服务业、消费性服务业获得良好发展。在保持原有开放型经济的优势下,经济国际化程度继续提高,城乡现代化水平进一步发展。

二是大力度推进社会保障的现代化。目前,苏州城乡居民养老保障不仅实现对接,而且从覆盖面和保障水平上看,都居于全国前列。目前,苏州各地兼顾公平和保障社会稳定的社会整合机制初步形成,城乡一体化的社会保障体系和社会救助体系已建立和完善。

三是大力度推进农村现代化。围绕建设社会主义新农村要求,苏州各级政府大力度深化农村各项改革,优化农业产业布局,发展现代农业,农民生产和生活水平的现代化都有了极大提高。如,目前,全市农村全面实现区域集中供水,自来水普及率达到99%,卫生户厕普及率达94%;已初步形成优质粮油、特色水产、高效园艺、生态林业等四大主导产业,生态、旅游农业发展较快,农业实现全面增效;以"三大合作"改革(农村专业合作经济组织股份合作制改革、农村集体经济股份合作制改革和农村集体土地股份合作制改革)大力推进,农村经营机制不断创新,愈加符合现代市场经济。总之,苏州着眼于城乡统筹的要求,通过城乡联动、基础设施、社会制度安排等方面的并轨,让繁荣文明更便捷延伸到农村,实现现代化意义上的城乡一体、协调发展。

四是大力度推进教育、文化和卫生的现代化。目前,在教育方面,全市实施九年制免费义务教育,全市80%的小学、初中达到省级现代化办学标准,农村村级小学全部通过市级现代化评估,苏州市成为国家教育管理信息化标准应用示范区。职业教育实现优质化、规模化,高等教育普及化程度提高,苏州现代国民教育体系不断完善,教育资源配置日趋合理。在文化建设方面,组织群众广泛参与的城市精神塑造工程,提炼出了"崇文、融合、创新、致远"的城市精神,农村有线电视入户率达96%。另外,非物质文化遗产保护、文化产品的产出大幅提高,文化事业获得了繁荣发展,城乡公共文化服务体系逐步完善。在卫生事业方面,苏州加大现代化的公共卫生中心、预防保健中心等基础设施建设,加大城乡医疗救助力度,推行70岁以上老人免费体检,推行婚姻登记及免费婚前医学检查一站式服务,社区卫生服务体系健全率达到98%,社会公共卫生保障体系进一步完善。正因为苏州的教育、文化和卫生事业全面推进,苏州荣获了国家卫生城市、全国文化模范市、中国优秀旅游城市、国家环保模范城市、国家园林城市、全国双拥模范城四连冠。

二、苏州发展过程中政府管理创新的启示

(一)地方发展仍需政府起主导作用,但主导的范围和方式必须不断进行创新

经过改革开放30年的发展,苏州区域经济发展水平和市场化水平处于全国前列,全面小康社会的各项指标处于全国的前列,政府管理自我创新也走在全国前列。苏州发展实践表明,发展离不开地方政府的强力推动。政府的强力和市场的活力要进行合理分工。在这种有效分工中,通过政府与市场的不断磨合,政府逐步"有所为"也"有所不为",有所进也有所退,按照"经济调节、市场监管、社会管理、公共服务"的要求,使政府职能由"政府办企业"、"政府办事业"、"政府办社会"这种大一统的管理全社会的集权模式向加强宏观调控、注重行业管理、强化社会服务的方向转变,而这正是公共管理的走向,也是政府职能转变的一般流程。基于这些转变,政府、市场、社会才能出现四个方面的变化:调整了政府与市场的关系,把资源配置交给了市场;调整了政

府与企业的关系,把经营权交给了企业;正在调整政府与事业单位的关系,鼓励事业单位独立自主发展;调整了政府与社会的关系,政府为社会服务,政府管理社会、社会也监督着政府。逐步改变了政企不分、政事不分、政社不分的状况,政府的角色逐步成为公共产品的提供者、公共设施的投资者、收入分配的调节者、经济增长的稳定者和产业政策的制定者,更加注重社会管理和公共服务,有限政府、有效政府、服务政府、法治政府逐渐成形。改革开放进程中的苏州政府管理不断创新,自我转型,自觉成长为与经济转型、社会转型相适应的以人为本的现代政府,完美诠释了上述政府公共管理走向。

值得强调的是尽管在今后一个时期,苏州各级政府在弱化经济建设职能强化公共服务职能方面会有明显推进,但苏州政府不会轻易放弃推动地方经济发展的职能,改变的只是推进发展的手段和方式以及水平,政府在社会管理公共服务方面将会更有成效。

(二)政府必须转型,全面进行管理创新,这是全面建设小康社会、构建和谐社会的关键

全面建设小康社会、建设和谐社会是我国现阶段改革发展的主要目标。苏州发展实践表明,必须将经济建设型政府转变为公共服务型政府,小康社会、和谐社会才有组织保障和制度保障,政府转型是构建和谐社会的关键。面对公共需求快速增长的趋势,必须扩大和强化政府公共服务职能。

一要改革公共财政体制和投资体制。当前,公共需求的全面增长与公共产品供给的短缺以及公共服务的不到位,已是一个相当突出的问题。但是,现实的主要问题是,政府的公共服务职能相当薄弱,主要精力和大部分财力还没有用到社会事业发展和公共产品供给方面。因此,必须从建设和谐社会的高度来推进公共财政和投资体制改革。当前,苏州政府仍需加快公共财政体制建设,使财政支出结构优化,更多地向义务教育、公共医疗、社会保障等社会公益性项目倾斜。

二要创新社会管理和公共服务机制。由于社会事务具有复杂性,社会公众需求具有多样性,因此,应充分发挥政府、社会组织、居民等多方面的积极性,形成政府调控、社会组织和公民协同参与的社会管理和公共服务新机制。

三要不断提高公共产品和公共服务的质量。政府应通过建立健全统一、公正、透明的法律制度和公共政策体系,创造一个良好的制度与政策环境,不断提高政府公共服务的质量,最大限度地维护和提高公共利益,建立政府与社会、企业的互信,实现社会和谐。制定和实行公共政策的过程,实质就是协调社会利益关系的过程。以人为本、建设和谐社会,是新时期公共政策的基本目标和本质内容。政府是公共政策的制定者和执行者。要使公共政策取信于民,就要建立责任政府,对履行公共服务职能决策失误和不作为的政府官员追究责任。当前,苏州尤其要从义务教育、公共医疗、房地产价格上涨、

群体事件等关系老百姓切身利益的事情开始,进行公共政策调整,启动公共服务的问责制。并且,重大的公共政策决策一定要保证利益相关者的知情权,使公共政策的制定与执行置于公众的参与和监督之下。

政府转型是一场深刻的"政府革命",是政府管理全面创新的过程,就是要求政府成为为市场主体和全社会服务的公共管理和公共服务机构,成为能反映和代表广大人民群众利益的公共服务型政府。因此,建设公共服务型政府,不是简单地对现有政府管理体制的修修补补,而是建立一个与经济转型、社会转型相适应的、以人为本的现代政府。

美国公共管理和社会服务的基本做法及其对苏州的启迪①

2013年7月,组织给了我一次非常难得的学习机会:7月28日到8月11日,参加苏州市公共管理与社会服务研修班前往美国锡拉丘兹大学马克斯维尔学院进行为期12天的研修学习。其间共听取了美国政府间关系、公共部门改革的趋势、非政府组织的作用、美国社会福利政策、协作式公共管理、领导力、决策及危机管理、公共部门中的社会媒体管理、政府服务外包等十多个专题讲授,考察了奥侬达嘎郡社会服务局及其城市管理、烛台老人生活中心、纽约州发育障碍人士办公室、纽约州公务员事务管理局办公室、纽约州政府开放委员会、纽约市紧急事务管理局、高架铁路公园等州、郡、市7家机构或项目。整个学习期间,语言障碍一点也没有影响到我们学习的积极性,大家结合自身工作实际,积极提问,高质量进行了交流。短短两周,所见、所闻、所学、所思很多,虽然两国在经济、文化、政治、社会乃至自然禀赋等方面有着诸多不同,但很多方面值得我们借鉴学习,四点体会尤为深刻。

一、美国良好的生态及城市建设和管理理念对我们生态文明建设、小城镇建设、宜居城市建设和管理具有启迪意义

虽然这次研修我们大部分时间都集中在校园和用于与政府部门交流上,没有充足的时间去感知美国社会,但是美国生态环境、人居环境的文明程度之高还是给我们留下了深刻印象。美国人民拥有美丽家园。广袤无边的绿野、青山、蓝天、白云和稀疏的村镇,静谧丰裕安详,与四通八达的高速公路以及繁忙的物流所代表的现代化是那么的统一,既让你感觉美国生态的优美,惊叹它的丰裕的环境资源,又让你感叹现代化平台上美国城乡的有机统一。锡拉丘兹市虽是纽约州第四大城市,又有美国著名的私立综合性大学,但没有高楼林立,没有车水马龙,在大街上、公路上看不到警察和监控,道路不宽,过马路有行人自控的红绿灯,有醒目的绿色的自行车慢行道;医院周边配置了地面、地下和众多体量很大的立体停车场;住宅一般没有围墙,每家宽大的落地窗也没有安装防盗窗,门前院后的绿化修剪得整齐别致,松鼠在树下蹦

---

① 本文为著者2013年赴美国锡拉丘兹大学马克斯维尔学院研修学习报告。

跳；随处可见的路边石条、长椅供行人歇憩，均无须吹拍灰尘落座；一切秩序井然和从容。另外，锡拉丘兹市民对公园的诉求比较强烈，政府就在这方面投入很多，成为城市特色。政府始终遵行既定的城市规划和风格，小到太阳能垃圾桶的试投放、大到市政建设中节水型雨水道的改造，都最大限度地去做到城市建设管理思路与市民意愿相统一，并按照企业管理的理念和办法，委托第三方进行，既以人为本，又便捷高效节约成本。这些随处所见的细节，无不折射了美国公众和政府的生态理念、城乡和谐理念和城市建设和管理理念。这些对我们生态文明建设、小城镇建设、宜居城市建设和管理具有启迪意义。

二、美国全社会尊崇和恪守民主法制及其有序的社会运行对我们建设社会主义和谐社会具有启迪意义

美国是个民主法制高度发达的国家。美国宪法和法律具有至高无上的地位，无论是社会大众，还是政府、企业、非政府组织等都具有强烈的法治意识，凡事以法律为准绳，所有问题都靠法律解决，法律具有至高无上的地位。在美国，遵纪守法已经成为公民约定俗成的基本行为底线，他们遵守法律的意识已经深入到了每个公民的生活。社会大众不仅有强烈的法治意识，而且有强烈的民主权利意识，宪法赋予的民主权利神圣不可侵犯，一切与民众利益相关的事务民众都有表达权和最终意义的决定权。美国人认为，政府的权力是公民让渡出来的，民众极度不相信政府，时刻盯着政府、监督政府，社会参与度高，而政府在法律和民意制约下运行，政府仅对所辖居民或选民负责，城市由居民依法进行自我管理。政府收入来源是税收，主要用于基础设施、教育卫生、公益事业等社会发展支出，一切以民为本。政府权力很小，边界清晰，预算必须由议会同意，必须尊重议会和选民的要求而不能乱花纳税人的钱。这就造就了美国典型的"小政府，大社会"，其民主和法律制度的有效运作是一个起基础作用的因素，成就了混合、多元但又极具活力和有序的社会。美国的社会运行启示我们：社会稳定基于民主法治，和谐社会就是民主法治社会。

三、美国当代公共管理理论和实践创新对我们政府改革和社会管理创新具有启迪意义

美国是当代世界现代公共管理理论和实践进步最为明显的国家，增强了美国国家竞争力。这要得益于美国政府近几十年来持续不断的自身改革。美国当代政府改革始自于里根政府，到克林顿政府时期，成立了国家绩效委员会，以"重塑政府运动"为名，用企业精神改革政府运行机制和管理体制，引发了全球政府改革；小布什政府推行"总统管理议程"，推进人力资本战略、改进财政绩效、推进电子政务等项改革；奥巴马政府推出"新基础改革纲领"，重点调节调整国内的劳资关系和资资关系，即推动资本运动一定程度上去金融化、劳资市场一定程度上去自由化、经济增长上一定程度去债务化,由单边主义转为提升国家软实力等。美国持续不断的政府改革使美国公共管理和社会服务凸显以下特点和趋势:

(一)政府职能愈加凸显服务化

服务是政府的基本职能。美国持续的政府改革中,政府服务职能自始至终得到了强化,通过提供社会保障与公众福利等公共产品,让公民过上比较体面的生活,特别是实施了政府主导的社会保障制度。美国社会保障从1935年罗斯福总统提出以来,走的是一条循序渐进的发展路径,从社会亟待解决的问题入手,逐步扩大领域、充实完善,采用了联邦政府、州政府、地方政府三级共同负责、分级管理的模式,以保证实施的效率和灵活性。如退休保险、老年医疗保险直接由联邦管理;失业保险、穷人医疗补助主要在州一级管理;有的项目由联邦、州和地方政府共同管理,各州及地方政府在具体实施和管理上拥有一定的自主权。经过70年的调整补充,逐步发展成为一个比较广泛、完整的体系。与此同时引导民间共担,政府鼓励个人在政府、雇主提出的保障项目外,参加各种私人保险,如购买私人退休养老保险可享受免税优惠。这样使民间和政府共同承担了社会保障的责任,分散了经济负担和风险。建立健全公平公正、水平适度、可持续发展的公共服务体系,这对我国社会保障制度改革具有重要启迪。

(二)公共管理愈加社会化

美国政府承担着面广量大的公共管理和社会服务,但政府自身却一直在进行瘦身,政府机构精简高效。比如纽约州政府开放委员会只有3名雇员,其中一名还是实习生,为何能做到政府机构精简高效?主要原因是公共管理社会化。通过大力发展非营利组织来承接公共事务,从而形成了政府组织和非营利组织相互协作、共同管理公共事务的良好格局。美国是世界上非营利组织最为发达的国家,51%以上的医院、46%以上的高校、86%以上的艺术组织以及近60%的社会服务都是由非营利组织负责的,这样政府也从"万能政府"变为"有限政府"。可见,政府职能转变和公共管理体制创新与非营利部门发展是一个正相关的互动关系,建设有限政府,非营利组织的发展是关键。这对我们政府改革和社会组织建设提供了一定启迪。

(三)公共服务愈加市场化

美国公共管理不仅推进社会化,而且还相适应地推进公共服务市场化。美国鼓励和扶持民间营利组织进入公共服务领域,或政府与民营机构或非营利机构签订公共服务的合同,一半以上的服务职能实行外包,或由社会非营利组织和私人提供。这些组织提供的服务覆盖的领域包括文化、艺术、娱乐、教育、研究、卫生、医院、托老院、托儿所以及其他卫生机构等。此举能够在公共领域引入竞争机制,提高服务的质量和效率,扩大社会参与,减轻政府负担。这对我们当前推进地方公共服务供给、公共事务民营化提供了较好的借鉴。

（四）社会服务愈加社区化

美国近些年来，社区得到了重视和强化。美国政府鼓励社区建立养老院、残疾人服务中心等公益事业，推广社区养老、居家养老；社会工作部门、警察局出面组织邻里互助、街道联防等活动，公共管理和社会服务推广社区化。这对我们重心下沉，重视基层基础工作具有重要启迪意义。

（五）服务愈加信息化

信息化对政府怎样更好地为公民提供服务是一个新的机遇和挑战。美国通过电子技术建设透明政府并实现共同治理，向公民和所有访问者开放城市信息：所有的城市服务项目、政府官员信息、年度预算、城市条例以及详细的答复服务要求的时间表，等等。所以，信息化不单是技术手段的变革，更是包容性、参与互动、民主开放的一种管理创新，有助于激活基层社会的组织力量，发挥基层群众自治在社会服务中的积极作用，这对我们公共管理和社会建设有着借鉴意义。

（六）公共管理愈加协作化

美国分权分治的政府体制造成了政府间的"碎片化"和部门之间的分割和低效。所以，近年来，美国政府改革的重点已经从结构性分权、机构裁减和设立单一职能的机构转向整体政府，主张同级政府部门之间、上下级政府之间、不同政策领域之间、公共部门和私人部门之间跨界合作，"整合政府"，推进协作式管理，破解机构碎片化和严重的部门主义。这种理念和做法已延展至政府与非营利组织和私营组织之间。比如纽约市紧急事务管理局就是按照这个逻辑去运行的。这对我们重视协调协商机制具有启发意义。

上述美国公共管理和社会服务的创新理念和实践给了我们很多启迪。党的十八大对我国社会管理有了新定位，提出要加快形成"党委领导、政府负责、社会协同、公众参与、法治保障"的社会管理体制，明确要求要加快形成政社分开、权责明确、依法自治的现代社会组织体制，这为我们推进公共管理改革和社会服务指明了方向和路径。苏州作为我国市场经济比较发达的地方，特别是在经济中高速增长时代，更应着眼于市场体制的完善，在全国率先进行更富效率的公共管理改革和社会服务创新，核心要在政府自身改革、培育社会组织、培育公民精神、共担社会责任、完善民主法治保障上下功夫，在增加服务、改进服务、创新服务，创造性地满足群众的需求上下功夫。

四、美国雪城大学公共管理教育和培训理念值得我们学习和借鉴

美国雪城大学马克斯维尔公民与公共事务学院是全美第一家授予"公共管理硕士"学位的学院，可谓美国MPA始祖级名校，是全球公认的最出色公共事务学院之一，长期占据全美公共事务学院排行榜榜首，该学院有很多活跃在当今行政学领域的著名教师。该学院有许多做法值得我们借鉴，比如：其一，公共管理学教学注重实践性培训，注重能力和解决问题。其二，该学院致力于为美国各级政府培养一批又一批高级公务员和科研教学栋梁，确保政府能始终为社会提供优质服务。其三，该学院致力于积极引导和培育公民社会、非政府组织等民间组织成长，建立健全公民参与机制，形成与公民政治参与的良性互动回应机制。我们可以借鉴美国雪城大学教育培训理念，着力提升苏州市委党校、苏州市行政学院在政府管理精英和社会管理精英培养上的能力和工作水平。

苏州加快形成社区共治与居民自治有效机制研究①

党的十八届三中全会提出"推进国家治理体系和治理能力现代化"。实现国家治理现代化,从根本上实现由"管理"到"治理"的转变,不仅关乎整个国家层面全面深化改革,而且涉及省、市、县乃至乡镇、村居等各个层面全面深化改革。其中"加快形成社区共治与居民自治有效机制"就是推进基层治理现代化进程中的一个重要的理论和实践命题。我们以苏州实践为基础,试对此问题进行一些理论上探讨和回答。

一、项目研究的背景及意义

（一）本项目国内外研究情况

1. 国外研究情况

本项目研究涉及社区、自治、治理等概念,主要涉及西方社会治理和合作主义理论等。全球治理委员会对治理的界定为：治理是各种公共的或私人的个人和机构管理其共同事务的诸多方式的总和。它有四个特征：治理不是一整套规则,也不是一种活动,而是一个过程；治理过程的基础不是控制,而是协调；治理既涉及公共部门,也包括私人部门；治理不是一种正式的制度,而是持续的互动。治理的目标是实现善治。社会治理理论的提出是对传统社会管理方式的一次重大变革,即由行政集权式向民主式、参与型转变。社会治理的主体由单中心向多中心转变,社会治理的手段由平面化向网络化转变,同时强调政府、市场、公民共同承担社会责任。因此,治理理论核心是两个方面：横向的多元主体并存,纵向的上下互动。一方面,治理是将政府的"他治"、市场主体的"自治"、社会组织的"互治"结合起来,形成政府、市场与社会协同共治、多元主体合作治理的"善治"模式；另一方面,治理是国家、社会与市场各归其位、各尽其责,双向共治的良性互动,从而实现有效治理,达到国家长治久安和充满发展活力。

在社会治理理念下,社区治理的核心则是要解决社区治理主体和治理流程中存在的问题与矛盾,其基本要素包括：治理主体、治理客体、治理规则、治

---

① 本文为2014年苏州市软科学指令性研究计划,著者主持,指南代码：570024。

理过程等。依据社会治理理论,考察国外的社区治理模式,大致可以分为三种类型,一是欧美、日本等发达的工业化国家,由于社会政治、经济制度和专业社会工作的发展,到现代大多已经形成了比较完备的城市社区自治组织管理体系;二是以新加坡为代表的行政主导模式,其特点是政府部门中设立专门的社区组织管理部门,政府行政力量对社区的组织管理有比较强的影响和控制力;三是以澳大利亚为代表的混合型管理模式,其特点是由政府部门人员、地方人士及其他社团代表共同组成社区组织管理机构。

2. 国内研究情况

从 20 世纪 90 年代开始,我国借鉴西方社区自治的理念,以扩大社区自治为导向,坚持党组织和居民自治组织(居委会、村委会)互动并行,开始了中国特色基层民主建设和社区建设探索。随着改革开放的深入和社会主义市场经济的发展,我国社会结构深刻变化,社区治理问题逐渐凸显出来,传统的单一垂直型的街居体制逐渐被现代的多元扁平型的社区体制所代替,社区共治与居民自治有效互动并进问题引起学界、政府和实践者的共同思考。

我国学界立足社会体制改革,大体从四个角度对社区共治与社区自治展开了广泛的讨论:一是从社会服务提供角度;二是从社会管理体制角度;三是从社会利益分配和社会参与角度;四是从公共服务体制加社会管理体制角度。对此,丁元竹教授的观点比较有代表性,他坚持从整体上即社会体制改革角度去认识和把握社区共治和自治相结合。他认为社会体制是社会建设的各类主体,包括政府、社会组织和私人部门在处理社会事务和提供公共服务过程中的角色、作用、相互关系等制度安排,其显著特征是具有多元的治理主体,面对繁杂的社区事务,需要协调多样的社会利益关系,需要通过多种合作协商方式实现社区的和谐发展。

我国政界也是以社会体制改革来统领社区治理推进。2004 年,党的十六届四中全会正式提出了"建立健全党委领导、政府负责、社会协同、公众参与的社会管理格局",标志着我国的社会管理体制开始从国家全面控制和包办代替的传统管理模式向多主体合作参与的现代治理模式转变。2006 年,中共中央十六届六中全会通过了《中共中央关于构建社会主义和谐社会若干重大问题的决定》,要求"坚持社会主义市场经济的改革方向,适应社会发展要求,推进经济体制、政治体制、文化体制、社会体制改革和创新"。2012 年,党的十八大报告明确提出了包括社会管理体制、基本公共服务体制、现代社会组织体制、社会管理机制的社会体制改革的任务。2013 年,党的十八届三中全会《中共中央关于全面深化改革若干重大问题的决定》则把创新社会治理体制明确作为当前社会体制改革的重点任务之一。

从我国社区建设实践来看,我国社区治理方式历经街居管治体制向社区自治体制再向社区共治体制的三次转型。这一历程中出现了盐田模式、江汉模式、沈阳模式、太仓政社互动模式、上海社区共治模式等以自治体制不断沿革为特点的社区治理模式。其中太仓、上海在社区治理方面较早提出、并对社区共治与居民自治互动共进进行了探索。

（二）问题提出的现实背景

社区治理的转型是与我国经济社会新一轮转型发展紧密关联的。当前，提出"加快形成社区共治与居民自治有效机制"命题，主要基于两大背景。

1. 创新社区治理体制是我国新一轮经济社会转型发展的内在要求

当前，随着社会领域出现的新变化，社会发展有了新要求：更加注重民生问题，更加彰显社会公平正义，更加重视社会治理创新。党的十八届三中全会把创新社会治理体制作为当前社会建设的关键，作为社会体制改革的重点任务，这是我们党适应社会转型，为加强治理能力建设而进行的工作和体制的创新，也为我们社区治理体制改革指明了方向，明确了任务，即着力在深层次上理顺三大部门的关系，既避免政府失灵、市场失灵以及可能的社会失灵，也要避免三大部门的越位、错位、缺位和虚位问题。

对苏州而言，当前国际、国内和区域发展的新格局在资源环境、商务成本、社会人口等方面使苏州面临的瓶颈约束越来越多，要求苏州必须全面创新经济社会发展思路和城市管理模式，特别需要通过社会建设带动经济建设，向社会管理和公共服务要红利。具体到苏州社区建设，必须要根据党的十八大和十八届三中全会提出的改革任务，在继续发挥政权建设基层基础作用的同时，更加注重社会治理导向，着力回答社会转型带来的一系列新挑战。比如，利益主体和利益诉求日趋多元的社会背景下，如何统筹兼顾多元利益？公众权利意识增强，如何做好新时期的群众工作？风险社会下，各种类型的风险如何应对？互联网时代，如何驾驭虚拟社会？如何形成与社会主义市场经济体制相适应的，与现代化经济结构相协调的现代化社会结构？等等。这些问题挑战都对政府和社会提出了更高的要求，也彰显了社会体制改革的迫切性。因此，苏州的社区管理体制和治理模式必须要做出适应性调整。

2. 我国社区治理的实践困局和矛盾

从理论上讲，社区治理离不开居民自治和社区共治。居民自治是社区共治的基础，没有居民自治就没有社区共治。社区自治是社区建设的核心和灵魂。现阶段我国正处在社会转型期，各种社会矛盾尤其是基层社会管理问题非常突出，伴随着社区利益主体的日趋多元化，人民的利益诉求也面临着矛盾甚至冲突，而政府又往往缺乏足够的精力来很好地解决此类问题，因此依靠社区自治组织解决社区内部矛盾便成了大势所趋。但解决基层社会问题，需要社会主体共同参与，仅靠社区自治和政府他治都不足以应对，还需社区主体联手共治。社区共治是社区治理与时俱进的时代要求，是基层社会变迁和基层民主发展的必然结果，是新时期扩大社会协同、公众参与的路径选择，是发挥居民自治有效性的重要推动力,是现阶段社区工作的有效手段。在社区共同体中,需要创造一些沟通的平台,为社区单位缔造交流的桥梁,这就是社区共治产生的时代土壤。根据相关规定,街镇承担了协调的职能,但从客观事实来看,街道的权力有限,在协调的过程中,不能一味地运用行政手段。那么,在我国现有体制下,怎样才是有效的社区共治的载体、机制、运作模式?自治组织如何做到独立以及应该发挥何种作用?这些问题归根结底就是实行何种程度的共治以及如何推行的问题。

从实践上看,就社区治理实践而言,一方面,在现有强政府、弱社会的管理格局下,作为社区自治核心主体的居委会仍然带有较浓的行政色彩,政社不分使得社区承担了大量的社会管理和服务事务,处于一种超负荷运转的状态,自我管理自我服务却严重不足。另一方面,利益需求增多、服务需求增多、民主需求增多、文化需求增多,这些增多了的多元需求都在呼唤社区治理变革。一是当前社区系统是一个由居民、政府组织、社区组织、企事业单位等多元主体构成的纵横交错的互动网络,社区各主体都有明确的利益诉求,且利益呈现多元化,容易存在很难调和问题而导致矛盾尖锐化。二是社区管理服务的对象已经扩展到实有人口和实有单位,但政府面临的资源与能力约束却日益凸显,回应多样化、个性化需求的任务更加繁重,但公共服务多元化供给的格局尚未形成。三是与此同时,社会主体更加多元化,群众民主参与意识增强,但社区共治面临着结构与功能、制度与机制、路径与方式、整合与协调、操作与运行等具体现实难题,成为探索社区共治的瓶颈因素,社区共治和居民自治的活力和效能不足。

实事求是讲,上述问题无法在社区自治层面得到解决。居委会作为法定的唯一的群众性自治组织,无法涵盖和包容日趋分化的多元社区利益及错综复杂的利益矛盾,而且自治性的社区居委会也无行政职权来统筹如此复杂多元的利益关系。这是基层社会治理的基本矛盾。因此,社区治理需要在社区共治与居民自治相结合上求突破,探索多元主体共同参与的社区共治,通过推进社区共治更加有效地整合市场、资源,通过深化居民自治实现管理服务重心进一步下移,形成社区共治与居民自治交融互动的新格局,这就无疑成为我国社区治理的新方向和实践选择。

3. 社区共治与居民自治交融互动的格局成为我国社区治理的新方向

依托现实基础,即中国历史传统(强政府、弱社会的管理格局)和社会转型时期的特殊要求,探索多元主体共同参与的社区共治,形成社区共治与居民自治交融互动的格局就成为我国社区治理的新方向。这在近些年地方实践中已取得一些经验和成效,其中以上海和太仓尤具成效。

上海实践。上海在社区治理的新探索中提出社区共治与居民自治,是基于上海对社区的定位及原有的体制架构,即社区是定位在街道层面,街道实行社区综合治理,政府在社区建设中发挥主导作用。这一体制框架在形成上海模式、促进上海社区发展的同时,也存在弊端:上海社区建设的动力不足,即政府过于强势,社会组织发育不足、发育缓慢,公民缺乏参与的热情和动力。上海的社区共治与居民自治就是在这种背景下被提出来,共治主要是指街道层面,自治主要是指居民区层面,既要保留原有的框架特点,又要摒除弊端。上海社区共治和居民自治的突出特点首先是政府主导的治理,这也可以说是中国现阶段发展现实的一个反映;其次是政党对社区发展的引领,实行基层党建全覆盖;再次是政府力量与社会力量的合作治理:一方面,成立公益社会组织孵化园,帮助培育和扶持发展社区治理的重要主体——社会组织,形成社会协同的格局,另一方面,加快构建自治和共治的平台和机制,在居民区层面开展"自治家园"建设,在街道和居民区中间成立社区代表会议及社区委员会来构筑共治的平台等,营造公众参与的氛围。社区共治与居民自治交融互动、共同发展,实现最大范围内的资源共享。

太仓实践。2008年10月,太仓市在全国率先开始"政社互动"探索。2010年3月,该市制定《基层群众自治组织依法履行职责事项》和《基层群众自治组织协助政府工作事项》"两份清单",明确规定凡村居自治事务,放手其自主管理;政府部门行政事务,不得随意下派。通过"两份清单"厘清了"行政权力"和"自治权利"之间的界限,使村委会和镇政府原来上下级关系变成了协约式伙伴关系,促进村委会真正成为村民的代言组织,实现了"政社分开",减轻了自治组织的行政负担。同时,推行了"一揽子契约服务",委托自治组织协助政府完成项目,通过建立"双方契约",促进"政社合作",并通过实施"双向评估",强化"政社互动",从而形成共治的格局。2012年苏州市在全市推广"政社互动",截至2014年6月底,104个街(镇、区)中,90个已开展"政社互动"试点,覆盖面为86.54%。除太仓市外,常熟市、昆山市、相城区、姑苏区、工业园区、高新区6个市(区)已完成了"政社互动"全面推广工作。姑苏区以"三社联动"助推"政社互动";相城区细化"清单",明确职责;吴中区建立"三大便民平台";吴江区建立镇级社会组织服务中心;工业园区建立社情民意联系日制度;昆山市减负增能;张家港市搭建"互动"平台;常熟市职能上收。苏州市在"政社互动"推广过程中,除了强调"两份清单"、"一份协议"和"双向评估"等基本的制度化要求外,还出台了一些文件,对基层工作减负、培育社会组织、规范政府行为等作了明确的规定,使"政社互动"在这三个方向上有了重要的拓展。基本形成政府调控同社会协调互联、政府行政功能同社会自治功能互补、政府管理力量同社会调节力量互动的新社会治理模式,治理主体从政府包揽向政府主导、社会共同治理转变。

从上海共治实践和太仓政社互动实践来看,社会自治性的成长和民主发展的过程伴随着社会和政府的博弈互动。社区多元主体的发展和社区自治性的成长,不仅为社区多元共治的实现提供了治理主体,而且为社区共治的实现提供了基础。社区自治性和公共性的成长促进了社区公共空间的形成,构成了社区共治的基础和动力。可以说,没有居民的自治,难以形成社区(街道)层面的共治。

(三) 本项目研究的目的意义

基于上述国内外宏观背景,项目研究将以苏州为例,探讨在这宏观大背景下苏州加快形成社区共治与居民自治有效机制所面临的问题并相应提出对策建议,拟为苏州改革实践提供一定启迪,具有两大意义。

一是理论意义:推进社区共治和居民自治契合了现代社会治理的发展规律,契合了苏州经济社会转型发展需要,是我国基层社会变迁和基层民主发展的必然选择。从20世纪90年代以来,我国社区治理方式历经街居管治体制向社区自治体制再向社区共治体制的三次转型,总结提炼蕴于其中的发展逻辑,必能增强实践工作的理论自觉和实践自觉。

二是实践意义:当下苏州社区共治和居民自治存在着活力和效能不足问题,面临着结构与功能、制度与机制、路径与方式、整合与协调、操作与运行等具体现实难题,这些问题严重制约着社会建设对苏州新一轮转型发展的支撑作用发挥。有效梳理这些瓶颈因素并提出苏州加快形成社区共治与居民自治有效机制对策建议,对于苏州加快改进社会治理方式具有重大的现实意义。

二、苏州推进社区共治和自治的基本情况

(一) 近年来苏州社区治理的基本情况

改革开放30多年来,中国的社会治理结构进行了深刻的变革,治理方式和过程发生了重大的变化,苏州社区治理同样也历经了街居管治体制向社区自治体制再向社区共治体制的三次转型,尤其是"十一五"以来变革创新最为显著。

1. "十一五"时期苏州社区管理体制改革发展

"十一五"时期,苏州社区管理体制实现了从传统街居管治体制向社区自治体制转型,社区治理有了大发展。这一时期的改革创新明显分成两大步:

一是社区管理体制改革从政社分开入手,为社区减负,促进社区加强自治。2005年,苏州民政印发《社区居委会依法自治测评细则》,2006年、2007年,苏州先后出台《关于推进社区管理体制改革和创新的若干意见》《苏州市村级民主管理制度》《苏州市社区居委会民主选举指导意见》。据此,原沧浪区、金阊区、平江区各自选择一个社区进行试点,坚持"权随责走、费随事转"的原则,实行社区工作"准入制",设立社区工作站,承接原由社区居委会承担的政府在社区的诸多行政事务,将下沉到社区的公共事务和公共服务剥离出来,使社区从半行政性自治组织走向自治性组织,为社区居委会回归到自治组织的功能上来创造了条件。这一改革举措有力推进街居管治体制向社区

自治体制转型。与此同时,苏州稳步推进镇、村体制向街道、社区体制转变。

二是从 2010 年开始,苏州社区管理体制改革提速加快,社区服务、社区管理、社区自治都得到了大发展。2010 年,《关于进一步加快推进城乡和谐社区建设的若干意见》《关于进一步加强社会建设创新社会管理的意见》《苏州市社会建设评价指标体系》《关于加强全市社区居民委员会自治能力建设的意见》《关于进一步加强全市社会组织建设的指导意见》等文件相继推出,按照"管理有序、服务完善、文明祥和"的总体要求,以管理体制更加健全、民主自治更加深入、服务体系更加完善、社会环境更加稳定、队伍素质更加优良、服务设施更加完备为目标,聚焦社区组织建设、队伍建设、制度建设、设施建设,建立健全以社区党组织为核心、社区居委会为基础、社区工作站为依托、其他各类社会组织为补充、社区居民广泛参与的社区管理体制和机制,形成了"一委一居一站一办"模式,建立健全各级"党委领导、政府负责、社会协同、公众参与"的社会建设工作格局。这一阶段,苏州社区管理凸显三大亮点:其一,在社区工作站的基础上,苏州城乡普遍建立功能更加完备的社区服务中心,集聚、整合各类社会组织丰富、拓展一站式公共服务和便民利民服务,社区服务得到了大发展;其二,服务类社会组织得到了大发展;其三,社区自治得到了大发展。主要表现在:在城市居委会和农村村委会换届选举中,积极推行村委会"无候选人一票直选",普遍实行城市社区居委会直接选举,全面推广太仓"政社互动"模式,社区社会组织也在此过程中得到了培育和壮大;建立健全人大代表、政协委员与社区居委会工作对接机制;深化村(居)务公开;重点加强"村改居"合作组织民主管理,切实保障基层群众知情权、参与权、表达权、监督权。比如昆山市实施提案制、议事制、征询制、听证制、监事制和公开制,通过点题即时公开、民主日制度、居务监督委员会等举措稳步推进基层民主自治。

上述两步改革创新,深刻地改变了苏州社区管理体制,使苏州城乡社区建设呈现了新面貌,基层民主自治得到了巩固和发展,4 个县级市获评"全国村民自治模范市",3 个县级市获评"全国村务公开和民主管理示范市(县)";成功举办"全国和谐社区建设工作会议",全市 6 个市(区)、4 个街道、6 个社区获评"全国和谐社区建设示范单位",受表彰数居全国地级市之首;全市 1 113 个村建立农村社区服务中心,实现村级社区全覆盖;张家港、太仓、昆山、吴江市和相城区实现"全国农村社区建设实验示范单位"创建全覆盖。2010 年后,对规模超过 3 000 户(10 000 人左右)的集中安置居住区,还设立社区党组织和社区管理服务中心,按照"一区多居"管理模式,下设若干居委会。

2. "十二五"以来苏州社区管理体制改革发展

进入"十二五"时期,随着经济社会深刻转型,苏州社区发展也面临着进一步深刻转型,社区共治体制随之应运而生。党的十八大后,特别是党的十八届三中全会之后,苏州社区管理体制迎来调整重构窗口,苏州社区治理变革进程加快,社区共治与社区自治得到了迅猛发展。主要亮点表现在:

一是社区服务管理水平和能力迅速提升。以共建共享共融为目的,以社区服务中心为载体,苏州城乡社区普遍建立政府、市场、社会互联互动,实现政府公共服务、便民利民服务、互助志愿服务和市场商业服务相衔接,集社会救助、社会保险、社会治安、医疗卫生、环境保护、人民调解于一体的城乡社区公共服务体系。与此同时,社区服务评价机制逐步完善,开展年度居民民主评议,探索实行第三方评估机制,使社区公共服务更加贴近居民需求。

二是政府职能实现方式发生深刻变革。党的十八大以来,社区公共服务社会化、专业化、市场化改革进程加快,社区社会公益事业逐步引入竞争机制,通过项目招标、政府采购等方式,向经营实体或社会组织购买公共服务力度加大。目前,苏州各市政府出台了《关于推进政府购买公共服务的实施意见》《政府向社会组织购买服务目录》《能够承接政府职能转移和购买服务的社会组织目录》等规范化文件,逐步将政府直接"养机构、养人、办事"转变为向符合条件的社会组织购买服务,并在养老、助残、青少年教育等领域率先尝试购买服务。

三是社会组织体制改革加快,社会组织迅猛增长。从党的十八大提出加快建立政社分开、权责明确、依法自治的现代社会组织体制,到二中全会确定改革社会组织管理制度,再到三中全会提出要激发社会组织活力,苏州社会组织在此大改革背景下得到爆发式增长。其一,社会组织登记爆发式增长,其中公益志愿类、文体娱乐类和协调管理类社区社会组织增长迅猛。其二,社会组织孵化培育力度加大加强。具体做法是:建立"公益孵化园"孵化成长期的社会组织,积极培育和发展公益类、新兴产业类社会组织和社区社会组织;加快推进市属行业协会改革创新和社会组织网上登记、年检工作,促进社会组织自律水平和整体素质提升;重视发挥枢纽型联合性的社会团体的桥梁和纽带作用,探索建立区(市)级社会组织服务中心(或团体)和街道(镇)社区社会组织服务平台,逐步形成社会组织自我管理、自我服务和自律自治的运作机制,强化社会组织的社会调节功能、政府智囊功能和合作平台功能。其三,强化社会组织的监督管理,逐步推进社会组织建设规范化、监督体系化、管理信息化。其四,全面推进社会组织等级评估工作,加强社会组织管理执法监督,防范和打击非法违法组织活动。目前苏州大市范围登记的社会组织已有5 175家,备案的社会组织10 000多家,活跃在社区服务、文体活动、公益慈善等多个领域,其中等级社会组织415家,今年又新增250家,还建成"昌和公益坊"等21个"公益坊"、"公益园",并从2012年开始开展公益创投活动,较好地提升了社会组织的服务能力,这些社会组织在社会治理中发挥了不可低估的作用。

四是以资源整合为特征的信息化平台迅速建成。整合社区各类业务系统,统一建立以社区综合数据库为基础、界面统一的社区政务平台,全面推行社区台账电子化。建立以社区服务需求为导向、具备交互功能的社区综合应用平台,形成覆盖市、县(市、区)、街道(镇)、居(村)四级信息服务网络,充分发挥社区资源为居民提供便捷服务。苏州市城乡社区综合服务管理信息平台正在建设。

(二)苏州社区治理体制改革的积极探索

1. 苏州社区治理体制改革成就

综观苏州近10年来社区治理体制改革发展历程,在社区共治和居民自治方面苏州成就斐然。

从自治角度看,主要成就是:一是规范设置社区自治组织,健全工作网络,形成了完善的自治组织体系。二是明确社区自治职责,通过依法组织自治活动,依法协助政府工作,依法依规组织监督活动落实自治任务。三是通过优化自治队伍结构、加强自治能力培训、推进居委会成员属地化等举措优化工作队伍,提升自治能力水平。四是加强通过深化民主选举制度、完善民主管理制度、优化便民工作制度等制度建设,激发社区自治活力。五是通过自觉接受社区党组织的领导、支持社会力量参与服务管理、强化驻区单位共建共享职责等举措理顺各方关系,营造支持自治氛围。六是通过规范会议制度、实行社区事务准入制度、精减归并考核评比等举措减轻居委会负担,确保居委会自治精力。社区自治深入推进,促社区居民生活品质不断提升。

从共治角度看,主要成就是:一是党委政府主导力量日益加强,社会动员机制和能力趋于成熟,对推进社区共治和居民自治也发挥了重要的组织动员、连接纽带、引领带动作用;二是社区政社协同机制不断完善,多主体协同共治的机制格局逐渐成形,社区网格化管理联动机制不断拓展,以社区委员会为代表的社区共治议事协商机制逐渐建立;三是居民自治载体和机制走向多样化,居委会民主运作机制制度化,居民自治参与机制立体化,居民自治事务处理机制社会化,社区公共资源的配置机制也有所改进。上述进展在创新社会管理、优化公共服务、激发社会活力、重构社会秩序等方面取得了明显成效。

2. 苏州社区治理体制改革经验

审视近年来苏州社区治理的发展历程,改革创新主要体现在以下方面:

一是治理模式和体制机制创新。为了理顺政府与社区的关系,2006年后,苏州改革街居直管体制,坚持"权随责走、费随事转"的原则,实行社区工作"准入制",形成了"一委一居一站一办"模式,推进社区减负,促进社区自治。党的十七大后,2008年,太仓率先探索"政府行政管理与基层群众自治有效衔接和良性互动机制",形成"政社互动"治理模式,"两份清单"基本划清了基层政府和社区自治组织责权边界,明确社区居委会的自治职能和政府下沉到社区的公共服务项目,为社区开展"三社联动"提供了契机,为社区社会组织让渡了空间。2012年,推进"三社"(社区、社会组织、社会工作者)联动,深化"政社互动",加快"三社"联动平台建设,推进"五大整合"(整合社区工作、社区工作人员、工作经费、社区工作信息、社区考核工作),促进社区减负增效,更大力度推进社区自治。党的十八大后,推行公共服务社会化市场化改革,大力培育社会组织,社区多元共治走上历史舞台,社区治理体制机制更趋社会化市场化。如图所示:

苏州社区治理模式和体制机制改革创新图示

二是治理结构创新。为了调动社区各相关主体参与社区管理,构建多元共治共享的社区治理结构,近年来,苏州社区体制机制改革创新,构建形成社区共治治理结构:社区党组织是领导核心,牵头抓总;社区居委会负责居民自治,集中民意,反映居民诉求;社区工作站专司党和政府下沉的事务,提供为民服务,同时各类社会组织共同参与,形成了在社区党组织的统一领导下,社区居委会、社区工作站、社区社会组织、物业公司、业委会、综治组织、群团组织、驻区单位等多元主体共同参与、共治共建共享的社区治理新格局,有效凝聚起各类组织的整体优势,优化了基层治理结构,社区治理结构更加扁平化,更有助于变传统管制为现代善治,变被动应对为贴近服务,变分散管理为集约管理。如图所示:

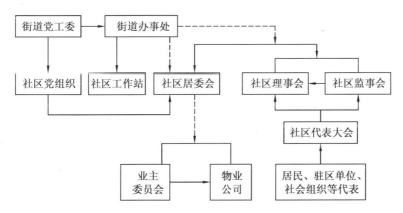

苏州多元共治的社区治理结构图

三是治理方式创新。治理模式、体制机制、治理结构的创新带动社区治理方式的创新,涌现了一批行之有效的治理方式方法。社区自治中,各社区采用居民联系卡、居民联系箱、民生热线电话、QQ群和社区网站、民情日志等多种形式,实现了"民有所呼,我有所应"。高新区乡镇街道成立了街道层面的社区管理服务中心,统领社区共治自治。

四是组织建设创新。基层组织是实现基层社会善治的保证。近年来,苏州着力加强基层组织建设,不断创新社区党组织设置,强化党组织在社区各类组织和各项事务中的领导核心作用,加强自治组织建设,加强社区社会组织建设,加强群团组织在社区工作,加强人大代表、政协委员进社区工作,为社区共治自治提供强有力的组织保证。加快实现基层组织设置"网格化"、基层基础工作"扁平化"、基层组织服务"组团化"、基层基础保障"系统化"。通安镇完善了社区基层组织网络,建立了"社区党委—片区党支部—居民党小组—党员户"四级基层党组织网络,构筑"社区居委会—片区联系点—居民小组—楼道长"四级工作、服务、管理平台,并逐步理顺村改居后社区党组织与居委会、股份合作社之间的关系,使社区党的工作横向到边、纵向到底、覆盖全面。全面建立社区党建工作联席会议制度,社区与辖区单位普遍签订了共建协议,建立了"党建联抓,经济联帮,治安联防,卫生联管,服务联手,教育联办"共建机制。

三、当前苏州加快推进社区共治和自治存在的问题和薄弱环节

近年来苏州社区建设取得了巨大成就,表现在:社区社会事业蓬勃发展,基本民生逐步改善,多元社区治理体制基本成型,社会治理水平提升。但调查发现,苏州社区治理还面临着一些突出问题,影响社区治理水平的提升。这些存在问题,既有来自于自身固有的结构性问题,也有来自于外部环境变化对社区治理结构提出的挑战,很大程度上制约了社区共治和居民自治的效能。

(一)对社区共治和居民自治的认识存在误区

在认识上,社区各主体对社区共治的内涵缺少一个统一的、规范性的界定,一些人把居民自治局限于居委会自治,对社区共治与居民自治的关系感到困惑。在实践上,市场、社会主体参与社区共治和居民自治的意愿不高,一些政府部门尚未形成社区治理的理念,对推进社区共治和居民自治仍存在较强的功利取向。这些问题影响了社区共同体共识和共治的达成。

(二)加快推进社区共治和自治的组织基础薄弱

(1)行政体制改革滞后,社区主体职责不清,社区主体发展不均衡,社区行政化倾向严重,导致社区治理存在结构性问题。

调查发现,苏州虽然社区多元治理格局形成,但苏州社区各个主体发展极不均衡,社区行政化倾向仍然严重,政府的角色还是占有绝对主导地位,大部分社区事务还是由政府在包办,而市场、社会和居民等治理主体还很弱,政

府、企业、社会组织联动的社会结构和整合机制还没有很好形成,政府过于强势,直接导致社区运转活力不足。这一问题的主要原因在政府改革、现代社会组织体制改革没有到位。社区治理多元主体之间的关系有待理顺,政府部门和基层自治组织关系需进一步理顺。

(2) 社区居(村)委会角色地位存在缺陷,运用自治手段研究解决社区问题的能力不强,活力不足,作用不力。

目前我市许多社区居(村)委会的角色和功能尚没有转型到位,一方面造成社区居(村)委会和社区工作站新的职责交叉、重叠,导致管理资源浪费,另一方面社区自治和服务功能没有得到应有的加强,在苏州现存的一些"三无小区"(无政府直接管理;无物业公司管理;无业主委员会自治)尤为严重。因此,社区居(村)委会亟须转变功能,改变工作思路、工作内容和工作方式,真正从原来的行政性功能转向"四个民主"、"四个自我"自治功能上来。同时,要拓展自治功能作用的范围。现在许多社区居(村)委会将主要精力局限于组织老年文体爱好者开展唱歌跳舞等活动,为老为小服务做得好。其实,社区居民自治的公共事务是非常广泛的,具体包括:治安、卫生(垃圾、宠物大便、害虫、杂草、河水、二次供水质量等)、绿化、环保(省水、省电、防污、垃圾分类等)、停车、养老、外来人口、邻里纠纷和小区物业管理等,社区居(村)委会行使自治权应涉及所有这些内容。城乡自治组织工作能力、自治水平需进一步提高。

(3) 现代社会组织体制改革滞后,社会组织发育不足和企业社会责任不力,使社区共治和居民自治缺乏至关重要的组织支持。

现实来看,苏州社会组织、社会企业、基金会等社会主体依然面临着体制、机制、法制、经费、人力等方面的困境,依附行政,无论是数量和质量,离真正的主体地位还有很大的距离,总体仍显散弱。社会组织的问题主要表现在:

——数量上,总量不足,当前社会组织数量偏少,城市社区都没有充分的社会组织供给,更不用说农村社区;面向这么多城乡社区,提供持续性供给更显数量不足。截止到2013年底,苏州万人(户籍)拥有登记的社会组织达9家,高于全国3.5个的平均水平,低于南京万人(户籍)拥有登记的社会组织达29个的水平,与新加坡13家、香港28家、日本97家、美国63家相差甚远,与发达国家平均万人拥有50个以及发展中国家拥有10个的数量相比还是存在差距。

——结构上,发展不均衡;服务类多,其他类少。

——规模上,大型、枢纽型、公益型社会组织数量偏少。

——性质上,具有官民二重性,独立性不足。

——运作上,大多社会组织参与社会治理还存在方式单一、不专业、层次低、重复性、缺乏合作和信息沟通等问题；整体资金规模偏小，资金来源渠道较窄，部分社会团体都以收取会费为主，政府资助、服务性收入、社会捐助较少；服务社会效率低。

——管理上，内部规章制度缺乏，管理不完善，社会公信力不足。

——能力上，专业能力不足，社会服务、组织动员不仅需要专业知识、专业水平，还要有组织、策划、活动的能力，由于社会组织参与社区治理还处于起始阶段，还没有形成一套娴熟的、实战性的群众工作方法。

——人才上，社区社会组织普遍没有打通人才成长通道，人才短缺。许多社会组织工作人员来自于政府转移人员和离退休人员，管理理念和方式相对落后，且专业社工人才匮乏，在待遇方面，社会组织专职工作人员工资偏低，有的刚刚超过市最低工资标准，难以吸引到高级人才。优秀人才除非家境殷实或个人有强烈的理想意愿，否则很难坚持下来。

——环境上，现在是社会组织千载难逢发展好时机，但社会组织还会遭遇"害怕主义"、"地方保护主义"和社区居民的"不信任"。当社会组织参与了社区治理，社区中就多了一个新的变量，有些基层会怕社会组织进入抢了饭碗，只在意扶持自身所在地社会组织，不热心引进社会组织，很多居民也对一些草根社会组织的公益性行为持怀疑和排斥态度。

——平台上，苏州范围内没有打通形成"民众需求－街居需求－社会组织供给"的工作平台。由于信息不对称，有的社会组织能力比较强，事实上还可以承担活动，却因为知名度有限，并没有这样的机会，而有的社会组织虽有能力，但因项目太多，应接不暇，等等，缺乏一个平台。

总体看，苏州绝大部分社会组织自身发展不足，规模偏小，能力弱，社会治理参与面不广，作用发挥不够明显，还难以完全独立承接政府简政放权后的公共服务。最主要的原因还是政府未转变职能，没有充分放权给社会，放权给市场。缺乏社区社会组织联合会。

（三）加快推进社区共治和自治的机制不健全不完善

1. 社区自治具体化、规范化机制缺失

作为法定意义上的居民自治组织，无论是居委会还是村委会，在实际运行过程中受到政府的行政干预，承担了大量乡镇、街道政府延伸下来的行政工作，行政功能远远大于自治功能，导致了自治功能虚化。作为基层群众性自治组织，居（村）委会实行"四个民主"（民主选举、民主决策、民主管理、民主监督）和"四个自我"（自我管理、自我服务、自我教育、自我监督），由于缺乏具体制度而被虚化，没有规范化、制度化加以刚性，各地各社区各自为政。自治具体制度不规范不健全，居民自治机制的不完善，导致自治效力不尽如人意，主要原因就是居民自治主体在很大程度上丧失了自治组织的性质。

2. 社区行政性、市场性、社会性等各类组织的关系尚未理顺，缺乏权威的机构统领和稳定的协调、协商机制

目前，苏州社区多元共治共识和格局业已形成，问题是各主体协商共治成效与客观需要和政策要求相比还有很大差距。主要问题在社区行政性、市场性、社会性等各类组织的关系尚未理顺，科学配置的结构性关系尚未改革到位，并且缺乏一个权威的凝聚各主体的共治共商平台和载体。在社区层面，社区党组织的统一领导下，社区居委会、社区工作站、社区社会组织、物业公司、业委会、综治组织、群团组织、驻区单位等多元主体都能共同参与社区治理，但除了社区党组织、社区居委会、社区工作站关联紧密外，其他组织之间普遍松散，各司其职，未能真正具有很强粘连性。在处理业委会、居委会、物业公司的三者关系上，缺少有效手段。因此，未有一个统领所有主体的权威机构，缺乏一套权威协商机制，自然影响共治共建成效，社区共同体架构形成尚待努力。

3. 社区居民参与机制单一、简单，不尽完善

当前社区居民在"四个民主""四个自我"上缺乏大量的制度安排，参与渠道单一、狭窄，既有的制度安排如居（村）公开、议事会、听证会、评议会以及各类联席会议制度存在形式主义，还不能很好地容纳和反映居民利益表达，渠道不宽、不畅的情况严重影响着群众的正常反映。诉求表达机制不仅存在渠道不畅通、诉求渠道少的弊端，而且诉求周期长、速度慢、效率低的问题也非常突出。

4. 社区自治评价标准及评价机制有待改进

社区自治需要引导，需要有一标准。目前，苏州是以2006年出台《苏州市社区居委会依法自治达标测评细则》（附后）为导向，该细则共有基础设施、民主选举、民主决策、民主管理、社区服务、居民自觉履行义务、居民座谈会情况七大类一级指标35个二级指标，共计百分。以此细则，笔者选取了木渎太平村、姑苏留园街道来远社区、园区湖东社工委玲珑湾社区作为样本，三者得分都在98分以上，这与《苏州市民政事业发展"十二五"规划》所述的"十一五"规划主要指标完成情况来看，得分是吻合的。从得分看，得分极高（如下表所示），从实际看，即便"十二五"基层民主义有了深入推进，居委会工作人员、社区居民都不认为社区自治到了应有高度，问题在哪？是社区依法自治达标测评标准较低的缘故，且这些评价指标容易导向形式主义，而能保障基层民主的实质要素如机制完善等都未能反映。从评价上看，居民主体权重未能得到充分尊重。这一标准制定具有历史性，必须要与时俱进，否则，对基层自治则失去指导意义。

苏州市社会建设"十一五"规划主要指标完成情况

类　型	指标名称		完成情况
社会建设	居(村)委会自治	居委会自治率	99.6%
		村委会自治率	99.8%
	城乡社区综合服务中心覆盖率		100%

（摘自《苏州市民政事业发展"十二五"规划》）

（四）社区共同体意识不强，缺乏动员机制和共担共建共享的制度机制安排

良好的社会治理，必须是一种全员参与的治理。这种参与，并不完全是一种政治参与，而是一种全面的参与，包括参与社区公益志愿服务，参与社区互益行动，参与社区文化营建，参与社区环境美化等，而且，这种参与是一种非强制性的参与，有别于强制性的单位参与，应更多采用"社会倡导"的技术，这就要求它要有一套成熟有效的动员机制。但客观情况是，社区主体社会参与普遍不足，街居往往遵循行政的逻辑，实现"行政型循环"，而居民虽然居住生活在社区，除了承担物业费、车位费，可以不与社区间发生相关联系，同样实现"自我型循环"。社区单位自觉性也不够高，存在各自为政，主动性不强的现象；由于居民与居民之间、居民与社区之间利益相关度弱，而社区掌握的权力和资源有限，这就导致居民参与社区治理意愿不高，对许多有损公正的公共事件变得冷淡和麻木，失去参与公共事务的兴趣和信心。

同时，社区共治是从某种意义上说是一种更高层次的一种"自治"，既建立在社区主体多元而充分独立的组织基础上，也建立在多元主体的共同体的思想共识上。但是，由于缺乏一套系统成熟的居民共担共建参与制度约束和机制安排，激活体制内既有的民主程序和制度，导致公民及驻区单位自治的民主意识不强，参与共治的意愿和积极性不高，活力和效能不足，直接影响了居民主体作用的发挥。

（五）社区人才建设滞后于现代社区治理需要

纵向比较，苏州社区人才队伍建设可以说是成效巨大，但是与现代社区治理需求相比，还存在人才素养滞后的问题。一是知识结构不相匹配。现代社区治理需要系统化的社区治理知识和专业化的社会工作者。然而，目前苏州基层工作人员普遍缺乏现代社区工作的系统知识和治理能力，专业社会工作者更是稀有，这严重影响了现代社区管理和服务水平的提高。二是社会待遇不相符合。"上面千条线，下面一根针"，繁重的社区建设、管理、服务的重任落在社区工作者身上，相关待遇却与付出的劳动不成比例，这都一定程度影响了一部分人员的工作积极性。

（六）丰富便捷、信息化等技术性变革促进体制性变化不力

基层民主创新乃至整个基层治理中,如何更好地利用信息化的发展成果是一个现实命题。目前是各个社区百花齐放,但都显零碎,都存在一定局限,缺少一个集信息共享、社区动员、社区教育、社区服务,同时兼具覆盖面、便捷性、共享化的信息化平台,迫切需要加强城乡社区信息化建设,建立以公共通信网络为依托,各级政府为枢纽,基层社区为主节点,连接国家、省、市、县、街道的社区公共服务网络,建立和完善全国社区数据中心和省、市、区社区公共服务中心。

四、苏州加快形成社区共治与居民自治有效机制的对策建议

基于苏州社区建设现状和发展需要,我们认为,苏州加快形成社区共治与居民自治有效机制必须从以下方面入手:

（一）正确认识共治与自治的关系

苏州加快形成社区共治与居民自治有效机制,一个首要的前提是正确处理好共治与自治的关系。

社区共治和居民自治是社区治理各主体不断发展自身并寻求相互适应的过程。社区共治是社区各主体互惠基础上的合作,是以政府为核心,勾连社区各主体,并调动起社区不同主体的积极性,共同来解决一些社会事务,最终来实现共享共赢。换句话说,社区共治的机理就是协商共治。居民自治是以居(村)委会为核心,重在发挥居民及各类社会组织的作用,自行解决居民区层面可以解决的问题,无法解决的问题则可以上升到社区共治层面来解决。社区自治不仅为社区多元共治的实现提供了治理主体,而且为社区共治的实现提供了基础。没有居民的自治,就难以形成社区共治,共治和自治形成上下联动,共同破解社区发展难题。

（二）深化三大改革,夯实共治自治的组织基础,构建共治自治平台和机制

苏州加快形成社区共治与居民自治有效机制,需要突出处理好政党、政府、社会、市场间的关系,处理好党组织、政府部门、自治组织、社会组织、市场组织之间的关系,突出平台和机制建设,实现社区共治和居民自治机制化。

1. 深化行政改革,优化基层治理结构,建立多元主体合作治理机制

一是进一步清理公布政府行政权力进社区的"正面清单"。在政府层面,根据政府与市场、政府与社会的新定位,在现有行政权力库基础上,全面梳理各级各部门现有职责和权力事项,厘清权力边界,强化权力运行监督,建立上下协同的权力清单调整机制,确保权力清单制度科学化、规范化、法治化。在社区层面,重点是坚持准入制,全面梳理各级政府部门进社区事项,简政放权,政社分开,切实为社区减负增效,又让社区回归自治组织本位。具体就是加快推进社区五大整合,即整合社区工作、社区工作人员、工作经费、社区工作信息、社区考核工作,梳理制定并严格执行三份名录,即"苏州城乡社区协助市级部门(单位)工作事项"、"苏州市级部门面向城乡社区开展达标评比表彰活动事项"、"苏州市级部门(单位)开展服务管理需社区盖章事项",规范政府行为并向社会公布。

二是优化社区组织架构及运行机制。在共治过程中,借助科层制、市场机制、社会机制去实现更大范围和更高层面的共建共享,这就需要有一个共建的平台和机制,需要在社区和政府之间构建一个有权威的共治平台和机制,镇(街道)一级政府自然要起统领作用。这一平台和机制要把上到镇政府(街道办事处),下到社区组织如社区党组织、社区工作站、居(村)委会、业委会、社会组织、社区市场组织等全部有效架构起来。为此,建议社区共治体系组成即由政府部门、社区组织、驻区单位等建立社区代表会议制度,并设立社区委员会作为其常设机构,下设行政事务、社会事务和村(居)委事务、市政卫生、公共安全、文化教育等专业委员会以及秘书处作为其日常工作机构负责各项具体事务,设立社区事务受理中心作为对外服务窗口,由社区委员会秘书处负责受理居民意见与要求,定期召开社区委员会协商解决社区公共事务。社区代表会议及社区委员会作为共治的平台,它不同于政府的派出机构,也不是居委会的叠加,而是协商处理社区事务的一个平台,是居民表达诉求和想法的通道,是上传下达的勾连机制。在街道党工委的领导下,依靠社区委员会这个共治的平台,引导驻地单位、社会组织、业委会、物业公司、人大代表、政协委员、广大居民等积极参与社区服务和管理,整合社区各种力量来解决社区就业、养老、托幼、助残、扶困、邻里纠纷、环境卫生、公共安全、文体娱乐、日常生活等最为基本的民生问题,达到源头管理的效果。通过架构社区委员会,切实优化社区治理结构,巩固社区党组织领导核心地位,发挥社区居委会自治主体作用,支持社区社会组织开展活动,同时加强对政府公共服务机构、业主委员会、物业服务企业的指导和监督,形成以社区党组织为核心、社区居委会为主要力量,业主委员会、各类社会组织、群团组织、社区物业、居民、人大代表、政协委员等主体积极参与的社会管理新模式。

2. 深化社会组织体制改革,健全完善现代社会组织体制机制

一是大力培育、发展社区社会组织。社区社会组织发展要"量质并举"。宽进严出,实行工商经济类行业协会(商会)直接登记制度,深化苏州市市属行业协会(商会)改革,基本建立现代行业协会(商会)制度。深化基金会改革,优化社会企业发展环境。建立行业协会(商会)与政府部门及工商联等枢纽型社会组织的联系机制,完善行业协会(商会)法律法规体系和综合监管机制。同时在制度机制上,应发展多样化的社会组织类型,注重横向扶持,努力降低公益性、社会服务类社会组织的准入门槛。另一方面,在纵向上注意控制组织规模,加强对运作过程的监督,预防一些组织由于规模扩张、政治社会

动员能力增强而带来的社会秩序风险。加大统筹,统一考虑登记管理改革、资金扶持、捐赠免税等事项和政策法规。目前应加快培育公益类和社会服务类等社会组织,增加该类组织的数量,提高此类组织的服务水平和能力。重点培育和积极引导为老服务、残疾人服务、公共医疗、法律援助等领域的公益性社会组织。

二是建立社会化、市场化机制,推进政府向社会组织转移职能、购买服务,建立公益创投机制等,畅通政府与社会组织联系沟通渠道。目前苏州已出台《推动政府部分职能向社会转移的工作意见》《苏州市政府向社会购买服务实施意见》。建议各政府部门结合政府审批制度改革、区镇合一、经济发达镇行政管理体制改革等改革,完善可持续运行机制,拓展政社合作的范围。明确政府购买的优先和重点领域,将可转移的职能区分为充分竞争、适度竞争和非竞争三类,统筹考虑,将行业管理与服务、社会事务管理与服务、专业技术管理与服务的职能转移给基层群众组织、社会组织、社会企业等。着手编制《政府转移职能事项目录》《政府转移职能事项对接目录》和《承接政府购买服务的社会组织目录》以及《政府购买服务指导目录》。积极发挥市场作用,推进政府向行业协会(商会)购买服务,积极推进政府向基层群众自治组织、社会组织等购买服务。理清政府购买服务的主体资格、资金来源、合同管理和评估等一系列基础性问题,为购买服务提供制度保障,逐步把政府购买服务纳入公共财政体制,通过财政预算统筹安排和福利彩票公益金支持等,形成多样化的资金保障渠道。

三是健全社会组织服务群众长效机制。鼓励其他社会组织和社会工作专业人才进社区开展服务。降低公益性、社会服务类社会组织的准入门槛。以社会服务领域为重点,以社区为平台,在社区服务的合作共治中实现政府职能转变和社会组织治理创新。政府应当以社区居民需求和问题解决为导向,根据各社区特点,有针对性地发展和扶持不同类型的社会组织。同时,加快社会组织对服务需求的深入调查和科学分类,充分发挥政府在社会服务提供方面的优势,实现社区社会服务的精细化与专业化。以项目为主要载体,实现社会组织项目与政府资源、市场资源、居民需求的充分对接。采取公益创投、公益洽谈会、公益推介会等多种形式,在政府、社会和市场之间搭建平台,在释放政府资源的同时,充分吸纳市场资源、社会资源,实现社会组织项目与政府资源、市场资源、居民需求的"三个对接"。

四是建立健全社会组织规范化建设评估指标,加强社会组织规范监管。社会组织既要发展,又要规范,加强跟踪和评估,实现常态化管理,促进健康发展。依托"枢纽型"和"支持型"社会组织,推进行业自律。依托"支持型社会组织",大力推进行业自律。借助"支持型社会组织",主要为其他社会组织提供资金、人才、信息等方面的支持,以及开展评估、培训、咨询等方面的服务,加快推进行业自律。促使社会组织健全内部治理结构,建立权责对应的理事会治理结构和制度化的信息公开机制,增强其内外治理能力。加强政府购买服务的绩效评估,通过对服务项目提出明确的标准要求以及构建合理的评估指标体系等,把信息公开贯穿于购买服务的全过程。围绕项目管理全过程,综合运用多种问责方式,如执行报告、现场监测、财务抽查、独立第三方机构评估等,构建对社会组织提供服务绩效的全方位问责机制。

3. 深化社区自治体制改革,健全完善社区自治制度

社区自治的过程其实就是居民重新被组织化的过程,要实现真正意义上的居民自治,必须具备一定的条件:第一,社区居民的自治意识和自治能力;第二,成熟完善的非政府、非营利组织;第三,足够的社会空间。社区自治依赖于社区居民的自治意识和自治能力的提高,以及社区居民组织化程度。因此,深化社区自治体制改革,要健全完善居民自治的途径和制度安排,推进居民民主自治的制度化、规范化、程序化。

一是硬化社区"民主选举、民主决策、民主管理和民主监督"和"自我管理、自我服务、自我教育、自我监督"制度安排。居委会逐步实行直接选举,同时推进居委会成员属地化,推进居委会与业主委员会等社区社会组织建立合作伙伴关系。

二是全面落实"听证会、协调会、评议会"制度,实现全民参与决策。凡在社区实施重大项目或涉及居民群众切身利益的重大事项决策前,社区居民委员会必须召开民主听证会,广泛听取社区居民的意见和建议。涉及社区成员间的公益性、社会性事务以及一般矛盾、利益冲突时,社区居民委员会要及时召开民主协调会,进行协商解决。推广社区党员或党员代表议事制度,深入开展以居民会议、居民代表会议为主要形式的民主决策实践。规范以居务公开、民主评议为主要内容的民主监督实践,与居民切身利益有关的事项,都要纳入民主监督范围。健全居务公开制度,充分利用现代信息技术,积极拓宽社情民意信息收集反馈渠道,鼓励社区居民和驻区单位广泛参与,探索民意调查、网上论坛、民情恳谈、社区对话、社区QQ群等有效形式,确保民主议事活动收到实效,保障社区居民充分行使知情权、参与权、建议权、评议权和监督权。

三是健全完善民主管理机制。推行社区代表会议制度和代表参与机制,通过各种途径和平台吸纳社区居民广泛参与社区自治,完善居委会自治制度,提高社区自治的规范性和有效性。用倡导方法动员社区居民参与公共事务,而不是命令主义,凡是涉及地区性、群众性、社会性和公益性的重大社区事务列入共商共决范围。在程序上,通过社区听证、专家论证和网上讨论的形式,吸引社区群众参与,广泛征询社区成员意见。在项目实施后,由社区委员会组织社区代表、居(村)民代表或专家等人员进行评估,评估结果报社区

代表会议。

四是完善社区服务管理新机制。按照"政府扶持、社会运营、专业发展、项目合作"的思路,深化"社区、社团、社工"三社联动,推动建立以社区为平台、社会组织为载体、专业社会工作人才队伍为支撑的社区服务管理新机制。

五是深化群团组织进社区工作,推进人大代表、政协委员、党代表工作进社区常态化机制,将社区自治民主与人大人民民主、政协的协商民主有机结合,实现高质量的自治。

(三)改革创新以各类自治组织为主体的自治协同机制

社区共治下的治理过程实质是由行政控制转向共商、共议、共决的民主协商,实现了权利与权力的结合。因此,我们要在机制上深化多元主体合作,建立协同共治的格局。包括政政的协同、政社的协同、政企的协同、多方的协同,就是要资源整合,整合行政资源,整合社会资源,整合市场资源,大家作为公益伙伴来跨界合作。主要在以下机制创新上下功夫。

——社区财力筹集机制和服务协调机制。财力筹集机制,这是社区共治成败的关键机制。社区公共事务所涉及的资金主要来源于政府拨付的公益性资金、社会捐赠以及通过项目获取政府购买服务的资金。社区要增强筹资能力,争取企事业单位资金捐助和有关职能部门项目资金支持,来补充资金缺额。

——社区公共议题形成机制。在居民自治中,真正的自治就是要将居民有序组织起来,这同样需要有一个抓手和载体。当然,不是依靠传统的行政手段的社会动员方式来组织,而是结合时代的主题和发展要求以及居民的生活需求进行利益导向的现代社会动员和社会倡导,集结民智,凝聚民力,共同监督,推动民主制度的实施。

——社区共治事务协商决策机制。积极采取民主手段推荐产生业主代表,形成居民民主议事的良好氛围。社区居委会积极搭建民主恳谈会,将业主代表和物业公司代表召集起来,协商小区出现的各种问题和矛盾。

——社区共治资源整合机制。如何实现社区资源与自治组织资源的恰当结合以更好服务社区建设?一是明确居委会在协调过程中的主导地位,以利于其协调工作的开展;二是建立完善的沟通协商及快速反应机制,特别是对于较为棘手的问题应及时向社区有关职能部门反映,充分发挥"三会"制度,有效解决社区纠纷。整合社区各类组织,成立社区自治协调委员会,实现资源整合、力量综合、人心聚合。街(镇)参与社区自治的主体主要包括:一是街道办事处以及下辖的各职能部门;二是社区代表会议、社区委员会、居委会、业委会、民间团体等社区自治组织;三是物业、社区服务中心、慈善超市、学校等企事业单位;四是社区居民。因此,如何协调多方利益,满足多元化主体的不同需求,就成了社区自治实现良性运作的首要问题。

——社区参与机制。听证会、协调会、评议会需要进一步统一规范、指导和监督,帮助其完善选举制度、规范操作程序、公开决议结果等,在接受全民监督的同时使得更多居民参与到社区管理中去,最终实现全民决策。

——以居委会为核心的社区事务民主运作机制。

——以居民区党组织为核心的共建共管机制等。社区党组织在共治与自治中要发挥价值引领、组织动员、支持服务、统筹协调、凝聚骨干方面发挥主导作用。

(四)加快推进社会工作人才队伍建设,推进全市社会工作专业化、职业化

从招录与民选上不断规范队伍,从待遇保障与前途发展上激励队伍,从教育与培训上提升队伍。打开社工成长职业通道,将社会工作人才纳入全市重点人才之一优先发展,推进社工督导培养工作。培育专业社工机构。重视发挥在社区的社会工作者专业特长,为居民提供专业化服务。吸引党政机关、企事业单位退居二线或退休党员干部、社会知名人士、复转军人发挥党员干部、基层活动团队负责人的工作优势,参与社区居民委员会工作,加强社区居民委员会力量。提倡社区党组织班子成员、社区居民委员会成员与业主委员会成员交叉任职,鼓励社区民警、群团组织和社区社会组织负责人通过民主选举程序担任社区居民委员会兼职成员,努力建设一支结构合理、素质高、有经验、讲责任、肯奉献、能办事的社区居民委员会队伍。鼓励本地户籍高校毕业生到社区任职,通过法定程序进入社区居民委员会队伍,并将他们作为将来充实镇(街道)干部队伍的重要来源。重视从居民群众中挖掘和培育社区领袖。

(五)建立健全社区评价制度和民主化、常态化机制

依据《农村基层干部廉洁履行职责若干规定(试行)》让居民参与社区工作者的考评,通过社区居民测评打分,切实将社区工作者的业绩评定权交给社区居民。委托第三方对大市范围内社区建设居民满意度进行调查。改革考评机制,将"公民满意标准"作为评定居委会工作绩效的重要指标。

(六)大力推广信息化管理手段和方法,促进社区共治自治的进程

运用信息化手段整合社区公共资源,充分利用现代信息技术,积极拓宽社情民意信息收集反馈、社区信息交流、社区监督渠道。深入推动行政权力网上公开透明运行工作,实现社区行政权、自治权所涉及的所有社务"全上网、真上网",实现对社区共治和自治动态运行的技术支撑。

附:苏州市社区居委会依法自治达标测评细则

单位		区(市)		街道(乡镇)		社区居委会	
人口		户数		居民小组数		居民代表数	
项目	序号	内容	标准分	实际得分		扣分标准	
			总分	项目分			
基础设施	1	社区居委会有130平方米以上办公和活动用房,设有办公室、警务室、社区服务、阅览室、活动室等基本功能。	15	4		不足130平方米扣2分,功能缺失每项扣0.5分,扣完为止(最小扣分单位为0.5分,下同)。	
	2	社区居委会门口有党组织和居委会牌子,室外设有社区标识、社区概况、区域范围、辖区主要服务活动场所告示牌及宣传橱窗、公告栏等设施。		3		党组织和居委会牌子每缺一块扣1分,室外告示牌内容缺失一项扣0.5分。	
	3	社区居委会建立民主自治、工作职责、为民服务等制度并公开上墙,醒目地方设有社区居委会功能布局、开放时间、管理办法等告示牌以及征求意见箱。		3		制度不全或没有公开上墙各扣1分,其他情况酌情扣分。	
	4	社区居委会有电脑、电话、彩电、VCD、照相机、活动器材、办公桌椅、文件柜等办公设备。		3		缺一样扣0.5分,扣完为止。	
	5	社区居委会管理工作实现信息化。		2		没有实现信息化不得分。	
民主选举	6	社区居委会民主选举由选举委员会组织,选举委员会经民主推选产生。	20	2		没有选举委员会组织或选举委员会,未经民主推选产生各扣1分。	
	7	社区居委会民主选举办法经社区居民(居民代表)会议审议通过,依法制定。		2		有选举办法但未经社区居民(居民代表)会议审议通过的扣1分。	
	8	选举公开、透明,召开会议动员部署选举工作,采用多种形式向社区居民宣传选举工作、选举权利、选举办法及有关法律知识。		2		未召开会议动员部署选举工作的扣1分,宣传工作不细致的酌情扣分。	

续表

项目	序号	内容	标准分 总分	实际得分 项目分	扣分标准
	9	选举按选举办法和法律程序进行，按规定张榜发布选举事项、选民名单、候选人名单、选举结果等公告。		2	未按选举办法和法律程序进行选举的不得分，其他每缺一项扣0.5分，扣完为止。
	10	选民登记不错登、不重登、不漏登，并依法按时张榜公布。		2	有错登、重登、漏登现象酌情扣分，没有按时张榜公布扣1分。
	11	候选人按照选举办法和法律程序产生，经选举委员会召开社区居民（居民代表）会议协商或按投票得票多少确定候选人并发布公告。		2	未按照选举办法和法律程序产生不得分，其他扣1分。
	12	选举大会、选票发放及投票站运作规范，设立秘密写票处。		2	不举行选举大会扣1分，其他酌情扣分。
	13	社区居委会成员全部实行民主选举，以无记名投票的方式产生，由大会推选的工作人员公开唱票、计票，当场、当众公布选举结果并发布公告。		2	不实行民主选举不得分，其他不完善酌情扣分。
	14	社区居委会每三年按期换届。		2	不按期换届扣2分。
	15	社区居民代表、居民小组长按照民主选举相关要求产生。		2	不完善酌情扣分。
民主决策	16	建立社区居民（代表）会议、议事会、听证会等民主决策组织机构和活动制度，活动记录齐全。	9	3	每缺一项制度扣1分，活动记录不全扣0.5分，扣完为止。
	17	定期召开社区居民（居民代表）会议，审议社区工作计划。适时召开议事会、听证会，协商决定社区重大事务。		3	社区居民（居民代表）会议召开不正常，议事会、听证会不完善扣1分。
	18	决策程序规范，社区居民（居民代表）会议、议事会议、听证会议事先通知，参加会议人员占总数三分之二以上。社区居委会有会议书面报告，认真记录会议讨论情况和会议决定。		3	不完善酌情扣分。

续表

项目	序号	内容	标准分 总分	实际得分 项目分	扣分标准
民主管理	19	社区居委会订有居民自治章程、居民公约。居民知晓率高,并为大多数居民自觉遵守,实施效果好。	14	3	居民自治章程、居民公约缺一项扣1分,知晓率根据抽样调查情况酌情扣分。
	20	社区居委会制定有工作职责,分工明确,工作落实。		3	工作职责,分工明确,工作落实每缺一项扣1分。
	21	社区居委会有下设工作委员,并有效开展工作,工作台账及活动记录齐全。		3	没有下设工作委员不得分,台账及活动记录齐全不完善酌情扣分。
	22	社区建有治安、护绿、调解、帮教等自治小组,切实发挥作用。		2	未建自治小组不得分,作用发挥根据检查实际情况评分。
	23	社区工作经费实行民主管理,并定期公开收支情况。		3	账目不公开不得分,其他情况酌情扣分。
民主监督	24	居务公开内容真实、时间及时。	12	3	不公开不得分,其他情况酌情扣分。
	25	社区居委会每年向居民(代表)大会报告工作,有书面材料,并有会议记录。		3	没有书面材料不得分,会议记录内容不全酌情扣分。
	26	社区居委会工作实行年度民主评议,专职人员向居民述职并对有关问题当场解答。开展民主评议活动要提前一周通知社区居民参加,参评人员以无记名投票对社区工作测评。		3	未开展民主评议的不得分,评议程序和要求不规范酌情扣分。
	27	建立民主评议结果运用制度。测评结果一周内张榜公布,对居民所提问题制定整改措施并有整改记录。经评议不称职的,依法按程序罢免。		3	未建立民主评议结果运用制度不得分,评议结果运用不好酌情扣分。

续表

项目	序号	内容	标准分 总分	实际得分 项目分	扣分标准
社区服务	28	建立社区服务站,服务项目涵盖公益、便民和社会化。	12	3	项目较少酌情扣分。
	29	全面掌握社区困难弱势人群基本情况,积极开展社会救助和帮扶活动。		2	基本情况掌握不全扣1分,其他情况酌情扣分。
	30	社区志愿服务坚持经常,平均每月一次以上,志愿者报名、登记和管理制度健全,做好各项活动记录。		3	未建社区志愿者服务队伍不得分,其他情况酌情扣分。
	31	经常开展丰富多彩文体活动,并有详细的活动记录。		2	活动记录不详实酌情扣分。
	32	引导辖区内各种协会、中介组织开展形式多样的活动,并有详细的活动记录。		2	不完善酌情扣分。
居民自觉履行义务	33	邻里和睦,自觉遵守居民公约和维护社区公共环境,自觉维护社区居民良好生活秩序。	8	4	邻里纠纷严重,反复调解得不到解决,扣2分,其他情况酌情扣分。
	34	居民自觉遵纪守法,出现黄赌毒现象及时给予打击,年内没有发生重大的刑事案件。		4	年内发生严重的刑事案件不得分,其他情况酌情扣分。
居民座谈会情况	35	随机抽查居民参加座谈会和入户交谈,了解居民学法、知法、守法情况。了解居民行使民主权利,履行应尽义务情况及自治能力。居民对开展自治工作的认识和体会。居民对社区工作人员发扬民主、依法办事等方面的反映。	10	10	不完善酌情扣分。

(摘自《关于印发〈社区居委会依法自治测评细则〉的通知》苏政民[2005]145号)

第三篇

和谐苏州建设与城乡一体化改革发展

苏州建设社会主义和谐新农村的实践思考[①]

中央明确提出坚持科学发展观,构建社会主义和谐社会的政治任务,如何在农村经济社会发展中体现这一要求?苏州市委、市政府从全面建设小康社会、率先基本实现现代化的事业全局出发,根据中央"生产发展,生活宽裕,乡风文明,村容整洁,管理民主"二十字方针以及江苏省委关于全省社会主义新农村建设的十大工程部署,立足苏州农村经济社会发展状况,2006年初开始全面实施《苏州市建设社会主义新农村行动计划》,在农村经济、政治、文化、社会、生态各领域全面坚持科学发展,着力探索经济发达地区新农村建设的路径和模式,在此过程中形成的一系列"三农"发展的新机制、城乡统筹和谐发展的新亮点,使新农村建设凸现了浓厚的"苏州特色"。

一、苏州市建设社会主义和谐新农村的基本做法

苏州社会主义和谐新农村建设是以发展为基础的全方位建设。按照市委、市政府的部署,苏州各地紧紧围绕富民强村目标,坚持以新型工业化推动农村产业新发展,以城市化提升农村建设新形态,以经济国际化塑造农村发展新理念,实现"三农"与"三化"互动并进,城乡经济社会协调发展,真正做到空间形态上城镇更像城镇、农村更像农村,社会形态上既保持农村鱼米之乡优美的田园风光,又呈现发达先进的现代文明,逐步显现基础设施配套、功能区域分明、产业特色鲜明、生态环境优美、经济持续发展、农民生活富裕、农村社会文明、镇村管理民主的苏州特色的社会主义和谐新农村。这种特色充分体现在苏州各地新农村建设的规划、路径选择和个性发展上。

我们在调查中得知,苏州各地社会主义和谐新农村建设一般都有规划。从规划的层面上大致可分为四类情况:一是以主流模式存在的新型社区建设,二是以原有规划的中心村的建设,三是在一级农田保护区内作为规划居住保留点的建设,四是建留区内作为暂时居住保留点的建设。

同时,我们在调查中还发现,2006年,苏州各地社会主义和谐新农村建设

[①] 本文为2006年校级课题,入选全省(江苏)党校系统构建社会主义和谐社会理论研讨会,获二等奖。

一般是按照先易后难的路径,依托各级公共财政和村集体经济的投入,围绕累积发展后劲这一主题,从村容整治入手,或还乡村基础设施建设的历史欠账或让现有的发展优势更优。从村庄整治内容上来分,大致也可分为四种情况。以昆山为例,一是以巴城绰墩山村为代表的与保护地方文化、突出古村风貌相结合的村庄整治;二是以淀山湖镇永新村为代表的与侧重居住保留点规划,加快基础设施配套建设相结合的村庄整治;三是以千灯大潭村为代表的与发展旅游产业,推动农民致富相结合的村庄整治;四是以锦溪镇计家墩村为代表的改善农村大环境,提高农民生活质量的村庄整治。

综合上述情况,我们认为,从建设特色来看,苏州和谐新农村建设可以分成4个类型。

一是设施先进,功能齐全,管理有序的精品型。如苏州高新区枫桥街道的马浜社区、苏州工业园区唯亭街道的东亭社区等是典型的"村改居"。亮点之一是"三农"与"三化"互动并进,以工业化、城市化和经济国际化提升城市近郊农村建设的新形态,同时,把环境建设、农民综合素质的教育,贯穿于社区建设全过程中,在政府牵头下,社区通过自治建设,推出一系列的便民服务,受到百姓称赞,突出了社区和谐与人与环境的和谐。

二是农工商联动,就业充分,村级经济发达型。常熟支唐镇蒋巷村、吴中区木渎镇天平村、昆山千灯镇大唐村、周市镇市北村等同属经济发达村。他们在和谐新农村建设过程中让优势更优、强势更强。特点是充分利用区位优势,以新型工业化推动农村产业新发展,产业特色鲜明,大力发展和完善各种经济合作社,在发展和壮大村级经济同时,也为农民营造了良好经营和创业环境,让农民充分就业同走富民路,突出了乡村经济和谐与发展和谐。

三是碧水常在,绿色更浓,旧村改造型。昆山千灯镇大潭村等村,属基本农田保护区范围,做法是根治"脏、乱、差"。经过整治,村容、村貌发生了根本性的变化,恢复了江南水乡原貌,成为新农村建设工作参观学习的样板。特点之一是易学,保持农村鱼米之乡优美的田园风光,使农村更像农村,突出了乡村生态和谐。

四是管理民主、邻里和睦,乡风文明型。以村党支部为核心,充分发挥党员先锋模范作用,善于发挥群团组织作用,通过组建文艺演出队,开展"好媳妇"评选表彰活动等形式的教育活动,注重了农民的参与性。如昆山周市镇新镇村组建的"干群心连心"办公室,四名老党员主动参与干群、邻里关系的协调工作。特点是立足提高农民整体素质,以党风促民风,以文化建设、基层政治建设促农村和谐,突出了乡村文化和谐与政治和谐。

从上述基本模式中我们可以看出,苏州市和谐新农村建设主要采取了以下基本做法:

一是按照中央和省里提出的要求,从苏州实际出发,科学规划,城乡统筹,着力改善优化居住形态。强调规划定位是为了防止新农村建设中的短期行为,防止重复建设,体现了政府行为的理性和务实。如,按照城乡统筹,进行一体规划,调整优化工业与农业、城镇与农村的空间布局,科学确定城市发展区、农业发展区和生态保护区。尤其是在丘陵湖泊及其周边地区、城市与城市接壤地区、具有良好生产基础的基本农田保护区,规划建设永久性农业发展区和生态保护区,充分展现江南水乡的地方特色。目前,苏州市121个示范村现已完成镇村布局规划的编制工作,编制了建设详规,按照分类指导原则,正在分层有序推进。如,针对目前苏州各地农民住宅过于分散的实际,积极推进"三个集中"(引导农村工业企业向规划区集中,引导农民居住向新型社区集中,引导农业用地向适度规模经营集中),尤其是农民集中居住和农村新型社区建设,切实改善农村人居环境,提高农民生活质量,节约农村资源。

二是新农村建设既体现了"建",又体现了"新",探索了富农的新路径。在苏州和谐新农村建设中,有建设发展的新面貌,更有在农民持续增收、农村社会保障等制度安排上走出的新路径。如,政府现已着手建设"四个万"的农业生产基地:万亩优质粮油生产基地、万亩特色水产基地、万亩高效园艺基地、万亩生态林业基地,实实在在地发展现代农业,解决农业的现代化问题,农业的规模化、标准化、市场化水平得到了新的提高。同时,政府坚持以"三化"促"三农",以增加农民收入为中心,大力推行农村经济的股份化改造,积极推进"三大合作"改革(一是农村社区股份合作制改革,二是土地股份合作改革,三是专业经济组织股份合作改革),实现集体经济壮大与农民持续增收同步推进、同步发展;实实在在打造了发展中的经济和谐,实实在在地体现了社会主义本质属性要求。无疑,这是苏州社会主义新农村建设最受农民欢迎所在。

三是方式方法上尊重群众意愿,以点带面,加快推进,既有引导,又有推动。实践中,苏州各地强化分类指导、因势利导和有的放矢,确保了新农村建设早出成效,出实效。如根据苏州乡村形态及其经济社会发展水平,确立了121个新农村建设示范村,分为城市社区型、集中居住型、整治改造型、生态环保型、江南古村保护型等类型进行推进,以充分发挥示范村在基础设施、环境面貌和功能配套等方面的引导带头作用。

四是凸显政府公共服务职能,进一步加大投入,为农村居民提供更多的公共产品和服务。尤其是突出了基础设施配套建设。如各地均在继续加快"三清"(清洁田园、清洁家园、清洁水源)、"三绿"(绿色基地、绿色通道、绿色家园)等工程建设,普遍推行建设适度集中的生活污水处理设施,形成农村垃圾处理的长效机制;再如昆山周庄镇还将各村的环卫工作统一纳入全镇环卫体系,并实行市场化运作和管理。这些公共投入和管理机制使苏州农村生态环境、人居环境切实得到改善,使苏州农村整体面貌有了明显进步。

二、苏州建设社会主义和谐新农村的实践思考

总体上看,当前苏州和谐新农村建设已得到了市、镇、村各级领导相当重视,他们都能以解决农民实际问题为新农村建设根本切入点,都是把村庄整治工作作为当前新农村建设的重要抓手来抓,并将村庄整治工作与村庄长远规划结合起来,与农村产业发展结合起来、与保护地方文化特色结合起来、与和谐乡村建设结合起来,充分发挥各自的特点和优势,整合各方资源,既注重发展农村生产力,又注重调整农村生产关系;既注重农村经济发展,又注重农村政治文明建设、精神文明建设、和谐社会建设,使社会主义新农村建设真正成为惠及广大农民群众的民心工程。

(1) 政策制度设计新,党委政府推动力强。市委专门成立了办公室,各市镇村都有相应机构,侧重抓好政策制度框架的设计。如公共财政加大了财政支农的力度,成为启动和谐新农村建设的强大动力。2006年上半年,单是市级财政就已划出5 000万元用于新农村建设的规划编制、环境整治、基础设施建设等项目的扶持,各区、市、乡镇也都各有相当投入,吴江已经先后投入近3 000万元专项资金落实农村环境整治措施。

(2) 发展目标明确科学,发挥了导向引领作用。苏州市委在实施和谐新农村行动计划中提出,"十一五"期间,苏州建设社会主义新农村的主要目标是:"全市农民人均纯收入达到13 000元;年可用财力100万元以上的行政村达到80%以上;农村工业企业进入规划区的比例达到80%左右;加入农村土地股份合作社的农民承包土地面积达到50%左右,参加各类新型合作经济组织的持股农户达到80%左右;在企事业单位从业的本地农民参加城镇职工社会养老保险参保率达到90%以上,老年农民养老补贴实现全覆盖;农村全面普及自来水,区域集中供水入户率达到95%以上,生活污水集中处理率城关镇达到85%以上,中心镇达到70%以上,其他镇达到50%以上;村务(财务)公开达到100%;形成一批新农村建设的示范镇和示范村。"围绕这个目标,各市区又进一步细化、实化。如《昆山市建设社会主义新农村目标(2006—2010年)》细化成五个方面47项指标,其中在管理民主方面,还提出"村委会直选和村党支部'两推一选'率均达100%"的子目标。现在,全市村党组织都在围绕新农村建设和全面小康建设的目标要求,紧密结合村情实际,科学制定本村的中长期发展规划、任期目标和年度工作计划。

(3) 党委政府工作重点突出,鼓励基层组织率先探索创新。如何做好农村经济社会发展这篇大文章?近年来,苏州市委一贯要求和鼓励农村各级党组织和政府把农民增收的长效机制、村镇规划、农村基础设施建设、农村环境整治和现代农业作为"三农"建设的关键,当作工作的重点。张家港塘桥镇韩山社区就是在党委、政府的扶持下发展起来的。三年前是个偏僻的普通乡村,村级可用财力不超过100万元,环境面貌一般,老百姓过着散居村落式的

生活。2002年初,韩山村抓住中心城镇建设东延的机遇,走出了一条接轨城镇的农村社区化路子。该村紧紧围绕建设现代化新农村目标,博采众长,高起点、高标准地规划了新一轮建设蓝图。随着新型社区建设和"先锋村"创建活动的推进,村民传统散居生活方式向集中居住转变,传统村务管理向社区服务型转变,村级经济日益发展壮大。短短几年时间,300多套新型住宅拔地而起,多功能社区服务中心配套建立,已经形成工业集中区、村民集中居住区、商业贸易区、外来人员集宿区、求助服务区五区相连的格局,至2005年,村级可用财力达到386万元,农民人均收入达到9 200元。

(4) 以发展为第一要务,壮大了村域经济、增加了农民收入。长期以来,苏州各级组织始终都把发展当作第一要务,富民当作第一目标。调研中我们发现,绝大多数村党组织成员都是始终把富民强村作为第一要职,带头创业、带领群众创业,把全民创业作为促进村域经济跨越发展的重要抓手,充分挖掘本村的产业优势,努力形成"一村一品"的特色经济,增加村集体收入,确保了农民人均纯收入快速增长,增强了为群众办实事的经济实力。这是苏州农村产业集群、板块经济形成的基础和有生力量。如昆山千灯大唐村在社会主义和谐新农村建设上有十条措施:一是加大投入稳农业。大唐村现有农田550亩,由经验丰富的村民承包,村里不收一分钱,还提供操作、灌溉、治虫、收割等一条龙服务,农户种田的积极性普遍提高。二是扩建厂房抓收入。村里以富民合作社的形式用村民入股的资金建厂房、造打工楼,已完工出租的标准型厂房7.6万平方米,有34家内外资企业落户。三是利用水面兴渔业。村水域面积较多,得天独厚的优势为渔业的发展奠定了基础,全村有101条从事水产的船,除了捕捞外,还进行异地运输,村里将低洼地改造成鱼塘,养殖特种水产。四是鼓励村民办工业。印刷是村的支柱产业,起步早,覆盖面广,在发展村级印刷厂的基础上,村里鼓励有技术的村民自己办厂。五是全民入股增收入。依托富民合作社、土地股份合作社,先后吸纳民资1 600多万元,有876户农户入股。六是私房出租搞物业。村紧靠千灯镇区,外来民工众多,村民利用空闲私房出租,房东经济成了村民致富的新途径。七是安排进厂保收入。除了一批有一技之长、头脑精明的村民自己办企业、搞物业外,落户在村的内外资企业优先面向本村"4050"年龄的村民招工,使这批人有了合适的岗位和稳定的收入。八是特困人群包就业。尽管村民都有工作,村里把一些老、弱、病、残人员组织起来,建立了绿化除草队、河道保洁队、卫生清扫队,使他们也能自立,村里对这些贫困家庭人员还破例送红利。九是大力发展第三产业。村里通过组织建筑队、运输队,开辟商饮、服务业等,增加他们的收入。十是土地补偿有收入。小城镇的开发和发展,占用了村民土地,为确保被征地农民的基本收入和基本生活,市镇按标准每年发放土地补偿金。

(5) 社会事业发展成为工作重心,提高农民生活质量获得普遍重视。我们在调查中发现,苏州各级政府都能大力加强农村基础设施建设;加快村富余劳动力的培训与转移;健全社会保障体系;按照村庄建设总体规划和环境整治的要求,加快村庄建设和环境改造步伐,促进村庄绿化、净化、美化、亮化。各地农村的文化活动室、计生服务站、便民服务站、社区医疗所已得到相当普及。这些社会事业建设,不仅改变了村容村貌,而且也提升了农民的生活质量。

（6）民主管理务实推进,和谐文化凝聚民心。苏州各地农村党组织都能大力加强精神文明建设,强化对农民的思想教育以及科技文化、法律法规等知识的普及教育,培养农民健康文明的生活方式;切实抓好社会治安和文明村、文明户的创建活动;加强党务公开、村务公开、财务公开,实行民主管理,落实了农民群众的知情权、决策权、参与权、监督权;营造了良好的发展环境。调研中我们欣喜地看到,民主决策、民主管理、村民自治有利于在农村加强党的合法性并使党更加受到农民的欢迎,村民自治所带来的政治热情和主人翁感也像当年家庭联产承包责任制一样,释放了农民的生产力和创造力。如昆山周市镇市北村在2006年11月9日举行决策听证会,32名代表就是否要建设某一项目畅所欲言,纷纷发表了自己的意见,最后全票通过了村两委会的项目建设方案。这是村级重要事项听证制度在昆山全面推开的一个缩影。"从'我要为百姓做什么'到'百姓想要我做什么'",这就是听证制度引入乡村行政决策的意义,它正确处理了基层党组织依法执政和依法自治的关系,处理了两委关系,建立党组织领导下的充满活力的村民自治机制,带动村民自治向良性健康方向发展。

张家港市韩山村还把"先锋村"创建与文明社区、健康社区、绿色生态社区、文明家庭、特色家庭等多种形式的创建活动融为一体,引导每一个家庭、每一位村民积极参与各项创建活动。村里多次举办球棋类、书画、法律知识、体育等竞赛活动,吸引了一批又一批的中老年人加入健身、艺术操行列,许多农户成了收藏、盆景、音乐、书法等文化特色家庭。乡村生活变得丰富多彩,村民们享受到了新农村现代文明。

（7）基层党组织建设常抓不懈,组织保证坚强有力。各地农村基层党组织都能围绕党的中心任务来进行,在社会主义和谐新农村建设这个大舞台上来加强村班子建设,加强党员队伍建设,切实推进农村基层党组织建设"强基工程",开展争优创先的"先锋村"建设,使农村党的建设与和谐新农村建设同步推进、协调发展。我们欣喜地看到,苏州基层组织和党员干部在探索新农村建设模式实践中勇于创业、创新、创优,争显身手,大有作为。苏州新农村建设实践充分体现了党的基层组织的战斗力和号召力,充分说明了基层党组织为党的方针政策在农村的落实做出了重大贡献,是当之无愧的党的方针政策的组织者、推动者和实践者。

当然,从实际情况来看,眼下的苏州和谐新农村建设活动主要定位于物质层面,最大的亮点是统筹城乡发展与富农;主要内容是建设和完善农村的基础设施,创新农民增收新机制,改善农村的生活方式、生活环境和生活水平;具体做法是先试点,再行推广,仍属于地方政府主导型。显然,苏州和谐新农村建设今后仍有很长的路要走。其实,和谐新农村建设需要政府、农户、社会组织的共同努力。我们很欣喜地看到,苏州各地农民在党委政府的推动下,参与和谐新农村建设的热情愈来愈大,我们建议,在以后的工作中,政府应逐步减少干预,逐步淡出,真正形成党委领导、政府主导、部门协作、农民主体、社会参与的工作机制,真正让农民成为社会主义和谐新农村建设的主要主体,真正让社会各种组织成为社会主义和谐新农村建设的有生力量。

城乡一体化进程中城郊社区转型的实践探索
——以苏州市平江区城郊社区转型为例①

城郊社区转型是城市化过程中的一个普遍的共性问题,在当今推进社会主义新农村建设、推进"城乡统筹"、"城乡一体化"的大背景中,苏州城郊社区转型被赋予了新的时代要求,这一问题的有效探索对苏州广大农村社区而言都具有先导性。国内外研究机构研究表明,先进国家在城市化、现代化进程中,对乡村转型十分注重经济服务、社区培养、公共服务均等化。韩国的新村运动、日本的农村建设、荷兰的乡村发展都为我们探索这一问题提供了世界视角。苏州市平江区平江新城自 2003 年启动以来,通过系统的科学规划和坚持不懈的努力,走出了一条起点高、标准高的城郊社区转型之路,为我们探讨苏州城乡一体化进程中农村社区转型的路径提供了重要的启迪。

一、苏州城郊社区转型的形势判断

新中国成立以来,尤其是改革开放以来,我国经济社会发展取得了巨大成就,已成功迈越温饱、小康阶段。当前,我们正处于向全面建设小康社会、基本实现现代化奋力跨越的新阶段。这一阶段发展仍是我国经济社会生活的主题,即便在世界金融危机的阴霾下,大发展的势头仍然强劲,显而易见,城市化仍将处于大步发展阶段,这是推动城郊社区转型的强大推手。

另外,由于我国经济社会各个方面正面临着深刻转型,党中央以科学发展观为指导,以构建社会主义和谐社会为价值目标,审时度势,作出了一系列战略谋划,其中统筹城乡发展已成为党的战略重点,而且发展的质量要求更高。党的十七大、十七届四中全会对城乡统筹发展作出了更加明确的指引和部署。毋庸置疑,从社会主义新农村建设到推进城乡一体化,我党破解城乡二元结构的路标愈加清晰,决心愈加坚定,举措愈加扎实,城郊社区转型必将处于一个黄金发展期、提升期。

对苏州各地而言,作为长三角经济区域的核心地带,苏州有条件、有义务

---

① 本文为 2009 年环太湖经济社会发展研究中心研究课题,著者主持,已结项。

在城乡一体化方面,特别是在城郊社区转型方面走在科学发展的前列,担当好做科学发展排头兵的光荣职责。目前,苏州各地都以饱满的政治热情推动城乡一体化实践创新,苏州市还被确立为全省唯一的城乡一体化发展综合配套改革试点城市,这样的发展局面为苏州城乡统筹发展提供了更为强大、更为深厚的政策支持。可以非常肯定,苏州城乡社区转型处于前所未有的加速发展黄金期。

二、苏州城乡一体化深刻地影响着该地区城郊社区转型的走向和质量

从我们调查来看,在国家方针政策的统一指引下,苏州各地政府都各自制定了本地域城乡一体化发展的战略部署,从2003年开始就全面筹划统筹城乡发展,提出实施"城乡一体化发展战略"。市委市政府先后出台了《关于深化农村改革促进城乡一体化发展的意见》《关于城乡一体化发展综合配套改革的若干意见》《关于贯彻落实党的十七届三中全会和省委十一届五次全会精神加快推进农村改革发展的意见》《苏州市城乡就业和社会保障一体化发展实施意见》《苏州城乡一体化发展综合配套改革三年实施计划》等文件,确定了23个试点工作先导区,明确提出实现城乡同质化的目标标准;明确了要加快形成城乡发展规划、产业布局、资源配置、基础设施、公共服务、就业社保和社会管理一体化新格局;明确了要建立促进城乡经济社会发展的一体化制度;明确了要统筹安排乡土地资源,探索建立宅基地置换机制和土地增值收益共享机制,构筑农民与集体更为紧密的利益联结机制,让农民在土地增值中获得长期收益;明确了要努力走出一条具有苏州特色的现代农业发展新路子;明确了要实行就业、创业、产业、物业并举,拓展农民增收空间的基本举措。

显然,苏州城乡一体化进程整体呈现了加速态势,现有的实践已经在推进现代农业发展、深化社会管理体制、农村金融体制和户籍制度改革,社会文化生活状态转型等经济、政治、文化、社会更多的层面上打破了"二元结构"的制约,愈加全面的社会保障,便捷的生产生活服务体系,同等的就业体制,方便的公共交通等发展趋势,使农村与城市、农民和居民在先进、和谐、现代文明的丰富内涵中加速融合,也使城郊社区转型在速度、质上明显有异于以往城市化进程中的那种单一浅显的转型。苏州市平江区平江新城(城北街道)社区转型就是其中的典型代表。

三、苏州市平江区城郊社区转型过程

苏州市平江区的平江新城原属苏州市虎丘区的辖区,位于苏州古城的东北隅,是个典型的城郊接合部。随着城市化进程的推进,2002年市区区划调整划归了平江区,成立了城北街道。2003年,在苏州市城区整体发展规划框架下,平江区开始启动平江新城项目,囊括了整个城北街道。2005年,城北街道的社区转型、社区建设开始纳入平江新城开发规划的总盘子。自此,该辖区内的这些典型的农村社区开始了向城市社区的转型,社区人口也由村民开

始向居民再到市民的裂变。这一过程大概有三个阶段。

（一）2002—2004年亮型阶段

2002年苏州市城区区划调整,新建的城北街道辖区内的行政村统一转化为居委会,保留村集体经济组织。虽然此时的城北街道在行政区划上纳入了城区,村民转化为居民,但此时的居委会工作人员仍是原来的村干部,村民仍拥有少量的集体土地,村集体经济依旧按原体制运行,无论是经济上,组织上,还是社会形态上,此时平江区城北街道辖区内的社区就其社会属性而言,仍属于传统的农村社区。村改居只是换汤不换药,行政村管理的印记仍然体现在社区的实际管理过程中,而且这种转变实属被动,仅仅是亮型而已。

（二）2005—2007年转型阶段

2003年,市、区两级政府启动平江新城项目,城北街道整体纳入新城开发,土地完全被征用,居民分批纳入拆迁,至2005年上半年,随着平江新城安居工程相继使用,居民陆续搬入设施完善的安居小区,具备了城市社区物的形态,但此时的社区也只能说是城市社区的雏形,在组织上、社会形态上还停留在旧有状态,真正实现社区的深刻转型还需要全方位的变革。2005年下半年开始,在政府强力推动下,城北街道各社区主动转型,着力改革城乡接合部不适应城市化的经济、政治、文化和社会诸方面的体制和生态,系统地进行变革,经过三年的努力,实现了由城郊社区向城市社区的华丽转身。

（三）2008年至现在,社区建设全面展开,进入定型阶段

由于城北街道各社区以城市化的理念去做社区工作的破与立,因此,这种转型较为彻底,但巩固这种转型同样艰巨。为此,2008年,苏州市平江区政府继续在社工队伍、社区服务业态、社区参与、社区融合上强力推进,以社区为主的新型社会管理体制和运行机制正逐步确立,以社会互助为基础的社区服务体系正日益走向成熟,转型后的社区各方面工作逐渐显现了强大的后发优势,融入城市和自身发展方面取得了巨大成效。

四、苏州市平江区城郊社区转型的基本策略

社区转型以城乡统筹为基本方针,全面纳入新城开发的整体规划,以城乡一体化、同质化为标准,紧跟城市开发步伐同步完成社区转型相关建设工作,基础设施、管理体制、人才队伍、居民塑造绝不滞后开发的进度。

社区转型自始就设置城市化标准,不仅让居民在形上实现了城市化,而且注重实现其身份和思想观念转变为城市居民,从经济、政治、文化、社会、生态等方面促进了城郊社区向城市社区深度转型。

（一）经济形态转型

一是股社分离促转型。在确保村民现有的利益不受损害,确保村集体资产不流失,确保各级政府和组织不平分村集体资产的情况下实行改制。集体经济实行股份制改革对城郊社区转型作出了巨大的贡献,不仅承纳了不适应城市社

区工作的村干部,这就为高起点配置社区工作者腾出了组织空间;而且股份合作社多年连续分红为居民转市民夯实了物质保障。二是大力推进城郊经济向城市型经济转型,以发展第二、三产业为重点的城市型经济已初见成效。三是就业创业促转型。扶植有市场基础的小企业进工业小区,创设岗位优先安置年龄较大的无业居民,如社区的物业由居民承担,一些村民被安排做保安、环卫工作;鼓励居民参加政府部门组织的免费职业培训。四是居民全部实现城市同等社会保障。被列入了城镇医保的范围。经济转型、股社分离、城保、就业四大经济变革形成叠加效应,共同割裂了居民对旧生产方式、旧生活方式的依赖,促使各类居民在城市生活中都找到适合自己的位置,各得其所。

(二)组织体制转型

以建设和谐社区为目标,强化政府在社区的事务管理和服务能力,强化社区居民依法自治的能力,形成社区党组织、社区居委会、社区工作站、社区居民事务服务所互联、互补、互动的体制和机制。

(三)队伍转型

立足城市社区工作开展需要,科学配置社区干部。原有的居委会干部全部按城市化社区工作标准进行公开选拔,择优留用,不适应的坚决退出社区工作,同时从城区调入一批具有深厚城市社区工作经验的社区干部到新城区。

(四)运作转型

不仅按城市化标准配备社区公共服务基础设施,而且按城市化标准组织提供社区公共服务产品;扶植各类志愿者队伍和社区组织;发现和培养众多社区明星,建立和健全城市管理体制,提高城市管理水平。在政府的强力支持下、在高素质社区工作者带动下、在社区组织和市民的支持下,平江新城各社区的社区服务、社区建设、社区参与和融合、社区发展等方面工作蓬勃发展,使居民在新家园产生新感觉,在文化观念和生活状态上发生了深刻变化,在内心里与城市没有隔阂。

(五)文化生态转型

引进智力资源激发社区工作者、社区居民理念变革。通过政府的牵线搭桥,平江新城辖区的社区目前都已成为苏州大学社会学院、公共管理学院以及苏州科技学院大学生的社会实践基地,各社区通过这些专业力量在现代社区理论普及、社区工作技巧、社区文化塑造、社区动员、社区整合等方面获得显著提高,大大促进了转型。

五、苏州市平江区城郊社区转型对苏州农村社区转型的基本启迪

城郊社区转型是城市化过程中的一个普遍的共性问题。苏州市平江区城郊社区经历了亮型、转型、定型三个阶段,较好地实现了向城市社区的转型,社区人口也完成了由村民向居民再到市民的裂变,其做法使得平江城郊社区不仅在"形"上实现了城市化,而且从经济、政治、文化和社会等"形而上"

方面实现了向城市社区转型,较好体现了城郊社区在经济、政治、文化、社会、生态等诸方面同步协调转型的必要性、可能性和普遍意义,它深刻地揭示了城乡一体化建设中经济、政治、社会、文化、生态发展协调互动的逻辑关联,其经验做法可以深化和丰富我们对城乡统筹、城乡一体化的宏观把握及其预见,对其他区域乡村建设也可提供积极的借鉴和启迪,主要是:

(1) 城郊社区转型得益于科学规划先行。城乡接合部融入城市的首个切入点就是要彻底改变农村居民经济及文化发展规划的缺失现象,将其融入全局,纳入城乡规划。同样,农村社区要真正实现城乡一体化,也必须要有城乡整体规划。

(2) 城郊社区转型得益于政府强力推进。进度上不滞后城市开发的速度,基础设施和基本公共服务标准上不应滞后于城市化要求,真正做到同质化。

(3) 城郊社区转型得益于制度创新。城郊与城市的差异,根本上是城乡二元制度的差异,城郊向城市转型,根本上是农村制度体系向城市制度体系的转型,包括土地制度、户籍制度、保障制度、就业制度、教育医疗、文化发展制度等。一是制度设计要有系统性,坚持重点突破,统筹整合。要从有利于城郊向城市顺利转型的角度,系统地思考政治、经济、文化、社会各个方面的政策和制度,包括观念、体制、队伍、社会生态等全方位的转型,全面地把居民统筹到城市社会、经济、文化等方面发展之中。二是制度设计要有针对性。无论涉及的户籍、土地、保障、就业哪方面的制度,都必须通过科学设计完善的城市化进入机制。

(4) 城郊社区转型得益于依照高标准定位去进行管理创新。平江区城郊社区立足新城开发,设置了较高的转型定位,社区建设和社区管理不仅仅是在有形的领域向城市中心区看齐,而且在农民向市民转变,提高市民素质,强化市民保障,转变行政服务模式等诸多方面也向城市中心区看齐。站在高起点上,用先进的现代社区理论指导转型实践,可以节约社区转型的时间成本和社会成本,提高了转型效率。

(5) 城郊社区转型要注意运行机制的深层次转型。城郊社区乃至更广大的农村社区在城乡一体化发展的快车道上,转型应该是加速的。但是,我们仍要看到,在这样的态势中,转型后,一些深层次的运行机制不一定就能同步实现跨越,必须要积极作为,积极谋划。一是要尽快强化公共治理体制和居民自治治理体制,有效实现二者的互联互动,综合提高社区治理水平;二是优化社区组织的社会管理和服务功能,多样化高质量满足居民需求;三是强化科学和社会意识的普及,全面提升社区居民公民社会涵养;四是继续探索社区建设与其他各项城市工作的结合方式,在城市管理的大平台上高效率推进社区发展。这些恰是城郊社区乃至整个农村社区向现代社区转型的软肋,必须予以足够的关注。

苏州城乡一体化发展目标定位的逻辑必然和路径安排[①]

一、问题的提出

2009年,苏州思考城乡一体化发展有了质的飞跃。2月,苏州市委市政府提出,苏州要率先基本实现现代化,必须加快城乡一体化,实现城乡同质化;8月,市委市政府在确定苏州未来发展形态"三区三城"新目标时进一步明确要"把苏州建设成为城乡一体的示范区"。前者反映的是苏州对城乡一体化发展内涵的思考,后者反映的则是苏州对全国城乡一体化发展大局责任担当的政治思考,两种定位浑然一体,集中体现了苏州市委市政府对苏州城乡一体化发展的战略判断和目标定位,而且,随着"十二五"脚步的临近,这一目标方位愈加凸显了其现实必然性和科学性。

二、苏州城乡一体化发展目标定位的逻辑必然

(一)城乡一体化同质发展揭示的是城乡一体化发展的新境界

在目前理论界和实践中,我们要注意区分"城乡一体化"与"城乡一体化同质发展",二者既有区别又有联系。

城乡一体化揭示的是城乡关系的新境界。从基本内涵上看,城乡一体化侧重指在推进过程中城乡间的整体性、协调性、互动性乃至互补性,是指城乡发展的统筹安排、合理分工,只是在方法论上的统筹并重,并非是发展结果上的统一;从其产生的背景看,城乡一体化是对以往城市偏好的发展模式的校正,也是对一段时期以来将城乡割裂考虑区域发展的工作方式的校正。

城乡一体化同质发展揭示的则是城乡关系发展质态的新境界。"一体化"发展方向必然走向某些方面的"同质化",这个"同质化"至少应有两层意思:一是指城乡一体化进程中所推进的某些方面在体制、制度、政策安排上城乡是平等的,亦即"城有乡也有",体现的是城乡基本制度享有上的"同质",这是对过去城乡关系中体制壁垒和制度缺失的校正,并非指发展水平的等量齐观,当然允许发展水平上存在着差异性和层次性。在这一点上,"城乡一体化"与"城乡一体化同质发展"有着相同的基本内涵,这是城乡一体化同质发

[①] 本文为2009年度苏州市哲学社会科学研究立项资助课题,著者主持,项目编号09-B-03。

展的初级阶段;二是指在城乡发展到一定阶段,城乡一体化同质发展不单要体现城乡制度安排的平等接轨和统一合理,使城乡居民依据条件公平地享有社会福利、社会保障和社会救济,公平地享有公共产品和政府服务,公平地享有改革发展的一切成果,还要在上述诸方面体现"量"的趋同,即城乡一体化发展水平在量上的一致性、趋同性,显然,这是城乡一体化同质发展的高级阶段。

(二)苏州提出城乡一体化发展目标定位的理论逻辑

由上述"城乡一体化"与"城乡一体化同质发展"概念上的差别统一性我们不难推断(无论是从理论上还是从实践上),在城乡一体化过程中,经过努力,某些方面通过发展如制度安排等,城乡是完全可以而且也应该实现同质化的,某些方面发展无论在质上还是在量上都可以实现趋同化,城乡一体化的发展方向就是实现同质化,否则的话就意味着人为设置了城乡二元鸿沟。

当然,城乡一体化绝不是简单地拿城市标准作为农村发展的参照系,我们所说的苏州城乡一体化同质发展,首先不是意味着苏州城乡所有方面同质发展,城乡之间有不同的空间布局,不同的社会生态,应有明确的产业分工;其次,城乡一体化同质发展是一个历史渐进过程,当然不意味着城乡某些方面同时同层次发展,而是指城乡应该纳入同样性质的制度安排,城市有的农村也该有,在内容上,不但包括以基础设施建设为先导的空间重构,也包括以公共服务延伸、社会管理创新为核心的制度重构;再次,在发展积累的基础上,经过努力和制度创新,苏州城乡一体化不断推进,将来完全有条件在社会公共产品的提供等方面实现城乡同质化发展,即指在基础设施、社会服务、生活方式等方面制度安排水平上趋于一致。如经过统筹城乡基础设施建设和公共品的提供,农村社会获取更多的公共财政投入,交通、水、电、气、公交、污水和垃圾处理等基础设施条件大为改善,在生活、生产、教育、就业、卫生等方面,城乡居民生活条件实现基本同质化。而这恰是苏州提出加快城乡一体化同质发展的理论逻辑所在。

(三)苏州提出城乡一体化发展目标定位的实践逻辑

苏州加快"城乡一体化同质发展"、"成为城乡一体的示范区"有着现实必然性和有利条件。

当前我国已经进入了城市反哺农村、工业反哺农业的新阶段,党中央已将城乡一体化看作是改变我国城乡二元结构、缩小城乡差距、促进城乡协调发展、实现全面小康社会与现代化的重要战略举措,看作是我国新时期构建和谐社会的重要内容和重要体现,因此,我国实现城乡一体化发展的时机已成熟,并且,当下推进城乡一体化具有极好的经济、政治和社会环境,苏州也不例外。

于苏州而言,其一,改革开放以来中央和省委对苏州发展一直予以殷切的期望,苏州也一直在党和国家事业发展全局中担当了重要角色,尤其是新世纪以来,苏州勇于担当"两个率先"实践探索任务,率先实践全面建设小康社会,经济社会协调发展取得了突出成绩。面向未来,苏州要率先基本实现现代化,必须加快城乡一体化。推动城乡一体化已经成为苏州新时期发展最为紧迫的任务之一,也是苏州新一轮改革必须攻破的难点,在我市作为江苏省综合配套改革试点区背景下尤显如此,也就是说,城乡一体化不仅是苏州解决"三农问题"的抓手,也是解决城市空间与功能布局的切入点,更是区域经济社会统筹发展的基点,因此,加快苏州城乡一体化有着历史和政治的必然性。其二,基于苏州经济社会发展的历史积累,我们认为,苏州城乡一体化的前进方向、目标定位可以率先在数个方面进行实现城乡一体化同质化发展的探索。这主要是因为,加快苏州城乡一体化同质发展有着突出的有利条件:一方面,苏州具有政策支持机遇,目前苏州已列为江苏省城乡一体化发展综合配套改革试点市,列为国家发改委城乡一体化发展综合配套改革联系点;另一方面,苏州还有多年实施"新农村行动计划"、坚持"三农"与"三化"互动并进打下的良好的物质和体制基础。2005年以来,苏州先后出台了《关于促进农民持续增收的意见》《苏州市建设社会主义新农村行动计划》《关于推进苏州市农业保险的实施意见》《关于进一步加快富民强村工作的意见》《关于进一步加快发展现代农业的意见》《关于加强农业担保体系建设的实施意见》《关于深化农村改革促进城乡一体化发展的意见》《关于城乡一体化发展综合配套改革的若干意见》《苏州市城乡一体化发展综合配套改革三年实施计划》《苏州市城乡一体化发展综合配套改革就业和社会保障实施意见》,为苏州城乡一体化同质发展成为城乡一体化示范区奠定了体制、机制和政策基础。从实践成效看,目前,苏州农村新型集体经济实力强于全省全国,农民人均收入水平好于全省全国,农村社会保障和金融政策支撑水平高于全省全国,新农村建设速度快于全省全国,城乡整体面貌优于全省全国,而这恰是苏州提出城乡一体化同质发展、成为全省乃至全国城乡一体的示范区的实践依据所在。

三、加快苏州"城乡一体化同质发展"、"成为城乡一体的示范区"应重点突破的基本方面

基于我们对苏州城乡一体化同质发展内涵的理解,我们认为,当下加快苏州城乡一体化同质发展实质是通过制度创新和政策创新,着力解决三农问题中政策不到位、制度短缺等不公平不公正的问题,而这恰是制约城乡一体化最关键的方面所在。可见,城乡一体化发展的核心与难点在于制度安排与政策实施,而且,难的不是确立制度与政策,而在于实施和落实制度与政策,不仅要考虑增量,更要调整存量,在确保不造成新的扩大的不平等的前提下,逐步弥合原有的城乡差距。

基于这样认识,市委、市政府以及相关部门应以政策创新和制度创新来建构起城乡产业功能协调、公共服务均等、公民权利平等的和谐发展模式。概括之,苏州主要是城乡发展规划、产业布局、资源配置、基础设施、公共服务、就业社保和社会管理形成一体化新格局,率先尝试同质化发展的渐进探索:

一是建立城乡社会保障制度一体化制度,实现保障的同质化;二是探索"资源资产化、资产资本化、资本股份化"发展模式,在生产性收入、政策性收入、工资性收入、财产性收入等方面建立合理公平的收益共享机制,实现经济权利的同质化;三是加强城乡公共事业一体化发展,均衡配置公共资源,实现公共服务的同质化。在持续推进城乡道路、供电、供水、通信等基础设施方面共建共享,在推进城乡教育、卫生、就业、社保、治安等公共服务方面均等共享,最终实现全面的社会保障,便捷的生产生活服务体系,同等的就业体制,方便的公共交通……当然,随着城乡统筹、一体化发展,苏州一体化同质发展可以在更多的层面上打破了"二元结构"制约,城市居民和乡村农民在越来越多的均等化公共服务中,享受着同样的幸福和舒适。目前,从我们调查来看,至2009年10月,苏州市农民生病有医疗保险,读书有就学保障,工作有就业保障,失业有失业保险,创业有创业保障,种田有农业保险,困难有最低生活保障,老年有养老保险,征地有社会保障,拆迁有置换保障,"十大保障"贯穿农村居民的生老病死,在十大保障上基本实现初级阶段的享有同质化。

四、加快苏州"城乡一体化同质发展"、"成为城乡一体的示范区"的路径安排和建议

城乡一体化不是要让城市和农村在形态上完全一个样,而是要在制度层面上创新,形成城乡共享的体制机制,彻底打破城乡二元结构的"樊篱"。因此,苏州的改革试点工作要率先在城乡发展规划、资源配置、产业布局、基础设施、公共服务、就业社保和社会管理等"六个一体化"方面取得新突破。《苏州城乡一体化发展综合配套改革三年实施计划》明确,具体分成"三大步",2009年为"重点突破年",2010年为"整体推进年",2011年为"全面提升年"。2009年的主要目标是在完善农村劳动和社会保障制度、推进宅基地换商品房、承包地换社保工作、加快城乡户籍管理一体化等方面制定专项政策意见,同时,着力推进23个先导区先行先试。2010年要整体推进"三形态"、"三集中"和"三置换"。"三形态"指的是,地处工业和城镇规划区的行政村,加快融入城市化进程;工业基础较强、人口较多的行政村,加快就地城镇化步伐;地处农业规划区、保护区的行政村,推动一次产业与二、三次产业融合发展。"三集中"即工业企业向规划区集中;农业用地向规模经营集中;农民居住向新型社区集中,换房进城进镇,或就地集中居住。"三置换"是集体资产所有权、分配权置换社区股份合作社股权;土地承包权、经营权通过征地置换基本社会保障，或入股置换股权；宅基地使用权可参照拆迁或预拆迁办法置换城镇住房，或进行货币化置换，或置换二、三产业用房，或置换置业股份合作社股权。2011年，要着力建起较为完善的城乡一体化发展推进机制，全面提升"三形态"、"三集中"和"三置换"的水平。

基于上述苏州市委市政府制度安排和路径安排，笔者认为在此路径沿革过程中要注意以下问题：

一是政策变革和制度创新始终是苏州城乡一体化同质发展的强大推手，要始终坚持制度创新是关键，努力在城乡制度接轨上提升城乡一体化同质的发展水平。唯有从此出发，才能逐步消解历史形成的二元社会体制障碍。这其中尤其要发挥好"政府推动"作用，由苏州23个试点先导区开始逐步向全市农村全面推开。

二是要不断拓展制度创新的新空间。如拓展统分结合上"统"的新空间；着力建设百万亩优质粮油生产基地、百万亩特色水产基地、百万亩高效园艺基地、百万亩生态林业基地基础上，拓展农业现代化、国际化的新空间；通过规划和立法的形式，将现代农业的空间布局落实到镇村、地块，并建立严格的耕地与农业资源保护补偿机制，防止随意改变用途和占用，拓展农业在组织方式、形态布局、综合效益等方面突破的新空间；等等。

三是要坚持城乡的辩证统一、"和而不同"。要适时适度把控城乡关系辩证运动中的统一方面，不断扩展同质状态的内涵，推进一体化发展进入到更高境界。

四是推动包括行政体制改革在内的公共管理制度改革等综合配套改革，完善组织领导体制和工作机制，尤其是探索城乡领导体制一体化，加快一些中心镇与属地农业示范区行政管理体制合一的探索，探索"镇区一体化"行政管理体制，以更有利于城乡发展的行政管理体制引领苏州城乡进入全面转型升级的新阶段。

深化苏州城乡一体化改革发展研究[①]

苏州从 2003 年开始确立了"统筹城乡发展"的方针,到 2011 年逐步形成了覆盖城乡一体化制度、政策体系,引导改革和创新实践,取得了丰硕成果,也展现了苏州城乡一体化发展的美好前景。本报告分别列述了深化苏州城乡一体化改革发展的研究背景、苏州现状分析、发展思路、对策建议,既对苏州未来城乡发展新趋势新问题进行了梳理,又对城乡一体化改革发展的规律进行了理论和实证探讨,一并作为苏州城乡一体化进程的借鉴。

一、本课题研究背景和目的

(一)研究背景

1. 理论背景和动因

(1)深化苏州城乡一体化改革发展研究有着较为系统的理论支撑。

城乡关系是经济社会发展中最为重要的一个关系。从思想渊源上看,我国城乡一体化的思想,既来自马克思主义经典作家关于城乡关系的论述,又来自西方城市学家的思想,如著名的英国城市学家霍华德倡导用城乡一体的新社会结构取代城乡对立的旧社会结构,建设"田园城市"。从发生学角度看,我国城乡一体化这个概念是实际工作者在改革实践中首先提出来的。从 20 世纪 80 年代开始,城乡统筹、城乡一体化思想逐渐受到重视。政界、学界和实际工作者对城乡关系的认识是在城乡发展的实践中不断深化的。进入新世纪,城乡一体化理论取得重大突破和发展。党的十六届三中全会首次提出"五个统筹"的发展理念,并将城乡统筹放在首位。此后,城乡经济社会一体化发展,开始广泛地进入全国各地的实践领域。党的十六届五中全会提出推进社会主义新农村建设的历史任务,党的十七大提出"实现城乡一体化发展",党的十七届三中全会提出"加快形成城乡经济社会发展一体化新格局",城乡一体化认识不断深化。

总起来看,在理论探索过程中,我国政界和学者围绕着城、乡两个系统的空间、经济、社会、生态、政治、文化等方面展开研究,基本倾向要通过制度、体制、机制、政策的创新打破城乡"二元"壁垒,逐步实现生产要素的合理流动和优化组合,空间要素统一规划系统安排,促使生产力在城市和乡村之间合理

[①] 本文为著者主持的 2012 年苏州市软科学指令性计划,项目编号 570002。

分布,最终达到城乡地位平等、城乡开放互通、城乡互补互促、城乡共同进步,逐步达到城乡之间在经济、社会、文化、生态上的协调发展。在城乡一体化理论研究中,我国各界已形成了如下三大共识:

第一,在城乡一体化发展的必然性方面,城乡一体化是在工业化、城市化、现代化进程中提出的问题,是破除城乡二元结构、解决"三农"问题的必然选择和根本途径,既是经济社会发展的内在要求和目标之一,又是经济社会发展的战略和促进生产力合理布局的手段,是城乡关系进入一个新阶段的标志。

第二,在城乡一体化发展的基本内涵方面,城乡一体化必须要破除"二元"壁垒,从空间、经济、社会、生态、政治、文化等方面,把工业与农业、城市与乡村、城镇居民与农村居民作为一个整体,统筹谋划、综合研究,通过体制改革和政策调整,促进城乡在规划建设、产业发展、市场信息、政策措施、生态环境保护、社会事业发展的一体化,改变长期形成的城乡二元经济结构,使整个城乡经济社会全面、协调、可持续发展,其核心是城乡利益和谐。

第三,在城乡一体化发展的深远意义方面,城乡一体化,是一项重大而深刻的社会变革。不仅是思想观念的更新,也是政策措施的变化;不仅是发展思路和增长方式的转变,也是产业布局和利益关系的调整;不仅是体制和机制的创新,也是领导方式和工作方法的改进。

(2) 当前深化苏州城乡一体化改革发展迫切需要理论创新和突破。

无疑,当前中国城乡一体化改革发展的理论认识已经基本形成系统和框架,丰富和发展了世界城乡关系理论。但不可否认,当下中国城乡一体化改革发展仍有理论上的盲点和困惑需要创新突破。如破除二元结构的制度如何实现;农村生产力要素如何集约和实现;城乡一体化与工业化、城市化、现代化步伐的耦合;城乡一体化改革发展与市场体制、行政管理体制、文化发展体制、社会管理体制的深度耦合;城乡一体化与中国特色社会主义事业布局的实现;等等。苏州实践也同样面对这些问题,迫切需要从理论上予以突破,而这恰是深化苏州城乡一体化改革发展研究的理论动因。[1]

2. 实践背景和动因

(1) 深化苏州城乡 体化改革发展研究有着较为扎实的实践基础。

上述理论上的探索和达成的共识均已体现在当下我国城乡改革政策实践中。尤其是近十年来,实践不断深化,尤其是在党的十七届三中全会后得到了加速推进,统筹城乡综合配套改革的大幕在全国全面推开,最为典型的是国家和省市层面都设立了试点示范区,都将城乡一体化发展纳入了"十二五"规划,从点到面、从上到下形成了积极实践和创新的好局面。以重庆、成都、鄂州、嘉兴、苏州等地最为典型。重庆、成都两市2007年被国家发改委列为全国统筹城乡综合配套改革试验区,湖北省鼓励和支持鄂州成为全省地市级综合改革的示范区,而苏州、嘉兴两市则在2007年、2008年被确定为江苏、浙江城乡统筹综合配套改革试验区。上述各地2007年后均被国家发改委确定参加中澳管理项目(CAGP)"消除城乡一体化的体制障碍,促进农民富裕与城乡统筹发展"的改革试验工作,其中苏州还被列为国家发改委城乡一体化发展综合配套改革联系点,列为农业部全国统筹城乡发展改革试验区。[2]

成都以"三个集中"、"六个一体化"、农村工作"四大基础工程"全域推进城乡一体化,形成了"政府创新政策环境、市场活化经济资源、城乡统筹和谐发展"三大特征。重庆以缩小城乡差距为主题,通过有步骤、有计划地推进户籍制度、土地使用与管理制度、公共财政制度等六个方面的改革,统筹城乡差别、平衡城乡利益、打破城乡门槛。湖北鄂州推进户籍管理、就业、教育、医疗等十个重点领域和关键环节的改革,实现了城乡一体化的供水、交通、医保、社会救助、文化体育、低保、社会保险、就业服务八个方面的全覆盖。浙江嘉兴以"二轮驱动、三位一体、五改五化"形成了具有嘉兴特色的统筹城乡发展之路。苏州以制度创新为关键,坚持"三农"与"三化"互动并进,通过"三形态"、"三集中"、"三置换"、"三大合作"等系列制度创新,基本建立城乡统筹规划等政策、体制和制度体系,基本形成城乡发展规划、产业布局、资源配置、基础设施、公共服务、就业社保和社会管理等"七个一体化"新格局。

五地试验区都以政策、机制体制、制度为主要内容的制度性变革深刻影响着中国当下城乡关系和城乡格局,共同探索了经济、政治、文化和社会各个方面的城乡一体化,在土地制度、农民身份转换、基本公共服务均等化、新农村建设等领域的改革发展有了突破性的进展,成为带动作用强、统筹水平高、体制机制活的统筹城乡发展先行区。重庆、成都成为西部地区建立统筹城乡发展制度的典范[3],苏州、嘉兴成为东部建立城乡一体化发展的样板[4]。

(2)当前深化苏州城乡一体化改革发展迫切需要实践创新和突破。

城乡一体化是一种高级的经济社会结构形态。苏州因处于中国率先改革开放的最前沿,因而也处于当代中国经济社会结构转型过程的最前沿。党的十六大后,基于中央和省委期待,苏州开启了"两个率先"的伟大实践,因此,苏州城乡统筹、推进城乡一体化从一起步就被赋予了"两个率先"的丰富内涵和政治使命。在此背景下,我市"十二五"规划纲要和第十一次党代会,都把"城乡一体"作为建设"三区三城",率先基本实现现代化的实施战略之一,党代会报告更是明确提出,要更高水平破解二元结构,提升城乡一体化水平,确保城乡一体化水平走在全国前列。这就表明,城乡一体化发展是苏州现代化进程中的重大课题。城乡一体化发展既是苏州"第二个率先"的重要内容,又是衡量苏州率先基本实现现代化的重要示标,事关苏州现代化实现进程和质量,对苏州率先基本实现现代化有着重大意义。苏州要率先基本实现现代化,最艰巨最繁重的任务在农村,最广泛最深厚的基础也在农村,没有农业农村和农民的现代化,就没有苏州的现代化。

因此,在苏州率先基本实现现代化的冲刺奋斗时期,城乡一体化改革发展的历史方位、特征和内容等都有新变化,主要表现在:从阶段上看,现阶段苏州城乡一体化状况明显好于全国平均水平,已普遍进入率先向基本实现现代化迈进的发展阶段;从特征上看,这一阶段的城乡一体化有着鲜明的新特征,即指向"现代化";从内容上看,城乡一体化改革发展必然不能机械地仅限于各方面的一体化,而应更加突出各方面制度层面的现代化。[5]

因此,深化苏州城乡一体化改革发展研究有着强烈的时代要求,这是苏州率先基本实现现代化实践的必然选择。如何适应现代化发展需要,更高层次推进城乡一体化改革发展,成为当下苏州城乡发展的新命题,而这恰是深化苏州城乡一体化改革发展研究的实践动因。[6]

(二)本课题研究的目的和意义

1. 研究目的

本课题旨在密切关注前沿理论和前沿实践,在总结苏州城乡一体化改革发展工作、凝练苏州城乡一体化改革发展的经验与特色、剖析苏州城乡一体化改革发展面临的普遍性问题和挑战的基础上,开展创新性研究,为苏州城乡一体化进一步发展提供决策咨询服务。

2. 研究意义

(1)理论意义。

课题不仅要揭示苏州城乡一体化改革实践中的最富典型性的变革及其基本方面,而且要进一步揭示蕴于其中的中国城乡一体化改革发展的普遍性规律,以期对进一步推进苏州乃至全国城乡一体化改革发展起促进作用和提供有益启迪。本课题研究无疑会丰富这一领域的研究内容,这是本课题理论价值所在。本文以下方面研究有一定的创新性。

——揭示深化苏州城乡一体化改革发展研究的理论动因和实践动因;

——揭示苏州城乡关系、特别是城乡一体化改革发展的历史分期及特征,并作出新判断:与率先基本实现现代化进程相适应,苏州城乡一体化改革发展正处在第四阶段即深化发展阶段,特征是改革与发展并举;

——揭示苏州城乡一体化发展走向自觉以及快速发展的政策动因;

——以发展和改革两个视角揭示苏州城乡一体化改革发展的成效;

——对苏州城乡一体化改革发展基本经验的概括进行了六个方面的集成和丰富;

——深刻剖析深化苏州城乡一体化改革发展面临的新趋势、十大问题挑战和三大致因;

——详尽提出深化苏州城乡一体化改革发展的思路、目标、重点内容和对策措施,强调了深化苏州城乡一体化改革发展的基本思想:必须由侧重外生性强力推动向高度关注内生性力量成长转变,由侧重城向乡单向流动为主向城乡双向互动深度融合转变,沿着市场化、产业化、均等化、共享化、自主化、民主化、公平公正等现代化发展方向继续深化和转型,提高农村政治、社会、文化自主发展能力,提高城乡共建共享、双向深度融合能力,从而形成与苏州经济社会现代化发展趋势相匹配的更高境界的城乡一体化发展新格局。

(2) 实践意义。

统筹城乡、推进城乡一体化改革发展是促进苏州经济社会率先发展、科学发展的必然要求。在实践中,城乡一体化改革发展不仅是苏州现代化发展的重要内容、重要战略、重要抓手和必由路径,也是苏州经济社会谋求全面转型升级的内生需求,更承担着为全省乃至全国作出示范的历史重任。课题提出的观点和建议将会有利于推动苏州城乡一体化发展综合配套改革试点工作,有利于推进苏州城乡一体化改革发展实践深化,更好发挥苏州改革试点的示范和引领作用。

二、苏州城乡一体化改革发展现状分析

(一) 苏州城乡一体化改革发展的基本情况

1. 苏州城乡一体化改革发展的沿革和历史方位

20世纪80年代以前,苏州城乡处于二元分割发展阶段,农村发展缓慢。从20世纪80年代以后,与苏州经济社会发展的脉络和轨迹相一致,苏州城乡关系进入了新时期,这一时期大致可分四个阶段[7]。

(1) 20世纪80年代到90年代,城乡一体化基础积累阶段。这其中分两段,一是以乡镇工业大发展为特征的城乡联系发展阶段,加快了农村工业化进程;二是20世纪90年代,以小城镇兴起和开发区建设为特征的城乡互动发展阶段,加速了农村城镇化步伐。在这一阶段,苏州广大城乡走上了"城乡结合"发展之路。至新世纪初,城乡工业化、城市化、现代化发育水平和均衡水平均领先全国,为城乡统筹、推进城乡一体化蓄积了坚实的发展基础。

(2) "十五"时期,城乡一体化全面实施阶段。党的十六大后,苏州农村经济社会发展整体进入城乡统筹全面实施阶段。这一阶段,因城乡统筹、推进城乡一体化之于区域经济社会发展有着重大深远意义,苏州各地均将城乡统筹、城乡一体化列入区域发展战略,并加大投入,尤其是公共财政支农力度,大幅度改变了农村生活生产方式。因此,以加快城市化进程和新农村建设为特征的城乡统筹发展阶段,加快了城乡一体化步伐。

(3) "十一五"时期,城乡一体化纵深推进阶段。以党的十七大提出的"形成城乡经济社会发展一体化新格局"为标志,苏州统筹城乡发展、推进城乡一体化的实践进入纵深推进、城乡深度融合阶段。这一阶段,主要以公共政策创新为引擎,侧重加快体制机制和制度上破除壁垒,侧重切实增强工业反哺农业、城市支持农村的能力,侧重更好发挥农业、农村对工业和城市发展的促

进作用,农村生产方式和生活方式有着许多跨越式改变。

(4)"十二五"时期,城乡一体化深化发展阶段。与苏州率先基本实现现代化进程相适应,苏州城乡一体化发展正进入第四阶段,深化发展阶段。

如果说"十五"时期社会主义新农村建设全面发展、"十一五"时期城乡一体化发展纵深推进,那么,"十二五"时期,苏州整体进入率先基本实现现代化的奋斗期,城乡一体化发展因被赋予"现代化"内涵而必然进入深化发展阶段,"加快推进"、"在更高层次上推进"成为必然态势(如下图所示)。

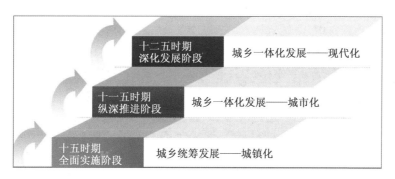

苏州城乡关系沿革图

回望改革开放以来城乡一体化发展历史沿革,可以看出,从党的十六大开始,尤其是党的十六届三中全会召开之后,苏州城乡经济社会的一体化发展走向自觉,自此进入历史上苏州农业现代化推进力度最大、农村变化最快、农民得实惠最多的时期。特别是党的十七大以来,苏州凭借担当、勇于创新和良好的发展基础获取国家、省两级支持,先后成为国家发改委"城乡一体化发展综合配套改革试点联系点"、江苏省唯一"城乡一体化发展综合配套改革试点市"、农业部"全国农村改革试验区",拥有了江苏乃至长三角其他城市无与相比的政策空间和优势,以综合性顶层设计为特征的改革发展进入快车道。这三项项目体现了国家相关部门和上级政府的大力支持,均突出城乡关系的综合性、整体性顶层设计,而且试点、试验的期限、方案和总体目标、实施步骤基本一致,与苏州经济社会发展的"十二五"规划相吻合,与苏州率先基本实现现代化进程和目标相吻合,城乡一体化改革发展在率先基本实现现代化的平台上将会得到加快更高层次发展。这是苏州城乡一体化发展快速发展的政策动因[8]。

2. 苏州城乡一体化改革发展的路径

"十一五"以来,苏州坚持把加快推进城乡一体化发展综合配套改革试点,作为深入贯彻落实科学发展观的重大举措,作为省委、省政府交给苏州的重大政治任务,作为苏州实现发展新跨越的历史机遇,牢固确立城乡一体发展导向,突出科学规划、富民优先、制度创新、组织建设等改革发展要素,坚持重点突破、整体推进、典型示范等技术路径,相继制订了《苏州市社会主义新农村行动计划》《苏州市关于城乡一体化发展综合配套改革的若干意见》《苏州城乡一体化发展综合配套改革三年实施计划》和《中共苏州市委苏州市人民政府关于全面推进城乡一体化改革发展的决定》等 140 多个政策文件,确立了 23 个先导区先行先试、示范引领,探索实践取得了显著成效[9]。

综合来看,苏州城乡统筹以富民优先为导向、科学规划为引领、制度创新为关键、转型升级为路径、固本强基为保障,科学谋划,重点突破,整体推进,其实践做法可概述为"七三七一",即:坚持"三农"与"三化"互动并进,通过"三形态"、"三集中"、"三置换"、"三大合作"、"三大并轨"等系列制度创新,率先形成城乡发展规划、产业布局、资源配置、基础设施、公共服务、就业社保和社会管理"七个一体化"新格局[10]。具体而言,就是"三农"发展:

——坚持"三化同步",即在工业化和城镇化发展进程中,更加重视农业农村和农民的现代化。

——把握"三个形态",侧重统筹规划、特色塑造、长效管理相结合,因地制宜打造彰显江南水乡特色的镇村发展的形态:地处工业和城镇规划区的行政村,以现代服务业为主要发展方向,加快融入城市化;工业基础较好、经济实力较强、人口规模较多的行政村,以新型工业化为主要发展方向,加快就地城镇化;地处农业规划区、保护区的行政村,以现代农业为主要发展方向,加快农业农村现代化。

——推进"三个集中",即工业企业向园区集中、农民居住向社区集中、农业用地向规模经营集中。

——推行"三大置换",鼓励农民将集体资产所有权、土地经营承包权、宅基地及住房置换成股份合作社股权、城镇保障和住房,走出了一条农民持股、有保障、换房进城进镇的新路子,维护和保障了农民在城镇化进程中的经济权益。

——推行"三大合作",大力发展社区股份合作、土地股份合作和农民专业合作,推行资源资产化、资产资本化、资本股份化,初步形成农民多元化收入结构,探索出经济发达地区农民持续增收、集体经济得以壮大的新途径。

——推行"三大并轨",即城乡社保实现三大并轨,2011 年实现城乡低保并轨,2012 年实现城乡养老保险和居民医疗保险的并轨。

上述路径推进的同时,同步演绎:

——规划一体化:引入片区发展等先进规划理念,打破空间分割,引导城乡空间有序融合;

——产业一体化:打破产业分割,促进城乡产业联动发展;

——资源配置一体化:创新土地优化配置模式、搭建城乡权益置换平台、降低农民进城安居门槛等渠道,打破发展要素分割,推动城乡要素优化组合;

——基础设施一体化：实施基础设施先行战略，助推城乡生产生活同质化；

——公共服务一体化：通过教育经费、优质师资向农村倾斜，先进技术、医务人才向农村流动，广电设施、文化功能向农村延伸，社区公共服务中心建设向农村拓展等途径，打破公共服务供给机制，追求城乡公共服务均等化；

——就业社保一体化：让居民享有同等的就业社保政策福利，打破二元福利分配机制，逐步实行城乡保障并轨；

——生态文明建设一体化：推进村庄环境整治、生态修复和补偿，打破二元环保机制，注重城乡环境共同改善；

——社会管理一体化：探索政府管理方式由单向管理为主向多元、综合管理为主转变，打破二元管理机制，维护城乡和谐稳定。

3. 苏州城乡一体化改革发展的成效

上述苏州实践展现了一个发展要素在城乡自由流动、公共资源在城乡均衡配置、新型工业与现代农业互动发展、城乡空间结构更加合理的新型城乡关系，有效拓展了城乡发展空间，也丰富提升了苏南模式时代新内涵，城乡一体化发展品牌越来越响亮，试出了成效、试出了经验，充分发挥"带头、先导、示范"的作用。

（1）显著的发展成效：苏州实践以规划为引领，全市形成一个中心城市、五个副中心城市、若干个中心镇（新市镇）的城镇发展格局，全市2.1万个自然村落按照现代社区型、集中居住型、整治改造型、生态环保型、古村保护型等五种模式规划建设为一批新型社区。截至2012年4月，全市累计有43万多农户、120多万农民实现了居住地转移和身份转变；工业企业向园区集中的比例达88%，农民集中居住率达43%；累计建成各级各类现代农业园区175个，其中万亩以上现代农业园区23个，千亩以上78多个，农业规模经营比重达80%，高效农业比例达60%；农村集体总资产超过1050亿元，村均集体收入达503万元；农民收入中财产投资性收入占比达到37.6%，城乡居民收入差距缩小到1.93∶1。在这一过程中，公共服务均等化载体也基本建成，全市已建成超过1000个农村社区服务中心，覆盖率超过98%，服务中心的建设和管理水平也在不断提高[11]。

（2）显著的改革成效：苏州实践突出改革，基本建立起了一系列深刻改变二元分割状态的发展机制，主要体现在：

——基本建立了城乡统筹规划机制。按照全覆盖要求，县域、小城镇和新农村协调发展，城镇空间规划得到优化，镇村布局规划加快完善，工业、农业、居住、生态、水系等重大专项规划基本实现城乡对接。苏州市23个先导区已全面完成镇村布局规划和土地利用总体规划的修编，初步形成了"四规融合"(指的是城镇建设、土地利用、产业发展、生态建设)的规划体系。[12]

——基本建立了富民强村长效机制。农民就业创业渠道不断开辟,多元化增收机制初步建立,持续增收空间进一步拓展,收入结构发生根本性变化。

——基本建立了现代农业发展机制。坚持以生产、生活、生态、生物为基本功能定位,创新农业发展载体、农业经营机制和农业支持保护制度,加快现代农业"园区化、合作化、农场化"建设步伐。[13]

——基本建立了生态环境建设机制。苏州在全省率先建立生态补偿机制,加强村庄环境治理。有关统计表明,近60%的村开展生活污水集中处理,90%以上的村建立垃圾无害化处理体系。[14]

——基本建立了公共服务均等化运行机制。实现农村居民医疗、城镇居民医疗保险、新型农村社会养老保险全覆盖并正在走向并轨,成为全国首个"统筹城乡社会保障典型示范区"。全市88%的农村劳动力实现稳定非农就业。以农村社区服务中心为重要载体,为农村、农民提供与城市居民均等的社区公共服务,基本实现了城乡交通、通信、有线电视城乡一体化。[15]

总起来看,苏州城乡一体化改革发展实践与经济社会发展要求相适应,已步入快速发展轨道,城乡一体化发展水平达到了四个"基本":基本形成了城乡一体推进机制和推进体系;基本形成了有利于改变城乡二元结构的制度框架和政策体系;基本形成了城乡发展规划、资源配置、产业布局、基础设施、公共服务、就业社保和社会管理一体化的新格局;基本确立了城乡一体化改革发展在全省全国的品牌地位,城乡统筹发展态势领跑全国[16]。

(二)苏州城乡一体化改革发展基本经验

审视苏州城乡一体化改革发展实践及其成效,我们认为,苏州实践可以提炼出以下经验且具有一定的借鉴意义。

(1)在立足点上,紧密呼应经济社会发展的新要求和人民期待,以富民优先为导向,体现时代性和民本性;

(2)在目标定位上,坚持体现率先发展、科学发展、特色发展;

(3)在路径措施上,坚持"七三七一"等制度创新集成推进;

(4)在动力选择上,坚持发展与改革并举,政府、市场、社会三方合力;

(5)在技术方法上,坚持重点突破、整体推进、典型示范。

(三)深化苏州城乡一体化改革发展面临新情况、新问题、新挑战和原因分析

苏州市城乡一体化改革发展的成效明显,但现代化视域中苏州城乡一体化改革发展实践仍面临众多新情况、新问题和新挑战。

1. 苏州城乡一体化改革发展被赋予"现代化"的新要求

苏州"十二五"规划作出了率先基本实现现代化的发展目标,这就必然赋

予了这一阶段城乡一体化发展"现代化"新内涵。[17]

2. 苏州城乡一体化改革发展的新趋势

苏州城乡统筹历经近10年的探索历程，覆盖城乡的一体化目标体系、政策体系和制度体系正在并将大幅度释放改革和创新的效应。以下几个方面新趋势尤为突出[18]：

——村镇建设加快，城乡规划多样化日益得到重视和实现。

——富民进程加快，农民利益实现愈加得以重视，农民增收渠道和增收速度得到政策支持和保障，农民权益保护政策将会取得新进展。

——公共政策创新加快，城乡资源要素迫切需要深度流动和融合。涉及财政、土地、金融等资源性要素的公共政策创新力度加大。

——基层政府行政管理体制改革加快。以强镇扩权为特征的小城镇体制改革加快，面向基层和群众的社会管理和公共服务职能将被突出强调，将在产业发展、规划建设、项目投资、安全生产、环境保护、市场监管、社会治安、民生事业等方面全面扩大管理权限。如民警进社区、城管进社区，增加了镇级财权事权，与其承担的责任相匹配。

——农村基层治理结构的改革加快。主要包括：经济方面探索集体经济有效实现形式，政治方面完善村级民主自治，社会方面发育多元化的社会组织。

3. 苏州城乡一体化改革发展面临的问题挑战和原因分析[19]

尽管苏州城乡一体化改革发展取得了很大成效，明显缩小了城乡社会经济发展的差距，但与发展要求和百姓期待相比仍有一定差距，与日本等发达国家的城乡发展水平相比仍有较大距离。经过调研，笔者认为，"十二五"时期，苏州城乡一体化发展进一步推进的主要问题和挑战有：

（1）农业基础设施和科技支撑能力还较薄弱，苏州农业现代化水平明显滞后于工业化和城镇化水平。以江苏省发布的《2011年江苏省农业基本现代化进程监测报告》为据，在省定6大类21个监测指标中，苏州以80.46分居13个省辖市首位[20]，但以农业基本现代化90分为达标计算，我们选取农业现代化水平2项最主要指标——农业机械化率和农业科技进步贡献率来看，仍有明显差距，如表1所示。

表1 2011年苏州农业机械化率、农业科技进步贡献率监测数据

指　标	2011年实现值	"十二五"期末目标	世界发达国家平均值
农业机械化率	78%	85%	80%
农业科技进步贡献率	62.6%	70%	75%以上

注：本表依据《2011年江苏省农业基本现代化进程监测报告》、苏州农网数据编制

(2) 大幅度提高农村居民收入水平面临着挑战。表2所示是苏州城乡居民收入基本情况,从中我们可以看出,2007年到2011年虽是苏州历史上城乡统筹、城乡一体化改革发展力度和投入最大时期,但收入未能实现翻番,且城乡居民收入差距缩小的程度不够明显,只有0.1。基于当前宏观经济运行下行、通胀压力增大、农民持续增收后劲不足等风险,农村居民收入增长的空间受限,加之,苏州农村居民收入增速基数较高,对比"十二五"规划和"居民收入六年倍增计划"(此为苏州城乡基本实现现代化的一个硬指标)要求,农村人均纯收入必须要实现年均16%以上的增幅方可达到目标,过去五年虽然都是两位数增长,但只有1年增速在16%以上,可见,农民持续增收难度不容低估。

表2 2007—2011年苏州农民人均纯收入统计表

年 份	2007年	2008年	2009年	2010年	2011年
农民人均纯收入(元)	10 475	11 785	12 969	14 657	17 226
农民人均纯收入年增长率(%)	12.9	12.5	10.0	13.0	17.5
城乡收入差距比	2.03∶1	2.025∶1	2.029∶1	1.994∶1	1.93∶1

注:本表依据苏州统计年鉴编制。

(3) 进一步缩小城乡社会事业建设差距面临着挑战。城乡差距不仅表现在以城乡居民收入水平为代表的经济发展层面,也表现在公共服务和社会事业领域。事实表明,城乡公共服务和社会事业领域的实际差距比显性的经济收入差距还要大,而政府对农村公共产品和投入的不足将会严重延缓农村现代化的进程。因此,未来城乡统筹仍有很多追补式的工作亟待开展,缩小城乡基础设施建设差距、缩小城乡权益保障制度差距等方面仍有许多工作要做。

(4) 劳动就业滞后于城镇化发展面临的挑战。农民就业和其就业能力的提升仍面临着挑战,农民尤其是失地农民仍是城乡统筹工作的重点人群。在解决医疗保险养老保险之后,他们的就业如何将直接影响着城乡统筹的真正绩效,盘活了他们的就业、子女教育等问题就盘活了城乡统筹。很多村改居的新市民即便有医疗养老保险,但也并未完成真正意义上的市民角色转换,原因就在没有足以在城市生活的就业做支撑。

(5) 土地、农村产权确认及流动等制度改革面临着挑战。土地制度改革说到底是土地产权制度改革,仍是城乡统筹的核心问题。首先,土地制度改革涉及土地集约经营和规模化经营,涉及转变农业生产方式,涉及严格保护耕地和农民利益,土地逐渐成为他们获取收入的来源之一,成为产权的一部分,农民对土地流转的意愿值得重视。但在当前,农村产权确权虽在推进,但农村居民的不动产,包括承包土地、宅基地及住房的产权仍无法自由流转,与城乡居民不动产产权的明晰度和市场化程度仍有巨大的差别。其次,虽然苏南大多数地区的农村集体经营性资产已量化到社区内所有成员,并以社区股份合作社方式进行运作与管理,但这种量化到社区居民头上的集体经营性资产产权通常只享有分红权,不可转让,不可继承,不能变现,不可流动,使农村集体资产保值增值和运行安全、社员股东权益的保障面临严峻挑战[21]。再次,发展现代农业迫切需要农业企业家,而非仅仅是农民企业家,从趋势上看,农村土地制度改革必然受到工业化、城镇化和农业现代化发展模式的影响,工商资本、外资能否进入?农民组织化空间如何又不被挤压?农业现代化怎么将资本、技术、信息、管理、销售与劳动力结合,与土地结合?等等,这些问题仍需探索,可以说,现代农业发展模式和经营形态的选择将会影响农村土地制度的变革方向和乡村治理机制。

(6)资金瓶颈制约提出的挑战[22]。目前苏州城乡一体化改革先导区的运作模式主要特征是:以推进村民集中居住为抓手,改善农村居住环境,提高村民生活质量;与此同时,节约和整理出的新增非农建设用地,既为推进村民集中居住提供财力支撑,又为当地二、三产业提供发展空间。当前苏州改革先导区开发贷款一般由政府担保,非先导区起动资金怎么筹措?而且,集中居住整理出来的用地是否都能实现出让?是否与城市用地同价?能否整体推进?这些问题现在都还有政策障碍。

(7)城乡一体化推进过程中累积的问题提出了挑战。最突出的问题就是合作社发展中存在问题,急需重视。第一,发展不平衡的现象比较突出,主要是在地区发展、结构类型、运行质量等多方面均存在不平衡性。第二,合作社的功能和作用发挥有待加强,社区、富民等合作社收入主要来自于物业出租收入,社员从合作社得益还不太多,所占的收入比例还不高,绝大多数股份合作社的分配还只是保底分红,富民特色并没有真正得到体现。第三,财务制度、发展方向、发展规划等合作社规范化建设都急需加强。第四,合作社发展的环境还不宽松。合作社税收负担太重。社区股份合作社,承担了大量社会管理职能,既不给予财政补贴,又不给予税收优惠,很不合理。城郊村被拆迁后,资源性资产变成现金资产,缺乏新的投资渠道,出现资产增加,收入萎缩现象。另外,对户籍制度的看法,农民认为农村户口和城市户口最主要的差别是在公共服务和社会事业的权益上,户籍制度改革应该取消有差别的户籍制度,并且要有稳定的、能够支撑城市生活的就业,而不是仅仅鼓励农民从农村户籍转为城市户籍,所以单一的户籍改革只有和居民生活水平提高才具有意义。

(8)缩小城乡行政管理体制差距面临着挑战。总体而言,苏州城乡社会管理一体化相对于其他方面的进展较为滞后。大多数基层政府是合并组成的,有的集中居住社区人口过万,加上外来务工人员,现有乡镇的社会管理能力(跟责权利挂钩)远远适应不了如此管理幅度,城管、工商、治安、环卫等公共服务提供远远跟不上。同时,我们在调查中发现,农民内部分化较为突出,近年农村内部也演化出二元结构,还没有引起足够的注意。如,在当前条件下,参加合作组织都需要一些条件,有不少农民未能参加合作组织,会员农民可以享受财政、税收、金融、科技、人才等全方位的投入,而没有入社的农民则无法再享有,容易再一次失去制度安排。这也是当下农村社会不稳定因素根源之一。这都需要基层政府公共服务和公共产品提供能够跟上。所以,进一步深化基层政府行政管理体制改革势在必行。

(9) 缩小城乡文明素质差距面临着挑战。当前促进城乡一体化发展,主要靠自上而下的行政推动力。现在村集体经济组织承担了大量的社会职能,农村的许多社会事业建设靠村委会。笔者认为,促进城乡一体化发展,只靠自上而下的行政推动力,将是事倍功半。如何才能充分调动和发挥基层干部和广大农民的主观能动性,做到共创共享?另外,现行的政府财政补贴,除了直补给农民,就是扶持专业合作经济组织,而其他方面,如农村基层公共服务和社会管理方面的财政补贴则很少。

(10) 改革发展动力乏力面临着挑战。历史地看,苏州城乡一体化发展自始就被赋予"两个率先"的时代内涵,深度烙上了政府强力推进的烙印,可以说探索取得的巨大成效与政策高投入密不可分(近年来,市委、市政府制定了40多个政策意见,相关部门出台了100多个配套文件[23]),总体上表现为一种外生力量的强力推动,是政策增量投入带来的变革,而且大多表现为城向乡单向流动,乡向城流动乏力。在当下加速推进现代化进程中,苏州城乡一体化内生性发展的瓶颈也逐步显现,与现代化发展有着较大差距。单向的、增量投入型的政策创新推进效应正在逐步递减,提升农村农业农民内生性发展能力迫在眉睫。

上述问题和挑战,主要源自于以下三方面:

一是源于经济社会发展提出的时代新要求。苏州"十二五"规划和省市党代会提出苏州在"十二五"期末率先基本实现现代化,这一时代发展新要求,既对城乡一体化的内涵和标准提出了新变化,又给苏州城乡一体化改革发展带来了新的发展契机和更高挑战,"加快推进"、"在更高层次上推进"成为必然态势。

二是源于农村农业农民内生性发展能力不足。农业业态弱势、农村社区弱势、农民权益地位弱势还没有根本改变,以"现代化"发展标准来考量,苏州广大农村农业农民在市场化、产业化、均等化、共享化、自主化、民主化、公平公正方面仍需进一步提升。

三是源于当前仍然存在的城乡二元结构等体制机制障碍。城乡二元结构尚未根本消除,统筹城乡发展的体制机制不健全,体制政策制约仍然是城乡一体化向纵深推进的瓶颈。

三、深化苏州城乡一体化改革发展的思路

当前,苏州的城乡一体化改革发展已进入深化改革发展的重要阶段。未来,苏州的城乡一体化水平要继续走在全国前列,就必须坚持以富民惠民利民为根本要求,通过全面深入推进城乡一体化改革发展,着力保障和改善民生,巩固形成发展人人共创、成果人人共享、和谐人人共建的大好局面。

(一)改革发展的基本思路

"十二五"时期,苏州整体进入率先基本实现现代化的奋斗期。针对发展新形势新挑战,今后几年,苏州城乡一体化发展综合配套改革必须深入推进、更高层次推进,要与率先基本实现现代化进程相适应,必须由侧重外生性强力推动向高度关注内生性力量成长转变,由侧重城向乡单向流动为主向城乡双向互动深度融合转变,沿着市场化、产业化、均等化、共享化、自主化、民主化、公平公正等现代化发展方向继续深化和转型,提高农村政治、社会、文化自主发展能力,提高城乡共建共享、双向深度融合能力,从而形成与苏州经济社会现代化发展趋势相匹配的更高境界的城乡一体化发展新格局。

(二)改革发展的基本目标

与率先基本实现现代化相衔接和相呼应,深化苏州城乡一体化改革发展改革发展的总目标是:以苏州率先基本实现现代化指标体系为示标,在深化改革、保障和改善民生、村庄环境整治、发展现代农业、强化基层基础工作上取得更大突破,最终形成与苏州经济社会现代化发展趋势相匹配的更高境界的城乡一体化发展新格局。我们认为,改革和发展的具体目标应围绕以下方面:

1. 改革目标

"十二五"时期,继续深化发展空间性上的制度性变革,生产力要素市场化的制度性变革,集体所有制实现形式的制度性变革,基层社会上层建筑(包括行政管理体制变革、社会管理体制)的制度性变革,农村居民国民待遇的制度性变革,等等,着力构建合理、公平、效率、符合科学发展和保障农民利益的体制机制,建立健全包括财政、金融、投资、产业、就业、土地、户籍等方面政策在内的配套完善的政策支撑体系。具体推进以下八大改革:

(1)深化城乡经济社会发展一体化制度改革。

2012年全面实现三大并轨;2013年基本实现城乡户籍管理登记一体化,全面取消依附在户籍上的城乡居民不对等的政治、经济和社会待遇;等等。

(2)深化农村产权制度改革。

加快推进资源资产化、资产资本化、资本股份化、股份市场化。2012年全面完成农村集体土地所有权、宅基地使用权、集体建设用地使用权的确权登

记发证工作；沿着继承、转让、变现方向，试点农村社区合作经济组织股权放开和流转并逐步推开；加快发展各类股份合作经济，进一步增加农民投资财产性收入比重；建立农村产权交易市场和农村产权交易担保体系；坚持外资、民资、国资、股份合作制"四轮驱动"，在更大范围整合资源，引导农村股份合作经济组织实施异地发展、联合发展、抱团发展，建立健全现代企业制度。探索实行农村集体建设用地与国有建设用地两种产权、同一市场。

(3) 深化创新土地规模经营制度改革。

注重改善城乡在土地要素上的交换关系，让农民平等参与市场交换。一是在确保农村土地集体所有的前提下，解决好所有权、承包权、经营权"三权"分离问题。二是随着农业生产经营规模扩大，解决好设施农用地问题。三是在不改变土地的农业用途的前提下，解决好工商资本租地问题。四是以土地承包经营权做抵押申请贷款，解决好承包经营权抵押问题。五是坚持农民自愿原则，解决好承包经营权退出问题。

(4) 深化农业支持保护制度改革和公共财政投入体制改革。

农业支持保护的核心是投入支持，针对农业和农村经济活动的各个方面，形成收入支持、金融支持、基础设施支持、生产技术支持、生态环境支持、农村生活条件支持、灾害防范和救助支持、税收支持、贸易支持和法律支持等农业支持保护完整的政策体系。必须坚持农业投入与国民经济增长相适应的原则，保证财政支农资金总量在现有水平上逐年增加，建立财政支农资金的稳定增长机制。继续完善现有农业补贴政策，调整农业支持保护结构，重点加大对农业科技、农业生产性基础设施建设的投入，改进对农业生产和农民收入的补贴方式，提高补贴效率。

(5) 创新现代农业经营组织体系。

农业产业化经营是符合现代农业发展要求的生产组织形式和经营方式，积极推进农业产业化经营，构建现代农业的生产组织形式和经营方式。发展多种形式的适度规模经营，充分提高土地生产力。着力培育一批竞争力、带动力强的龙头企业，推进农业产业化经营。引导和支持农民发展各类专业合作经济组织，提高农民的组织化程度。立足于整合农村社区的各种组织资源，发展为农民提供信用、供销、技术乃至救济、社会保障在内的综合性服务的合作组织，并逐步形成包括中央支持机构、全国、省、市县和基层合作组织，覆盖大多数农民的网络体系。统筹发展好国有、民营、外资、股份合作等多种经济，在市级层面上真正把股份合作制经济提升到全市经济社会发展的重要位置。

(6) 加快"政社分设"改革。

推进农村经济管理体制、社会管理体制、文化管理体制改革，建立健全农村新型治理机制，逐步建立健全公益性和社会事业建设支出合理承担机制。

在张家港、太仓、昆山、吴江市和相城区成为全国农村社区建设实验全覆盖示范市（区）基础上实现全市全覆盖。

（7）实施"区镇合一"、强镇扩权改革。

在昆山市张浦镇、吴江市盛泽镇被列为国家级经济发达镇行政管理体制改革试点的基础上，推动一批经济发达镇进一步参与试点，逐步发展成为现代新型小城市。侧重整合归并政府职能，减少管理层次，进一步降低行政运行成本，提高工作效率，促进人口、资源、产业集中紧凑发展，形成区辖镇、镇促区的科学管理模式，走出一条构建城乡一体化发展新格局的新路。

（8）加快现代农业发展体系布局。

加快构建以"生产发达、生态优美、生物集聚、产业融合、营销现代"为主要标志的现代农业发展体系，着重加强产业布局优化、生产力方式转变、经营活动增强、生态功能增加等四个方面，到"十二五"期末，苏州在全省、全国率先实现农业现代化。

上述这些制度性变革将会深刻展现苏州率先基本实现现代化进程中的生产力和生产关系直至上层建筑的深刻调整，这种深刻调整直接推动了生产要素在城乡自由流动、公共资源在城乡均衡配置、新型工业与现代农业互动发展、城乡空间结构更加合理、城乡居民更加融合进步的社会文明进程。

2. 发展目标

按照"十二五"规划目标和苏州率先基本实现现代化指标体系，苏州城乡一体化改革发展目标应该包括以下方面：到2015年，苏州农民年人均纯收入将超过2.5万元，力争达到2.8万元，其中财产投资性收入占比超过40%，城乡居民收入差距缩小到1.9∶1；农业规模经营比重、工业企业向园区集中比例均超过90%，农民集中居住率超60%；农村新型集体经济总资产突破1500亿元，村级集体经济收入平均超过700万元，股份化覆盖率达到100%，力争到"十二五"期末，把股份合作经济对农民收入的贡献率提高到16%；确保农村集体资产、村均集体收入以及农民股份分红均增长12%以上；全面达到省基本实现农业现代化指标体系要求，率先实现农业现代化。[23]

（三）改革发展的重点内容

基于上述"十二五"城乡一体化改革发展目标，我们认为，以下方面应列为今后工作的重点内容：

（1）产业、资源配置等经济要素深度市场化；

（2）社会福利等社会要素深度均等化；

（3）"区镇合一"管理体制等政治发展进一步民主化；

（4）生态环境和治理、控制、保护等生态要素深度扩展（水、空气、蓝天等）并平等化；

（5）教育、精神文明建设等文化要素深度公平共享化；

(6) 城乡各类空间要素双向深度融合化。

四、在率先基本实现现代化进程中更高层次推进苏州城乡一体化改革发展的对策建议

目前苏州的改革试点已到了攻坚克难的关键阶段。要通过深化改革，着力构建城乡一体化向纵深推进的长效机制，为全省乃至全国城乡一体化改革发展作出新探索、提供新示范。建议沿着市场化、产业化、均等化、共享化、自主化、民主化、公平公正等现代化发展方向，突出强化三农内生性发展要素的提升，重点突破以下工作：

（一）以现代化视角强力推进内生性的政策供给，继续深化、完善城乡一体化顶层设计

城乡一体化是一个系统的、动态的实现社会变迁的历史过程，建立健全科学有序的政策制度框架尤为重要。

1. 要继续巩固、拓展和完善前期政策投入

如继续健全和拓展公共服务均等化的新内容，如稳步推进户籍制度改革等，完善公共服务体系，提高政策标准，提高覆盖面，提高普惠性，提高亲民性和便民性，进一步优化城乡生产资源、公共福利资源配置，切实改善和提升农民生产生活条件。

2. 公共政策导向转型

要更加注重必须由侧重外生性强力推动向高度关注内生性力量成长转变，由侧重城向乡单向流动为主向城乡双向互动深度融合转变，强力推进促进农村农业农民提升自我发展能力的内生性政策供给，加快农民市民化和农村农业的市场化、产业化进程。

（二）沿着市场化方向重点探索农村新型集体经济的实现形式

1. 以市场化和产业化为导向，要加快农村新型合作经济组织转型升级

既要发展又要规范，不断提升合作社的发展规模和质量。主要是：

（1）加快推动合作社由行政发动、服务推动向依法规范发展转变。

（2）完善合作社内部治理结构，建立健全现代企业制度。

（3）增强农村新型合作经济组织带动能力，可选取联合发展，有条件的乡镇也可创办合作联社或总社，打破地域界限，积极开展横向联合和纵向联合，加快由社区型向企业型、封闭型向开放型、传统集体经济组织向现代企业制度转变。太仓2011年开始探索以村集体经营为主体的合作农场，农民以土地、劳力、资金等形式入股，从事农业生产、加工、销售的农村新型合作经济组织，经营的所有收益都由村集体和农民共享，促进了农民增收和村集体经济发展，则不失为一种有益尝试。

（4）在加强政策扶持上、强化指导服务上取得新突破，出台政策优惠，给予人才培训支持，提高农村新型合作经济组织经营管理水平，支持镇、村集体

经济发展壮大。

（5）防止差距扩大，做好富民工程。富民一直都是城乡统筹的核心任务。苏州要结合区域优势确定增收重点，应更加注重挖掘财产性收入、转移性收入的增长潜力。尤其要注意农村社会不同群体之间的利益调节，建立低收入农户快速增收机制，防止农村自身二元结构膨胀和深化。

2. 沿着市场化方向，深化农村资源性要素的市场化改革

深化农村资源性要素的市场化改革，使农村集体资产、土地承包经营权、农民宅基地、合作社股权等都能变成农民生产要素实现城乡双向流动，致富农民。简言之，农村资源性要素的市场化改革主要是：

（1）要明确所有权，坚持农村土地集体所有。

（2）要稳定承包权，强化承包权的继承、抵押、转租、转让、互换等功能，使农民能够充分享有对土地的占有、使用、收益和处分权益，让农民获得土地资本收益。

（3）要流转经营权，引导农业集约化、规模化经营，提高土地资源利用效率。

（4）探索实行农村集体建设用地与国有建设用地两种产权、同一市场。

（三）沿着市场化方向，重点改善农村金融环境和金融服务，建立健全农村金融服务体系

我们在调研中发现，城乡一体化投入非常庞大，除了农村集体投入和农民投入外，迫切需要大资金进入，但现实却是投资融资渠道缺乏和单一，产品单调。建议苏州充分利用较发达的苏州金融市场，金融引领、金融驱动，高效改善农村金融环境和金融服务。

1. 创新融资方式

通过政策吸收商业银行、保险、信托、小贷公司、社会资本等多元主体参与城乡一体化投融资体系建设。除了银行贷款外，还可以采取以下的融资方式：

（1）债券，据统计，苏州目前有10余条申请发债的渠道，要充分利用[25]；

（2）信托产品发行；

（3）产业投资基金的模式，创投公司很多，但产业基金运用到基础设施建设的却不多；

（4）资产证券化，可将那些有稳定持续收益和现金流的公用事业项目如旅游景区的门票收入等进行证券化募集投资资金。

2. 大力发展金融市场

金融市场能够积聚金融要素。目前，国务院在清理各类交易场所的基础上允许地方设立规范的股权交易中心，苏州应抓住机遇，争取设立地方股权交易中心，或其他的交易市场，如可探索建立农村产权流转市场，借助于农村

产权流转市场,逐步放开流转农村社区合作经济组织股权,以适应农村城市化、农民市民化的潮流,满足农村居民跨区域迁移的需求,争取成为金融改革试验区。

3. 继续深化开放农村资金渠道

继续深化以下重点工作:

——开放农村资本进入渠道;

——促进农业保险体系更为健全;

——农业担保业务继续扩大;

——财政强农惠农支出力度加大;

——农村信用社、农村金融产品不断创新。

(四)沿着市场化、产业化、现代化方向,重点加快农业现代化步伐,走出一条具有苏州特色的农业现代化道路

没有农业的现代化,就没有苏州的全面现代化。坚持合作化、农场化、园区化的发展路径,建立与市场经济相适应的农业农村体制机制,着力构建现代高效农业体系。重点是:

(1) 积极构建科学的产业布局体系。重点落实"四个百万亩"布局规划,推进农业规模化经营,促进农业融合发展,延伸农业产业链,提高农业综合效益。

(2) 优美的生态环境体系。要继续提高村庄环境整治水平,努力实现环境优良、生态宜居。重点落实《苏州市生态文明建设规划》,建设和完善生态文化、生产环境、生活经济、生态人居和生态制度等五大系统;重点推进建设湖泊水环境整治和湖岸生态修复工程、生态工业园区、绿地生态功能提升工程、生态环境教育基地建设工程、生态补偿机制完善工程;到2020年如期把苏州建设成为全国率先实现科学发展的智慧城市、低碳城市和"宜居、宜业、宜游、宜商"的生态文明城市。

(3) 现代的科技支撑体系。加强农业物质技术装备,重视农业科技进步,大力培养农业科技领军人才、实用人才和职业农民。

(4) 完备的基础设施体系。加强以农田水利为重点的农业基础设施,按照现代化水平高、覆盖范围广的要求,加强农产品批发市场网络建设,加快建设现代粮食物流体系和鲜活农产品冷链物流系统。

(5) 安全的产品质量体系。普遍健全乡镇或区域性动植物疫病防控、农产品质量监管等公共服务机构,逐步建立村级服务站点。强化农产品进出口检验检疫和监管,提高出口优势产品附加值和质量安全水平。

(6) 健全的市场营销体系。开拓农村市场,推进农村流通现代化。健全农产品市场体系,完善农业信息收集和发布制度,发展农产品现代流通方式,减免运销环节收费,长期实行绿色通道政策,加快形成流通成本低、运行效率

高的农产品营销网络。

(7) 高效的社会服务体系。培育农村服务性、公益性、互助性社会组织，完善社会自治功能。

(8) 完善的支持保护体系。健全农业投入保障制度；扩大范围，提高标准，健全农业补贴制度，完善动态调整机制；健全农业生态环境补偿制度等。

(五) 沿着民主化、社会化、共享化方向，重点提升农村社区建设现代化水平，进一步完善乡村治理

(1) 建立健全农村新型治理机制。扎实推进镇、村两级层面公共服务和社会管理改革，建议将村级公共服务和社会管理经费纳入财政支出体制。

(2) 强化公共服务和自我服务有机融合。近年来，苏州农村集中居住化程度高，农村社区硬件建设力度大，公共服务和公共产品提供有了长足进步，但更要强化公共服务与居民自我服务的有机融合，实现共建共享。

(3) 提高村民自治水平。要广泛发动群众，还要充分发扬民主，通过民主自治提升农村社会自我管理自我服务水平，充分发挥农村社会多元组织在提供服务、协调利益等方面的积极作用。要培育农村社区领袖，培育和鼓励新社会组织，深度开发农村农民自律管理资源。

(4) 完善城乡统筹社区服务机制。加快农民市民化步伐，巩固进城农民尽快融入城市生活，实现农村社会管理服务水平跨越发展。

(5) 探索大型社区管理体制改革。切实提高大型社区的服务效能和建设水平，探索适应经济社会发展需要的大型社区管理体制，农村和谐社区建设实现95%达标。

(六) 沿着公平化、均等化、共享化方向，重点加强农民教育，提升农民就业能力和现代文明素养

1. 继续推进城乡公共服务均等化

建立城乡义务教育均衡发展机制和城乡居民共享的公共卫生、文化体育、基本医疗等服务体系，推动城乡交通、水利、电力、电信、环保等重大基础设施共建共享共用。以提升农村为重点的义务教育优质均衡发展，积极推进苏州市创建义务教育优质均衡改革发展示范区和职业教育创新发展实验区；做好国家第一批公共文化服务体系示范区建设，坚持公益性、基本性、均等性、便利性原则，率先建成覆盖城乡的基本公共文化服务体系。

2. 全力提升农村居民就业能力

富民不仅要靠保障性收入、财产性收入，对大多数农民而言，更为主要的是靠工资性收入。

(1) 苏州要在继续做好建设城乡就业服务体系、劳动力市场政策体系以及职业培训体系等方面工作外，还要从教育制度、用工制度、保障制度等方面加以完善，提升农民就业能力，这是根本。

(2) 就业促进政策向农村延伸,支持苏州建立农民就业失业登记制度、农民求职登记制度、农村困难家庭就业援助制度和农民创业服务制度,支持苏州将登记失业的农民与城镇失业人员同等享受就业补贴,加快城乡统筹就业进程。

(3) 不仅要加大就业、职业培训,更为基础和长远的是做好农民教育工作,提升农民融入现代社会的技能和素养。

(七) 沿着公开公正化方向,重点推进基层政府行政管理体制改革

(1) 增强基层政府公共服务和社会管理职能,有效承接并快速提升公共服务供给水平和服务水平。

着力增强乡镇政府社会管理和公共服务职能。完善与农民政治参与积极性不断提高相适应的乡镇治理机制。推进公共服务市场化社会化,引入多元公共服务供给主体。创新公共服务体系与技术,扩大公共服务覆盖范围,提高公共服务品质。结合民主自治,建立公共服务绩效评估系统,强化对公共服务成本与品质的监管。

(2) 推进强镇扩权。在吴江盛泽、昆山张浦等镇试点的基础上,加大对苏州市经济发达镇行政管理体制改革试点支持力度,分步推行强镇扩权改革,对具备一定人口规模和经济实力的重点中心镇,适当扩大经济和社会管理权限,创新基层政府管理架构,增强社会管理和公共服务能力。

参考文献

[1][6][7][8] 方伟:《进一步推进环太湖地区城乡一体化发展对策研究》,环太湖经济社会发展研究中心2011年度结项课题。

[2] 资料来源:重庆 http://www.cqagri.gov.cn,成都城乡一体办 http://www.chengdu.gov.cn/special/yitihua/index.jsp,嘉兴农委 www.jxnyxxw.gov.cn,苏州农办 www.nb.suzhou.gov.cn。

[3][4] 汝信、付崇兰主编:《中国城乡一体化蓝皮书2010》,社会科学文献出版社,2012。

[5][10][17][18][19] 方伟:《在率先基本实现现代化进程中更高层次推进苏州城乡一体化发展》,《江苏基本实现现代化理论研讨会论文集》,2012年7月。

[9][11][23]《蒋宏坤同志在全市城乡一体化改革发展暨村庄环境整治工作会议上的讲话》(2012年3月19日),http://www.nb.suzhou.gov.cn/newsview.asp?id=1618。

[12][13][14][15] 蒋宏坤:《坚持科学定位增创品牌优势全面加快城乡一体示范区建设》(会议材料),http://www.nb.suzhou.gov.cn/newsview.asp?id=1011。

[16] 苏州市委、市政府:《加快转变发展方式 促进城乡共同繁荣》,国家发改委经济体制综合改革司"经济体制改革信息",http://tgs.ndrc.gov.cn/ggxx/t20101224_387638.html。

[20] 商中尧:《农业基本现代化进程苏州全省居首》,《苏州日报》,2012年4月18日。

[21][22] 包宗顺:《苏南城乡一体化发展亟待新突破》,《群众》,2011第1期。

[24]《苏州市国民经济与社会发展第十二个五年规划纲要》,http://www.suzhou.gov.cn/asite/zt/2012/06/sew/ghgy.html。

[25] 李齐兵:《加快金融创新 推动转型升级》,《领导参阅》,2012年第三期(中共苏州市委党校主办)。

全面深化改革　健全城乡一体化发展体制机制

——以苏州市为例①

在党的十八届三中全会提出全面深化城乡一体化改革以及苏州城乡一体化改革晋升为国家级试点的大背景下,苏州新一轮城乡一体化改革改什么？怎么改？本课题拟从三方面进行思考。

一、全面深化体制机制改革是苏州城乡一体化新一轮改革发展的必然选择和关键

苏州从2003年开始确立"统筹城乡发展"的方针,2007年先后被确定为江苏城乡统筹综合配套改革试验区、国家发改委城乡一体化发展综合配套改革联系点、农业部全国统筹城乡发展改革试验区。十多年改革发展中,苏州始终坚持"三农"与"三化"互动并进,以富民优先为导向、科学规划为引领、制度创新为关键、转型升级为路径、固本强基为保障,科学谋划,重点突破,整体推进,通过"三形态"[1]、"三集中"[2]、"三置换"[3]、"三大合作"[4]等系列制度创新,率先形成城乡发展规划、产业布局、资源配置、基础设施、公共服务、就业社保和社会管理"七个一体化"新格局,城乡一体化改革发展取得了巨大成效,城乡统筹发展领跑全国,成为我国东部地区城乡一体化发展的样板。

2013年,党的十八届三中全会提出了全面深化改革、健全城乡一体化发展体制机制等改革发展任务。2014年,苏州城乡一体化改革晋升为国家级试点,且将着力打造新型城镇化发展、共同富裕、公共服务均等化、生态文明、和谐社会、城乡金融制度改革等8个示范区作为改革的明确方向。显然,苏州城乡一体化改革发展已走向高度自觉,正进入以体制机制改革和现代化为特征的深化发展新阶段。

苏州城乡一体化新一轮改革改什么？怎么改？如何与苏州率先基本实现现代化进程相适应？如何按照十八届三中全会的新部署推进城乡一体化与工业化、城市化、现代化步伐进一步耦合,城乡一体化改革发展与市场体

---

① 本文为著者2014年度江苏省委党校系统调研立项课题,也是著者主持的2014年江苏省社会科学基金项目省市协作课题《全面深化改革和提升苏州城乡一体化水平研究》的中期研究成果。

制、行政管理体制、文化发展体制、社会管理体制、生态文明建设体制进一步耦合,展现一个生产要素在城乡自由流动、公共资源在城乡均衡配置、新型工业与现代农业互动发展、城乡空间结构更加合理的新型城乡关系?全面深化体制机制改革是苏州城乡一体化新一轮改革发展的必然选择和关键。

二、深化体制机制改革,全面提升苏州城乡一体化改革发展水平的实践动因

我们认为,当下聚焦体制机制,全面深化苏州城乡一体化新一轮改革发展,主要基于以下三点实践动因。

(一)苏州城乡一体化改革发展被赋予"现代化"新的发展要求

苏州率先基本实现现代化,最繁重的任务是农业农村农民的现代化。当前,伴随苏州率先基本实现现代化步伐,苏州城乡一体化发展进入一个新的发展加速期,更高层次推进苏州城乡一体化发展成为必然态势,苏州城乡一体化发展因被赋"现代化"内涵而面临着新的发展要求,比如,新一轮苏州城乡一体化改革发展必须更加注重沿着市场化、产业化、均等化、共享化、自主化、民主化、公平公正化等现代化发展方向,提高农村市场化能力,提高农村政治、社会、文化自主发展能力,提高城乡共建共享、双向深度融合能力,从而形成与苏州经济社会现代化发展趋势相匹配的更高境界的城乡一体化发展新格局。

(二)苏州城乡一体化改革发展呈现着新的发展趋势

苏州城乡统筹历经近10年的探索历程,业已建立的覆盖城乡的一体化目标体系、政策体系和制度体系正在并将大幅度释放改革和创新的效应,同时,在我国推进全面深化改革的大背景下,未来苏州农村发展必将呈现以下态势:村镇建设加快,富民进程加快,公共政策创新加快,基层政府行政管理体制改革加快,农村基层治理结构的改革加快。

(三)苏州城乡一体化改革发展面临着新的发展挑战

历史地看,苏州城乡一体化发展自始就被赋予"两个率先"的时代内涵,深度烙上了政府强力推进的烙印,可以说探索取得的巨大成效与政策高投入密不可分。近年来,市委、市政府制定了40多个政策意见,相关部门出台了100多个配套文件[5],总体上表现为一种外生力量的强力推动,是政策增量投入带来的变革,而且大多表现为城向乡单向流动,乡向城流动乏力。在当下加速推进现代化进程中,苏州城乡一体化内生性发展的瓶颈也逐步显现,与现代化发展有着较大差距。综合起来看,苏州城乡一体化新一轮改革发展面临的新挑战和内生性瓶颈主要表现在:

1. 农民收入水平和就业水准大幅度提高面临着挑战

增加居民收入是城乡统筹的焦点目标,是率先基本实现现代化的标志性硬指标,更是现代化进程中的头等难题。国家、江苏省和苏州市的"十二五"

规划都明确了"两个同步增长"的要求,苏州将之具体化为"居民收入六年倍增计划"。而当前国内外经济发展的不确定性以及农村农民农业还没有完全融入市场化进程,使苏州农村居民收入增长的空间受限,农民持续增收难度不容低估,"六年倍增计划"的目标如期实现困难多压力大。同时,苏州农民就业水准直接影响着城乡统筹的真正绩效,很多村改居的新市民即便有医疗、养老等社会保障,但也并未完成真正意义上的市民角色转换,原因就在他们无法以在城市生活的高水准就业做支撑。

2. 土地制度深化改革面临着挑战

当前城乡一体化加快推进,土地、资金等要素瓶颈制约不容置疑,农民生产方式转变困难。土地制度改革说到底是土地产权制度改革,这是城乡统筹的核心问题,它涉及土地集约经营和规模化经营,涉及转变农业生产方式,涉及严格保护耕地和农民利益。比如,现有农业用地与非农用地开发建设存在巨大的利益落差,但对利益差异进行宏观调节的政策还没有到位;在建设和发展现代农业过程中,现有的政策对农业配套设施和农业功能拓展用地等还有政策限制,在一定程度上影响了规模农业发展和农业效益的提高。再如,发展现代农业迫切需要农业企业家,而非仅仅是农民企业家,涉及工商资本公司能否进入农业,其背后不单是资本问题,更主要是土地如何流转问题。党的十八届三中全会虽然明确了改革的方向,但在土地承包经营合同的期限、土地承包经营权抵押、农村集体经营性建设用地流转和宅基地流转等方面具体政策至今还没有定论。2014年中央农村工作会议在坚持党的十七届三中全会提出的"三个不得"("不得改变土地集体所有性质,不得改变土地用途,不得损害农民土地承包权益")的前提下提出了"落实集体所有权、稳定农户承包权、放活土地经营权",这一提法将承包经营权分化为"承包权"和"经营权",但对工商资本如何进入农村承包土地仍缺乏具体政策安排。从趋势上看,农村土地制度改革必然受到工业化、城镇化和农业现代化、农村资源市场化发展模式的影响,现代农业发展模式和经营形态的选择将会影响农村土地制度的变革方向和乡村治理机制。上述问题说明,农村资源、农业经营方式等方面明显存在着市场化不足问题,迫切需要深入探讨"落实集体所有权、稳定农户承包权、放活土地经营权"的实现途径。因此,从体制机制上深化土地制度改革,仍是未来城乡一体化改革发展的核心问题。

3. 社会事业建设和城乡文明差距进一步缩小面临着挑战

城乡差距不仅表现在以城乡居民收入水平为代表的经济发展层面,也表现在公共服务和社会事业领域。现实表明,城乡公共服务和社会事业领域的实际差距比显性的经济收入差距还要大,各级政府一直以来对农村公共产品投入不足带来的民生供给高效实现的困境将会继续严重延缓农村现代化的进程。即便"十一五"以来苏州各级政府加快加大了农村公共服务均等化步伐,农村社会事业发展迅速,硬件实力大幅度改善,但现有农村社会事业公共产品的供给水平和服务质量与城市相比还有明显差距,在公平性、共享性、均等化、自主化等方面还存在严重不足。因此,未来城乡统筹尤其是高质量的农村社会事业公共产品供给上仍有很多追补式、提高式的工作亟待开展,如农业基础设施和科技支撑能力亟须提高,缩小城乡社会事业差距、缩小城乡权益保障制度差距等方面仍有许多工作要做。

4. 城乡一体化推进进程中累积的问题提出了挑战

如,规划生态村持续发展和繁荣的困境、集体所有制实现形式与规范运行的困境、三农发展资金严重短缺的困境等。最突出的问题就是农村新型合作经济组织发展中存在问题。第一,农村新型合作经济组织缺乏法律支撑。苏州通过"三大合作"改革,积极创新和培育农民微观经济组织,但除农民专业合作社得到国家法律认可外,社区股份合作、土地股份合作、富民(物业)股份合作、劳务合作等农村新型合作组织都未认可,因而在工商登记、财政扶持、税收优惠等方面也没有相关的政策支持,影响了农民组织化程度提高和农民收入增长。第二,各类合作社发育水平较低,市场化、产业化水平低,功能和作用发挥有待加强。如,社区、富民等合作社收入主要来自于物业出租收入,社员从合作社得益还不太多,所占的收入比例还不高,绝大多数股份合作社的分配还只是保底分红,富民特色并没有真正得到体现。第三,合作社规范化建设有待加强。财务制度、发展方向、发展规划等都急需加强。第四,苏州大市范围内发展不平衡的现象比较突出。第五,合作社发展的环境还不宽松,合作社税收负担太重,而且社区股份合作社还承担了大量社会管理职能,既不给予财政补贴,又不给予税收优惠,很不合理。城郊村被拆迁后,资源性资产变成现金资产,缺乏新的投资渠道,出现资产增加,收入萎缩现象。

5. 基层组织社会管理能力和水平大幅度缩小面临着挑战

总体而言,苏州城乡社会管理一体化相对于其他一体化进展较为滞后。苏州现有的乡镇大多数是合并组成,工业区密集而发达,集中居住社区人口过万的比比皆是,加上外来务工人员,现有行政管理体制和乡镇的社会管理能力(跟责权利挂钩)远远适应不了如此管理幅度;城管、工商、治安、环卫等公共服务的提供远远跟不上人口集聚和发展需求;农村社区的自我管理、自我服务也远远跟不上自身发展的需要,有许多新生问题未得到有效解决。我们在调查中发现,农村社会农民自身群体的分化也较为突出,近年演化出来的农村内部二元结构还没有引起注意。比如,在当前条件下,参加合作组织都是需要一些条件,会员农民可以享受财政、税收、金融、科技、人才等全方位的投入,而没有入社的农民则无法享有,再一次失去制度安排。这也是当下农村社会不稳定因素根源之一。这都需要基层政府公共服务和公共产品提供能够跟上。

上述挑战和瓶颈表明：其一，以"现代化"发展标准来考量，苏州广大农村农业农民在市场化、产业化、均等化、共享化、自主化、民主化、公平公正方面仍需进一步提升。其二，挑战和瓶颈一方面源于"现代化"发展新要求；另一方面，归根到底还是源于当前仍然存在的城乡二元结构等体制机制障碍，农业业态弱势、农村社区弱势、农民权益地位弱势还没有根本改变，源于农村农业农民内生性发展能力不足，城乡二元结构尚未根本消除，体制政策制约仍然是城乡一体化向纵深推进的瓶颈。其三，单向的、增量投入型的政策创新推进效应正在逐步递减，提升农村农业农民内生性发展能力迫在眉睫。

三、全面深化改革，健全苏州城乡一体化体制机制

针对上述苏州城乡一体化改革发展的实践动因，我们认为，今后几年，苏州城乡一体化发展综合配套改革深入推进，必须要与率先基本实现现代化进程相适应，向市场化、产业化、均等化、共享化、自主化、民主化、公平公正方向继续深化和转型，即继续深化发展空间性上的制度性变革，生产力要素市场化的制度性变革，集体所有制实现形式的制度性变革，基层社会上层建筑（包括行政管理体制、社会管理体制）的制度性变革、农村居民国民待遇的制度性，等等，着力构建合理、公平、效率、符合科学发展和保障农民利益的体制机制，建立健全包括财政、金融、投资、产业、就业、土地、户籍等方面政策在内的配套完善的政策支撑体系，继续健全和拓展各类公共服务体系。为此，建议当下苏州城乡一体化改革应着力以下方面：

（一）深化产业、资源等经济要素市场化机制改革

要以市场化和产业化为导向，着力探索农村新型集体经济的实现形式，加快农村集体经济由社区型向企业型、封闭型向开放型、行政发动向市场运转转变，全面提升农村集体经济的发展规模和质量。要重点探索农村集体资产、土地承包经营权、农民宅基地、合作社股权等生产要素都能实现高效流动，变成农民致富源泉；要重点探索改善农村金融环境，提供更多金融服务，建立健全农村金融服务体系和服务机制，推动商业银行、保险、信托、社会资本等多元主体参与城乡一体化建设；要沿着市场化、产业化、现代化方向，重点探索以发展高效生态农业为主攻方向，培育壮大家庭农场，加快农业现代化步伐，拓展现代农业生产生态生活功能，走出一条具有苏州特色的农业现代化道路；要重点推进城乡各类空间要素深度双向融合，更加注重从空间上优化城乡生产资源、公共福利资源的配置，切实改善和提升农民生产生活条件。

（二）深化民生福利等社会要素深度均等化机制改革

沿着公平化、均等化、共享化方向，继续健全、拓展和提升公共服务均等化的新内容，完善教育、医疗健康、文化等各类公共服务体系，着力提高覆盖面，提高普惠性，提高亲民便民性，提高服务标准和服务品质，完善城乡统筹

的社会服务机制,真正实现高水平的以人为核心的城镇化;要重点加强农民教育,提升农民就业能力和现代文明素养。

（三）深化基层组织等主体要素进一步民主化机制改革

沿着民主化、社会化、共享共担化方向,着力提升农村社会建设现代化水平,重点探索完善乡村治理体系和提升乡村治理水平,进一步完善乡村治理。近年来,苏州农村集中居住化程度高,农村社区硬件建设力度大,但更要强化公共服务与农村各类主体自我教育、自我管理、自我监督、自我服务的有机融合,充分发挥农村社会多元组织在提供服务、协调利益等方面的积极作用,深度开发农村农民自律管理资源,实现农村社会治理及自我服务水平跨越发展。沿着公开公正化方向,要深入推进基层政府行政管理体制改革,增强基层政府公共服务和社会管理职能,有效提升公共服务供给和服务水平,提升治理能力。

（四）深化生态环境及其治理、控制、保护等生态要素深度融入生产生活的生态化机制改革

着力提高村庄环境整治水平,努力实现环境优良、生态宜居;着力生产生活的生态化,发展生态农业、生态工业和生态服务业,依据三次产业间的经济、技术上的关联实现协调发展。

展望未来,这些新体制机制的确立和完善,必将全面提升苏州城乡一体化发展水平,使苏州城乡一体化发展特色、发展优势、发展品牌更加出彩。

参考文献

[1]《城乡一体化的苏州实践与创新》,指镇村发展的形态:地处工业和城镇规划区的行政村,以现代服务业为主要发展方向,加快融入城市化;工业基础较好、经济实力较强、人口规模较多的行政村,以新型工业化为主要发展方向,加快就地城镇化;地处农业规划区、保护区的行政村,以现代农业为主要发展方向,加快农业农村现代化。

[2]《城乡一体化的苏州实践与创新》,指农民居住向社区集中、工业企业向园区集中、农业用地向规模经营集中。

[3]《城乡一体化的苏州实践与创新》,指鼓励农民将集体资产所有权、土地经营承包权、宅基地及住房置换成股份合作社股权、城镇保障和住房。

[4]《城乡一体化的苏州实践与创新》,指大力发展社区股份合作、土地股份合作和农民专业合作。

[5] 2012年蒋宏坤同志在全市城乡一体化改革发展暨村庄环境整治工作会议上的讲话。

第四篇

民生建设与民生改革发展

现代化进程中苏州民生建设的新变化和新要求[①]

"十二五"时期,民生问题被提至前所未有的高度纳入国家五年规划。在苏州地区,"十二五"时期是苏州率先基本实现现代化的冲刺奋斗期。苏州各地在国民经济和社会发展第十二个五年规划纲要中都以显要位置和显著篇幅规划了未来五年民生领域的发展方向和目标任务,明确了民生领域应该破解的难题、加强的环节和发展的路径,民生建设有着明确的行动纲领。可以说,"十二五"时期是苏州地区民生福祉的提升期,民生建设和民生实现程度成为考量苏州地区率先基本实现现代化的最为重要因素。深刻认识这一时期苏州地区民生建设的历史方位、特征和内容等新变化新要求,深刻认识民生建设与率先基本实现现代化的内在关联,确立与之相适应的民生建设新理念新思路,有着重要的实践意义。

一、"十二五"时期苏州地区民生建设的新变化

1. 苏州地区民生建设普遍进入新阶段

苏州地区是我国传统经济发达地区,经济社会发展快于全省和全国,其发展对全面建设小康社会,到21世纪中叶基本实现现代化的全国大局来说具有重要意义。"十五"、"十一五"期间,在全面建设小康社会进程中,苏州以科学发展观统领全局,紧紧围绕"两个率先"、富民强市等目标,更加重视文化建设、社会建设、生态文明建设和人民生活改善,统筹推进城乡一体化,民生建设实现了跨越式发展。2010年,苏州人均GDP分别已达1.5万美元,城镇居民人均可支配收入和农民人均收入已分别达到29 219元和14 657元;城镇职工养老、医疗、失业、工伤、生育五大社会保险保持全国领先,新型农村合作医疗、城镇居民医疗保险、新型农村养老保险实现全覆盖;教育现代化成效显著,成为全国推进义务教育均衡发展工作先进地区;城乡医疗卫生设施建设力度加大,健康城市建设水平不断提高;城乡一体化水平领先全省快于好于全国。可以说,"十五"、"十一五"期间,在全面建设小康社会进程中,苏州地区民生建设实现了跨越式发展,现阶段已进入率先向基本实现现代化迈进的

[①] 本文为著者2010年校级调研课题,入选江苏省社会科学界第六届学术大会苏南片区分会。

发展阶段,民生状况明显好于全国平均水平。

2. 苏州地区民生建设有着新特征

苏州经济社会发展的"十二五规划"把"力争到2015年率先基本实现现代化"当作是苏州各县市"十二五"时期发展的总抓手、总任务。2011年底,省党代会闭幕后,苏州自加压力勇负重担,提出了"勇当全省率先基本实现现代化排头兵、再创苏州科学发展新辉煌"的目标,将原定的"2015年率先基本实现现代化"的目标提前一年,提出到2012年,昆山和苏州工业园区要率先基本实现现代化,2014年苏州全面率先基本实现现代化。在这样背景下,如果单从民生建设看,苏州地区要率先基本实现的现代化,应该是全民受教育程度明显提升的科教现代化,是城乡基本实现同步发展、社会公平正义得到有效维护的社会现代化,是城乡居民收入普遍较快增长、生产生活条件进一步改善、人民生活更加殷实的民生现代化。因此,这一阶段的民生建设有着鲜明的新特征,即指向"现代化"。换句话说,当前我们苏州地区强调的民生是立足于全面建成小康社会基础之上、与率先基本实现现代化要求相对应的更高水平的民生,苏州地区的民生问题是一个与苏州地区现代化进程紧密相连的"现代化发展问题"。

3. 苏州地区民生建设有了新内容

民生问题说到底是民众利益均衡和利益和谐问题,是一个不断发展变化、不断由低到高、动态的需求大系统,不单事关民众衣食住行等物质层面的需求,而且事关民众政治及精神文化等非物质层面的需求,关系到人们在经济、政治、文化、社会等方面的根本利益。在经济社会发展不同阶段,民生问题有着不同的内涵。从当前来看,教育、就业、分配、保障、健康、稳定这六个方面是其最基本内容;从发展的角度来看,全面提升人民群众的精神文化生活、实现人民基本的民主权益、促进社会公平正义和人的全面发展等必将成为其内容的重要组成部分。民生问题的这些内在特性,决定了民生建设必然循着民生保障、民生改善、民生发展的路径轨迹发展进步。基于此,"十二五"时期,苏州各地的民生问题,大部分已不再是由贫穷引起的问题,而是在民生保障已得到普遍满足的基础上、全面提高人们的生活质量和发展机会的民生改善和民生发展问题。既然是苏州地区率先基本实现现代化进程中的民生问题,毫无疑问,苏州地区民生建设必然不能仅限于物质层面的民生保障,必然要在民生保障已得到普遍满足的基础上,全面提高人们的生活质量和发展机会,必然要在继续夯实基本保障的基础上,更加突出制度层面、精神层面的民生改善和民生发展,以实现民生各方面的现代化。换句话说,"十二五"时期,大力改善民生、发展民生是苏州地区率先基本实现现代化的根本依归,文化教育、公共安全、社会公平、民主法制、生态权益等内容必将会越来越成为苏州地区民众需求和关注的焦点。

为此,我们只有充分认识苏州地区民生建设新阶段上的这些新特征新内容,我们才能准确把握苏州地区人民改善民生、发展民生的新期待和新要求,才能有效地从满足苏州地区人民群众的基本生活需要向提升苏州地区人民群众的幸福感转变,才能真正从根本上实现苏州地区人民认同和认可的现代化。

4. 苏州地区民生建设有着新布局

"十二五"时期,苏州地区的民生问题既然是苏州地区率先基本实现现代化进程中的民生问题,毫无疑问,苏州地区民生建设必然要在继续夯实基本保障的基础上,更加突出民生改善和民生发展,以实现民生各方面的现代化。为此,苏州各地"十二五"时期《国民经济和社会发展规划纲要》对民生建设的背景、指导思想、原则要求、目标定位、指标体系、民生布局和任务举措以及夯实民生保障,突出民生改善和民生发展的相关路径作出了科学规划,我们必须加以全面系统认识。我们认为,把握"十二五"时期民生建设新布局应从以下方面加以认识:一是现代化进程中"顺应人民群众新期盼和时代前进新趋势"的民生建设新背景;二是"以富民惠民为根本",坚持"民生优先"发展战略的指导思想;三是"坚持共享发展","始终坚持民本、民生、民富的发展理念以及更加强调以人为本、以民为先"的发展原则;三是"城乡一体化发展水平进一步提升,社会和谐程度和人民幸福指数走在全国前列"等民生发展目标定位;四是经济社会发展中的"公共服务"、"人民生活"类主要指标和富民惠民重点实事项目(从各地公布的主要指标体系来看,民生类指标均已占到各地全部主要指标的近一半,均确立富民、保障、安居、健民、救助、教育、文化、环保、交通以及平安等实事工程);五是"着力保障和改善民生"、"推进公共服务均等化"、"完善社会管理体系",实现"发展惠及民生"的主要任务和措施;六是"创新引领转型"、"文化彰显实力"、"深化城乡一体化改革"、"城市提升品质"等重大规划的内在民生要求和惠民利民的发展意义。

二、推进苏州地区民生建设的几点建议

民生建设是一个系统工程,基于苏州地区民生建设的上述新变化,我们认为,推进苏州地区现代化进程中的民生建设,需要我们做好以下工作:

一是遵循客观规律推进民生建设。民生问题是一个伴随人类生存和发展全过程的基本问题,社会越发展,民生问题就越向纵深演变,原有的民生问题解决了,新的民生问题又会相继出现。因此,民生建设是一个长期的历史过程,具有长期性和复杂性,"十二五"时期不可能解决所有民生问题,而且,民生问题的解决也不可能一蹴而就,更不会一劳永逸。所以,我们应以积极的心态看待民生问题,应以高度的责任感和坚定决心,抓住重点,重视落实,科学分步实施,先期解决一些最为紧迫的民生问题,根据不断变化的民生建设的新内涵新要求,持久地、扎实地推进民生建设。

二是统筹现代化全局推进民生建设。解决民生问题是深刻的全面的社会变革,不能仅仅就民生来谈民生,而要将其放到社会主义现代化建设的全局、大社会的背景中去统筹认识和推进。以市场取向发展经济,坚持科学发展、和谐发展,为改善民生奠定坚实的物质基础;以民主法治取向发展政治,完善更加公平合理的政治体制,为民生问题的解决提供体制保证;以多样化取向加强文化建设,为民生问题的解决提供人文支撑;以平等化取向加快社会建设,维护社会公平正义,直接推动民生问题解决;以可持续化发展理念进行生态文明建设,提高民众的生存环境和生活质量;强化以人为本执政理念,加强党的建设和政府建设,为人民提供更多更好公共服务。六大建设六位一体,相互统筹,共同作用于民生,才会形成一种良性互动。

三是统筹政府、市场和社会的力量共同推进民生建设。首先,充分发挥政府在改善民生方面的主导作用。政府是民生建设的主导者与责任主体,但我们不能走极端,不加分析、不加鉴别地把所有的民生事项统统推入政府的怀中,要把民众的愿望和政府的能力统一起来,政府应当有所不为,不能包揽一切,如提高民生福利就要量力而行,实现经济与社会的均衡协调发展。其次,作为利益主体的人民群众,他们既是民生建设的主体,也是直接受益者,是有能力承担民生建设责任的,政府应该做的是提供相应合理的制度设定,为民众参与民生建设创造机会,同时激发他们的积极性。再次,政府应该出台对民生发展的鼓励保障政策,吸引社会资金对公共事业投入,鼓励社会资本投入民生建设。

四是以人民满意为标准推进民生建设。对于民生的改善和进步,百姓的感受是最好的回答。民生决定民心,民生建设体现着党委政府的执政价值取向,我们必须树立正确的政绩观,摆正官本与民本、经济增长和民生改善的位置,用民众生活质量指数和满意指数来评价和检验民生建设实绩。

苏州市农村卫生现代化研究[①]

中国农村现代化历来是中国现代化的关键,而作为追求中国农村现代化的主体——农民的生活状况和健康状况,则是中国现代化进程和水平的重要标志之一。伴随改革开放伟大历程的成功推进,尤其是党的十六大以来,苏州经济社会的现代化水平不断提升,农村卫生现代化建设也随之被提出并得到了迅速发展,苏州各级政府和其卫生部门坚持为民惠民,坚持改革创新,农村卫生事业进入苏州历年来各级领导重视程度最高、经费投入最多、改革力度最大、事业发展最快的时期,为保障农村居民健康,稳定社会秩序,改善农村投资环境,促进经济社会发展,加快"两个率先"目标实现做出了巨大的贡献,其探索经验也为我国卫生事业发展构筑了一道亮丽的风景线。

一、苏州市农村卫生事业的发展和农村卫生现代化建设问题的提出

苏州农村经济社会的快速发展以及卫生事业的巨大进步催生了苏州农村卫生现代化的建设步伐,因此,农村卫生现代化建设命题的提出有着深刻的历史必然性。

1. 苏州市农村卫生事业的快速发展为农村卫生现代化建设奠定了事业基础

改革开放后,苏州农村卫生事业步入发展的快车道,农村初级卫生保健、农民健康工程、农村医疗卫生服务体系、农村合作医疗、农村爱国卫生运动等卫生事业开展卓有成效,机构数、床位数、卫技人员、新型农村合作医疗人口覆盖率、农村自来水普及率、农村卫生户厕普及率等卫生发展主要指标均有巨幅提高。

(1) 实施农村初级卫生保健。

1977 年 5 月,世界卫生组织提出了"2000 年人人享有卫生保健"全球性战略目标。1978 年 9 月,世界卫生组织和联合国儿童基金会,在苏联哈萨克斯坦共和国首都阿拉木图召开了国际 PHC(初级卫生保健)大会,明确指出"实施初级卫生保健是实现'2000 年人人享有卫生保健'的关键",并通过了著名的《阿拉木图宣言》。我国政府对国际社会提出的这一行动非常重视,予以承

[①] 本文为 2007 年江苏省委党校系统重点调研课题,孙艺兵同志主持,著者执笔。

诺，并具体制定了《中国农村实现"2000年人人享有卫生保健"的规划目标》。30年来，尽管我国各地域存在着巨大的差异，但是，中国各级政府推进此项工作的步伐加快，成效巨大，苏州尤为如此。1994年参加国家试点的大仓县率先达到中国农村实现"2000年人人享有卫生保健"试点阶段目标审评要求；在1995年的普及阶段，苏州的常熟市、吴县、张家港市、昆山市、吴江市接受并顺利通过国家计委、卫生部等五部委的达标考核评估。至此，苏州所有县（市）全部通过国家评估认可，在全国地级市中提前6年率先达到中国农村"2000年人人享有卫生保健"规划目标。2002年，卫生部、国家计委、农业部、国家环保总局、全国爱卫会授予江苏省常熟市、江苏省昆山市为"全国农村初级卫生保健工作（1990—2000年）先进县"荣誉称号。

进入新世纪，世界卫生组织又提出了新世纪前20年国际初级卫生保健发展目标，我国政府制定下发了《中国农村初级卫生保健发展纲要（2001—2010年）》。据此，苏州市也及时制定了《关于印发"苏州市农村初级卫生保健实施方案（2001—2010年）"的通知》，并组织各市（区）认真实施。2006年，昆山市、太仓市通过《中国农村初级卫生保健发展纲要（2001—2010年）》国家级中期督导评估，年底，随着张家港市、吴中区最后一批通过省级达标评估后，苏州在新一轮"初保"工作中，又提前4年在全省率先通过了《中国农村初级卫生保健发展纲要（2001—2010年）》省级达标评估。

（2）医疗服务体系、公共卫生体系进一步健全，服务能力全面提高，应急处置能力得到提升。

改革开放以来，得益于经济社会的高速发展，苏州农村医疗卫生服务体系随着经济社会的发展不断完善和提高。改革开放后，苏州抓住了乡村企业快速发展的机遇，进一步提升农村三级医疗卫生网建设水平。从实施"三配套一提高"（人员、房屋、设备三配套，提高科学管理）开始，到20世纪80年代末创建苏州市级示范卫生院、示范村卫生室建设，再到90年代开展等级卫生院评估和创建爱婴医院活动，通过上述系列措施，全市162所乡镇卫生院、3371个行政村卫生室建设一步一个台阶地迈上了新的平台；使35%以上的乡镇卫生院和20%以上的村卫生室分别达到当时苏州市示范乡镇卫生院和苏州市示范村卫生室建设标准；95%以上的乡镇卫生院达到国家一级甲等卫生院标准。进入21世纪后，以昆山市玉山镇、工业园区娄葑镇为代表的地区，在国内率先开展"城乡联动，整体推进农村社区卫生服务体系建设"活动，再度将苏州市农村医疗卫生服务体系建设推向更高水平。目前，苏州农村社区卫生服务站房屋面积平均达到200平方米左右，基本医疗设备增加理疗、康复、检验、B超、心电图、小型X光机、电脑等设备，平均拥有卫技人员3—5人，少数地区已经开始配备医学本科、专科毕业的医技人员，并为辖区居民建立了健康档案，提供综合医疗卫生服务。社区卫生服务中心（乡镇卫生院）进一步突出公共卫生服务职能,其规模进一步扩大,业务用房平均在5 000平方米以上,医疗急救设备已基本普及500毫安以上大型X光机(不含CT)、彩超、电子内窥镜、全自动生化分析仪、救护车等大型设备。

(3)进一步发展和完善农村合作医疗,医疗救助力度逐步加大。

苏州的农村合作医疗起步较早,1955年,在农村合作化的初期,常熟归市乡率先创办合作医疗。伴随农村经济社会的发展,苏州农村合作医疗经历了一个从低到高、从不完善到逐步完善的渐进式发展过程。1968年,农村合作医疗覆盖率已达95%,20世纪80年代初,由于种种原因,苏州农村合作医疗遭受一些挫折,行政村覆盖率曾一度降到76%左右。但由于苏州市委、市政府及卫生行政部门等高度重视,此后不久,此项工作就步入了加速发展的快车道。主要表现在:一是行政村覆盖率很快从76%提高到95%以上;二是基金标准也由年人均几元提高到2007年人均217元;三是统筹和管理模式不断提升,由最初的"村办村管",发展到"村办乡管"、"乡村联办"再到"联办县管"。1994年,在吴江、太仓、常熟、苏州郊区等地实行乡级大病统筹保障的基础上,吴县在全国率先建立以县为单位大病统筹保障模式,县财政予以大力资助;四是基金的构成也由当时的个人加集体、以个人为主(占60%)的筹资模式,发展到目前的个人加集体加财政、以财政为主(占63%)的筹资模式;五是病人最高实际结报水平也由当初几百、几千元提升到现在的15万多元(如工业园区娄葑镇);六是结报方式,由开始的手工定期结报过渡到半手工的即时结报(在昆山市、张家港市的带动下,目前苏州除个别地区外,基本都实行了电脑刷卡实时结报);七是建立医疗救助制度,目前苏州农村困难群体,个人不出一分钱,在得到合作医疗第一次补偿基础上,未能结报部分,还能享受第二次70%以上的医疗救助补偿(吴江市、相城区、吴中区、张家港市、常熟市等地起步较早,工作规范);八是对符合条件的外来人员,实行市民保障待遇。

(4)深入开展农村爱国卫生运动,创卫成果不断巩固。

多年来,苏州认真贯彻以预防为主、卫生工作与群众运动相结合的方针,深入开展农村爱国卫生运动,把做好卫生防病工作与提高农村居民生活质量作为农村爱国卫生工作的重点,突出健康教育,环境整治,农村改水改厕,加强水源和粪便的管理,除害防病。在创建国家卫生城市活动的带动与辐射下,农村爱国卫生工作逐步迈入科学化、规范化、长效化运作的轨道。在各地的共同努力下,1998年,苏州市及各县级市均获得了国家卫生城市的荣誉称号,成为全国第一个国家卫生城市群。为巩固创建国家卫生城市成果,进一步扩大其效应,又及时开展了创建国家卫生镇、省级卫生村活动。截至2006年底,全市累计创建了39个国家卫生镇、114个省级卫生镇、850个省级卫生村;国家卫生镇和省级卫生村的覆盖比例分别为50%和45%左右。其中张家港市实现了国家卫生镇、省级卫生村双"满堂红"。通过创建,农村居民健康知识知晓率和健康行为形成率较以前有了明显提高,农村卫生环境面貌进一步改善,"脏、乱、差"现象得到有效治理,居民的生活质量显著提高,水冲式无害化户厕普及率90%以上,区域化自来水入户覆盖率达90%以上。

2. 苏州市经济社会发展的巨大成就为农村卫生现代化建设奠定了坚实物质基础

过去30年,由农村改革推动,工业化、城市化和国际化带动,苏州农村经济和社会发生了翻天覆地的变化。20世纪80年代乡镇企业异军突起,加快了农村工业化进程;20世纪90年代,开放区和开放型经济蓬勃发展,加快了农村城镇化步伐;21世纪初,新农村建设整体推进,加快了城乡一体化步伐;苏州农村逐步蓄积了向现代化迈进的物质基础和动能。党的十六大以来,立足于苏州经济社会的发展基础,苏州自觉担当起党中央、江苏省委赋予的"率先全面建设小康社会,率先基本实现现代化"光荣任务。在苏州市委、市政府的领导下,经过全体苏州人民的共同奋斗,"十五"期间以地级市为单位,苏州率先全面建成了高水平小康社会,苏州卫生事业也在此背景中获得了突飞猛进的发展。在此基础上,苏州提出了2006—2010年向第二个率先目标——率先基本实现现代化迈进。在这样背景下,苏州农村卫生事业有一个更高的战略目标,在保障水平、服务能力等方面提高层次,逐步缩小与世界发达国家的差距便成为苏州现代化题中的应有之意,苏州农村卫生现代化问题随之被提上议事日程并纳入苏州国民经济社会发展"十一五"规划。2006年,苏州出台了《关于实施农民健康工程,全面推进农村卫生现代化的意见》,该意见指出,当前及今后一个时期,全市将以邓小平理论、"三个代表"重要思想及科学发展观为指导,按照"两个率先"、构建社会主义和谐社会的总体要求,坚持政府主导、公益公平、统一规划、分级负责的原则,大力实施农民健康工程,全面推进农村卫生现代化建设,建立和完善覆盖城乡居民的基本卫生保健制度,为群众提供安全、有效、方便、价廉的公共卫生和基本医疗服务,让广大农民共享改革发展成果。该意见的出台成为苏州农村卫生现代化的重要标志和苏州卫生事业发展新的转折。

基于上述发展背景,我们认为,苏州提出农村卫生现代化建设问题主要是政治经济社会等国内外客观因素共同作用使然:世界卫生组织的推动和影响是苏州提出农村卫生现代化建设目标的国际因素;省委、省政府提出的新一轮农村五件实事工程的要求,市委、市政府提出的"四大行动计划"以及市卫生事业发展"十一五"规划目标要求是苏州农村卫生现代化建设提出的国内因素,上述苏州卫生事业发展的丰硕成果则为农村卫生现代化建设问题的提出直接奠定了坚实的事业基础。

二、苏州农村卫生现代化的基本要求和内容

1. 农村卫生现代化的基本思想

现代化是近现代以来中国人民孜孜不舍的追求。党执政后不久就提出宏观现代化的任务是在20世纪末实现农业、工业、国防和科学技术四个现代化。1979年12月6日，邓小平在与日本首相会谈时，把四个现代化量化为到20世纪末争取国民生产总值人均1 000美元，实现小康水平；1980年12月25日在中央工作会议上邓小平又一次指出，经过20年的时间，使中国现代化建设的发展达到小康水平。1987年10月党的十三大报告指出，到21世纪中叶，中国达到中等发达国家的水平，才是基本上实现现代化。

在这样的背景下，我国政界和学界关于农村卫生现代化基本形成了这样一个共识：农村卫生现代化一般包括两个层面——农村卫生服务能力的现代化和农村卫生服务质量的现代化。农村卫生服务能力的现代化至少体现在五个方面：一是卫生管理思想和水平现代化，二是卫技人员知识水平的现代化，三是医疗卫生技术现代化，四是卫生服务体系和模式现代化，五是运行和保障机制现代化。农村卫生服务质量的现代化是指农民人人享有卫生保健，卫生需求基本得到满足，有较强的卫生保健意识，健康水平较高，具有现代化的生活方式和生活环境。

2. 苏州农村卫生现代化的基本内容

基于上述农村卫生现代化的基本思想，2006年，苏州分步确立了农村卫生现代化事业发展的总体目标和具体目标，分层确立了考核指标体系。

（1）总体目标。"到2010年，完善与经济社会协调发展的医疗保健服务体系、疾病预防控制体系、卫生监督执法体系、卫生信息化体系和医疗保障体系；中心城市建成健康城市；全市基本实现人群普遍享有便捷可靠的基本医疗服务和免费提供的基本公共卫生服务，基本实现卫生现代化，基本实现卫生事业与经济、社会协调发展。到2020年，构建起适应经济社会发展、适应城市化进程、适应多元化需求的医疗卫生服务体系、全民健康保障体系和公共卫生政策体系；全体居民人人享有基本健康保健和优质的医疗服务，人均健康期望寿命进一步延长；全市建成'创业者向往、投资者留恋、居住者舒心'的健康城市、人居天堂，全面实现卫生现代化。"

（2）具体目标。2010年目标是：提升城乡居民健康水平，居民主要健康指标力争保持同期发达国家和地区的平均水平，并进一步提高居民生命质量。提升基本医疗服务水平，完善以社区卫生服务为基础的两级医疗服务体系，建成"15分钟健康服务圈"和公立惠民医院网络；基本医疗费用的增长幅度控制在经济增长和人均可支配收入的增长幅度内；提高基本医疗服务的公平性和可及性。提升公共卫生服务水平，人群普遍享有免费提供的基本公共卫生服务；医疗救治体系完备，急救系统全市联网、运转协调、反应迅捷，急救

反应时间在8—10分钟以内；疾病预防控制体系和卫生执法监督体系构建完善、重点下沉、网络化管理到位；突发公共卫生事件应急指挥体系和应急机制完善、处理快速有效；有效预防控制艾滋病、血吸虫病、结核病、乙肝等重大传染病，强化职业病防治工作。提升医疗保障整体水平，持续提升职工医疗保障和农村合作医疗保险水准，实现医保全覆盖。加快城乡医疗保障一体化管理步伐，在市区和部分市（区）开展城乡医保接轨试点。提升爱国卫生运动水平，建制镇全部建成省级以上卫生镇，20％的镇（村）建成健康镇（村）；农村饮用水全面实现规模型区域化供水；农村无害化卫生户厕普及率大幅度提高；"四害"密度继续得到有效控制；中心城市建成健康城市。提升卫生科技人才水平，形成一批重点学科，涌现一批"领军型"人才；人才合理流动，结构趋向合理，基层和管理人才队伍得到充实。提升卫生全行业管理水平，卫生行政部门宏观调控、市场监管、公共服务和社会管理职能进一步强化，以法律、经济、信息等手段实现卫生全行业管理；卫生信息充分共享，实现服务、管理、决策信息化。

2020年目标：健康公平成为公共政策首要考虑的内容。基本公共卫生和基本医疗服务在社区得到解决，护理服务向社区和家庭延伸，人人享有家庭医生保健；城乡医疗保障实现一体化，人群普遍享有较高水平的公共卫生服务，健康意识和健康行为深入人心；人们能够容易地获取有关个人和家庭的健康信息以及所需要的公共卫生信息，以便于选择有益自身健康的生活方式；人与人之间相互支持，人与自然、人与社会和谐相处，卫生事业与经济社会协调发展。

（3）评价指标体系。苏州分别制定了基本实现农村卫生现代化评价指标的县级标准（六大类三十八项）、镇级标准（六大类二十九项）和村级标准（四大类二十项，村级标准暂在全市社会主义新农村示范村范围内试行）（详见附后）。主要包括：农村卫生服务体系健全率达99％以上；农村新型合作医疗人口覆盖率达98％以上，年人均筹资水平达300元以上；农村特困人群医疗救助率达100％；农村卫生服务人员资格合格率达100％；各级财政建立农村卫生服务专项资金，额度不低于人均80元/年；财政拨款占农村公立社区卫生服务机构人员正常支出的50％以上；农民人均期望寿命大于79岁，孕产妇死亡率低于8/10万，婴儿死亡率低于5‰，5岁以下儿童死亡率低于10‰。

苏州市基本实现农村卫生现代化评价指标分层设置，涵盖了县级、镇级、村级三级评价体系，较好体现了与经济社会发展水平相适应，与人民群众的健康需求相适应，与世界现代化发展趋势和水平相呼应，体现了公平、效率和可行性原则。

三、苏州市农村卫生现代化建设的基本经验

"十一五"是苏州巩固全面建设小康社会成果，奋力推进基本实现现代化

的关键时期。两年来,苏州各级政府和职能部门自觉深入贯彻落实科学发展观,积极构建社会主义和谐社会,在"十五"的基础上,全面启动、着力推进农民健康工程。农民健康工程作为"十一五"期间为农服务的五件实事之一,最早是由江苏省委、省政府提出来的。该工程主要是以农村公共卫生体系建设为主体内容、新农合为保障,为农民提供预防保健、疾病预防控制、健康教育、妇幼保健、农民饮用水安全、食品安全等多项保障,共涵盖三大类八大项。三大类是指基本卫生服务、特殊人群照顾和卫生保障。基本卫生服务包括健康教育、接种疫苗、处理突发性公共卫生事件等;照顾的特殊人群包括老人、儿童以及精神病、肿瘤病、高血压、糖尿病等病人;卫生保障主要是解决农村饮用水、食品的安全。农民健康工程实施以来,苏州大力度发展农村社区卫生服务,提升农村基本医疗服务和保健服务的供给能力,着力强化农村卫生监督执法,全面加快农村卫技人才培养,城乡统一的居民基本医疗保障体系建设迈出了坚实的步伐,苏州市农村卫生现代化建设取得了显著进展,积累了一些有益经验。

1. 科学确立农村卫生现代化建设的指导思想和指导方针,为顺利推进苏州农村卫生现代化指明了方向

卫生事业的开展和发展是一项政策性很强的系统工程,农村卫生现代化建设更是一项探索性事业,科学确立指导思想起着牵一发而动全身的作用。苏州在探索中逐步认识到:苏州农村卫生现代化建设必须要与社会主义市场经济体制相适应、与国民经济和社会发展相协调、与人民健康需求相适应、与政府、集体、个人的承受能力相适应;必须要体现科学发展观以及"健康城市"、"和谐苏州"、"率先基本实现现代化"的总体发展要求;必须要以国际化、现代化为方向;必须要以城乡一体化、统筹协调发展为特色;必须要以维护健康公平、提高市民健康素质为价值追求。依据这些思想原则,苏州市政府在《关于实施农民健康工程全面推进农村卫生现代化建设的意见》中首次明确了苏州市农村卫生现代化建设的指导思想,即"'十一五'时期,苏州农村卫生事业要以邓小平理论、'三个代表'重要思想及科学发展观为指导,按照'两个率先'、构建社会主义和谐社会的总体要求,坚持政府主导、公益公平、统一规划、分级负责的原则,大力实施农民健康工程,全面推进农村卫生现代化建设,建立和完善覆盖城乡居民的基本卫生保健制度,为群众提供安全、有效、方便、价廉的公共卫生和基本医疗服务,让广大农民共享改革发展成果"。

2. 科学制定农村卫生发展规划和规章,架构农村卫生现代化建设的基本框架

总结苏州多年来、特别是改革开放以来农村卫生事业快速发展的成功经验,很重要的一条就是注重规划的先导作用,在全市范围内对农村卫生事业的发展,促进整体工作的推进,突出规划的整体统一性。如制定并实施了《苏

州市区域卫生规划纲要(2000—2010年)》《苏州市卫生事业发展第十个五年计划纲要》《苏州市卫生事业"十一五"规划及中远期规划》等一系列卫生专项规划。市政府出台了《苏州市性病、艾滋病预防控制管理办法》《苏州市农村合作医疗保险管理办法》等一批规范性文件,以政府规章的形式给卫生事业的发展提供了保障。这些规划、规章较好地体现了四个对接:一是与经济社会总体发展规划相对接,即将卫生发展规划纳入政府统一的经济社会五年、十年中长期发展规划;二是城市卫生发展与农村卫生发展的对接,如农村改水改厕、污水及垃圾处理等按照城乡统一规划;三是卫生事业发展与其他社会事业发展相对接,以确保卫生与其他社会事业的协调发展,如创建国家卫生镇、省级卫生村、现代化卫生镇村试点,与社会主义新农村建设相对接;四是硬件建设规划与软件建设规划相对接,就是在抓硬件规划建设的同时,从来不放松队伍、制度等软件配套建设。

另外,苏州农村卫生发展规划和规章还较好地体现了现代化的价值取向:第一,以人为本、注重公平。如,将满足城乡居民的基本医疗和公共卫生服务需求作为目标;注重通过加大各级政府投入和政策调控力度,使基本医疗和公共卫生服务等公共产品在不同人群之间的分配趋向公平,并努力使基本公共卫生服务覆盖到所有常住人口。第二,统筹城乡、缩小差别。如,实施农民健康工程,逐步缩小城乡医疗服务、公共卫生服务、医疗保障水平方面的差别,努力实现城乡医疗卫生服务一体化。第三,政府主导、市场调节,注重体制和机制的有效性。如,充分发挥政府在提供基本医疗和公共卫生服务方面的主导作用,尤其是强化政府在承担传染病治疗、精神病治疗康复、采供血、急救、疾病控制、卫生监督、社区卫生服务、弱势群体救助等方面的职能;充分发挥市场机制在促进竞争和满足医疗卫生多样化需求方面的重要作用。通过政府主导和市场调节,使卫生资源的配置趋向于预防为主、强化基础、城乡统筹、重心下移。总之,规划和规章架构了苏州市农村卫生现代化建设的基本框架,较好地体现了公共优先战略、城乡对接发展战略、科教兴卫战略和信息化战略,体现了苏州未来农村卫生现代化的发展内容、发展重点和发展的现代性。

3. 科学联动,系统推进,打造良好的农村卫生现代化建设的发展生态

现代化是一次全方位的深刻变革过程,需要系统推进,统筹安排,农村卫生事业作为一项科学的社会系统工程更不例外。一方面,苏州将农村卫生现代化建设作为要素之一纳入苏州基本实现现代化的工作全局中去规划、去统筹,去安排;另一方面,在推进农村卫生现代化过程中,苏州始终坚持明确的发展思路,即全市卫生改革与发展坚持"预防为主、防治结合,城乡统筹、缩小差别,政府主导、社会参与,统筹规划、突出重点"的原则,更加注重为民惠民,更加注重基层基础,更加注重统筹协调,鲜明体现了"四个紧密结合",即结合

世界卫生组织提出的21世纪前20年国际初级卫生保健全球规划目标,实施好《中国农村初级卫生保健发展纲要(2001—2010年)》;结合省委、省政府提出的新一轮农村五件实事工程的要求,实施好省《农民健康工程实施方案》及《农村环境整治工程改厕试点工作方案》;结合市委、市政府提出的"四大行动计划",加快推进社会主义新农村建设;结合苏州市卫生事业发展"十一五"规划的目标要求,加快推进农村卫生现代化建设。这"四个结合"同步推进,在互联互动中达到有机统一,成为苏州农村卫生现代化建设的有效载体和机制,系统而又扎实地推进了农村卫生现代化的前进步伐,也保证了农村卫生现代化建设工作的卓有成效。

4. 创新投入机制,增加农村卫生投入,为农村卫生现代化建设提供坚实的财力支持

农村卫生现代化,需要大量的投入做保障。苏州市各级政府不断创新投入机制,拓展投入渠道、挖掘投入潜力,为农村卫生现代化建设提供了坚实的财力支持。一是理顺投入机制,确立政府公共财政投入的主体性和主渠道,明确了县、乡、村三级在投入上各司其职。努力优化财政支出结构,向社区卫生、农村卫生、公共卫生倾斜。同时,在计划免疫、老年居民免费健康体检、外来孕产妇限价分娩、婚检等诸多方面,均建立了政府购买公共服务产品机制,尽可能使公共财政发挥的效益最大化。各级财政、审计部门也加强了资金的监管,确保各项资金安全、规范运作。二是在政府、集体投入为主的前提下,充分发挥市场调节的作用,充分发挥市场拾遗补阙的作用。如工业园区的九龙医院、张家港市的澳洋医院、昆山市宗仁卿医院、吴江市的永鼎医院等大型医疗机构,都是投入亿元以上的民营医疗机构。三是卫生资源投入形式多样,主要是以资金投入为主,其他投入为辅。如改革初期是乡镇企业集资,近期是土地、物资、设备、银行信誉担保或政府贴息等方式来投资。四是加大公共卫生服务体系的投入。2003年来,苏州从市、县、乡、村四个层面全面彻底地进行了大规模的投入改造,全市投入数额高达几十亿元,使苏州所有疾病预防控制、妇幼保健、卫生监督、健康教育等机构焕然一新,在建设上基本做到"机构、人员、技术、设备、管理"五配套,一个与高水平小康社会相适应的苏州农村公共卫生服务体系已经形成。

5. 不断深化卫生领域的改革,激发了农村卫生现代化建设的体制和机制活力

近年来,苏州各地认真组织实施市委、市政府《关于全市卫生改革与发展的意见》,以改革促进卫生事业的发展。坚持政府主导,努力构建以公立医院为主体,以社区卫生服务为基础,以合资、民营医疗机构为补充的办医格局。深化管理体制改革,加强优质资源的整合,加强计卫联手。张家港、常熟在乡镇一级积极推进公共卫生服务(管理)机构建设。深化医疗卫生机构人事、分

配、后勤等改革,增强行业活力和竞争力。妥善处理改革、发展、稳定的关系,实现了群众满意、职工满意、政府满意的改革目标。

四、苏州市农村卫生现代化建设面临的主要问题和推进重点

虽然苏州农村卫生现代化建设取得了显著成效,农村卫生事业发展水平走在全省乃至全国的前列,但与经济社会协调发展的要求相比,与人民群众的健康需求相比还有许多不相适应,与先进发达国家卫生现代化水平相比还有很大差距,存在一些突出矛盾和问题。主要表现为:

1. 医疗卫生管理体制与卫生管理需求不适应,需要苏州政府在医疗卫生管理体制改革方面作出积极探索

医疗卫生是一个由多个体系组成的有机整体,包括医疗卫生服务体系、基本医疗保障体系、药品、医用器材供销和监管体系、医药费用价格管理体系、财政经费保障体系、卫生监督管理体系等。目前这些体系分别由不同部门管理,难以形成合力。卫生部门的主要职能是管理医疗卫生服务体系,而医疗卫生资源又分别隶属于各级政府、部门、行业和企业,卫生部门难以对全行业实施有效监管。目前,有的规划难以制定,有的制定了规划也难以落实,这种状况直接影响了农村卫生事业发展和农民健康水平的提高。如何加强区域卫生规划,按照经济发展水平和人民健康需求,统筹区域卫生资源?需要苏州政府在医疗卫生管理体制改革方面继续作出积极探索。

2. 农村公共卫生体系和医疗保健制度不够健全,应对突发事件的能力亟待提高

如果用"以人为本"和科学发展观来审视的话,苏州农村还存在着卫生资源总体不足与结构性矛盾并存的问题。农村卫生发展滞后于经济和其他社会事业发展,滞后于城市卫生发展,农村医疗和公共卫生服务供给能力、基本医疗保障水平等与城区相比也有较大差距。再者,农民基本生活在乡村两级,但疾病预防控制网络只到县级,镇村两级是空白,也没有专职或兼职人员,还缺乏必要的监测检验设施和经费保障机制,难以有效预防、监测、发现、报告传染病疫情和突发公共卫生事件,应对突发事件的能力亟待提高。

3. 随着工业化、城市化、人口老龄化进程的加快,与生态环境、生活方式相关的卫生问题日益加重

目前,据苏州卫生部门统计,苏州农村出现了急性传染病和慢性严重疾病并存的状况。由于农村居民生活环境、劳动环境和生活习惯以及心理环境的不断的变化,污染、不安全食品的增多,以及缺乏安全水供应和卫生设施,导致慢性非传染性疾病患病率上升,恶性肿瘤、高血压、心脑血管病、糖尿病等严重疾病的患病人数在苏州农村有所增加,成为威胁农民健康的主要病种。同时,农民的健康还面临着意外伤害、安全生产、性别比例失调、老龄化等多方面的威胁。另外,大量外来人口的涌入,大多集居在城乡接合部和农

村,对苏州农村公共卫生管理也提出了严峻的考验,必须积极探索新形势下的农村公共卫生管理模式。

4. 各级政府关于卫生事业发展的公共政策存在一定的局限性

公共政策事关农村卫生现代化建设的效能。从宏观看,国家层面的改革方案尚未正式出台,卫生政策不够健全,制约卫生事业发展的体制性、机制性问题仍然没有从根本上得到解决,群众对卫生的期望值较高,高医疗需求与低支付水平矛盾依然存在,这些问题苏州也不例外。从微观看,虽然近年苏州农村卫生投入有大幅剧增,但与城市相比,苏州农村医疗卫生事业的财政投入还是不足,直接影响农村卫生现代化进程。再者,苏州目前卫生公共政策偏重于临床医学治疗,预防保健、促进公共卫生和增进健康方面的公共政策相对较少和较弱。如农村健康促进活动普遍不足,政府未能对促进和保护健康采取长期的投资措施,将来的卫生服务必将为此付出代价。

5. 农村卫生人力资源和优质卫生资源仍旧缺乏

目前,苏州农村医务人员的业务水平还相对较低,乡村医生业务能力不能适应农民看病的需求,同时,苏州农村卫生专技人才缺乏且队伍较为老化,有一半的乡村医生已50岁以上,面临着青黄不接的问题。同时,整个卫生行业还缺乏卫生政策和管理方面的专家,缺乏适应时代需要、精通社会发展学、卫生经济学等理论的卫生行政管理者。另外,苏州现有的卫生人力资源分布不平衡,缺乏激励性的制度、体制和机制安排,农村卫技人员的保障有待落实。再者,从农村卫生事业全局来看,城乡之间、区域之间卫生事业发展不平衡,农村缺乏优质卫生资源的局面还没有根本扭转。

6. 农村卫生事业的信息系统薄弱,信息化水平较低

目前,苏州农村卫生事业的信息化水平与城区相比存在较大差距,现有卫生信息化建设标准低,缺乏软硬件信息系统支撑,缺乏统筹安排和统一规划,重复建设、资源浪费问题严重,尚未建立健全卫生信息化建设工作统一规划、归口管理机制,群众看病就地即时报销问题还未完全解决;一张卡记录农民所有健康和医疗信息还有待于作出艰辛努力。

五、推进苏州市农村卫生现代化的政策建议

胡锦涛在党的十七大报告中提出,中国到2020年的卫生发展目标是人人享有基本医疗卫生服务。可见,中国将进入实施全民保健的国家行列。未来几年,苏州农村卫生现代化要全力实施公共优先战略、城乡对接发展战略、科教兴卫战略和信息化战略,加快农村医疗卫生体系与城市医疗卫生体系的接轨,缩小农村医疗和公共卫生服务供给能力、基本医疗保障水平、群众健康意识等方面与城市的差距,特别是做好以下方面工作。

1. 加快农村卫生体制改革,建立现代化的卫生管理体制

着力从以下方面设计农村卫生宏观公共政策:一是要加强农村卫生立法

工作,健全和完善有关农村卫生的法规、规章,把农村卫生工作纳入法制化轨道,保证农村卫生事业的健康发展。二是要打破部门和所有制界限,由县级卫生行政部门实行全行业管理,加强对农村卫生机构、从业人员、卫生技术应用和大型医疗设备的准入管理。三是要继续鼓励多种经济成分合法办医,坚持公平与效率统一的原则,以政府调控为主、市场调节为辅,完善政府调控与市场调节相结合的办医机制。四是制定农村卫生经济政策,完善财政补偿机制,明确财政补助的范围和形式,为农村卫生事业的又好又快发展提供政策保证。

2. 加快农村卫生机构和其运行机制改革创新,建立现代化的管理模式

宏观上要改革创新农村卫生机构的管理体制,架构适应农村卫生现代化的卫生机构体系。包括:建成功能定位明确、布局结构合理的医疗保健服务体系;建成网络健全、反应敏捷的疾病预防控制体系;建成统一高效、公平公正的卫生监督执法体系;建成统一软件、运行安全的卫生信息化体系;建成管理一体化、逐步接轨的城乡医疗保障体系;积极稳妥地推进农村卫生机构管理一体化、规范化。建议微观上要通过各项改革,包括人事制度改革、分配制度改革、财务制度改革等,建立起符合市场经济规律、充满生机和活力的现代化的农村卫生机构内部管理模式。

3. 进一步提升卫生体系的现代化内涵,优化卫生资源配置,全面提升农村基本医疗服务供给能力,建立现代化的农村卫生服务体系

以现代化理念完善以县为单位的区域卫生规划,对区域现有卫生资源的结构、功能进行调整、整合,提高设施设备使用效率,提高资源的利用效率,在优化卫生资源配置的同时,建立符合市场经济要求、适合农村经济社会发展、能够满足农村居民多层次卫生服务需要的现代化的卫生服务体系。建议加强农村医疗服务机构的现代化建设,提升服务能力和科技含量。县级市(区)政府重点建设好1~2所代表当地水平的二级综合性医院、1所中医医院、1所传染病医院或综合性医院中相对独立的传染病病区。常住人口在20万以上的中心镇建设1所二级综合性医院,可积极鼓励社会力量举办。建议大力实施"科教兴卫"工程,加快推进卫生科技创新,以科技提升卫生体系的现代化内涵,重点发展一批重点学科、特色专科,对科技攻关项目、重点学科和人才引进、培养予以重点扶持。

4. 加强公共卫生、卫生管理和农村卫生人才队伍建设,建设适应农村卫生现代化要求的人才队伍

一是要努力培养一支掌握卫生方针政策、熟悉市场经济理论、管理能力强、业务技术精的卫生管理者队伍。二是要加速农村卫生技术人才培养,利用各类资源加强对在岗人员的专业技术培训,使他们掌握现代化的技术和知识;严格农村卫生技术人员资格准入管理对达不到执业标准的人员进行转岗

分流。三是要制定优惠政策,鼓励大中专医学毕业生到农村基层卫生机构工作。四是要建立健全城市卫生机构对口支援农村的制度,加大卫生支农工作力度,统筹安排城市医疗卫生机构逐级分类对口支援农村卫生工作。五是稳定农村卫生人才队伍。热情帮助他们解决工作、学习、生活中的实际困难。镇(街道)、村(社区)卫生服务人员统一纳入城镇职工养老等保障体系。六是积极推动医德医风建设,使广大医疗卫生工作者恪守服务宗旨,增强服务意识,提高服务质量,维护医疗卫生行业的良好形象。

5. 要切实做好重大疾病和突发公共卫生事件的健康教育,建立现代化的农民健康保障制度

实现制度创新,最终建立起现代化的农民健康保障制度。首先,广泛开展农村健康教育与健康促进,不断提高农民健康意识。如开展慢性病防治知识的宣传教育,普及恶性肿瘤、心脑血管病、糖尿病、高血压等慢性非传染性病防治知识,积极倡导健康文明的生活方式。加强健康教育在突发公共卫生事件中的行为干预,增强公众对突发公共卫生事件的防范意识和应对能力。其次,全面加强卫生应急网络体系建设,完善卫生监督执法网络,逐步在每个镇设立卫生监督分所,充实一线监督力量。再次,积极探索多种形式的农民医疗保障办法,继续做好农村合作医疗保险的"增资"和"扩面"工作,建立政府投入稳步增长的筹资机制,积极引导农民增加对医疗卫生消费的投入,到2010年,农村合作医疗保险年人均筹资水平达300元以上,其中个人负担不超过30%,人口覆盖率达98%以上;住院费用实际补偿比例达40%以上,切实提高保障水平。

6. 加快全市农村卫生信息化建设进程,全面提高突发公共卫生事件监测、应急反应、医疗救治、执法监督和指挥决策的能力

卫生信息化是卫生工作的重要部分,没有医疗卫生信息化就无法实现医疗卫生事业的现代化。建议:首先要把卫生信息化建设纳入到本地区、本单位卫生事业发展的总体规划之中。其次,及早筹建市卫生信息中心,集信息收集、政策研究、决策支持、信息发布为一体,发布公共医疗、疾病控制、卫生执法、监测、检测等公共卫生信息;逐步开发使用全市统一的软件,初步实现医疗卫生服务、管理、决策信息化;建立规范的卫生和健康相关信息发布渠道,接受公众监督。再次,科学规划、实施,建立覆盖到村的卫生信息网络,尝试率先实现卫生监督、疾病控制、社区卫生、采供血管理、药品采购管理和远程医疗咨询、远程医疗教育等领域的信息化,初步建成网络畅通、应用全面、资源共享、标准统一、系统安全可靠的卫生信息化服务体系,初步实现卫生政务电子化,医疗服务网络化,公共卫生管理数字化,促进卫生现代建设。须在以下方面有突破:一是可以达到传染病、重点疾病检测和灾区紧急疫情、突发事件的快速报告要求;二是可以开展远程医疗咨询和远程医学教育工作,实

现城乡卫生资源共享，病人可以不出乡村就能通过互联网、电话等，直接与远程医学站实现链接，完成医疗卫生服务过程；三是可以通过电子政务网络，建立具有实时性、开放性的卫生监督网和卫生政务网，提高行政执法水平和政务公开透明度。开发以健康档案、妇女保健、儿童保健、计划免疫、传染病管理、肿瘤病等慢性病的城乡社区与农村卫生"多档合一"信息系统，实现健康档案与临床信息一体化。四是建立社区卫生服务中心与大医院之间密切联系的网络平台，推广社区卫生服务中心与二、三级医院的建立双向转诊制度。

城市居家养老模式的发展困局和突破

——基于沧浪区"邻里情"虚拟养老院的调研①

当前,我国人口老龄化形势日趋严峻,如何破解养老难题已成为各级党委、政府推进社会和谐的重要政策议题。苏州市沧浪区按照科学发展观要求,坚持以人为本,从满足人民群众的需求出发,在长期探索实践的基础上,率先创建了没有围墙的"邻里情"虚拟养老院,并于2007年12月初在沧浪区居家乐养老服务中心正式开业运营,以其现代、便捷、经济、规范的服务迅速赢得受益群众的一片赞扬;以其新颖独到的新形式开创了我国城市居家养老工作的新范式,获得了国务院有关部门的充分肯定,受到了社会各界的热切关注,充分体现了党的十七大"加快推进以改善民生为重点的社会建设"、"加强老龄工作",实现"老有所养"的新要求。

一、现行居家养老模式的发展困局

我国传统的养老模式可以分为两种:家庭养老和机构养老。在中国的文化传统中,家庭历来是我国养老的一个主要的载体。机构养老模式则是与家庭相对应的养老院养老,其中占主导地位的是政府福利养老,它是政府维护社会公正的底线。

在社会主义初级阶段这个大背景中,随着改革开放实践的不断深入和市场机制的不断加强,以及我国特殊国情使然的计划生育政策的推行和人口结构的迅速变化,促使我国社会结构包括家庭结构发生深刻变化,致使我们在经济尚不发达的条件下、在完整的社会保障体系尚未建立起来和尚未形成完善的养老福利体系的情况下就直接进入了人口老龄化社会。苏州市是全国率先进入人口老龄化的城市,早于全国17年。仅以苏州市沧浪区为例,截至2007年6月,共有60周岁以上老人58 217人,占全区总人口的18%,远远大于国际通行的社会人口老龄化10%比率。汹涌而来的白发浪潮不仅对社会生活、经济发展产生了各种影响,也对传统的养老模式构成了严峻的挑战,对我国养老福利事业造成了极大的压力,也考验着政府社会管理和公共服务的水平。面对这样的老龄化国情,传统养老模式愈加不适应,存在着明显弊端:

---

① 本文为2007年沧浪区政府委托课题,孙艺兵同志主持,著者执笔。

家庭养老功能走势趋弱,机构养老难上规模,巨大的养老重担使家庭不堪承受,也使财力有限的政府难以承担。显然,传统的家庭养老、机构养老都不是中国养老模式未来的发展趋势。

近年来,我国各地在党委政府的领导下,积极探索社会化居家养老服务模式。推广以居家养老为主体、社区服务为依托、福利机构养老为补充的养老服务保障体系已成为社会各界的共识。社会化居家养老模式,是最经济最便捷最现实的养老模式。它是以家庭为核心,以社区为依托,以老年人日间照料、生活护理、家政服务和精神慰藉为主要内容,以上门服务和社区日托为主要形式,引入养老机构专业化服务的养老模式。这种新型的依托社区的居家养老模式既扬弃了传统家庭养老和机构养老的弊端,又集中了传统家庭养老与机构养老的优点。这样,既可减轻老年人家庭的负担,满足了老年人"恋家"情结,又可减轻机构养老服务的压力,节省了国家养老的福利资金投入,有效节约了社会资源,是具有中国特色、适应我国当前"未富先老"人口老龄化特点的社会养老新模式。

苏州市沧浪区是全国较早探索居家养老工作的地区之一。早在2003年,以葑门街道为领军的苏州沧浪区结合本地实际,探索了居家养老新模式,在全国首创了"居家养老"社区服务新理念。经过五年发展,沧浪区居家养老工作日趋成熟,葑门街道的"邻里情"居家养老服务中心还于2006年通过了ISO9001:2000国际质量管理体系认证,逐步走上规范化、品牌化的建设之路,取得了良好的社会效益。但是随着老年人多层次、多方面、多样化的养老需求以及苏州经济社会的发展和居民生活水平的提高,现行的社会化居家养老模式逐渐暴露出一些滞后性,出现了发展新困局,集中表现在:

一是服务信息不对称,难以迅捷提供高效服务。现有的社会化居家养老服务基本上是被叫服务,服务不仅被动,而且与老人服务需求的沟通上存在着信息不对称、不通畅、滞后等弊端,难以高效便捷地提供服务。

二是服务内容单一,服务功能相对薄弱,不能很好满足多样化、个性化的需求。现行的居家养老服务,虽然承诺的服务内容和项目较多,但实际真正提供给老年人的往往比较单一,所提供的居家养老服务内容与老人的需求之间存在着一定程度的不对等,造成居家养老服务的有效需求不足、服务对象范围过小,进而影响了服务的广泛深入开展。

三是机制缺乏综合性和整合力,社会资源利用率不高。无论是从宏观组织体系看(一般居家养老服务的工作机制是由政府主导、部门协同、社会参与、民间组织运作,形成了区、街道、社区三级组织架构),还是从微观运行机制看(需求分析系统、沟通传导系统、质量反馈和保障系统等),都还存在着磨合不够、衔接不够等不完善之处,借助和利用社会资源也嫌不足,基本上是由政府机构在做,缺乏广大社会力量的呼应。

四是人力资源供给相对不足,服务队伍的规模、素质有待扩大、提高。现有居家养老服务人员职业化水平、服务水平的专业化、服务质量的标准化都不高,绝大部分人员没有经过系统的专业培训,不具备养老服务护理员的专业资质和执业资格。而且专职的居家养老服务人员和志愿服务人员基本是靠两种不同的机制来提供服务,普遍缺少统一规范的服务标准和服务监督机制。

上述问题其实是共性问题,带有普遍性,导致现行居家养老服务功能相对薄弱、服务效能相对不高、服务资源相对不足、服务信息相对不畅、服务项目相对不全等问题,严重制约了苏州现行居家养老服务上规模、高效益发展,突破这些发展困局成为苏州居家养老实践的新课题、新任务。

二、苏州市沧浪区居家养老模式的新突破及其新范式

立足于现实提出的新课题和新任务,如何综合信息、整合资源,进一步深化居家养老工作的便利性、实效性、针对性服务功能,以解决居家养老工作的发展瓶颈?苏州市沧浪区在实践中积极探索城市养老工作的新途径并当作政府实事项目来推进。2006年,一个"虚拟养老院"的概念开始酝酿。2007年在原葑门街道"邻里情"居家养老服务体系的基础上,沧浪区与中国电信苏州分公司合作研发了"居家乐221养老服务系统",一个以中国电信通信技术为硬件支撑、以"居家乐221养老服务系统"为技术支撑、以居家养老对象会员制为基本形式的没有围墙的虚拟养老院新鲜出炉,为辖区内老人送去了更为贴心专业的服务,为我国居家养老提供了新范式。

1. 沧浪区"邻里情"居家乐养老服务体系的组织架构

沧浪区"邻里情"居家乐养老服务中心依托中国电信苏州分公司研发提供的"居家乐221服务系统"为载体,由苏州市十佳物业公司之一的鼎盛物业管理有限公司作为主运营商,并整合优秀的社区服务企业加盟,发挥其24小时管理服务的优势,通过家政便民、医疗保健、物业维修、人文关怀、娱乐学习、应急救助六大类53项服务项目,为居家老人提供统一规范的标准化、专业化、亲情化、全方位、全天候养老服务。可以说,这一变革创新实现了居家养老服务机构化管理,市场化运作,社会化服务,使沧浪区居家养老服务工作实现了新飞跃,在探索城市老龄化工作上跨上了新台阶。

2. 沧浪区"邻里情"居家乐养老服务体系的技术平台和运行机制

"邻里情"虚拟养老系统即"居家乐221养老服务系统"是居家养老服务中心开展工作的基本平台,是沧浪区"邻里情"居家乐养老服务中心实现运转的重要载体。该系统通过语音程控交换系统、数字化信息传输系统和数据库终端处理系统对居家养老服务对象实行会员制客户准入管理,这一管理流程可以凝练为"基于两种数据,生成两张工单,出具一份收费清单"。

(1) 通过扎实调查,形成养老服务系统服务项目标准化菜单。2007年上

半年,沧浪区相关部门组织长达三个多月的调查和研究,把200多个养老需求归类为6大类53项,为平台开展主动、规范服务打下了良好的基础。

(2)优化管理流程,建立实时双向互动的运行机制。首先,依托历史调查、政府团购、临时巡查、电话接听等渠道,形成养老需求静态和动态的两种数据资料。静态数据由养老服务需求的历史调查资料、政府团购服务内容等组成;动态数据包括通过对老人的定期与不定期的走访收集到的服务信息、老人主动来电寻求帮助的服务信息,以及系统对静态数据进行分析预测生成的服务信息。动态数据经过积累、沉淀也会转换成静态数据。其次,基于上述两种数据,形成服务人员工作的固定服务和临时服务两张工单。基于静态数据,经老人确认服务内容后系统生成一张固定服务的工单,服务商按该工单的要求派出服务员上门为老人提供服务;系统对临时需求形成的动态数据进行整合、梳理后形成一张临时服务工单。最后,服务商按服务工单的要求派出服务员上门为老人提供服务,服务完毕后通过对工单的监督管理,按约定向老人收取费用,生成一张养老服务的收费清单。但是服务并不止于收费,系统从生成工单开始就对服务过程进行全程跟踪,服务完毕后系统会在规定时间内自动提示服务监督人员进行例行回访,征询老人意见、建议和评价。

3."居家乐221服务系统"的六大基本功能

一是预测计划功能。依据历史数据库预测服务需求,主动关怀老人征询服务内容;依据实时需求形成服务计划同时输出服务工单。二是全程记录功能。系统将自动记录服务过程中形成的服务对象、内容、时间、结果、回访等一系列数据。三是监控管理功能。系统依据服务过程中记录的数据进行分析,对服务人员、服务商的服务质量、技能进行等级考评。四是收费查询功能。系统可向每位老人每月提供详细到每项内容的服务费用清单,并支持及时查询。五是统计分析功能。系统可根据如服务客户、服务项目、服务人员、服务商等不同主题,进行智能分析并自动生成种类统计表。六是深度开发功能。系统经过阶段性运行,对老人的种类服务需求进行分析处理,自动生成新的共性服务项目,促进养老服务系统的深度开发。

系统这些基本功能有效保证了居家乐养老运营主体能够主动获取养老服务需求、快速编制养老服务计划、及时组织养老服务活动、有效进行养老服务监控、精细实施养老服务管理。

目前,沧浪"邻里情"虚拟养老院的服务对象为年满60周岁的全体老人,分A、B、C三个类别为老年人提供无偿、低偿和有偿服务。其中,A类对象为政府重点援助的老人家庭,B类对象为政府一般援助的老人家庭,C类对象为自己埋单的普通老人家庭。系统从2007年12月6日正式运行至2008年1月8日,葑门街道就有562户先期加入,其中享受政府养老援助老人家庭356

户,普通老人家庭206户,共实现各类养老服务2 464次。现在这个数字还一直在上升。可以说,投入运行以来,服务频次稳步提升,服务项目逐步拓展、服务优势初步显现、服务企业信心同步增长,社会反响很好,取得了良好的社会效益,初步实现了养老服务管理的主动性、养老服务质量的可控性,使居家老人能享受到及时、便捷、优质的规范化机构养老服务和个性化居家养老服务。2008年,沧浪区政府已决定将此新探索在全区推行,实行全覆盖。

三、苏州市沧浪区城市居家养老的创新经验和范式意义

苏州沧浪区"邻里情"虚拟养老院及其"居家乐221服务系统"以理念、手段的超前和独创性,有效克服了原有居家养老的局限性,深化了居家养老工作的便利性、实效性、针对性服务功能,具有创新性。尤其是当养老院以"虚拟"的形式进行突破,不仅相关机制更为科学、主体功能更为灵活,而且也使养老这样一个"夕阳产业"焕发出生机。透视其产生过程和运行原理,无论其理念、机制还是运行手段,都极具创新,是对原有的居家养老服务困局的大突破,尤其在居家养老服务的"标准化"、"产业化"、"信息化"方面鲜明区别于北京西城区、上海静安区、宁波海曙区、辽阳市文圣区等其他兄弟城市的探索,有着重要的社会学、经济学、政治学意义,极具实践推广价值。

1. 新探索的基本经验

纵观沧浪区居家养老新探索的全过程,我们发现有三点做法特别值得肯定和推广。

(1)政府有效推动。政府及其职能部门始终起着主导、引领、扶持和管理监督作用。首先是基础平台建设由政府支持。如场地的提供、系统的开发等。其次是提供优惠扶持政策。政府一方面对试点单位提供开办经费和运营经费的补贴,另一方面对养老援助的对象提供政府团购服务。再次是创造良好环境。沧浪区政府对养老工作相当重视,不仅有规划,而且当作实事工程来推进,以服务型政府姿态积极回应老年人强烈的个性化养老服务的需求,保护了苏州市鼎盛物业公司参与的积极性并予以鼓励支持,整合众多社会资源参与了改革创新。

(2)企业产业化运作。"邻里情"虚拟养老院在葑门街道的试点工作主要由苏州市鼎盛物业管理有限公司承办。它是一个为老年人提供日常生活照料服务为主的民办非企业单位。居家乐养老服务中心是其管理和操作的平台,设窗口接待中心、服务呼叫中心和职业培训中心,内部管理分设综合管理部、家政服务部、医疗保健部、职业培训部、物业维修部、法律维权部、项目开发部等服务管理职能部门。这家公司在业务运行中对辖区内的服务小企业起到了提携和整合作用。现在,加盟到服务中心的社区服务业共27家,其中家政便民类21家,医疗保健类2家,物业维修4家,产业化形态初步显现。可以说,企业运作机制为沧浪居家养老新范式注入了市场活力,也为产业化运

作奠定了体制基础。

（3）品质标准化提升。传统居家养老模式由于缺乏服务标准，服务品质存在天然缺陷，沧浪居家养老新范式引入ISO9001：2000国际质量管理体系的认证标准，目前提供的六大类53项服务项目均已实现标准化，使极具随意性的居家服务有了统一执行标准，所有提供的服务项目的服务品质均有了脱胎换骨的提升。

2．新探索的范式意义

审视沧浪居家养老新探索，虽然它运行的时间不长，但却鲜明凸显了创新价值，具有：

（1）社会学意义：该项探索有效解决了社会发展中的民生问题，迅速得到了老年家庭和社会各界的热烈欢迎，得到了社会公众的肯定，体现市民对探索的认可程度，同时该项探索适应了苏州社会建设和社会管理的需要，适应了构建和谐苏州的发展需要，激发了社会活力，具有明显的社会价值，最主要的就是促进了整个社会的和谐发展。

（2）经济学意义：该项探索既减轻了政府和社会的负担，又减轻了老人的家庭负担。同时，更具有经济意义的是居家养老服务引入的市场化机制、产业化发展与大力发展现代服务业是不谋而合的。由具有一定服务实力和管理水平的公司作为养老服务主运营商，建立企业化家政员队伍，吸收自愿加入、具有良好信誉的社区经营户加盟，有利于将自发的民间性的社会救助行为，完善成有保障、健全的社会服务事业；将分散的社会化的社区服务网点，整合成为有组织、实体化的社区服务企业；将随意的市场化的社区服务实体，引导为有信用的品牌化的社区服务产业。这些都加快了产业化步伐，促进了产业形成和进步。

（3）政治学意义：该项探索凸显了沧浪区政府职能转变和建设服务型政府的积极作为，新探索的科学机制更使政府和社会两个层面的职能都得到了科学发挥，有力地诠释了和谐社会"共享共建"的工作方针和党执政为民、以人为本的亲民理念，体现了苏州全面贯彻党的十七大精神，深入落实科学发展观，大力推进和谐苏州建设的发展特色，体现了地方政府执政能力的提高，对苏州民主政治建设和社会安定具有重要的政治意义。

正因为该项探索破解的是政府所急、社会所需、城市基层管理和社会建设中的普遍遇到的实际问题，蕴含科学的经验和重要的意义，同时，更因其标准明确化、服务管理规范化、服务理念民本化、可操作性强、可控性强而易学。所以，这项新探索还具普适性，具有普遍的示范效应和推广价值。

四、苏州沧浪区居家养老新范式发展的政策建议

苏州出现没有围墙的养老院，这样的居家养老新范式是一种全新的尝试，而且这种虚拟的养老院因其前瞻性而具蓬勃的生命力，代表了政府主导下的社会化和市场化相结合、政府、社会、市场三位一体的中国特色的养老模式现代化的前进方向,因此,必将成为今后居家养老发展的主流。基于其发展、完善、壮大以及与苏州经济社会协调发展的需要,特提出以下两方面建议。

1. 新范式发展完善的对策建议

沧浪区居家养老新范式是一新生事物,如何走得更远、行得更好、稳健地可持续科学发展?我们认为仍需要对这一范式不断加以完善。

一是完善系统运行。"居家乐221服务系统"是一个极具开发潜力的电子平台,目前,它还侧重于社会化养老服务产品的研究开发,在相关延伸产品研究开发上还明显不足。如,系统已经设置让加入的养老用户彼此相互间实现免费通话,为增强老人间的互动预留了通道,但加入的老人相互间对此功能利用率却不高。因此,要充分研究如何让这一通道为老人所乐用,变成老人间无障碍、共享交流的平台。再如,整个系统提供的养老服务毕竟是社会化服务,因此,要注重研究如何使系统主动与老人家庭自身提供的养老彼此辅助,相互加强。又如,系统还需实现网络化,提高可操作性和可移植性,并且要在系统中预留促进企业走产业化道路的空间,完善系统促进企业自我服务、自我管理、自我积累和自我发展的管理机制。另外,系统还缺乏对鼓励老年人社会参与、开发老年人资源方面的研究开发。

二是完善服务内容,优化服务结构,拓展服务对象。如,要以发展的观点,从服务需求的不同层面,形成体验式的菜单服务、个性化的电话需求服务、集约型的项目需求服务,全方位向老年人提供预防性、补救性和发展方面的服务。又如,越来越多的老人心理比较特殊,需要进行专业的疏导。因此,要增加心理服务的比重,优化照料型和慰藉型服务结构。再如,要充分利用系统广泛的兼容性和更新特点,可将养老服务体系覆盖至空巢老人、特殊老人家庭等所有老人,吸引更多的居家老年人主动接受养老服务,实现养老服务由补缺型向普惠型转变;也可在规模做大做强的条件下将服务延伸至社会,向市民服务拓展,充分发展服务对象,扩大服务面。

三是加强企业管理,增强服务人员的综合素质。要进一步完善管理中心的硬件,将其发展成服务集散中心、培训中心、开发中心和体验中心。要通过职业化培训、标准化管理,逐步建立起有一定规模的专业养老服务职业化队伍,避免因服务收费的不同而出现态度的不同,避免有的人员服务水平高,有的人员服务水平低等情况出现。

2. 新范式推广应用的政策建议

沧浪区居家养老新范式的价值不仅在于它能有效地解决民生发展问题,还在于它有极大的推广价值。因此,我们建议:

一是市政府以沧浪为个案,尽快组织专家组,及时进行科学总结,以论证其推行的可行性、科学性和有效性,完善沧浪居家养老新范式,为更广区域的推进作好理论准备和奠定科学的政策基础。同时,动员社科力量,加强理论建设,为苏州社会建设和社会管理水平提升提供理论支撑。

二是市政府在丰富完善的基础上,在苏州城区首先推广沧浪区居家养老新范式。从技术角度看,沧浪居家养老新范式有着较为成熟的技术运行系统,而且这一系统还具有较大的兼容性和开放性,为未来发展预留了技术接口;从需求角度看,沧浪居家养老新范式的推行受到了社会各界的热烈欢迎,具有很好的社会基础和市场基础。应该说推行这一新范式的条件和时机都是成熟的,而且还可以节约苏州社会建设的探索成本,放大苏州居家养老新范式的创新品牌效应。

三是市政府从战略高度将养老服务作为社会保障体系内不可缺少的一项内容纳入苏州社会发展的总体规划,确立居家养老服务的整体发展规划和分步推进计划,并列为政府实事工程。尽快编制出台与苏州社会经济发展水平相适应、具有前瞻性的市区养老服务发展规划,结合苏州政府职能转变,建设服务型政府的实践,把居家养老服务作为社会公共服务和面向民生服务的重要内容,作为解决我市人口老龄化带来的巨大养老服务需求问题的根本出路,在未来几年加快发展、优先发展。

四是市政府进一步统筹各种社会养老资源,在制定规划、出台政策、投入资金、培育市场、营造环境等方面对沧浪区居家养老新范式的推行给予全面的政策支持,加快其发展规模和速度。可着手从以下方面加以推进:列为市体制改革创新项目,予以专项基金支持;以政府名义申报2008年度中国政府创新进步奖,以提升发展水平;要在去年苏州年度财政预算新设"养老发展资金"、养老投入机制化的基础上,进一步建立投入长效机制,把居家养老服务列入财政的经常性预算项目,形成"政府资金+社会资本+慈善资金"的养老资金筹措机制;要制定"扶持和优惠"的政策,给予社会办的养老机构以一定的财政补贴、用地、用电、用水、贷款和税收方面的政策倾斜,提高政策吸引力,以调动社会力量和民间资本参与养老事业的积极性;动员和发挥企事业单位、中介组织、家庭、包括老年人自身等各方面社会力量广泛参与居家养老;充分利用市场机制,形成社会化和市场化机制相结合的老龄事业发展机制;营造尊老、敬老、为老的社会新风尚,如与学校教育联动,将"为老服务"列为青少年社会实践的组成部分;等等。

五是市政府在《苏州市加快发展养老服务事业的意见》《城区养老政策扶持三个操作办法》两个规范性文件以及现代服务业发展行动计划的基础上,进一步专项细化现代家庭服务业的扶持推进政策,制定出台具体的实施办法,促进居家养老服务持续发展。家庭养老服务市场空间广阔,具有广阔的产业发展前景。但目前苏州的家政企业都小型化、零散化,许多企业都走中介服务、赚点小钱的路子,家庭服务业企业化进程缓慢,没有形成规模经济和品牌效应,建议依托居家养老新范式的推进,培植苏州现代家庭服务业品牌企业,扶持众多家庭服务业小企业依据龙头大企业走上产业化发展轨道。

六是市政府要充分利用劳动再就业的相关政策和资源,加大居家养老服务人员的培训力度,可由市民政局与市劳动和社会保障局在全市择优确定培训机构,按照统一大纲和教材对居家养老服务员开展培训。同时可在苏州职业教育中特别是护理、家政类中等专业学校开设居家养老服务相关课程或专业,加快养老护理专业服务人员的培养。

苏州城乡养老服务体系完善和老龄产业发展研究[①]

当前,我省人口老龄化呈现快速上升趋势,人口老龄化成为制约我省全面建设小康社会和现代化进程的一个严峻的现实问题,增添了全面建设更高水平小康社会和现代化建设的复杂性和艰巨性。苏州在全面建设小康社会中率先应战,养老服务体系建设和老龄产业发展都取得了显著成绩,但在奔赴现代化的进程中,苏州人口老龄化问题依然严峻,进一步研究和揭示苏州城乡养老服务体系的完善和老龄产业的发展具有积极的实践意义,对兄弟城市也有一定借鉴意义。

一、课题提出的时代背景和意义

2003年以来,江苏省委提出"两个率先"的奋斗目标后,苏州勇于担当,2005年率先达到省定全面建设小康社会的四大类18项25个指标,全面建设小康社会取得了阶段性胜利。在全面建设小康社会、构建和谐苏州的时代背景中,苏州城乡养老服务体系建设得到了政府高度重视,城乡养老服务体系和老龄产业有了突飞猛进的发展。目前,苏州正在向率先基本实现现代化迈进,现代化进程中苏州城乡养老服务体系继续完善和老龄产业的发展壮大又成为一个崭新课题摆在了我们面前。主要基于以下原因:

(1) 苏州当前经济社会发展的客观要求。有效破解养老问题,既是苏州实现"两个率先"、构建和谐社会的"助推器",又是检验苏州又好又快发展成效、迈向现代化国际化新苏州的重要指标参数,客观上已成为苏州各级党委、政府不容回避、不容懈怠的重要民生政策议题。

(2) 贯彻落实党的十七大精神的需要。全面贯彻党的十七大精神,中央和省委对苏州发展寄予了厚望。为此,苏州市委、市政府明确提出"做解放思想的先行者,当科学发展的排头兵,以现代化国际化为目标开创苏州更加美好未来"的历史性任务。在社会建设上,党的十七大明确提出"加快推进以改善民生为重点的社会建设"、"加强老龄工作",实现"老有所养"。因此,完善苏州养老体系,发展苏州老龄产业实质就是苏州各级党委、政府在民生领域

---

① 本文为2008年度苏州市哲学社会科学研究立项课题,著者主持,项目编号08-C-31。

落实党的十七大精神和省委要求的一项工作重点和具体体现。

(3) 创新养老问题理论研究的需要。老龄人口养老问题不仅成为各级党委政府的政策议题,而且成为人口学、社会学等学科研究的热点问题。目前,学界的研究多侧重从人口学、社会学、经济学角度分析养老模式的选择、路径和政策建议,对实践工作提供了重要的理论支撑。但在苏州现代化国际化进程中,在科学发展及和谐社会的视角下,如何从政府公共管理角度,把养老体系的健全完善、老龄产业的扶持、培育纳入区域经济社会发展的总盘子,统筹规划,探索出与经济社会发展水平相适应、与人民群众需求相适应的中国特色养老体系、发展壮大老龄产业的成功之路,实现养老体系助推养老产业发展、养老产业促进养老体系完善的良性互动?笔者认为目前无论是理论界还是政界,都还鲜见系统、深入、前瞻性的思考,但实践却提出了强烈要求予以揭示并给予理论指导。

(4) 深化苏州率先实践的范本意义的需要。苏州是全国率先进入人口老龄化的城市之一,老龄化明显快于、早于现代化。但苏州各级党委、政府能够及早积极应对人口老龄化,给予超前谋划,勇于改革创新,牢牢坚持科学发展,推进社会和谐,基本形成了福利院养老、居家养老、家庭养老模式并存和"以市社会福利院为示范,区(市、县)和街道(镇)养老机构为辅助,社会居家养老服务为基础"的养老服务发展格局。可以说,苏州解决养老问题的丰富实践积累了许多积极经验,养老体系建立和老龄产业发展的率先实践具有示范价值,为我们研究提供了鲜活的实践范本,及时总结苏州养老体系和老龄产业的发展经验,不仅对推进未来苏州养老问题解决得更好富有积极意义,而且对全省兄弟地区解决养老问题、发展老龄产业也可提供有益的借鉴和启迪。

二、苏州城乡养老模式和老龄产业发展的基本情况

(一)我国养老模式的历史沿革

传统的养老模式可以分为两种:家庭养老模式和机构养老模式。在社会主义初级阶段这个大背景中,随着改革开放实践的不断深入和市场机制的不断加强,以及我国特殊国情使然的计划生育政策的推行和人口结构的迅速变化,促使我国社会结构包括家庭结构发生深刻变化,致使我们在经济尚不发达的条件下、在完整的社会保障体系尚未建立起来和尚未形成完善的养老福利体系的情况下就直接进入了人口老龄化社会。汹涌而来的白发浪潮对传统的养老模式构成了严峻的挑战,既使家庭不堪承受,又使财力有限的政府难以承担,对我国养老福利事业造成了极大的压力,也考验着政府社会管理和公共服务的水平。

在这种背景下,"社会化居家养老服务模式"应运而生。它是以家庭为核心,以社区为依托,以老年人日间照料、生活护理、家政服务和精神慰藉为主

要内容,以上门服务和社区日托为主要形式,引入养老机构专业化服务的养老模式。这种新型的依托社区的居家养老模式,既扬弃了传统家庭养老和机构养老的弊端,又集中了传统家庭养老与机构养老的优点:老人虽然住在家中,但是享受的不是传统意义上自己照顾自己的居家养老,而是由社区为老年人提供如同养老机构在日常生活照料方面提供的廉价、优质的全方位服务。这样,既可减轻老年人家庭的经济负担,满足了老年人"恋家"情结,又可减轻机构养老服务的压力,节省了国家养老的福利资金投入,是具有中国特色、适应我国当前"未富先老"人口老龄化特点的社会养老模式。至此,推广以居家养老为主体、社区服务为依托、福利机构养老为补充的养老服务保障体系已成为社会各界的共识。

(二)苏州养老模式的基本格局

近十多年来,苏州老龄形势和养老模式的走势与全国情况基本一致,只是老龄化早于和快于全国的平均水平,突破养老模式的呼声来得更为迫切一些。苏州早于全国17年进入人口老龄化。至2007年,60岁以上人口占18.2%,远远大于国际通行的社会人口老龄化10%比率。目前,由苏州市人口和计划生育委员会、苏州市委研究室、华东师范大学人口研究所共同完成的《改革开放三十年苏州人口发展回顾与启示》报告预测,在21世纪前30年,除个别年份外,我市老年人口将持续增长,其中2010—2017年以及2020—2030年老年人口将快速增加。老年人口总量将由2010年的129.3万上升至247.7万,老年人口所占比重由18.5%上升至37.4%。面对这种情况,苏州各地积极探索发展养老服务的新路子。现阶段,苏州既形成了以居家养老为主体、社区服务为依托、福利机构养老为补充的较为完善的城市养老服务体系,城市老龄产业得到了快速发展;又形成了与城市化进程相适应、与农村经济社会发展水平相适应、与农村老人服务需求相适应的多层次、多形式的农村养老服务体系。城乡养老服务体系对统筹苏州经济社会协调发展,对苏州全面建设小康社会、基本实现现代化建设起了积极推进作用。目前,苏州养老服务体系正朝着城乡一体化方向迈进,政府引导、主体多元、市场化趋向的老龄产业格局业已显现,呈现了良好的发展前景。

这其中,以苏州市金阊区为典型的政府主导乐龄事业发展模式,以苏州市沧浪区为典型的"邻里情"虚拟养老院的城市居家养老范式,以昆山市为典型的城乡一体化养老新探索等,成为苏州养老服务模式和养老事业、产业发展的典型范本。另外,随着城市化和市场化进程的加快,异地养老、助老服务等创新范式也在不断涌现,凸显了养老模式愈加多元化,呈现了多样性。

(1)金阊样本。以政府力量为主导,通过政府投入以及培植、扶持社会投入,逐步使养老服务主体多元化,形成多元并存于一体的养老服务体系,养老事业和养老产业获得了共同发展,增大了养老服务产品的供给量,惠泽了辖区内的老人家庭。这一做法,苏州市金阊区最为典型。近年来,金阊区先后建成夕阳红护理院(民营)、虎丘老年公寓、彩香街道运河社区居家养老服务站、石路乐龄之家(民营)、金阊老年公寓、博爱乐龄院(民营)、"太阳城"老年公寓(股份制民营)并相继运营。在机构建设的基础上,又在社区服务中心搭建"居家养老服务中心",开办了"老年人日间照料中心"(托老所),建造了1 000平方米服务用房和6 000平方米的园林式活动场所,延展了居家养老的服务内容。金阊区的做法形成了区、街道、社区三种层面,以及机构养老、居家养老、日间照料三种养老服务模式,养老机构建设和养老服务在形式上多种多样、资金投入上多元发展、管理服务上多方联动,从而使辖区的老人有了丰富的养老选择,辖区的养老事业和产业也得到了较全面的发展。金阊样本只是苏州建设养老服务体系的一个典型缩影。从全市范围看,自2005年开始,苏州连续将养老服务列入政府实事项目,到2007年底,苏州市建立了街道(镇)居家养老服务中心60个,建立社区(村)居家养老服务站1 158个;截至2008年9月底,全市又新建居家养老服务中心26个及服务站480个,实现了居家养老服务的全覆盖。显然,在推进养老服务体系的健全和完善的过程中,苏州各级政府始终是主导力量。

(2)沧浪样本。2007年,苏州市沧浪区在原葑门街道"邻里情"居家养老服务体系的基础上,与中国电信苏州分公司合作研发了"居家乐221养老服务系统",一个以中国电信通信技术为硬件支撑、以"居家乐221养老服务系统"为技术支撑、以居家养老对象会员制为基本形式的没有围墙的虚拟养老院新鲜出炉,为我国居家养老提供了新范式。它依托"居家乐221服务系统"信息化载体,由苏州市十佳物业公司之一的鼎盛物业管理有限公司作为主运营商,并整合优秀的社区服务企业加盟,发挥其24小时管理服务的优势,为居家老人提供统一规范的标准化、专业化、亲情化、全方位、全天候养老服务,克服了当前大多社会化居家养老模式服务信息不对称、服务内容单一、服务功能相对薄弱、社会资源利用率不高,不能很好满足多样化、个性化的需求等弊端。可以说,沧浪区政府这一做法更富变革创新,利用既有资源,进行养老服务形式的升级换代,拓展了居家养老服务功能和养老质量,实现了居家养老服务机构化管理、市场化运作、社会化服务,在城市养老服务集约发展上跨上了新台阶。

(3)昆山样本。苏州昆山市是江苏率先达到省定全面建设小康社会标准的示范市。在推进全面建设小康社会进程中,昆山市各级政府始终坚定地全面贯彻落实科学发展观,坚持以人为本,统筹城乡发展,积极探索政府倡导资助、社会力量兴办养老服务事业的新路子,建立与社会主义市场经济体制相适应的养老服务事业发展机制和运作机制,推进养老服务事业健康有序发展,为率先全面建设小康社会发挥积极的促进作用。最大的亮点就是政府的统筹。目前,昆山形成了城乡统一的农村基本养老保险模式,制定了《昆山市加快发展养老服务事业的意见(试行)》,统一了城乡养老、助老政策。昆山样本最具典型意义的是借助政府强力和经济社会发展实力实行城乡发展一体化,统筹城乡养老服务事业发展,整体上大幅度提升了社会福利和社会公平公正水平。

金阊样本、沧浪样本、昆山样本各具意义。金阊样本体现了政府在社会养老服务需求不断增多而又自身力量不足、社会力量介入需求不断涌现而又苦于无政策的情况下,政府顺势以政策优化布局,解决了政府、社会、家庭三方的发展难题。沧浪样本体现了基层的养老服务的创新,以信息化、集约化手段弥补了现有居家养老的局限性,拓展了居家养老的新空间,推动了居家养老服务走上新平台,保证在提供公共服务的基础上市场化有了深入推进,促使城区从事老龄服务的机构和小企业集群发展。昆山样本为我们推进城乡养老服务体系一体化提供了先行范本,在规划布局、资金筹措、政策扶持、相关政策体系的配套等方面都有巨大的示范意义。

(三) 苏州目前老龄产业发展的基本状况

伴随政府的全力推动和大力扶持,苏州老龄产业有了新发展。表现在:

(1) 直接从事养老服务的社会主体日益增多。在政府政策扶持下,越来越多的社会力量进入养老服务领域,民办养老机构以及提供养老服务的社会组织日益增多,成为弥补政府力量不足的重要载体。

(2) 越来越多的行业介入养老服务。如此庞大的养老服务需求,必将蕴藏着巨大的产业发展机遇和空间。目前,苏州医疗保健、旅游、教育、房地产等众多领域开始涉足养老服务且发展较快。

在医疗保健领域,如受政策扶持的社区医疗服务站承办了家庭病床;民办护理院呈增速扩张态势,为老年患者提供全日制、全方位优质的医疗护理、康复护理、生活护理、心理护理及临终关怀,入住率非常之高,深受老人家庭欢迎。这些方式和业态已显现医疗保健领域已细分出老人服务市场。

在旅游业领域,从苏州青旅、苏州康辉和苏州国旅等企业年报数据来看,苏州老人出游始终呈逐年稳健上升之势,老人团是支撑淡季半壁江山的主要主力,短线游和长线游的需求都很旺盛,已在旅游业细化为一个稳健的市场。统计表明,来自老年人群的旅游份额占比逐年递增,业态发展前景乐观。

在文化和一些服务领域,如从苏州文化馆、苏州茶馆等服务业的调查来看,涉足老人服务的项目在稳步增长,提供学书画、学舞蹈、学健身操等涉及老人精神愉悦的服务项目很受欢迎,培训市场比较火爆,很多茶馆、文化馆引入苏州评弹,受到老人追捧,业绩有了大幅提升。

在房地产领域,房地产开始涉足养老服务业。如昆山花桥国际商贸城的老人公寓项目,低成本和高品质的养老服务环境受到了很多上海老人的欢迎,项目营销获得了市场支持,也标志着异地养老形式开始出现。这不仅是房地产业的新领域,更表明老龄产业发展有了新的业态,市场化程度更高。

上述领域的老龄产业相比较而言,旅游领域相对发育较为成熟,市场运作、人才保障等较为定型;医疗、教育、房地产领域的老龄产业仅处起步阶段,市场需求较为旺盛,但产业自身发育不足,提供的服务产品不够丰富,相关的政策也显滞后,长远看,这些领域的老龄产业应该有长足的发展空间。

三、现代化进程中完善苏州城乡养老服务体系,加快老龄产业发展的政策建议

总结苏州在率先全面建设小康社会的进程中城乡养老服务体系建设、老龄产业之所以有较快、较大的进步,主要有以下原因:一是苏州各级政府切实将之作为以人为本执政理念的实践体现,纳入政府议事日程,列入民生实事工程;二是苏州各级政府立足于公共管理,把养老服务体系的健全完善、老龄产业的培育和扶持纳入区域经济社会发展的总盘子,统筹规划,强力推进与区域经济社会发展水平相适应、与人民群众需求相适应的富有区域特色养老体系的建设,通过政策引导、扶持,发展壮大苏州老龄产业,已经形成了养老体系助推老龄产业发展,老龄产业促进养老体系日臻完善的良性互动。当然,发展中还存在一些问题,拿民办养老机构而言,他们发展普遍遭遇各种难题,如入住老人很难伺候,用电用水等很多优惠政策并没有落实到位,收费标准难以为继,出现人力支持困境,等等。与苏州率先基本实现现代化的发展要求相比,苏州老龄化的压力更大了,老人老龄生活的质量要求更高了,政府的责任更大了。如何在全面建设小康社会的基础上适应新要求,继续完善苏州城乡养老服务体系,加快老龄产业发展?我们建议:

1. 进一步完善城乡统一的社会养老保障制度

厚实的养老保障是推进养老服务体系完善的基础。费用问题之所以成为养老家庭和机构的共同难题,原因就在于收入较低的老年人口和家庭较多,即便是提供非营利的养老服务产品,他们仍觉负担较重。因此,提高保障标准,建立科学的增长机制,进一步完善与苏州经济社会发展水平相当、与多数老龄人口需求相当的城乡统一的社会养老保障制度,必将对苏州养老服务体系完善和养老服务产业的发展具有极大的促进作用。

2. 以现代化为标杆,改革创新养老服务体系的机制,逐步做到"六化相统一"

适应现代化发展要求,养老服务体系要在以下方面体现现代化方向:一是服务对象公众化。以面向全社会老年人服务为发展宗旨,满足广大老年人的服务需求,提高老年人的生活质量。二是服务方式多样化。居家养老为主、机构养老为辅,大力发展家政照料、医疗保健、护理康复、精神慰藉等多种服务项目,实行有偿、低偿、志愿服务,满足不同层次老年人的服务需求。三是服务队伍专业化。开展养老服务职业技能培训,实行养老服务职业资格管理制度。四是投资主体多元化。加强政府对养老服务事业的资金投入和政策扶持,支持和资助社会力量兴办养老服务事业,形成多种所有制形式共同发展的新格局。五是运作机制市场化。建立养老服务事业社会化、市场化的运行机制,逐步形成自主经营、自负盈亏、自我发展的公平竞争市场。六是城乡一体化。加大农村养老体系建设,促使城乡养老体系无缝对接。

3. 继续加大政府加快发展养老服务事业扶持政策的力度,促进老龄事业和老龄产业大发展

(1) 项目审批给予支持。对符合规划的养老服务设施项目,有关部门要给予优先审批。对列入规划的包括原来已经建有的养老服务设施,任何单位不得挤占或改变性质。因国家建设需要拆迁或占用的,应按照有关拆迁办法给予补偿安置。

(2) 土地使用上给予支持。对纳入建设规划的养老服务设施项目要优先安排建设用地,列入年度用地计划。按照法律、法规应当采用划拨方式供地的应予划拨供地;应当采用协议供地的优先搞好用地服务;应当公开交易的通过公开交易方式供地。

(3) 费用减免上给予支持。经市民政部门审批认定的养老机构和居家养老服务组织等社会福利机构,可减免有关费用。如,用水、用电、用气按居民生活类价格执行收费;安装电话免收一次性接入费,使用电话及办理其他有关电信业务执行住宅电话资费标准收费;安装有线电视减半收取初装费,月收视维护费按居民收费标准执行;免收按职工人数收取的城市人防建设资金、残疾人就业保障金、规划技术服务费、城市基础设施配套费、教育地方附加费、治安联防费、人防工程易地建设费、绿化补偿或占用绿地费;暂不征污水排污费;救护车及生活用车养路费经报请交通主管部门审核后减免征收;减半收取房屋产权登记费。所涉及的税收按国家现行优惠税收规定执行。如,可以免征营业税和暂免征企业所得税;暂不征收自用房产、土地、车船的房产税、城镇土地使用税、车船使用税。

(4) 培训和用工上给予支持。对养老机构和居家养老服务组织吸纳无岗人员,政府免费提供养老护理、家政服务等相关职业技能培训,培训后经职业技能鉴定合格的发给相应的职业资格证书,持证上岗可申请享受当地社会公益性岗位政策。

(5) 基本医疗保险定点政策。对社会力量兴办的养老机构内部设置的已取得执业许可证的医疗机构和为老年人提供专科医疗服务的医疗机构,如申请医疗保险定点,在符合同等条件情况下给予优先审批。

(6) 社会捐助政策。养老机构和居家养老服务组织,可按社会福利机构规定接受国内外组织和个人的捐赠,可公开向社会募集款物。所募款物全部

用于改善收(寄)养对象的生活和设施,并接受捐赠人和有关部门的监督检查。捐赠支持养老服务事业的企事业单位、社会团体和个人,凭受捐赠单位出具的财政部门统一印制的票据,按国家有关规定享受税收优惠政策。

(7)细化和完善农民土地资本化以提高其保障功能,尝试探索城乡居民"以房养老"等制度和法律问题。

4. 加大政府公共财政支持力度,大幅度提升养老基础设施投入

依据苏州现代化进程要求,苏州各级政府除了要加大公共财政投入力度,通过不断提高老年人养老金发放标准,来改善他们的生活质量外,还要加快老年服务载体建设,尤其是加大经济型养老组织和医疗机构的建设,对全市养老服务事业进行全方位资助,以逐步实现社会福利社会化。对社会居家养老服务组织、社区卫生服务中心(站)开设老年家庭病床、社会力量新办的养老机构以及以社会独立法人名义经营的养老机构,都应制定不同的考核指标分别给予不同标准的资助,全面提升养老服务事业水平。多力并举,到2010年,苏州市应该全面建成以居家养老为主体、社会服务为依托、机构养老为辅助,覆盖全体老年人的养老服务保障体系,其中,居家养老服务组织应实现城乡一体化,街道(镇)都要建有养老服务中心,社区(村)都要建有养老服务站,社区卫生服务中心(站)都建有老年人档案,开设老年人常见病专科和家庭病床,覆盖面达到全市老年人人口的90%以上。

5. 整合利用丰富的社会资源,开展"老年志愿者"服务活动

为适应老龄化形势的需要,利用老人心理、需求等有相通之处,通过政府引导,依托社区力量,可以开展"老年志愿者"服务活动,志愿者以社区低龄健康老年人为主体,年龄原则上不超过65岁。被服务对象为社区内居住、无子女或子女不在本市居住、居家养老需要帮助的"空巢"、独居的70岁以上的高龄老人。志愿者服务以对"空巢"、独居的高龄老人提供精神关爱为主,根据志愿者的自身条件和服务对象的具体状况,因人而定。

深度推进区镇一体化是解决民生问题的最佳路径

——关于娄葑、唯亭、胜浦十个社区的调研和思考①

2011年4月9日至11日,笔者有幸参加了市委组织部组织的苏州市青年干部"关注民生、走进基层"主题系列活动,与15名来自苏州各部委办局的青年干部组成第四小组,深入工业园区娄葑、唯亭、胜浦三镇10个动迁社区与居民、社区干部面对面进行了比较深入的调研访谈,调研时间虽然只有3天,但我们深深体会了民情和民意,给了我们许多触动和思考。下面,笔者把调研中群众的民生诉求及我们的思考总结汇报如下。

一、基本情况

我们分4个小组进行访谈,每个小组访谈2个社区,访谈单位覆盖了工业园区全部乡镇。包括:娄葑镇的葑谊社区、梅花社区、莲花三社区和斜塘社区,唯亭镇的悬珠社区、阳澄湖村社区、古娄一村社区、唯亭社区,胜浦镇的吴淞社区和闻涛苑社区。除社区干部外,我们还随机走访了物业管理人员、低保对象、私营业主、大学生村官、一般群众等不同社区主体共计67人,年龄从25岁至81岁,涉及镇、社区、群众三个层面,共收集民生保障、经济发展、社区建设和管理、居民教育和精神文明建设、公共服务和作风效能、基层组织建设等六大类41个具体问题。访谈中我们深深感到:

(1) 被访群众均认同园区发展进步巨大,园区开发给他们家乡发展带来了巨大机遇,在"工业园区好不好"问题上,均有着强烈的园区居民自豪感和归属感,对党委政府充满了信任和期待。

(2) 访谈的10个社区各具典型性,直观呈现了园区三镇城乡一体化发展的巨大成就和社区生态。如葑谊、梅花等是园区最早动迁社区,而闻涛苑社区则是刚成立的新动迁社区,斜塘社区是新建的商住型社区;葑谊社区、莲花三社区、吴淞社区、古娄一村社区等社区居住人口均已过万;每一社区均有规模不等的集体资产和富民合作社,葑谊、古娄一村、梅花等社区还有自主运作

---

① 本文为著者参加2011年苏州市青年干部"关注民生、走进基层"活动完成的调研报告。

的独立的集体经济实体;大多社区建设标准较高、基础设施配备完善、服务功能门类齐全,社区管理、社区服务、文化建设各有特色。

(3) 大多基层干部有着强烈的事业心、责任感,每天事无巨细地处理社区建设、管理百姓大小事务,有着充沛的热情和良好的工作状态,富民惠民意识强烈,超负荷工作,奉献精神强。

(4) 利益整合的压力大。"城乡一体化"帮助农民过上了好日子,但被访群众的民生诉求有着许多新变化,无不涉及利益的调整与实现,尤其在征地补偿、农保与城保、区镇关系上,大多被访群众存有一定心理失衡现象,认为:征地补偿纵向比,多变且执行不公;农保与城保横向比,差距较大;开发区与他们原住民间相互支持比,他们征地、拆迁给予开发区的支持远大于开发区给予他们的支持。基层管理者已明显感受到这一群体心理失衡带来的社会动员、社会管理和利益整合的压力。

二、园区三镇动迁居民的民生诉求分析

虽然这次调研我们只访谈群众60余人,但被访群众提出的六大方面诉求,具有一定普遍性、代表性,使我们真切地感受到了发展转型的新要求和民生改善的新期待,深刻体会了工业园区推进区镇一体化的方向和新要求新内涵。

(一) 从诉求内容上看,被访群众的民生诉求多元而又集中

(1) 民生保障类诉求点主要集中在养老、医保、住房和救助等方面。如征地居民普遍反映现有保障水平与城市消费水平相比太低,期望提高保障水平。期望提高养老和医保标准并形成逐年增加机制;期望将糖尿病、高血压、轻型的精神病等患者常用药纳入门诊报销范围;期望提高社区医务水平,解决老百姓看病远、看病难的问题;期望住房困难的动迁居民能纳入城市居民保障房政策安排;期望提高现行已施行多年的园区动迁农民丧葬费标准(现为500元);期望社会救助扩大到生活困难、未达低保或低保边缘户的家庭;等等。

(2) 经济发展类诉求点主要集中在失地居民增收、创业、集体经济扶持等方面。如,期待各种类型的富民合作社入股份额和覆盖面大一些,征地农民收入增加渠道多拓展一些;期待社区集体物业出租税率可否由17.25%降低一些,对村集体经济扶持力度可否大些?期待政府对自主创业、小作坊类企业提供更多服务与支持;有经济发展任务的社区期待取消经济发展职能,更多精力投入社区建设和管理;等等。

(3) 社区建设和管理类诉求点主要集中在管理体制、社区工作量繁重、社区管理半径太大、干部走访联系群众少等方面。如,期待改革社区体制,剥离经济职能,减轻社区负担,专职社区管理和社区服务;期待人口过万的社区能适当分解;期待社区对老干部关心多些;期待干群关系密切起来;等等。

(4) 公共产品和公共服务类诉求点主要集中在学区划分、老拆迁小区改造、公共交通出行、小区停车、阳澄湖污染防治等问题上。如,斜塘社区居民期待子女就近入学,期待建立业主委员会并发挥作用;莳谊社区居民期待老拆迁小区改造早日纳入政府实事工程;悬珠社区居民期待公交出行方便和京沪高铁噪音防护到位;阳澄湖村社区居民期待移动信号稳定起来,不影响百姓通信交流及蟹业生意;阳澄人家小区门口十字路口期待安装红绿灯,使车祸不再发生;梅花社区居民期待医保卡办卡周期短些;吴淞社区居民期待广电网络能多开通几个免费频道(如戏曲等);等等。

(5) 市民素质和精神文明建设类诉求点主要集中在居民教育、增设公共文体设施、文化活动开展、新闻媒体宣传导向等方面。如,期待增设公共露天体育设施;期待电视台等新闻媒体要多报道正面的事教育引导农民;期待多开展文化体育活动,丰富居民文化精神生活;期待科文中心等文化消费单位能有向园区征地农民倾斜的政策;期待社区加强年轻人婚恋教育、道德新风尚教育;等等。

(6) 基层组织建设类诉求点主要集中在社团作用发挥、业主委员会作用发挥、党组织要关心老党员生活、重视党员发展和联系群众等方面。如,新建商住小区群众期待能建立业主委员会自治管理起来;期待有更多的社团自治组织发挥作用;群众期待社区干部多与群众接触;期待反映问题、合理诉求的渠道更畅通一些;期待社区有关事务和政策能公开透明;社区干部期待有更多时间和精力走访群众察访民情;老党员期待要重视加强年轻人对党的认同;等等。

(二) 从诉求动向上看,被访群众的诉求有着新变化

(1) 民生诉求内涵有了新拓展。不仅涉及经济、养老、医疗、住房、教育、交通出行、小区停车、物业管理、社区治安等传统民生方面,而且涉及文化、环境、媒体舆论、基层组织、婚育理念、干群关系、事务公开、民意表达等民生发展方面,诉求不仅广泛而且多元,领域有了新拓展。

(2) 民生诉求标准有了新提高。保障类诉求不再是强调"有没有"的问题,而是强调"有多少"的问题,进而强调"靠机制不断提高标准"问题;不再满足"有"而是水准质量要"高",呼吁提升保障水平和普惠性。

(3) 政治、文化等方面发展类诉求强烈起来。不仅呼吁精神文化需求和同享文化发展权利,呼吁公共政策及其执行要公平公正,呼吁政府提高效能和提供更多更好公共产品和服务,呼吁要重视加强基层党组织和发挥社团作用,呼吁公共财政向民生倾斜优化分配,等等。

这些诉求新动向,既真实反映了园区三镇动迁居民生活水准的提高,又折射了园区"十二五"时期经济社会发展转型和提升区镇一体化水平的必要。

（三）从诉求致因上看，被访群众的诉求产生有着深刻复杂的致因

我们认为，二元体制最为根本。群众反映的问题，均与城乡二元体制有关。二元化不仅体现在民生保障体制上，还体现在行政管理体制和社区管理体制上。目前，园区事实上运作两套行政模式，在区镇层面，一是高效现代的开发区体制，一是传统的区镇行政体制；在社区层面，一是园区三镇传统镇村模式，一是湖西、湖东城市社区模式。园区三镇拆迁安置的社区无一例外，均为农村社区模式，娄葑葑谊等社区还有独立运作的集体经济，有招商、税收等经济发展任务。如何探求最适合经济社会转型发展的体制，成为园区"十二五"时期区镇一体化不容回避的一大现实问题。

三、"十二五"时期工业园区推进区镇一体化的几点思考

园区自开发建设以来已经17个年头，动迁工作绝大多数业已完成。经过17年的开发建设，工业园区已取得了辉煌成就。访谈中，被访群众均认同园区的发展进步，均有作为园区居民的自豪感，尤其是梅花社区居民，按行政区划虽属平江区，但其归属感仍在园区。走访中，我们真切感受到他们对政策改善的渴望是具体而又现实的。如何回应好居民群众这些新诉求，不负群众新期待？基于问题的复杂性和难易程度，我们认为可从以下方面积极改善、改革，逐步解决。

（一）努力改善相关民生领域的公共服务和公共政策

一是改善公共服务。关于园区医保卡办卡、换卡时间长问题、新旧卡对接问题，因之牵扯问题相对单一，建议相关部门找出问题关键，通过改善工作环节、缩短工作流程，提高工作效能，即可快速解决此类群众诉求。关于梅花社区周边环境管理问题，当务之急是保证城管到位，实现城市管理全面覆盖。鉴于在行政区划调整后，该区域已归平江区管辖，并已纳入平江新城规划建设范围，所以，平江区应该对该地区的公共区域履行市容市政等各项政府管理职责，为居民提供良好的生活环境。关于老小区基础设施改造，可与百姓沟通、与环境整治联动，分批逐步纳入政府实事工程，获取群众理解和支持。

二是改善公共政策。应该说，近些年，苏州市征地农民保障政策受益面和力度在不断进步完善，始终走在江苏最前面。但由于牵涉各区之间、各阶段之间待遇水平政策平衡问题（苏州不同地区、不同时期政策不同），农保与城保水平差异将会在一定时期客观存在，但我们不能因此而搁置政策改善，可以拿出相对合理的办法，与城保联动，如通过小步慢跑形式提高标准并形成逐年增加机制，适当缓解老年群众在这方面的诉求。至于园区动迁农民丧葬费、住房困难的征地农民纳入城市居民定销房、安置房政策对象、残疾人福利保障范围扩大至精神残疾三类标准、集体物业租金税率减免、集体经济扶持政策等政策诉求，可以成立由相关部门组成的调研组，进行专题调研，摸清底数，开展人员数量及资金投入测算，以便科学安排财力予以改善。但我们

不能因其复杂和困难而搁置政策调整和改进,而应积极回应,区镇合力,共同探索公共财政体制改革,探索推进民生支出占公共财政支出的份额不断提升的途径,更加致力于关注园区的原居民,拉高征地居民收入实现倍增,提高园区整体均衡发展水平,使全体园区居民共享城市化和现代化。

(二)深度推进区镇一体化改革是解决现存民生问题的择优路径

深度推进区镇一体化改革是解决这些问题的择优路径,这是由园区开发要求、发展定位和发展要求使然。"十二五"时期是苏州实现"三区三城"目标的关键时期,也是城乡一体化改革发展全面突破、整体推进的重要战略机遇期,对园区而言,尤其如此。其一,工业园区的开发建设必须走中心区和周边乡镇共同繁荣之路,经过17年开发,无论是中新合作区开发建设,还是辐射周边乡镇,统筹288平方公里城乡关系,工业园区都取得了巨大成就,为深度推进区镇一体化累积了雄厚基础。其二,"十二五"时期,为了努力在新一轮发展中继续领跑示范,园区作出了"建设具有国际竞争力的高科技园区和国际化、现代化、信息化的创新型、生态型、幸福型新城区"转型发展新定位,实现这一目标新定位,关键在娄葑、唯亭和胜浦三大城市副中心能否真正转型发展到位。其三,现实看,园区区镇间发展存在着较大差距,农民变成真正的市民,还有一段较长的路要走,无论是开发、规划、经济业态等经济发展,还是公共服务均等化、公共服务体系健全、保障并轨等民生发展,都迫切需要以更大力度加快推进区镇一体化发展,缩小区镇差别,让园区原住民更具"幸福感"。

(三)深度推进区镇一体化改革的几点建议

我们认为,访谈群众反映的众多问题,说到底是城乡二元体制造成的。二元化不仅体现在民生保障体制上,还体现在行政管理体制和社区管理体制上。因此,我们认为,园区应积极稳妥进行去二元化改革,不仅有必要,而且有条件,要勇于探索。

1. 积极稳妥进行去二元化改革

第一,去行政区划调整带来的二元化。为了给梅花新村等社区居民归属尽快有一个明确的说法,建议市政府出面协调平江区、园区双方尽快完成对该地区的整体交接工作,理顺管理体制。目前,平江区负责梅花新村居民户籍、社会治安、城市管理等方面工作,工业园区娄葑镇成立梅花新村社区居委会,主要负责原梅花村村民的社区事务管理服务工作。社区居民的户籍和社区管理仍然分离的,造成众多工作牵扯推诿和低效。我们认为,虽是区划调整遗留下来的问题,但我们不能因为两区之间没协调好导致管理扯皮,进而影响群众具体事务的办理与切身利益,更不能因政府部门之间协调出了问题,而使群众应该办的事难办。

第二,去行政管理体制的二元化。目前,园区区级层面事实上是运作两套行政模式,一是高效现代的开发区体制,一是传统的区镇行政体制,体现在湖西社工委、湖东社工委与娄葑等三镇运作模式的差别上。镇级层面是传统镇村模式与城市社区模式混合。应该承认,差别是客观存在的,但我们不能让这种差别始终这样延续下去,应该在条件具备时大胆改革,否则,园区就会始终是乡镇和开发区二元混合格局,融合不成一体,这会深远影响园区发展。目前,娄葑、唯亭和胜浦是园区三大城市副核,三镇主要经济指标领跑全市乡镇,城市建设、社会建设已经累积较好基础,城乡一体化深度推进又提供了极好机制,经济社会发展转型也提供了极好时机。因此,我们建议园区从长远战略出发,按城市发展规律要求,及早地大胆推进乡镇行政体制转型,由传统的乡镇行政体制向中心城市街道行政体制转型,建立适应城市发展需要的行政体制,建立适合发展城市经济和强化社区管理的运转模式,理顺区、镇、社区职能分工,真正实现由镇村工作模式向现代化城市管理模式转变。当然,探索镇行政管理体制改革要与社区管理体制改革同步进行。

第三,去社区管理体制的二元化。我们在访谈中明显感到,娄葑社区的质态是村与社区的混合体。目前,社区事务非常繁重,且职能已超过社区能够承载的限度,社区管理体制改革呼声强烈。娄葑镇共有城市社区9个,农村社区24个,所有社区均已在城市建成区,分成4个片,镇区片、娄东片、斜塘片、车坊片。其中镇区片、娄东片社区都有独立的集体经济,斜塘片、车坊片无集体经济。镇区片、娄东片虽处城市建成核心区,尤其是葑谊社区位处现代化城市副中心,但他们至今沿用的是农村社区管理模式,每年有经济发展指标,如2011年就有入库税金1.74亿元、引进内资6亿元的经济考核指标,发展经济的压力使他们根本无暇做好社区服务和社区发展,社区管理体制滞后于城市发展和社会需要。显然,这样党组织、经济发展公司、物业公司、居委会四位一体体制架构已不适应城市发展的需要,迫切需要他们及早进行社区管理体制改革,合理剥离经济职能,向城市社区转型,进一步强化社区管理和社区服务职能,推进镇属社区全方位融入到整个园区现代化城市体系中,提升区域社会发展水平和文明程度。若不抓住当下管理体制转型的好时机,镇属社区与湖西社区湖东社区差距将会更大,在社会发展上会形成断裂,这于园区社会融合、持续发展是不利的。另外,我们在调研中发现,目前娄葑镇各社区的社区干部大多是村干部沿用过来,这种现象在园区三镇各社区具有一定普遍性。因此,我们建议还要重视提高社区干部社区建设、社区发展和社区服务能力和水平,娄葑等镇最终能否成为都市中心,最为根本的是社会能否转型到位,这就需要培养一大批懂现代城市社会管理的基层社会管理者、服务者,其中核心力量就是社区干部。

2. 积极稳妥系统推进区镇一体化体制机制转型

深度推进区镇一体化改革作为去二元化体制改革的择优路径,是一系统工程,需要对原有体制、政策、路径等方面进行系列改革和转型,必须一揽子统筹推进。针对访谈群众提出的诉求,我们建议从转型入手,及早解决以下问题,深度推进区镇一体化。

第一,加快推进公共财政转型。我们认为,公共财政和公共政策的投入不足也是区镇差别存在的一个致因,建议"十二五"期间要不断强化民生财政,推动园区财政由建设型、开发型财政向公共财政、民生财政转变,区镇两级政府更加致力于关注征地拆迁的原居民,共同探索为他们民生支出占公共财政支出的份额不断提升的途径,使他们共享园区城市化和现代化,提高区域均衡发展水平。

第二,加快推进管理体制转型。我们认为,园区应该在条件具备时大胆改革,改观开发区和乡镇二元混搭格局,从根本上促进区镇融合。目前,娄葑、唯亭、胜浦三镇已成为园区三大城市副核,职能远非过去传统乡镇能比;另外,三镇经济建设、城市建设、社会建设已经积累较好基础,城乡一体化提供了极好机制,经济社会发展转型也提供了极好时机,因此,我们建议园区从长远战略出发,按城市发展规律要求,合理梳理管委会、镇、社区的职能区分,尤其是不同层级的经济职能,及早大胆推进乡镇行政体制改革、社区管理体制改革和城市管理体制改革,及早赋予三镇更多的体制发展空间,突出他们城市发展功能,建立适应城市发展需要、适合城市经济发展和强化社区管理、适应社会建设和社会管理需要的城市街道行政体制和社区管理体制,真正实现由镇村工作模式向现代化城市管理模式转变,为辖区群众提供更多的公共产品和公共服务,以满足居民群众日益增长的民生发展需要。

第三,加快推进社会转型。着力推动公共服务资源向社区倾斜,进一步提升三镇公共服务质量和管理水平。其一,着力提升教育水平,优化基础教育资源,加大对学前教育、职业、就业教育的支持力度,加快推进城乡教育均衡发展;加大居民学校、镇成人学校、文化站等农村居民教育平台建设,加大思想政治宣传、文体活动等精神文明建设力度,提升居民素质,促之尽快融入现代城市文明。其二,着力完善社会保障,逐年逐步提高保障标准,保障政策尽快覆盖至农村居民中的住房困难家庭、低保户、低保边缘以及接近低保边缘的"第三类人",进一步完善住房保障、医疗救助、生活救济等保障措施,提升三镇低收入阶层生活水平。其三,着力提升社区管理服务能力和水平,构建"幸福社区"。要加大对社区建设的投入,进一步完善社区服务中心、文化活动中心、老年活动中心、卫生服务中心等便民利民设施,提升社区品质;要理顺社区党组织、居委会等社区机构的设置和工作职能,强化他们专职服务社区群众的能力;要按社会人口等管理要素合理设置社区,科学明确社区管理人员、物业管理人员的配备标准,创新外来人口管理,引导他们成为社区发展的新力量。其四,更加突出基层建设。基层组织应当成为社区发展的坚实基础。建议重视加强党组织建设和党员发展工作；重视发挥群众自组织作用；创新对镇、社区二级领导干部的考核机制,鼓励他们工作中心下移；充分发挥他们在社区和谐稳定中的领导作用。

第四,加快推进经济形态转型。我们认为,区镇一体化还要在经济业态上实现一体化。十多年来,园区三镇紧密接受中心区的辐射,自主招商(镇、村都有招商任务),形成了以配套加工型为主的"乡镇型产业经济"业态,自然,这种乡镇型产业经济在业态、产业层次上与中新开发区相比有较大差距。我们在访谈中还得知,园区富民的路径也与此相关,大多是合作社开发标准厂房,合作社的收入主要以厂房租金为主,但随着园区产业转型升级,这种以厂房出租为主要收入来源的富民载体渐显弊端。显然,这种经济形态、这种富民增长路径也不适应城市副中心发展定位和百姓收入增长的需要,迫切需要加快转型。从"乡镇型产业经济"向服务业、高端商贸业、创新经济等为主的"现代城市经济"转型,加快形成与副中心城市相匹配的现代城市经济,做不好这一点,区镇一体化就难以真正实现。

第五,加快推进城市形态转型。建议区镇两级政府尤其是三镇党委政府紧抓园区建设城乡一体化领跑示范区的机遇,摒弃传统乡镇、街道式的思维,加快从"农村城市化"向"城市现代化"的转型；加快推动城市环境、功能、服务、民生等各方面与城市发展水平相一致,实现高水准、高质量、高效益的城乡一体化发展,全方位将三镇深度融入到工业园区城市体系,实现城市转型。

苏州高新区枫桥街道"十二五"时期优化发展研究①

苏州高新区枫桥街道是一个千年历史文化名镇,紧邻苏州古城,紧靠姑苏城外寒山寺和京杭大运河,位于高新区的中心区域,地位和作用十分重要。在苏州推进经济转型升级、建设"三区三城"的新形势下,如何客观把握发展基础和存在问题,确立自身发展定位,优化和提升自身发展水平,在"十二五"时期赢得新一轮发展先机,是一个十分重要的课题。为此,我们课题组对此进行了专题研究,提出了如下思考。

一、枫桥街道"十二五"发展的基础分析

1994年,枫桥镇划归苏州高新区,辖区面积34平方公里,位于苏州高新区258平方公里先导区内,有24个行政村、2个社区居委会,2004年6月撤镇建街道,2006年6月全面完成撤村建社区,目前有7个社区居委会,拥有区域人口14万,其中本地人口5.3万。我们认为,1994年后,枫桥进入了快速发展时期,这一时期可以分成两个阶段,一是从1994年至2004年,枫桥用10年时间实现了工业跨越发展,基本完成了新型工业化,但城市化明显滞后于工业化;二是从2005年开始,整个"十一五"时期,枫桥街道跨入了新型城市化阶段,全力推进城市化与工业化同步发展。这五年,枫桥街道充分利用地域优势和开发开放优势,以现代化城区为标准,加快推进城市和社会向城市化转型,呈现出经济建设快速发展,社会事业全面进步,人民生活水平不断提高,社会环境和谐稳定的良好局面。枫桥街道已从一个城郊普通乡镇蜕变为苏州一个新兴城区,为"十二五"时期发展累积了良好的条件和基础,主要表现在:

一是坚持发展是硬道理,全力打造了综合实力领先的新枫桥。2004年以来,枫桥人奋勇争先,咬住经济发展不放松,通过创设枫桥工业园、枫桥民营科技园、白马涧生态园、高新区汽车城以及街道投资发展总公司和村集体经济等载体,逐步做大了经济总量,增强了整体实力,成为苏州高新区经济发展引擎,累积了率先发展的经济优势。对枫桥而言,2004年是其城市化发展的

---

① 本文为2011年苏州高新区枫桥街道党工委委托课题,孙艺兵主持,著者执笔。

元年,五年来,枫桥快速发展使其主要发展指标均实现了两位数增长(详见表1),地区生产总值由 2004 年的 16.92 亿元增长到 2009 年的 135.58 亿元,增长了 8 倍;工业总产值由 2004 年 76.52 亿元增长到 2009 年的 700 亿元,增长了 9 倍;地方一般预算收入由 2004 年的 1.87 亿元增长到 2009 年 7.91 亿元,增长了 4 倍;居民人均收入在"十一五"末将实现翻一番(详见图1、图2、图3、图4);累计引入注册外资 9.05 亿美元,累计引入注册内资 83.523 亿元。另外,2007 年以来,在经济总量快速增长的同时,枫桥街道逐步加大产业结构调整和产业升级的力度,深入开展土地的二次开发和"退二进三"工作,扶优汰劣促工业调优调高调强,引入楼宇经济、总部经济、大卖场、金融、现代展览业等,三产服务业布局轮廓已就,区域生产方式基本实现城市化,经济形态逐步迈入城市经济,综合实力位于高新区第一方阵前列。

表1 2004—2009 年枫桥街道主要经济发展指标

年度 发展指标	2004	2005	2006	2007	2008	2009
地区生产总值(亿元)	16.92	31.56	88.98	119.37	148.78	135.58
地方一般预算收入(亿元)	1.87	2.72	4.11	5.51	6.52	7.91
工业总产值(亿元)	76.52	144.18	428.41	587.48	681.73	700
引进内资(亿元)	10.6	11.003	13.02	15.2	16	17.7
引进注册外资(亿美元)	0.76	0.93	0.44	2.5	1.9	2.52
固定资产投入(亿元)	21.62	42.31	48.81	28.1	24.8	25.51
服务业增加值(亿元)	5.59	17.29	9.63	13.54	10.6	11.93
居民人均收入(元)	9 616	10 788	12 078	13 890	15 550	17 150

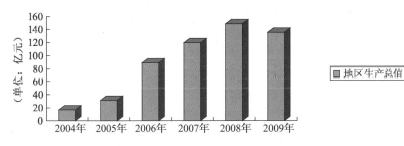

图1 2004—2009 年枫桥街道地区生产总值示意图

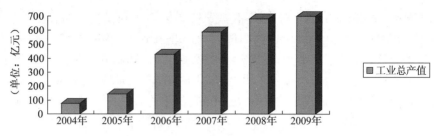

图 2　2004—2009 年枫桥街道工业生产总值示意图

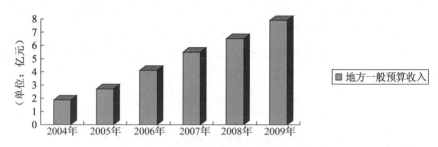

图 3　2004—2009 年枫桥街道一般预算收入示意图

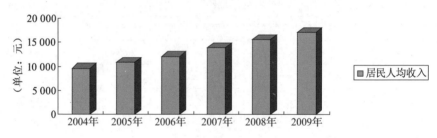

图 4　2004—2009 年枫桥街道居民人均收入示意图

二是坚持规划、建设、管理齐头并进,倾力打造城市化的新枫桥。2004年的枫桥,城市化明显滞后于工业化,以城市现代化建设为重点便成为党工委和办事处的中心工作。六年来,枫桥街道充分发挥党委政府在城市化中的引领和调控作用,坚持规划、建设、管理齐头并进,推进城市功能逐步成熟。枫桥街道率先遵循城乡一体化发展要求,编制了枫桥片控制性详规,与高新区总体发展规划全面对接,科学安排发展的空间布局,所辖区域的工业功能、商业功能、服务业功能、居住性功能得到了合理引导和集聚,实现了工业向工业小区集中,居民向住宅小区集中,城市化进程进入了新的阶段。而且,在此规划指导下,枫桥街道加大公共投入力度,大力度推进道路、通信、电力、交通等城市基础设施建设;大力度加快学校、医院、文化活动中心、社区活动中心建设等城市公共事业发展,建设水平达到省、市标准;大力度推行道路、小区环境整治和街景改造等城市环境管理,加大技防投入和社区建设力度,持续改善小区居民的生活环境,建立城市管理长效机制,城市管理水平迅速提升,城市环境形象不断提升；基本实现了整个区域生活和生产空间城市化、人口城市化、生活和生产方式城市化，实现了枫桥与高新区CBD无缝对接，成为工业化、城市化布局形态较为成熟的苏州西部新城区。

三是坚持多元并举富民育民，精心打造富裕文明和谐安居的新枫桥。农民始终是城市化进程的主体，没有他们生产生活的城市化，城市化就是一句空话。枫桥街道城市化进程中，累计动迁农户1万多户，如何让他们真正实现由农民向市民转变一直是街道党委政府工作的中心议题。为了促成这一转化，枫桥街道始终注重多元并举实施富民、惠民、育民工程，通过就业、创业、社保、医保、民营经济园、集体经济股份制、富民合作社、资产物业、文化艺术节、社区建设、培训教育等多元载体建设，既使富民工作走在了全市前列，又使枫桥民生有了大幅度改善提升，居民素质明显提高，居民生活水平和质量明显提高，促使居民很快融入富裕、居安、文明、和谐的城市新生活，进入全区乃至全市城乡一体化建设的领跑行列。至2009年底，枫桥居民人均年收入达到17 150元，年增长率达10%；共有4万股民成为村股份合作社的股东，股改以来累计分红超过1亿元，街道村级收入从2000年的27 00万元增加到2009年的5 466万元，翻了一番；富民合作社入股户数达3 588户，2009年累计分红超过1 300万元，分红率达9%。

二、枫桥街道"十二五"时期发展的良好背景及面临的问题

显然，枫桥街道累积了良好的发展基础，已站在一个新的起点上。继续前行，还需要我们深刻分析当前发展的背景和面临的问题。

（一）枫桥街道新一轮发展有着良好的背景

从国家层面看，国家已经出台一系列宏观政策支持发展转型升级，支持创新发展，宏观环境良好。从苏州来看，苏州城市发展新布局、高新区发展新态势和枫桥街道优越的地理区位叠加在一起，为枫桥街道新一轮发展打开了宝贵的时机窗口，表现在：

一是枫桥街道地处苏州高新区核心区域，位处苏州城市规划中横轴带即园区—古城区—高新区的中心轴线上，苏州未来城市发展的以下方面将会给枫桥街道带来直接受益，即苏州城市西部生态城开工建设将会更加凸显枫桥西部山水价值；高新区科技城和北部的浒墅关开发区的快速崛起将会联动枫桥中部产业升级；运河风貌整治和高新区狮山片区商贸升级将会拉动枫桥东部城市形态转型；太湖大道贯通枫桥全境，将会成为枫桥东西发展新轴线。另外，高新区行政中心西移、轻轨的辐射和苏州高新城际铁路等交通改善的机遇、老镇改造的机遇、城乡一体化的机遇等，将会整体促进枫桥经济社会的全面转型升级。

二是从目前高新区发展态势上看，苏州高新区面临着深度推进新的开放创新格局、深刻转变经济发展方式、加快建设国家创新型科技园区的重要任务,迫切需要核心区域的枫桥街道主动呼应,在转型升级中带头领跑,在苏州高新区新一轮城市发展中担当更大职责、作出更多贡献。因此,枫桥街道不仅肩负着带头引领高新区又好又快发展的政治职责,而且还担当着辐射和接轨高新区周边地区发展的职责,特殊的地理区位容不得枫桥街道在发展上有丝毫懈怠。

(二)枫桥街道新一轮发展面临的问题

无疑,枫桥街道已经进入城市化发展的快车道,但其经济发展质态、社会发展质态与科学发展的要求和枫桥的区域地位相比明显存在差距,主要表现在:

第一,工业企业规模偏小、层次偏低,集聚度低,未能形成特色鲜明的支柱产业,而且主要由传统产业尤其是劳动密集型加工业一统天下,发展格局主要是以一、二产业的经济为主,严重缺少自主创新能力强、行业认知度高、影响力度大、规模效应好的龙头项目、高端项目。

第二,产业结构与成熟完善的城市经济还有较大差距,总部经济、楼宇经济和代表未来方向的税源经济缺乏,三产服务业主要集中在汽车销售、仓储、商贸、餐饮等传统服务业,现代服务业比重严重偏低。以2009年三产服务业增加值在区域GDP中所占的比例为例,香港为73%,台湾为50%,苏州市区为39%,而枫桥仅仅为10%(参见表1),不仅量小,而且枫桥服务业还存在着布局分散、综合服务能级较低、辐射力不够、带动性不强问题。

第三,发展要素的依赖和瓶颈制约同时并存。一方面,枫桥发展方式依然没有摆脱传统,主要靠土地要素、劳动力要素来支撑快速增长;另一方面,枫桥土地资源愈加匮乏,几无可用的成片土地,发展空间捉襟见肘,只能在旧厂房改造与回收整理上做文章,资源整合和集约高效利用的考验愈发加大。

第四,以往受制于财力等众多原因而选择的梯度开发的路径愈加难以形成集聚效应,迫切呼唤高起点规划、高水准建设、高水平管理。现在,与城市发展相关的如旧城镇改造、动迁等工作迫切需要有一个更为前瞻的整体控制性详规推进枫桥34平方公里区域发展空间布局的进一步优化和提升,集中紧凑统筹开发、整体性深度挖掘"发展红利"成为必然选择,修编优化片区控制性规划势在必行。

第五,民生水平亟待提升,社会建设和社会管理压力巨大。不可否认,枫桥富民、就业、保障、文化等方面纵比有巨大飞跃,但向前、向上看,枫桥居民的物质文化生活水平、城市生活和生产的能力与城市居民质态仍有较大差距。以2009年为例,枫桥居民的人均收入17 150元,与市区居民人均可支配收入26 320元相比还有不少差距,社会保障、就业、科技、教育、文化、医疗卫生和环境保护等民生保障仍需公共财政投入力度加强。另外,社区管理、城市管理、治安管理挑战严峻,传统的镇域化或街道化管理体制和发展能力与现实需要的矛盾愈加突出,急需改革创新和转型升级。

第六,缺乏创新发展的人才队伍。受土地、资金等瓶颈制约,招商引资步履愈发艰难,现有干部结合新技术、新产业发展特性、发展方向、产业布局开展特色招商、主题招商、科技招商的能力还亟待提高,提早谋划、及早部署、主动安排、主动服务的意识有待进一步增强。另外,从社会人口来看,枫桥街道劳动密集型企业聚集的外来务工人员位于高新区各片区前列,社会管理成本巨大。

第七,虽位处苏州城市中心,但在政策安排中存在着一定的"洼地"现象。枫桥街道与狮山街道同处苏州高新区的中心区域,但十多年来,高新区的城市发展战略重点一直是点线布局,线是沿狮山路布局,点是项目安在苏高新创业园、苏州科技城、国家级环保产业园等"园"、"区"内。从近六年高新区推进的实事工程和全区重点项目来看,落户枫桥街道总量偏少,造成枫桥街道虽属高新区建成区,但在高新区历年规划、政策、项目安排上却是个"洼地",造成枫桥正受他们高速增长和先发效应的双重掣肘。

三、枫桥"十二五"时期优化发展的战略选择

如果说枫桥街道以骄人的业绩经历了新型工业化阶段、新型城市化阶段的快速发展时期的话,那么,毋庸置疑,未来的枫桥必将通过全方位深刻转型走上优化发展、科学发展的新时期,优化和提升自身发展能力和水平成为枫桥街道"十二五"时期的必然选择。如何科学思考枫桥街道这一时期的发展目标和路径便成为摆在我们面前急待解决的问题。

(一)发展目标

发展目标确立是区域发展的首要问题。基于枫桥的地理、人文和历史,基于枫桥的区位使命和政治地位,基于枫桥的发展基础和发展环境,我们认为,谋划枫桥未来五年乃至更长时期的发展定位,必须立足枫桥,但更要从服务全市、全区的高度来谋划和发展,必然要涵盖产业升级、城市功能改造、资源整合、环境生态、宜业宜居等众多基本方面,必然考虑这些要素之间的相关性、整体性以及在区域中的带动性,为此,我们必须按照以下原则定位新时期枫桥发展目标。

第一,立足全市,充分体现中心城区的地位。枫桥街道在苏州市域城市体系中属于中心城区,因此思考枫桥发展,不但要站在高新区发展角度,更要站在苏州城市发展的高度,深刻体现市委市政府提升中心城市首位度的战略构想。

第二,遵循规律,充分体现城市发展的基本逻辑。要注重在城市规划和运行中深度体现城市发展的指标体系和要素,全面提升城市竞争能力、城市管理能力、城市创新能力、城市可持续能力、社会安全能力和城市信息化水平等,强化中心城市功能定位。

第三，呼应融合，充分体现苏州城市节点作用。枫桥街道是无缝连接苏州古城与高新区的重要节点，与吴中区的木渎镇、高新区的狮山街道、科技城、西部生态城、浒关开发区比邻，因此，必须考虑自身发展的可持续性以及与周边区域发展的协调性、互补性，根据各区不同的产业布局、设施配套、形态功能等方面进行无缝对接、互补联动，融合发展，相得益彰。

第四，彰显特色，充分体现枫桥区位、人文和发展特色。特色就是发展的竞争力，枫桥与周边城区融合发展，并非是同质发展，而是要错位发展。运河、富有深厚人文的生态山水、已具规模的工业园均为枫桥特色发展蓄积了优势，人口规模、环境设计、居住与就业、产业结构的平衡都要以枫桥特色为基础，把城市的行政、金融、商务和文化功能与可持续的生态功能和高品质的居住功能融为一体。

第五，创新发展，充分体现高新区"国家创新型科技园区"整体风貌。要带头落实市委市政府关于"三区三城"建设的重大决策部署和高新区建设"国家创新型科技园区"的战略措施，全方位创新枫桥城市发展理念、发展形态、发展体制。

基于上述基本原则，我们认为，"十二五"时期乃至今后一段时期，枫桥街道优化发展的基本思路可以明确为：全面贯彻苏州市"三区三城"建设的总体部署，以科学发展为主题，以加快转变经济发展方式为主线，以保障和改善民生为出发点和落脚点，把经济结构战略性调整作为主攻方向，按照提升中心城市首位度的发展要求，结合苏州市、高新区整体规划布局，立足自身发展实际，不断优化城市功能载体建设和要素资源配置，持续提升高新技术产业和现代服务业比重，进一步确立在全市同类区域新一轮发展中的排头兵地位。

为此，枫桥"十二五"时期发展目标可具体定位为：以科学发展为主题，以加快转变经济发展方式为主线，以提升城市化质态为核心，以满足人民期待为根本，全面构建"三优三区两中心"的新枫桥。即优化枫桥产业结构、优美枫桥城市发展、优质枫桥人民生活，把枫桥东部建设成为现代商贸服务新城区、中部建设成为创新科技产业新园区、西部建设成为自然生态旅游新休闲区，使枫桥率先转变发展方式成为高新区第三产业和高新技术的中心，成为集行政、金融、商务和文化功能、可持续的生态功能和高品质居住功能于一体的人民安居乐业的都市中心。

(二) 发展路径

基于上述发展目标，我们对枫桥街道"十二五"时期转型升级、优化发展提出以下路径建议：

1. 以理念、思维转型引领枫桥经济社会发展转型

客观地说，传统的发展模式和思维惯性尤其是"街道思维"仍然具有强大的束缚力，枫桥干群迫切需要冲破街道思维瓶颈，适应发展新要求，从过去管

用、好用的发展方式、理念中解放出来,在意识、理念、思路和思维方式上跃升至现代都市区层面,实现意识和理念的深刻转型。如,要更新传统经济发展和城市管理理念,确立协调创新融合理念、现代市场经济理念、现代城市发展和管理理念、现代金融理念、人文生态理念、民生福祉理念、公共管理理念、科学执政理念、依法行政理念等新理念;要更新传统思维方式,确立系统、博弈、创新、开放、互动、共生共赢等新思维,以更为宽广的视野如站在全球需求结构的重大变化、国际市场风险控制、国际经济结构和金融制度调整、国家宏观经济布局、区域发展趋势等角度思考和选择枫桥发展路径,善于以战略性、前瞻性的眼光谋划、构架、设计、布局、运作和管理城市诸要素。

2. 以现代都市中心为导向,布局枫桥现代产业体系,实现产业和经济发展转型

(1) 优化区域经济布局。一是绝不做产业洼地,在中部工业区打"科技牌"、"创新牌",促工业转型升级发展。一方面扶持优势产业升级做大,注重推进纽威阀门、博思堂等大企业上市步伐,一方面大力布局战略性新兴产业。首要是对枫桥民营科技园和枫桥工业园整合升级、整合提效、瞄准配套、瞄准重大项目,更大手笔提升园内产业形态,跃上苏州科技城等高层次开发区产业体系;二是提升东部核心区的综合服务功能,重点发展金融、商务、商贸流通等体现城市功能的经济业态,尤其是现代服务业;三是依托苏州西部生态城开发平台,大手笔提升西部枫桥生态、人文、旅游、宜居、高档商务的竞争力。

(2) 重点是全力发展现代服务业,全面对接高新区服务业提升规划,合理布局现代服务业与传统服务业、生产性服务业与生活性服务业以及公共服务业,有所为,有所不为。一是立足区位优势,配套引入生产性服务业进园;二是升级枫桥劳务一条街、枫桥商业街服务业,加快发展人才服务、信息、会计、咨询、法律服务、社区服务业等中介服务;三是依托辖区院校载体,结合老城改造,加快发展教育培训、医疗卫生、文化传媒与广告、建筑设计等具有人力资源优势的知识型服务业;四是依托汽车城、白马涧生态园、苏州西部生态城等载体积极发展都市会展、房地产、都市商务、休闲旅游等具有广阔就业前景的都市型服务业,五是完善区域性商贸中心、特色商贸街区和社区商贸网点梯级商贸服务网络,提升群众生活质量。

(3) 创新体制机制,突破发展的资源瓶颈。利用置换、调整、政府回购等措施,整合土地资源,升级发展新载体,这是新一轮发展的突破口。一是对街道所属的枫桥民营科技园和枫桥工业园进行体制、机制改革和管理创新,组建新的高科技产业园,搭上高新区国家级、省级开发区载体,拓高发展平台,在产业定位、结构调整、公共服务平台等方面突破发展瓶颈,谋求园区载体功能新提升;二是整合街道和村级现有集体资产,进行集约化运作,既提高集体

资产运作能效,也为富民寻找更大通道。从2006年全面组建村股份合作社以来,枫桥街道24个村股份合作社每年到账收入一直稳定在5 400万元,净收入在2 800万元左右,从投入产出比上看,集体资产增效还有很大空间可做,需要进一步进行体制和管理创新。

3. 以提升城市形象为抓手,加快区域多元开发和城市形象建设步伐,加快完善中心城市功能,全方位将枫桥融入到整个苏州市城市体系,实现城市转型

(1) 在城市规划上,主动对接新修编的苏州总体规划和高新区总体规划,进一步修编完善2007年枫桥片区控制详规,深化枫桥辖域发展规划和设计,放大枫桥地缘优势和开发先发优势。一是侧重以现代都市中心为标杆,全方位优化城市功能布局。尤其是京杭运河西侧退二进三置换地块不再规划居住区,要增强办公商业功能,增加城市空间景观功能,以适应高品质的现代服务业发展需求;结合老镇改造、街景改造和城中村改造,高层次布局楼宇经济、商务经济等服务业载体,形成服务业集聚区,并在业态、质量和发展能级上有一个大提升。二是侧重东、中、西整体联动,实施整体性开发,从发展规划、资源配置、产业布局、基础设施、公共服务、就业社保和社会管理等方面统筹城乡关系,进行一体化规划,以实现对整个枫桥的土地利用、人口分布、公共设施和基础设施配置统筹安排。

(2) 城市管理转型。一是要突出民生改善,加大城市环境整治力度,加大街景道路综合改造和山体宕口综合整治以及社会治安工作力度,并通过就业、保障、教育、卫生、治安等惠民实事工程的落实,提升辖区社会事业发展水平,这其中尤为基础的是提高政府保障能力,通过实行积极的就业政策,优化收入增长机制,增加转移性收入,努力增加居民收入,建立健全基本公共服务体系,不断提升社会保障体系的保障水平。二是要推进政府和社会管理体制转型,特别是摒弃传统的乡镇工作思维和机构设置方案,大胆进行改革探索,建立适合发展城市经济和强化社区管理的运转模式,真正实现由镇村工作模式向现代化城市管理模式转变。三是要大力加强社区建设和社会管理,加快推进社会体制改革,做好人口工作,正确处理人民内部矛盾,切实维护社会和谐稳定,提升区域社会发展水平和文明程度。四是要在公共服务平台建设上加大投入力度,逐步建立起适应区域经济发展的创新体系和有利于自主创新的综合服务环境,如把信息技术逐渐融入经济建设和社会管理的各个层面,发挥信息技术对战略性新兴产业发展和城市管理的推动和倍增作用。五是要大力发展文化事业和文化产业,建立和完善公共文化服务体系。着力挖掘枫桥传统历史文化资源,恢复建设富有枫桥人文的一批景点,延续文化枫桥的形象定位,建设枫桥人精神家园。

4. 全力实施人才凝聚工程,实现枫桥人力资本构成的转型

产业、城市、社会的转型需要人才做支持。面对枫桥人力资本构成现状,当务之急应抓好三种人才建设。

(1) 干部管理人才。尽快提升党工委、办事处整个管理层的思想、思维水准和管理能力及水平。一个地域的发展,不单要靠决策者决策定位的智慧和远见,更主要的是要有一支善于站在全局的高度来谋划和推进工作的执行队伍。一是要突出知识和技能,在枫桥干部队伍中加强城市经济学、城市管理学等城市发展理论以及经济社会宏观走势的培训,拓宽枫桥干部队伍的城市现代化建设的理论视野。二是要鼓励枫桥干部队伍跳出街道思维去思考发展,提升能力。三是鼓励干部队伍善于主动出击,善于借智借力,提高招商技能和效率。如借助高新区平台,联动周边科技城等联合招商,借道对接资本、项目和产业,降低招商成本;鼓励招商队伍要学会深入研究产业发展动态,提高对项目的敏感意识和对项目落户的服务意识,提高政策把握能力以及捕捉项目信息、项目分析判断能力以及项目谈判转化能力。

(2) 战略性新兴产业人才。以规划为导引,花大力气集聚新兴产业人才。城市、产业、人才是相互关联的,从某种意义上说,筑就产业高地其实就是筑就人才高地,没有新兴战略性人才集聚,就不可能有新兴战略性产业的兴起,就不可能真正实现城市发展转型,而且,有了新兴产业人才的集聚,才可逐步带动枫桥劳动力人口的结构转型。一是要建立健全以高新区为引导、高科技企业为主体、专业中介组织为重点的人才引进网络,改善和升级枫桥人力资本结构,通过引进专业培训、咨询机构和专业的人才招聘机构,形成独具优势的人力资本体系,保障区内企业的适应性和未来竞争的人才储备。二是要瞄准国家"千人计划"、省市领军型人才,大力引进紧缺型高层次人才和创新创业团队,培养一批能够突破关键技术、具有自主知识产权的创新型科技人才和依靠核心技术自主创业的科技企业家,每年引进3~5个创新型团队,以人才高地建设带动产业高地、创新高地建设。三是重视引进产业经营管理人才、专业技术人才和技术工人。

(3) 社会管理人才。加快提升枫桥基层社会管理、服务人才的素质和能力。枫桥脱胎于乡镇,枫桥最终能否成为都市中心最为根本的是社会能否转型到位,这就需要培养一大批懂现代城市社会管理的基层社会管理者、服务者,其中核心力量就是社区干部。要提高社区干部社区建设、社区发展和社区服务水平,提高基层党组织的执政能力。

第五篇

文化建设与文化改革发展

新农村建设中苏州农民思想道德建设情况调查与思考①

改革开放以来,随着工业化、市场化、城市化和现代化进程的逐步推进,特别是社会主义新农村建设推进以来,苏州农村经济社会结构发生了深刻转型,农民的道德观念和道德信仰发生了很大变化,整体素质有了明显提高,其理念和行为方式越来越现代化、科学化,直接体现了苏州全面建设小康社会和现代化建设的人文风貌。但是,毋庸讳言,苏州农民思想道德建设还存在着一些滞后的现象,与社会主义新农村建设的要求不相适应,与构建社会主义和谐社会的要求不相适应。因此,站在建设现代化国际化新苏州这一新的历史起点上,科学分析苏州新农村建设中农民思想道德建设面临的问题和挑战,探求在新的历史起点上有效加强苏州农民思想道德素质提高的路径和措施,对进一步提升苏州新农村建设水平,进而推进苏州现代化国际化进程有着重要的理论意义和实践意义。

一、苏州新农村建设中农民思想道德建设的基本成效

农民思想道德建设是农村精神文明建设的重要内容,农民的道德教育、道德实践、道德养成始终是与农村精神文明创建紧密相连的。苏州农村精神文明建设是伴随苏州30年改革开放的脚步逐步展开的,是在与物质文明、政治文明的互动中不断进步的。1983年,中宣部等部门,在苏州召开全国文明村镇建设座谈会,提出要建设文明、民主、富裕的社会主义新型村镇,从此,创建文明村镇活动在苏州农村乃至全国各地拉开了序幕。1996年10月,党的十四届六中全会明确提出要以提高农民素质、奔小康和建设社会主义新农村为目标,开展创建文明村镇活动,苏州农村精神文明建设由此进入一个蓬勃发展的新阶段。2001年9月,中共中央印发了《公民道德建设实施纲要》,苏州农村精神文明建设再次掀起了大发展的新高潮。2005年,党的十六届五中全会提出建设"生产发展、生活宽裕、乡风文明、村容整洁、管理民主"的社会主义新农村的目标,2007年,党的十六届六中全会《决定》第一次提出建设社

---

① 本文为2008年苏州市哲学社会科学研究重点立项课题,邬才生同志主持,项目编号08-B-33,著者执笔。

会主义核心价值体系的战略任务,苏州农村精神文明创建再次掀起了前所未有的又一新高潮。按照中央要求,苏州市委市政府立足于"两个率先"的伟大使命,以科学发展观为统领,出台了《苏州市建设社会主义新农村行动计划》和《苏州市提高市民文明素质行动计划》,将思想道德建设作为社会主义新农村建设的一项重要内容,作为新农村建设的重要路径,作为新农村建设成就的重要示标,从政策层面予以硬化,在统一思想认识,加强组织领导,丰富教育内容,提高文化素质等方面扎实有效大力度开展工作,有力促进苏州农村思想道德建设发挥着教育引导、激励凝聚、疏导沟通的价值功能,为苏州社会主义新农村建设创建一个良好伦理秩序和道德氛围的社会环境,苏州广大农民文化水平和文明素质迅速提高,逐步确立了强烈的市场意识、效率意识、科技意识、法律意识、开放意识、竞争意识、创新意识等现代理念,逐步形成以"张家港精神"、"昆山之路"和"亲商理念"为代表的富有现代气息的城市文明精神,农民的道德文明素养也随之得到了很大提升,取得非常显著的成效。以下方面最为突出:

(一)农民思想道德教育富有成效

进行思想道德教育是道德养成的关键环节。多年来,苏州广大农村立足于社会主义新农村建设,普遍开展农民文明素养培育工程,融道德教育、道德实践于文明素养培育工程,使苏州农民思想道德建设因此获得了空前大发展。这一工程从现代人的文明素质要素出发,通过市民学校、乡村文化活动等精神文明创建平台,从公共秩序、法律、礼仪、科学素养、健康意识、公共道德、家庭美德、个人道德等诸多方面进行教育,除了促进农民积极弘扬民族和地域优秀道德传统外,还促进农民确立当代社会所必需的公共意识、环保意识、互助合作意识、社会责任意识等现代文明观念,促进农村社会在思想道德层面发生深刻转型,涌现了许多先进典型。如,1991年11月就办起了全省第一所文明市民学校的常熟市虞山镇颜港街道枫泾居委会,以提高市民素质和城市文明程度为目标,以公民道德教育为核心,以各类活动为载体引导市民参与道德实践活动,有力地推进了文明村镇、文明小区创建工作,其影响力已辐射至整个苏州全市,成为苏州市民实现自我教育、自我提高的品牌项目。再如,苏州高新区枫桥街道的马浜社区、苏州工业园区唯亭街道的东亭社区等是新农村建设中的典型的"村改居",他们紧密将"三农"与"三化"(以工业化、城市化和经济国际化提升城市近郊农村建设)互动并进,特别重视把环境建设、农民综合素质的教育贯穿于社区建设全过程中;推进了农民全方位向城市化、现代化转型。又如张家港市韩山村把"先锋村"创建与文明社区、健康社区、绿色生态社区、文明家庭、特色家庭等多种形式的创建活动融为一体,引导每一个家庭、每一位村民积极参与各项创建活动,村里多次举办球棋类、书画、法律知识、体育等竞赛活动,吸引了一批又一批的中老年人加入健身、艺术操行列,许多农户成了收藏、盆景、音乐、书法等文化特色家庭,乡村生活变得丰富多彩,村民们享受到了新农村现代文明,与此同时,农民的思想道德境界也得到了提升。

(二) 农民思想道德建设载体愈加丰富和完善

思想道德建设作为精神文明建设的核心内容,和精神文明创建一样,都需要硬件支撑。近年来,苏州各地党委政府在苏州农村精神文明和文化载体建设上的投入都有大幅度增长,包括农民思想道德建设在内的农村精神文明和文化建设载体都有了一个突飞猛进的大发展。审视这一发展过程,大致可分"三个阶段":第一阶段是开展老"五个一"建设。2003年至2005年,苏州全市在广大农村开展了精神文明建设先进村创建活动,并随之将社会主义新农村的文明要求细化成"各行政村要有一个活动场所、有一块宣传画栏、有一所村民学校、有一项文化项目、有一支保洁队伍"的"五个一"要求。第二阶段是提出"八个有"要求。为了深入推进全市文明村镇整体创建水平和新农村建设水平,不断提高农民的思想道德、科技文化和健康素质,2006年开始,苏州又提出用三年的时间开展农村精神文明特色村创建工作,要求全市农村在"五个一"基础上加大创建力度,达到"八个有"目标,即"投入有增加、场所有保障、活动有制度、文化有特色、队伍有扩展、环境有改善、民风有正气、工作有创新",进一步为新农村建设中的精神文明建设拓展了更大发展空间。第三阶段是城乡一体化进程中启动新"五个一"工程。2007年,为加快农村公共文化服务体系建设步伐,苏州各地对村级文化设施建设提出了新"五个一"工程的新要求,即从2007年开始,用2—3年时间在全市各新型农村社区和中心村建有一个文化演出场地、一个文化宣传长廊、一个标准"农家书屋"、一个特色文体项目、一个文化信息资源共享点。上述三个推进过程使苏州农村公共文化服务体系更为完善,思想道德建设的载体更为丰富。以昆山为例,全市95%的农村都基本建有文化演出场地,一些经济实力较强的村甚至建有2至3个文化演出场地,并有固定的演出舞台和室内排练场所,更加方便村民就地就近演出。据统计,2007年,昆山市共举办文艺演出650多场;在"农家书屋"建设上,淀山湖、玉山、周市、陆家、周庄等五镇已成为村村达标的乡镇。

(三) 农民思想道德建设的内容、形式愈加活泼生动,富有针对性和感染力

思想道德养成属于精神生活,道德教育、道德实践只有获得道德主体的认同才会富有成效。因此农村思想道德建设的内容、形式、方法和手段能否吸引村民参与便成为至关重要的因素影响着思想道德建设的成效。为此,苏州各地农村积极探索多种路径教育和熏陶农民,以群众喜闻乐见的形式和方法凝聚农民的道德认同,整体带动了苏州农村思想道德建设水准的不断提高。调查中我们发现,苏州农村各地各具特色的思想道德建设呈现了如下共

性特征：即用居民自我教育管理塑造人；用丰富多彩的教育活动培育人；用整洁优美、安居的社区环境影响人；用生动活泼的文体活动吸引人；用体贴入微的便民服务温暖人；用不断完善的保障服务关爱人；用先进典型的示范作用激励人；用党员的先锋模范作用凝聚人。以张家港为例，他们寓思想道德建设于种类繁多的农村特色文体项目之中，这些特色文体项目既有昆曲、京剧、越剧、沪剧等戏曲演出，又有江南丝竹、秧歌、荡湖船、打连厢、舞龙舞狮等民间项目，还有乒乓球、篮球、书画、象棋、健身舞、门球、球操等文体活动，群众参与热情高涨，促进了广大村民摒弃陋习，思想观念与休闲方式向"文明、科学、健康"的方向转变，带出了农民昂扬向上的精神风貌。其中张家港市锦丰镇于2005年举行公民道德实践年活动，重点开展"怎样做一名文明锦丰人"大讨论、公民道德漫画比赛、"我身边的不文明行为图片展"、"献爱心送温暖行动"等一系列主题鲜明、形式多样、内容丰富的群众性道德实践活动，开启了全镇农民全员参与新农村思想道德建设的生动局面。张家港市凤凰镇紧密联系水蜜桃种植传统，举办张家港凤凰镇桃花节，融民族传统、产业文化、文明创建为一体，2008年在全国第四届群众创作歌曲大赛中，张家港凤凰镇桃花节主题歌——《和谐凤凰》获全国金奖。以昆山为例，昆山各镇相继开展"星级文明户"、"邻里工程"、农村思想道德"三评三讲"（是否履行了法定义务，评议是否维持了公共利益，评议是否承担了家庭责任，宅基地内外讲卫生，家庭邻里讲和睦，婚丧喜庆讲文明）、"百名文明新市民"、"感动昆山"道德模范评选等创建活动，非常具有针对性，成为教育群众和群众自我教育的生动课堂。

二、苏州新农村建设中农民思想道德建设面临的问题和挑战

可以肯定地说，苏州社会主义新农村建设过程中，农民思想道德建设的成效是相当巨大的。但是，我们在调查中仍然不无遗憾地发现，苏州农村思想道德建设总体上滞后于苏州经济社会发展水平，农村精神文化有效供给与农民的精神需求还是不相适应，一些农民的素质与新农村建设要求相比也存在不相适应，这种状况直接影响了苏州新农村建设的成效和进程。如新农村建设中，一些农村的公厕、垃圾收集点选址经常受到附近村民阻挠，有的甚至多次损坏建好的卫生设施；在村集体公共事务处理中，一些村民只顾自己有利，不管他人方便，只要服务，不要义务，只要权力，不愿出力；一些村民共建意识淡薄，责任意识不强；"室内现代化、室外脏乱差"的现象没有根本改变，乱丢、乱堆、乱摊、乱倒等不良现象随处可见，现代社会公德意识不强；生态伦理观念在市场经济的作用下严重削弱；一些村民集体观念正逐步弱化，利己意识明显增强，市场经济某些消极影响日趋明显。这些农村思想道德失范现象告诉我们，苏州农村农民思想道德建设仍然存在着缺位和不到位的情况。而且，若进一步以发展的眼光和时代的要求去考量，苏州农村思想道德建设

还面临着许多新挑战。通过调查分析,我们认为,主要表现在以下方面:

(一) 苏州农村思想道德规范的建设滞后于现实发展需要

农村社会由传统向现代转型过程中,各种价值观念相互交融、吸取、作用、冲突,迫切需要先进的价值规范体系予以引领。目前来看,一是苏州各地农村虽有村规民约等规范形式,但大多是一经制定便多年不变,从内容看缺乏时代发展的新元素,未能充分发挥走在时代前列、引领农村道德文明发展的作用;二是苏州农村现有的道德规范还缺乏系统性,还未能真正形成规范体系。

(二) 苏州农村仍然缺乏经常性的思想道德建设机制,经常性的思想道德实践活动严重不足

总体上看,即便是农村精神文明创建工作一直在抓,但仍有不少地方各级组织乃至不少农民家庭仍然热衷于把经济发展当作重中之重,经常性的道德养成和文化文明建设方面还是存在应景式、盆景式现象,经常性建设的机制不健全,针对性的教育养成实践数量不足,严重制约苏州农村物质、政治、文化、社会、生态五大文明同步发展。这种现象在社会主义新农村推进过程中,虽已得到较大改观,但从思想道德养成的规律来看,从和谐新农村的标准来看,从"两个率先"的光荣使命上看,显然是不够的。

(三) 苏州农村思想道德建设与"乡风文明"、"管理民主"未能深度对接,影响着苏州农民思想道德建设的水准

农村思想道德建设是农村精神文明建设的重要组成部分,思想道德建设与新农村建设有机相融,关键是要与"乡风文明"、"管理民主"深度对接。我们在调查中发现,2006年后,苏州各地社会主义和谐新农村建设大多是按照先易后难的路径,依托各级公共财政和村集体经济的投入,大多从村容整治入手,主要定位于物质层面。如农村基础设施建设得到大力加强;村富余劳动力的培训与转移得到高度重视;城乡一体化的社会保障体系逐步推进;村庄建设和环境改造步伐加快,促进村庄绿化、净化、美化、亮化;各地农村的文化活动室、计生服务站,便民服务站、社区医疗所已得到相当普及。深刻审视苏州新农村建设上述过程,有两个现象应该引起我们重视:其一,新农村的"生产发展"、"生活宽裕"、"村容整洁"诸基本内涵在苏州新农村实践中得到了极大的彰显,但客观比较下来,与"生产发展"、"生活宽裕"、"村容整洁"相比,"乡风文明"、"管理民主"获得投入相对较少。其二,即便是"乡风文明"、"管理民主"得到了加强,但从根本上分析,思想道德建设与"乡风文明"、"管理民主"还缺乏深度对接,现有的"乡风文明"建设明显缺乏思想道德建设的深度支持,道德的力量远未充分显现。如果说在社会主义新农村建设初期,新农村建设侧重物质层面有一定的客观背景使然的话,那么,在继续推进新农村建设进程中,尤其是党的十七届三中全会后,苏州科学统筹"生产发展,

生活宽裕,乡风文明,村容整洁,管理民主"各个方面,形成齐头并进的良好局面还有很大的改进空间。

（四）苏州农民思想道德建设存在政府包办代替现象,农民道德建设的主体意识不够强

苏州现行的新农村建设基本上仍属于地方政府主导型,地方政府和部门建设新农村的积极性非常高,而农民的主体参与意识却相形见绌,思想道德建设实践中尤为如此。和谐新农村建设需要党委政府、农民、社会组织的共同参与,但目前的情况是,一方面作为农村思想道德建设的参与者,各种社会组织的力量明显不足；另一方面,虽然苏州各地农民在党委政府的推动下,参与和谐新农村建设的热情愈来愈大,但被动参与仍占较大比重。依据思想道德建设的自身规律,必须要让更多农民真正成为思想道德建设的主要主体和自发主体,让农民参与进去,这样的道德养成才更富有成效。

（五）苏州农民思想道德建设在内容、形式、方法、手段等诸方面存在滞后现象,仍然存在道德教育低效化现象

我们在调查中发现,之所以出现道德教育低效化现象,是因为在全面建设小康社会的进程中,农村利益主体分散,经济成分、组织形式、经济利益、就业方式出现多样化,导致了农民的思想观念、道德标准、价值取向、文化认同趋于多元化,消费模式、生活方式呈现多层化,但农村思想道德建设的诸方面却不能与时俱进、同步跟进,不少现有的道德教育内容和形式过于抽象化、理想化,教育的内容空洞,缺乏连贯性、完整性、系统性、针对性,与各层次的农民实际需要脱节。如,与城市化密切相关的农民公共道德的培育有些地方重视力度不够,致使一些农民人是进城了、进社区了,但思想和行为习惯却固守乡村陈规陋习；再如,如何重视对悠久淳朴的乡风民俗等非物质文化遗产的保护,如何充分发挥道德教育和法律监督的职能,如何针对目前农村社群多样化趋向,激发农民建设兼容并包、和谐共生的农村文化生态；等等,这些问题在苏州众多地方的农村思想道德建设中还未从内容、形式、方法、手段等方面作出深度探索,对建设社会主义新农村已形成了不同程度的制约。

（六）苏州农村提供的精神文化产品与群众愿望需求比仍显不足

我们在调查中还发现,日渐富裕起来的苏州农民追求科学文明健康生活方式的愿望十分强烈,但是,乡村社会能够提供的文化活动却很少,相当一部分村集体不组织文化活动；群众自发组织的村落文化、传统文化也由于工作分散或无组织等原因日渐减少；虽然开展了"三下乡",但活动一般集中在年底和年中,不够经常,贴近实际、贴近群众、贴近生活方面也做得不够；即便是现在全市每个村都有一个以上的文化活动中心（室）,但是由于部分村干部对文化建设的认识不足,经费投入不够,文化阵地活动不够丰富,给予全体农民的文化产品、文化服务供给不足,部分文化阵地甚至出现异用、挪用现象,限

制了文化阵地作用的发挥。上述现象造成了只有少部分农民能短期享受到文化建设成果。所以，在苏州乡村社会，文化产品供需矛盾总体还是比较突出。

（七）苏州农村社会风气与文明风尚与苏州现代化国际化发展新目标不相适应

尽管苏州农村社会风气朝着健康文明的方向发展，但在苏州奔赴现代化的征途上，党的十七届三中全会为社会主义新农村建设提出了新任务，苏州社会主义新农村建设被赋予了现代化国际化的时代新内涵，与此相对应的现代化新农村所需的新观念、新风尚目前苏州还有相当差距。一些不良风气如赌博、封建迷信等现象仍然存在，村级治安状况也愈加复杂，这些现实状况更加凸显了现代化背景下苏州农村思想道德建设面临挑战的严峻性。

苏州农村思想道德建设存在的上述问题和面临的挑战具有一定的普遍性，造成的原因也是多方面的。我们认为，除了一些地方农民思想道德建设未能得到足够的重视外，主要的原因还是伴随经济社会新旧体制转轨，苏州农村思想道德建设体系的建设未能随之转型。

三、新的历史起点上加强苏州农村思想道德建设的基本对策

马克思主义哲学认为，社会意识与社会存在具有不完全同步性，道德作为一种社会意识形态，作为社会存在的反映，本身具有一定的滞后性，这是客观的。但意识发展的相对独立性告诉我们，必须发挥自觉能动性，积极作为，意识形态才有可能发挥巨大的能动反作用。目前，党的十七届三中全会为社会主义新农村建设继续指明了方向，苏州广大农村正行进在城乡经济社会发展一体化、中国特色社会主义农村现代化的征途上，基于马克思主义基本原理和苏州农村思想道德建设面临的新形势，我们认为，农村思想道德建设必须从健全和完善苏州农村思想道德建设体系入手，切实在规范体系、内容、机制、人才等诸多方面予以创新变革。即继续坚持"生产发展、生活宽裕、乡风文明、村容整洁、管理民主"这一建设社会主义新农村的要求，始终坚持以社会主义荣辱观统领农村思想道德建设，以现代化国际化新苏州为标杆，从以下方面开拓苏州农民思想道德建设的新境界。

（一）不断丰富、完善并大力加强具有苏州特色的新农村社会价值规范体系建设

思想道德理念需要依靠教育灌输、舆论维护、示范引导去确立，但要使其真正实现向实践的转化，形成对人们道德行为有效的制约力，必须加强道德规范本身的建设与完善。从道德实践来看，新农村社会价值规范建设其实质就是让农民逐渐放弃旧的行为选择标准体系而接受和形成新的价值体系的过程。因此，在迈向现代化新农村过程中，苏州迫切需要设计出一套具有苏州特色、能够引领苏州新农村建设发展方向、为苏州新农村建设提供精神动

力、与苏州现代化发展要求相适应、又合乎苏州农民心理习惯并能被顺利认同的社会价值规范体系，也就是说新的社会价值规范体系要集中折射当代中国社会、社会主义制度、市场经济、苏州农村现代化四个维度的要求。首先，要构建以平等、民主、法制等价值理念为主导的管理民主的农村社会政治新规范体系；其次，要构建以科学发展、公平正义、开放创新等现代价值观念为主导的农村经济生活的新规范体系；再次，要构建以道德文明、幸福和谐等价值观念为主导的农村社会文化生活新规范体系。在上述三类规范体系中，要顺应公民社会的成长，突出以下工作环节：一要针对目前农村道德体系不规范、不完善、不适应的问题，组织专门力量，按时代需要修改和完善"乡规民约"、"村规民约"以及个人的、家庭的各项规约，确立充分体现时代需要的思想道德评判价值，使广大农民有章可循，有约可依。二要在规范建设中，要与时俱进推进社会公德、职业道德、家庭美德和个人品德建设，与时俱进推进积极、和谐、健康、文明的乡风、民风建设，用道德、文明、幸福、和谐等价值理念引领社会风尚。特别是通过社会公德规范的建设，在农村倡导文明礼貌、助人为乐、爱护公物、保护环境、遵纪守法的道德风尚；通过职业道德规范的建设，在农村倡导诚实守信、真诚合作、处事公道、奉献社会的道德风尚；通过家庭美德规范的建设，在农村倡导尊老爱幼、夫妻和睦、勤俭持家、邻里团结的道德风尚。

（二）继续把强化农村思想道德教育放在更加突出的地位，突出现代性和有效性，使各种规范内化为每个农民的自觉行动。

道德教育始终是道德养成的最重要途径。第一，加强农村思想道德建设首要的一点就是要强化农村宣传思想工作，通过农村宣传思想工作，弘扬爱国主义、集体主义和社会主义的主流价值，正确把握思想道德建设的方向，坚守新农村建设的社会主义方向。我们要利用农村宣传思想工作平台进行包括科学发展观在内的中国特色社会主义理论体系教育、爱国主义、社会主义、集体主义的思想理念教育、以国家和集体利益为重的价值取向教育；见利思义、以义至上、天下为公的道德情怀教育，使之在农村社会成为主流价值。第二，充分利用乡村文化阵地，大力弘扬民族传统美德。在弘扬民族传统美德时，帮助广大农民从思想认识上分清哪些是应当继承的好传统，哪些是应当提倡的新风尚，哪些是必须破除的旧观念旧习俗，提高广大农民对传统道德糟粕的抵制力和免疫力。第三，利用农民身边为数众多的道德典型进行示范引导。如，以农民身边成功的乡村企业和企业家为典型，引导农民确立适应社会主义市场经济需要的农村经济生活新规范，教育引导农民在经济行为中处理好如下关系：既要承认和保护个人利益，又要把个人利益同集体利益和国家利益结合起来，增强社会责任；既要自立、自强、自主，又要树立整体意识、集体观念，履行社会义务；既要增强实惠观念，重视物质利益原则，又不陷入功利主义、实用主义和短期行为的泥沼;既要增强竞争观念,又要提倡人与人之间的和谐、友爱和真诚合作;既要增强效率观念,又要重视社会公平,坚持共同富裕;既要增强经济行为和社会行为的目的意识,又要讲究手段的合理性、合法性和道德性。第四,要对农村道德教育体系细化分层,有针对性地进行教育。现在农民成分出现了务工、务农、经商、私营企业主、个体工商户等复杂类型,因此,除每个公民都应遵守的社会公德外,对农民的思想道德教育必须要分层次、有针对性,突出不同的教育内容。第五,要按照农村精神文明建设的总体要求,充分发挥队伍、阵地的作用,形成一个完整的思想道德教育网络。第六,要不断丰富完善思想道德建设的时代新内容,多形式扶持思想道德建设的新组织形式。如将科学发展意识、社会和谐意识、公共秩序意识、公共环境意识、公共财物意识、公共关怀意识纳入公民道德建设;将悠久淳朴的乡风民俗等非物质文化遗产等丰富多彩的民族和地域文化资源整合起来,发展内容健康、形式多样、风格清新质朴、具有浓厚乡土气息的农村群众文化,以熏陶农民的传统道德;正确引导农民信教以及娱乐活动,坚决反对和打击迷信和赌博行为;鼓励各种形式的农民自办文化,组建一批农民书社、电影放映队,扶持一批农村业余剧团,支持他们扎根民间、深入农村、服务农民。用先进文化凝聚人心,理顺情绪、化解矛盾,使农民群众安定有序、和睦相处、同心同德、步调一致地投身新农村建设。

(三)创新农村思想道德建设的各种运行机制,使农民思想道德建设经常化、长效化

加强农村思想道德建设,提高农民素质是一项长期而又艰巨的系统工程,因此,创建各方必须共同努力,形成长效联动机制。第一,坚持党委政府领导,形成党政齐抓、各界参与、各司其职、相互协同的联动机制。所有的涉及单位如卫生、城建、综治办、工青妇等部门要改变各唱各的调、力量分散、缺乏统筹规划、建设的系统性差、难以发挥整体效应的现状。第二,要建立良好的投入机制,完善队伍和阵地建设。要建立以政府为主的投入机制,市镇两级要每年拨出农民思想道德建设的专项资金,既要对农民实用技能培训,失地农民转岗就业培训进行补贴,也要对农民思想道德建设等提供必要的扶持。第三,建立资源整合机制,有效整合利用现有农村培训教育资源,在师资、资金、场所、设施等方面统筹安排、共享利用,充分利用好乡村文化设施,形成宣传和教育的阵地网络。第四,建立人才培养机制。建立农民讲师团、农村文艺宣传骨干队伍,引进艺术院校毕业的大中专学生充实乡村文化建设,充分发挥民间艺人、文化能人、文化经纪人在活跃乡村文化、传承传统文化、推动农村文化产业发展方面的积极作用,使他们成为乡村文明创建的组织者、参与者,充分发挥农民思想道德建设的主体作用。第五,建立道德报偿机制、道德监督约束机制。建立和健全社会道德报偿机制,鼓励、支持和保护

群众中的道德行为。大力度建立道德监督约束机制,除了应充分运用政策、纪律、法律等手段对农民的思想道德加以有效地约束和规范外,还应该充分整合乡村道德评判各种机制,在农民中倡导建立"自我组织"如"道德评议小组"、"红白喜事理事会"、"赡养老人协会"、"禁赌会"等,开展各种道德评议活动,引导广大农民参与道德评判,加强自我监督和约束,充分发挥好舆论维护效用。第六,建立考核激励和检查督促机制,把农民思想道德建设工作列入目标管理,列入实绩考核内容,建立和完善指标量化、结构科学的考核评价机制,政府财政可安排专项资金对思想道德建设的先进镇村加以奖励,以激发各地建设热情。

(四)加强基层党组织建设,发挥党组织和党员干部的道德号召力

农村基层党组织是农村思想道德建设的组织基础,农村党员干部是农村思想道德建设的最为关键的重点人群。要继续按照"好班子、好队伍、好路子、好体制、好制度"五个好标准创建党支部,按照先进性要求建设农村党员队伍,使党组织和全体党员充分发挥道德示范作用,做道德文明的先行者,在群众中确立强大的道德感召力,带动乡风文明。

(五)加强农村文化产出建设,为农民提供更多的精神文化产品

第一,通过载体使用率的提高提升文化产品的供给率。苏州广大农村精神文明载体建设已取得了长足的进步,当下最迫切的是打开思路,通过市场机制、政府供给或农民文艺团体自供等多种产出形式用足用活载体,如充分利用农村图书馆、电影队、市民学校、体育场地、文艺场地等乡村文化设施,开展丰富多彩的文体活动,提高农村公共文化产品的供给能力和产品数量。第二,动员社会力量、企业共同参与农村文化产品的供给。第三,通过培育特色文化提升农村文化建设的生命力,增强农村文化主体的产品供给能力。

(六)开展以城带乡,城乡共建,加强城乡文明建设工作的对接和互进

客观地说,苏州城市精神文明创建工作要强于农村精神文明建设,已积累了相当丰富的创建经验,这是苏州未来农村精神文明创建的宝贵资源。在统筹城乡发展一体化的进程中,苏州农村思想道德建设非常有必要借鉴城市的创建经验,不失时机地将城市积累的创建好方法引入农村文明创建过程,在思想道德建设等诸多精神文明创建方面形成以城带乡,城乡共建的生动局面。

(七)借鉴国际先进经验,强化法律外律作用

道德养成既靠自律又靠他律,因此,思想道德建设不能仅立足于道德层面开展,还必须立足于政府主导,法律先行。以社会公德建设为例,社会公德建设实际上首先体现为政府主导下的立法行为,这先于公民的观念的自觉养成和行为养成。要使一些传统的陈规陋习迅速转变为一种现代文明行为和生活方式,通过立法的外律会来得更为有效和快捷。只有把他律和自律、提

倡和禁止、软性约束和硬性规定结合起来,才能有助于村民养成良好的习惯,制止不文明行为。世界上诸多国家如英国、日本的农民道德实践表明,法律先行并长期坚持是农民确立社会公德行之有效的成功做法。因此,我们可以在苏州农村思想道德建设中借鉴发达国家的成功经验,把村民思想道德建设与村民的法律意识、法治精神的培养结合起来共同推进。

加快把文化产业发展成为支柱性产业的现实基础和路径分析

——以苏州市为例①

文化产业在经济和社会发展中的地位和作用越来越重要,已经被国际学界公认为朝阳产业,在许多发达国家已成为国民经济的支柱产业之一。以党的十六大"支持文化产业发展,全面提高我国文化产业的整体实力和综合国力"的战略部署为标志,大力发展文化产业,成为我国进入到新时期发展的重要选择。2011年全国两会通过的"十二五"规划纲要明确提出,推动文化产业成为国民经济的支柱性产业是国家的一个发展战略,"十二五"期间文化产业整个平均增长率翻一番。党的十七届六中全会也对文化产业发展作出全面部署。显然,文化产业作为国民经济新的增长点和未来经济的重要组成部分,倍受党和政府的重视,许多地方政府都将文化产业发展纳入地方"十二五"规划,作为历史文化名城和走在中国现代化国际化进程前沿的苏州自然也不例外。文化产业因其巨大的发展潜力和发展空间,不仅将在加快转变经济发展方式、调整产业结构方面发挥更大的作用,而且将在满足人民群众的文化消费需求、提高全民整体素质,推进苏州率先实现现代化上发挥更大的作用。目前,苏州国民经济和社会发展"十二五"规划纲要已对文化产业发展独立成章作出了方向性战略规划,如何以纲要为本,借鉴和吸纳先进国家和地区的发展经验,全力实施文化产业提速工程,不断探索推动文化产业成为全市国民经济支柱性产业的有效路径?本文以苏州为例进行思考探讨,以期对当前文化产业发展实践提供一定的启迪。

一、苏州文化产业发展的现实基础

"十一五"以来,苏州文化产业依托资源优势提升水平、依托重大项目形成集聚、依托开放型经济扩大规模,制定创新扶持政策、打通社会融资渠道、培育引进龙头企业、积极拓展文化市场,现已形成7个国家级、5个省级文化产业示范基地,28个苏州市级示范基地,集聚文化企业1.5万多家,形成了良

---

① 本文为2012年环太湖经济社会发展研究中心立项课题,著者主持,项目编号2012—33。

好的产业链和产业集聚放大效应,基本形成多门类的综合性文化产业体系,文化产业发展所取得的成绩在全省同类城市中名列前茅。2011年,苏州全市文化产业企业1.5万多家从业人员36.37万人,文化产业实现营业收入2 093.9亿元,文化产业增加值占全市GDP的比重超过5%,苏州文化产业收入在国内已仅次于北京、上海、深圳、广州,在江苏省文化发展绩效考核综合评价比较中居全省第二位,文化产业已成为苏州经济转型升级的"新引擎",为苏州在"十二五"期间力争达到7%以上,实现建设文化强市的奋斗目标奠定了坚实的基础。上述成绩的取得,主要通过如下举措:

(一)政策创新

从2009年开始,苏州先后成立了文化产业发展领导小组,制定出台了多项政策推动文化产业发展。具体如下:《关于推动苏州文化产业跨越发展的意见》《关于加快苏州市文化产业发展的若干政策意见》《苏州市文化产业投资指导目录》《苏州市重点文化企业认定暂行办法》《苏州市文化产业统计调查报表的实施意见》《苏州市文化产业示范基地评选命名管理办法》《苏州市文化产业发展资金管理办法》《苏州市金融支持文化产业发展的实施意见》《苏州市文化产业担保基金管理办法》《苏州市文化产业投资引导基金管理办法》。这些政策基本形成了较为完整的政策体系,弥补了苏州文化产业起步晚的缺陷,为苏州市文化产业的发展提供了坚实而稳定的政策保障,苏州文化产业迅速进入又好又快的发展轨道。

(二)载体创新

文化产业园区和基地能有效地发挥产业集聚效应,推动文化产业向集群化、集约化方向发展,是提升文化产业运行质量的重要支撑。苏州强力培育、扶持国家级、省级、市级文化产业示范基地,通过建设文化创意产业园区(基地),引导不同类别的产业要素集聚化发展(详见下表)。另外,苏州还成功举办首届中国·苏州文化创意设计产业交易博览会,这是我国首个文化创意设计领域的专业性博览会。创博会效应也开始显现,170多个项目成功签约,总金额近10亿元。

苏州市文化产业示范基地(截至2011年)

类别	名称
国家级7个	1. 胥口书画全国文化(美术)产业示范基地 2. 苏州国家动画产业基地 3. 苏绣文化产业群 4. 江苏周庄文化创意产业园 5. 国家数字出版基地苏州园区 6. 国家影视网络动漫实验园(张家港) 7. "昆山国家影视网络动漫实验园"

续表

类　别	名　　称
省级5个	1. 沙家浜江南水乡影视产业基地 2. 苏州文化艺术中心 3. 昆山省级动漫数字产业园 4. 昆山文化创意产业园 5. 苏州沧浪文化创意街区
市级28个	中国光华（苏州）文化创意博览中心、现代传媒大厦等

（三）产业融合

与财政、金融、科技、旅游融合，形成了"科技＋文化"、"金融＋文化"、"旅游＋文化"、"创意＋文化"的产业发展模式。苏州市建立了市级文化产业发展专项引导资金，每年从财政预算中安排3 000万元，并由相关部门组织专家评审，重点引导扶持发展势头好、经济和社会效益明显的文化单位及具有高增长性的重点文化产业项目。为拓展融资渠道，通过实施政府引导、风险投资机构和中介机构等联合推进的发展模式，逐步建立起政府投入与社会投入相结合、内资与外资相结合，多渠道多元化的投融资机制，建立较为完整的"苏州文化产业发展资金"体系，包括专项扶持资金、信用担保基金、投资引导基金等，解决中小文化企业贷款融资难的问题；积极探索建立保险业支持文化产业发展机制，探讨设立苏州文化企业融资专项风险补偿基金的可行性，为文化企业的经营活动分散风险，确保文化企业持续稳定又好又快地发展。

（四）重大项目带动

据统计，2011年12月，进入苏州市文化产业项目资源库（投资5 000万元以上）已达83个，总投资651.99亿元。创意设计业21个项目；数字内容和动漫业13个项目；印刷复制业3个项目；出版发行业3个项目；新闻出版业1个项目；文化旅游业24个项目；演艺娱乐业4个项目；影视制作业5个项目；工艺美术业9个项目。目前，苏州市已基本形成了以文化艺术、出版印刷、广播影视为代表的核心文化产业群，以文化旅游、演艺娱乐、会展广告为代表的外围文化产业群，以文化用品、文化设备的生产制造和销售为代表的相关文化产业群。

二、苏州市文化产业的发展目标和发展困局、挑战

（一）苏州文化产业发展方向和目标定位

苏州市委、市政府《关于推动苏州文化产业跨越发展的意见》中指出：苏州文化产业发展的目标"到2012年，文化产业增加值年均增长25％左右，占全市GDP的比重力争达到5％以上。文化产业综合实力和竞争力明显增强，成为苏州经济发展的重要增长点和支柱产业之一"。在苏州市第十一次党代会上，省委常委、市委书记蒋宏坤提出：力争到"十二五"期末文化产业增加值占地区生产总值比重达到7%,打造"三城一基地"文化强市,即全国著名创意设计之城、世界知名文化旅游之城、中国工艺之城、全国新兴数码产业基地。

(二)苏州文化产业发展困局和挑战

对照苏州"十二五"现代化发展任务,对照苏州文化产业"十二五"发展规划,对照苏州文化产业发展基础,总体来看,苏州文化产业基础良好,但与国际文化产业竞争格局来看,表现出传统产业比重太大、结构不合理、中小企业为主体、缺乏规模等产业现状,主要存在以下发展困局:

(1)量、质同步发展问题。现有业态存在量不大质不强问题。表现在:苏州传统文化产业如字画、玉雕国际市场竞争力不强;与现代科技紧密相连的文广传媒、影视等现代文化产业实力不强;代表科技文化产业方向如虚拟演艺平台等新产业业态还是空白。在新兴文化业态发展上与先进城市也有差距。如,苏州现有国家认定的7家动漫企业,2011年苏州年产动画片1.6万多分钟,位列全国第六,前五位是杭州、深圳、无锡、沈阳、广州。文化产业企业总体仍以中小企业为主,上市企业仅1家,缺乏龙头企业,龙头文化产业企业数量少、规模小,文化产业集约化、规模化水平偏低,等等。若按国家统计局发布的《文化及相关产业分类》标准,2011年苏州市文化产业实现增加值417.54亿元,占全市地区生产总值的3.9%,离支柱性产业还有距离。

(2)文化产业业态体系丰富和转型问题。苏州文化产业现有业态体系偏单一,各地有同质化趋向。如何推进文化产业结构合理化?苏州拥有丰厚的文化资源,如何让其转为产业优势?如何使"文化与科技紧密结合"?等等。另外,苏州文化服务业不如南京,文化产业发展主要依赖文化制造业,文化服务业比重较低。

(3)文化产业贸易的国际影响力和竞争力问题。苏州现在高端化、国际化、专业化创意设计产业外包服务基地与产业集群还缺乏。从苏州文化产业骨干企业来看,苏州文化产业领域仅有1家上市公司苏大维格光电科技股份有限公司,而深圳文化产业领域有华侨城、腾讯公司、A8音乐、华视传媒等上市企业16家。苏州在做大做强龙头骨干企业,激励扶持骨干企业上市进行资本运作,进而推动和优化全市文化产业快速发展方面,还有很大的空间。

(4)管理体制机制问题。文化产业进入了国家经济发展的重要序列,经济主管部门如何处理好与文化部门和宣传部门关系,牵好头使之进入支柱性产业序列?另外,现有管理体制机制行政化手段强,还不能完全适应市场化、国际化竞争需要。

(5)文化产业的政策配套完善问题,政策细分细化还不很完备。以资金扶持为例,在产业的发展初期,政府的资金扶持具有重要的推动作用,苏州虽有此方面政策,但力度远不如深圳、无锡。再者,政策如何细分、如何未雨绸缪,建立完善保护、开放、扶持、开发、调控等文化产业发展机制和政策体系?

如何从财政、税收、融资、人才、土地、奖励等多方面为文化产业发展提供政策保障,形成了比较完整的文化产业促进体系和政策框架?这些政策问题仍需深入探索。

(6) 区域特色问题。如何体现社会效益和经济效益相结合、建立符合社会主义市场经济体制的要求、遵循文化产业的自有规律布局文化产业体系,形成苏州特色?

(7) 文化产业安全问题。文化产业具有文化和商业双重属性,如何避免文化产业"非文化现象",避免工业化和商业化对文化性的侵蚀?

上述发展困局表明,苏州文化产业挖潜空间巨大,需要我们从做大文化产业体量、加快培育产业门类和文化产业载体、打造文化产业主体、开拓文化产业市场、深化管理体制改革、完善政策配套等基本方面加快发展,全力推进。

三、努力把苏州文化产业培育成国民经济支柱产业的对策建议

"十二五"时期是苏州率先基本实现现代化的奋斗期,是苏州文化产业发展的黄金机遇期,文化产业发展已成为苏州率先基本实现现代化的重要示标。在这样大背景下,基于苏州文化产业发展现状、趋势和问题,我们建议苏州文化产业加快发展,要重视和加强以下方面工作:

(一) 培育壮大骨干文化企业,实现文化企业现代化

文化企业是文化产业发展的主体,在现代市场经济竞争中,做大产业远不如做强企业重要。因此,政府要实施大企业带动战略,强力推进文化资源与要素适度向优秀企业集中,支持大的文化企业凝聚核心优势,各行业形成一批主导,各地区培育一批骨干,支持有条件企业跨地区、跨行业、跨所有制兼并重组,走联合、并购等基本路径,培养大型跨国文化企业。加快推进文化企业上市,形成资本市场苏州文化板块和一批战略投资者,促进苏州文化产业整体实力和竞争力的提升。另外,企业规模仅是企业竞争力的因素之一,真正培育资金实力雄厚、竞争力强的企业,还得要依靠市场机制。苏州要勇于在市场活力上为企业营造发展空间,如降低市场准入门槛,让大量民间资本进入,实现文化产业资本结构的多元化,筹集更多资金进入文化产业。

(二) 项目带动强化载体支撑,实现文化产业空间布局合理化

以大项目带动资源整合是促进文化产业发展的有效途径。苏州仍要着力打造市场、园区、基地三类文化产业载体,尤其是加强文化产业园区载体建设,依托现有文化产业园区和龙头文化企业,瞄准世界市场国内市场文化产业发展前沿和主流,大力度引进和建设一批有市场前景的大项目,促进他们业态提升,形成产业集聚突出、有市场活力的文化产业集聚区。

(三) 做强文化服务,实现文化产业结构现代化

根据日韩等国经验,实现文化产业跨越式发展,离不开政府规划。产业规划的核心是产业结构的优化和空间布局的合理化。产业结构的优化表现

在产业体系的优化上。现代文化产业体系是以创意创新为核心、以信息化、数字化、网络化为依托的,其中文化服务业应为主体主导。立足文化产业发展前沿,着力发展处于产业链高端的文化创意产业,不断优化产业结构是苏州文化产业发展的重要内容。因此,苏州文化产业要和其他现代服务业和谐发展和融合。要重视对区域性传统文化产业复苏、振兴。要坚持文化创意和自主创新,发展高端产业,创造新的经济增长点。要特别重视和加强文化与科技的深度融合,加快形成以新兴文化产业为主导、传统优势产业为基础的现代文化产业体系,大力发展文化服务业,积极推动新闻、出版、广播、电视等融合数字技术、互联网、软件等高新技术,鼓励发展技术含量高的数字媒体、数字出版、手机电视、手机购物、手机动漫、网络游戏等新兴文化服务业态,提升苏州文化产业的档次和水平,使之成为推动苏州文化产业发展的中坚力量。

(四)培育创新文化市场,实现文化产业市场现代化

市场的开放难于资源的开发。文化市场建设一是市场需求空间的开发,二是市场交易环境的建设,二者共同让文化产品有充分的价值实现途径。"十二五"时期,苏州不仅要从生产的角度推进文化产业大发展,还要从消费的角度推进文化产业发展。要重视文化产品市场、资本市场、人才市场、技术市场等要素市场的建设。要重视和扩大居民文化消费,繁荣文化消费市场,要创新文化活动内容、形式和方法,满足人民群众多样性、多层面、多元化需求,把居民文化消费纳入到苏州现代化整体进程中去。要重视国际市场的开发,推进文化产业的跨区域合作,瞄准更广阔的国内国际市场,前瞻对接国际文化产业一体化发展,通过文化交易所等现代交易平台拓展苏州文化产业市场空间。

(五)完善优化发展环境,实现文化发展环境现代化

文化产业发展环境包括政策环境、金融环境、人才环境、要素环境等。现实看,体制改革难于机构调整,专业人才储备难于企业孵化。因此,营造优越的发展环境更为重要。一是深化体制改革。深化细化宣传、文化部门与经济管理部门的职能分工,完善审批、金融、税收、监管等公共政策导引。另外,世界现行有市场主导模式、政府主导模式和混合开发模式,市场主导模式是为企业提供充分的创新环境,政府主导模式是为企业提供强力支持,混合开发模式则利企业多元化发展。苏州目前是偏重政府主导式发展,这在文化产业启动阶段是必需的有效的,但随着市场发展,必须要加大改革的力度,注重市场和社会的力量。要优化政策环境,加强地方文化产业的法制化、规范化和制度化建设,完善宏观管理体制。要优化融资环境,搭建投融资平台,拓宽融资渠道,建立多元化投融资体系,搭建多方面金融服务平台。要优化人才环境,大力培养和引进高层次文化管理、创新和贸易人才。

苏州率先建成城乡文化一体化发展示范区面临的问题和对策研究[①]

城乡文化一体化是城乡一体化非常重要的一个方面,其根本任务就是要以保障人民群众基本文化权益、满足人民群众基本文化需求为目标,大力推进广覆盖、高效能、可持续的公共文化服务体系建设,全面提升公共文化的服务能力、服务水平和服务效益,更好地惠及人民群众。这是党和国家"十二五"时期的一项重大战略部署,也是苏州"十二五"时期率先基本实现现代化的重要发展指标要素。2011年6月,苏州市被列为文化部、财政部第一批28个创建国家公共文化服务体系示范区城市之一,要在全国率先建成、率先垂范,这就更加凸显了苏州城乡文化一体化发展的重要性和紧迫性。在此背景下,本课题直接探讨苏州率先建成城乡文化一体化发展示范区面临的问题和对策,提出个人思考,以期对苏州这一率先实践提供一定的借鉴和启迪。

一、研究背景

我们以"苏州率先建成城乡文化一体化发展示范区面临的问题和对策"为研究课题,主要基于以下背景:

(一)近年来,党和国家对城乡文化一体化的认识不断深化,不断提出了新要求新任务

(1)党的十七大提出城乡一体化发展战略任务,同时也提出"形成城乡经济社会发展一体化新格局",要重视城乡、区域文化协调发展,将之列为实现全面建设小康社会奋斗目标的五大新要求之三:"覆盖全社会的公共文化服务体系基本建立",对"坚持把发展公益性文化事业作为保障人民基本文化权益的主要途径,加大投入力度,加强社区和乡村文化设施建设"作出了明确的部署。[1]

(2)党的十七届五中全会提出"加强农村基础设施建设和公共服务",提出"基本建成公共文化服务体系"确立为"十二五"时期的一个奋斗目标。[2]

(3)十七届六中全会强调了加快城乡文化一体化发展,指出"满足人民基本文化需求是社会主义文化建设的基本任务。必须坚持政府主导,加强文化

---

① 本文为2012年苏州市哲学社会科学重大研究课题,著者主持,项目编号12-A-01。

基础设施建设,完善公共文化服务网络,让群众广泛享有免费或优惠的基本公共文化服务。要构建公共文化服务体系,发展现代传播体系,建设优秀传统文化传承体系,加快城乡文化一体化发展"[3]。

(4) 2012年2月印发的《国家"十二五"时期文化改革发展规划纲要》对加快城乡文化一体化发展作出明确的部署。一是将"覆盖全社会的公共文化服务体系基本建立,城乡居民能够较为便捷地享受公共文化服务,基本文化权益得到更好保障"列为到2015年我国文化改革发展的主要目标;二是将"加快构建公共文化服务体系"作为十大部署之三;三是明确了加快构建公共文化服务体系的政策导向和政策支持。[4]

(二)加快实现苏州城乡文化一体化被赋予了探索经验、提供示范的政治使命

苏州作为东部沿海发达城市,改革开放30多年来,经济社会发展和改革开放等各项事业取得了长足的进步。近年来,面对率先发展遇到的深层次矛盾和问题,苏州坚持解放思想和改革创新,勇于率先探索,积极开展城乡一体化发展的改革实践,取得明显成效,为全国面上的改革积累了不少经验。为此,中央和省委对苏州城乡一体化率先示范发展有着厚重的期待:

——2008年,苏州被确定为江苏城乡统筹综合配套改革试验区;

——2009年,被国家发改委列入中澳管理项目"消除城乡一体化的体制障碍,促进农民富裕与城乡统筹发展"的改革试验;

——2010年被列为国家发改委城乡一体化发展综合配套改革联系点;

——2011年被列为农业部全国统筹城乡发展改革试验区;

——2011年被列为文化部财政部第一批创建国家公共文化服务体系示范区。

基于此,在城乡一体化改革发展背景下,苏州被确定为第一批创建国家公共文化服务体系示范区(东部地区),被赋予了探索经验、积累经验、提供示范的政治使命。亦即要按照公益性、均等性、基本性、便利性的要求,整合、集成"十一五"公共文化服务体系建设成果,更好地研究解决公共文化服务体系建设的突出矛盾和问题,推动公共文化服务体系建设可持续发展,创建网络健全、结构合理、发展均衡、运行有效的公共文化服务体系示范区。无疑,这将为苏州市"十二五"期间进一步推进城乡文化一体化发展提供重大机遇。

(三)苏州率先基本实现现代化实践的内在要求和历史必然

文化建设,是城乡一体化建设的重要内容,是率先基本实现现代化的重要组成部分。没有苏州城乡文化一体化,就不可能有苏州率先基本实现现代化。"十二五"时期苏州要率先基本实现现代化,就必须大力推进城乡文化一体化。加快实现苏州城乡文化一体化是苏州率先基本实现现代化的历史必然。而公共文化服务体系建设,则是城乡文化一体发展成果的直接体现,是

"文化民生"最直接内容。因此,创建国家公共文化服务体系示范区,既是加快推进城乡一体跨越发展的必然要求,也是率先基本实现现代化的重要途径,将为苏州开创"城乡一体化"发展的新格局、新境界提供了难得的机遇。

实践中,苏州各地站在率先基本实现现代化的高度、站在促进经济社会可持续发展的高度、站在改善和保障民生的高度,着力推进公共文化服务体系建设,城乡文化一体化发展得到了迅速推进。苏州各市纷纷把城乡文化一体化发展要求体现在率先基本实现现代化指标要素中。如,苏州市率先基本实现现代化的领头羊昆山市提出,让"文化昆山"充实现代化内涵。因此,在昆山正式推出的率先基本实现现代化进程指标体系中,每万人文化体育设施面积、文化产业增加值占 GDP 比重、新增劳动力受教育年限、每万人拥有人才数、生活信息化水平、文教娱乐支出占消费支出比重、居民文化素质和文明水准综合评分等七大文化建设指标咬定文化现代化不放松[5]。苏州市率先基本实现现代化五大类指标体系中,在以城乡一体为核心的社会现代化和以民生改善为核心的民生现代化指标设计上,均纳入了公共文化服务体系和文化权益的衡量指标,如表1、表2所示。

表 1 苏州市社会现代化指标体系

分类	序号	指标名称		单位	目标值（含目标）	权重
（3）社会现代化	13	基尼系数		—	<0.4	2
	14	每千人拥有医生数		人	2.3	2
	15	每千名老人拥有机构养老床位数		张	30	1
	16	文化产业增加值占 GDP 比重		%	6	2
	17	人均拥有公共文化体育设施面积		平方米	2.8	2
	18	▲城乡公共服务支出占财政支出的比重		%	72	2
	19	法治平安建设水平	法治建设满意度	%	90	1.5
			公众安全感	%	90	1.5
	20	和谐社会建设水平	城市和谐社区建设达标率	%	98	2
			农村和谐社区建设达标率	%	95	2
	21	党风廉政建设满意度		%	80	2

注:资料来源市统计局。

表2 苏州市民生现代化指标体系

分类	序号	指标名称		单位	目标值（含目标）	权重
(5)民生现代化	28	居民收入水平	城镇居民人均可支配收入	元	55 000	2.5
			★农村居民人均纯收入	元	20 000 (23 000)	2.5
	29	城镇保障性住房供给率		%	98	1
	30	城乡基本社会保障覆盖率		%	99	3
	31	★人均预期寿命		岁	88(78)	3
	32	居民住房水平	城镇居民住房成套比例	%	95	1.5
			农村居民住房成套比例	%	26	1.5
	33	公共交通服务水平	城镇居民公交出行分担率	%	26	1.5
			镇村公共交通开通率	%	100	1.5
	34	每千人国际互联网用户		个/千人	1 000	2
评判指标		人民群众对基本现代化建设成果满意度		%	70	

注：资料来源市统计局。

（四）苏州市率先建成城乡文化一体化发展示范区要有理论自觉和实践自觉

从上述背景可以看出，加快实现苏州城乡文化一体化已摆上实践日程，实践探索已取得阶段性成效。但从目前来看，如何加快建设国家公共文化服务体系示范区，宣传报道见多，而理论研究尤其是前瞻性对策研究整体上还滞后于实践探索和实践需要，迫切需要我们既要有清醒的实践自觉，又要有清醒的理论自觉，需要我们在理性实证分析的基础上，动态把握苏州城乡文化一体化发展趋势，前瞻分析苏州推进过程中存在的问题和对策，既为苏州实践提供决策参考，又为其他地区城乡文化一体化建设提供示范和借鉴。因此，本课题立足研究和解决苏州城乡文化一体化发展进程中的突出矛盾和问题，具有及时性、现实针对性和前瞻性，有着重要的实践和理论意义。

二、苏州率先建成城乡文化一体化发展示范区的现实基础

（一）城乡文化一体化与公共文化服务体系建设的理论共识和依据

基于当前实践和理论上的认知，我们认为，关于城乡文化一体化，我们应该确立以下基本共识。

(1)"城乡文化一体化"是城乡一体化的重要方面。

(2)城乡文化一体化,主要是城乡文化建设和文化权益上的一体化,就是要统筹推进城乡文化,实现城乡文化共繁荣,城乡文化事业统筹规划、协调发展、资源共享、文化融合,同地域的居民享受同样的文化权益。

(3)城乡文化一体化的根本任务就是要以保障人民群众基本文化权益、满足人民群众基本文化需求为目标,大力推进广覆盖、高效能、可持续的公共文化服务体系建设,全面提升公共文化的服务能力、服务水平和服务效益,更好地惠及人民群众。

(4)公共文化服务体系建设是城乡文化一体发展成果的直接体现。当前公共文化服务体系难点在农村、弱点在基层。以农村和基层为重点,创新开展基本公共文化服务广覆盖、公共文化服务体制一体化、基本公共文化服务均等化是城乡文化一体化的重点内容。

(5)党的十七大、十七届五中全会、六中全会对城乡文化一体化及其重点任务公共文化服务体系建设都作出了明确的部署,《国家"十二五"时期文化改革发展规划纲要》《全国地市级公共文化设施建设规划》等相继印发,为地方创建提供了政策遵循。

(二)苏州率先建成城乡文化一体化发展示范区的现实基础

我们认为,苏州有着优秀的文化优势、雄厚的经济优势、先行试验的政策优势、率先探索的实践优势、丰富的人才优势、共建共享的氛围优势,具备了加快推进城乡文化一体化建设、成为全国典范的物质、社会和文化条件,同时,苏州市经济、社会和文化发展所取得的显著成绩,以及"十二五"期间进一步推动转型升级、率先基本实现现代化的发展目标,都为在更高起点上开展国家公共文化服务体系示范区创建工作,奠定了坚实的基础。因此,苏州城乡文化已进入一个整体推进、科学发展、全面提升的新阶段,整体推进、协调推进、快速发展的良好局面已经基本形成。

1. 文化积淀深厚

苏州是国务院首批公布的24个历史文化名城之一,是吴文化的发祥地和重要代表,是传统文化发达、历史底蕴深厚的风景旅游城市。苏州现有2个国家历史文化名城(苏州市、常熟市),8个中国历史文化名镇(周庄、同里、甪直、木渎、沙溪、千灯、锦溪、沙家浜),2个中国历史文化名村(明月湾、陆巷),平江路与山塘街入选中国首批十大历史文化名街。苏州市的9处古典园林被列为世界文化遗产;昆曲等6个项目入选联合国教科文组织"人类非物质文化遗产代表作"名录;全国重点文物保护单位34处;国家级"非遗"项目24项;国家级民间文化艺术之乡25个。可以说,苏州的历史底蕴和文化资源在全省全国都具有突出的地位和优势。[6]

2. 经济基础雄厚

仅以 2011 年为例,苏州全市实现地区生产总值 1.07 万亿元,列全国第六,人均地区生产总值 15 800 美元;其中规模以上工业总产值全国第二;全市实现地方一般预算收入 1 100.9 亿元,列江苏省第一,全国第六(上缴是 63%);进出口总额突破 3 000 亿美元,列全国第四;出口总额全国第三;实际利用外资 89.12 亿美元,世界 500 强企业中有 141 家落户苏州,实际利用外资全国第五。雄厚的经济发展优势为城乡一体、公共文化发展提供了坚实的物质基础。[7]

3. 文化建设基础扎实

刚刚过去的"十一五"时期,是苏州发展史上综合实力提升最快、城乡面貌变化最大、人民群众得实惠最多的时期,也是我市公共文化服务体系建设发展最好的时期。苏州紧紧抓住列为江苏省唯一的城乡一体化发展综合配套改革试点市的有利时机,在城乡一体化发展中加快推进公共文化服务体系建设,覆盖城乡的公共文化设施网络体系基本形成,公益性文化设施实现市、县(区)、镇(街道)、村(社区)四级全覆盖。全市公共文化设施总面积达到国内同类城市先进水平。苏州市和下辖的 10 个县(市)、区 2009 年就全部通过"全国文化先进县(市)、区"复检,位居全省首位。

4. 群众共建共享的氛围浓厚

苏州统筹开展群众文艺活动,所辖的各市(县)、区充分发挥各自的特长和优势,打造具有苏州城市特色的文化惠民活动品牌。如张家港"幸福网格 PK 赛"、常熟"文化惠民村村演"、昆山"区区镇镇"艺术节、太仓"百团大展演"、吴中区"广场文艺月月演"、平江区"盛世观前"戏曲艺术节、沧浪区"吴地端午民俗文化艺术节"和"古胥门元宵灯会"、金阊区"轧神仙"民俗艺术节、工业园区"端午节龙舟赛"和高新区"活力高新·欢乐社区行"等县级市(区)群众文化活动,极大地满足了城乡群众的精神文化需求,形成了诸如"长江文化艺术节"、"江南文化节"、"郑和航海节"、"运河文化节"、"苏州阅读节"、"太湖文化论坛"等一批极具地方特色、群众喜闻乐见的文化活动品牌体系。近年来,苏州还成功承办了两届中国国际民间艺术节、四届中国昆剧艺术节和中国苏州评弹艺术节、中国农民文艺会演等一大批品牌节庆活动。[8]

5. 城乡文化一体化政策保障得力

2007 年起,在苏州市出台了《关于进一步加强苏州市新农村文化建设和城区基层文化建设的实施意见》,明确提出要做好新农村文化建设和城区基层文化建设各"五件实事"(新农村文化建设"五件实事"是:加强农村公共文化设施建设;丰富农民群众精神文化生活;推进农村有线电视"户户通"工程和农村广播全覆盖工程;健全、完善农村文化市场体系;加强农村文化遗产保护。城区基层文化建设"五件实事"是:完善苏州城区基层公共文化设施建设;推进文化信息资源共享工程;活跃基层文化活动;加强基层文化队伍建设;健全基层文化建设工作机制),并将两个"五件实事"纳入市政府对市(县)、区政府的考核内容,每年签订责任书,并对完成情况进行督察。2010年10月,在"江苏省文化发展绩效评价体系"(包括文化发展、政府投入、文化服务、文化消费等4大类15项指标)考核中,苏州位列全省第一。[9]

6. 先行试验和率先探索的实践优势

改革开放以来,苏州始终是勇立改革开放潮头,不断推进创新实践,乡镇企业、外向型经济、张家港保税区、昆山自费建设开发区等无不体现了这种探索开路的率先精神。近年来,相继被确立为江苏省城乡一体化发展综合配套改革唯一试点市、国家发改委联系点,农业部城乡一体化改革试验区,文化部等公共文化服务体系国家示范区创建单位,有着先行试验的政策优势和率先实践基础。

7. 丰富的人才优势和共建共享的氛围优势

苏州自古就是人才荟萃之地。古代产生了以孙武、范仲淹、唐寅、顾炎武、蒯祥等为代表的政治家、思想家、军事家、科学家、艺术家;历史上孕育了51名状元、1 500多名进士、苏州籍两院院士100余名。苏州的绘画、书法、篆刻流派纷呈,各有千秋;戏曲、医学、建筑自成流派,独树一帜。苏州的刺绣、缂丝、玉雕、漆器、桃花坞木刻年画等工艺品闻名中外。当代各个领域都涌现了一大批杰出人物,文化传承有着广泛深厚的民众基础,一大批非遗项目传承人都是基层群众在担当,群众文化、大众文化有着一支数量可观的人才队伍,各层次、各领域文化活动丰富,文化事业繁荣。[10]

正因为苏州有此诸多优势,2010年苏州市委、市政府在科学分析苏州未来经济社会发展特色和优势的基础上,将"城乡一体的示范区"、"历史文化与现代文明相融的文化旅游城市"纳入苏州"三区三城"城市发展总目标总定位,将城乡一体化、文化建设摆上了经济社会发展的重要战略位置,这对苏州创建城乡文化一体化发展示范区具有重要的指导意义。

三、苏州市国家公共文化服务体系示范区建设的主要情况

2011年5月,苏州作为江苏省唯一入选城市,被文化部、财政部列为第一批创建国家公共文化服务体系示范区城市。创建国家公共文化服务体系示范区是率先基本实现文化建设现代化的重要载体,市委市政府将之摆上苏州率先基本实现现代化的战略平台,将示范区创建作为打造"文化苏州"城市形象、推动苏州市公共文化大发展大繁荣的重要抓手,全市上下紧紧围绕"一个总目标"(用两年时间完成创建国家公共文化服务体系示范区任务),选准"三个突破口"(即加强基层文化设施建管用、创新公共文化服务方式、建立健全长效机制),推进"五项重点工程"(公共文化设施网络完善优化工程、数字文化服务升级提速工程、文化惠民活动品牌创建工程、公共文化产品创新创优工程、推进文化人才队伍梯次建设工程),落实"四项硬举措"(健全组织保障体系、完善经费支撑机制、创新文化体制机制、健全政策法规和绩效评估体系)[11],明确时间表、确定路线图,着力专项推进,创建工作现已取得了重大进展,主要表现在:

(一)公共文化设施网络体系日益完善

1. 大型公共文化设施齐全

市和县(区)级重大文化设施建设成果显著。苏州图书馆新馆、苏州博物馆新馆、苏州科技文化艺术中心、苏州演艺中心、苏州美术馆新馆、苏州市文化馆新馆、苏州名人馆、苏州评弹学校新校等一批市级重点文化设施先后建成;各市(县)、区也相继建成一批文化中心、图书馆、文化馆、博物馆。全市共有县(区)以上公共图书馆12个,均为国家一级馆;13个公共文化馆中有12个是国家一级馆,1个国家二级馆;另建有市及县(区)级博物馆、纪念馆42个,美术馆11个。[12]

2. 基层文化阵地建设扎实

乡镇(街道)、行政村(社区)级文化设施和文化活动场所建设突飞猛进。目前,全市100%的乡镇(街道)建有单独设置的综合文化站,其设备配置、活动开展、人员配备、综合管理等达到国家发改委、文化部制定的《乡镇(街道)文化站建设标准》。行政村(社区)综合文化设施达标建设覆盖率95%以上,全面完成农家书屋在我市所有行政村的全覆盖。[13]

3. 全国文化信息资源共享工程实现全覆盖

大力提升了城乡文化队伍的自动化、信息化建设水平,全面提升了基层群众从多渠道获取优秀文化信息的能力。至"十一五"末,在全市范围实现了文化信息资源共享工程"县县有支中心、乡乡有基层服务点"以及"村村通"的目标。全面建成广播电视覆盖体系,在全国率先实现城乡一体化数字电视整体转换。广播电视双入户工作扎实推进,农村广播电视"户户通"工程全部完成,全市数字电视总用户居全省各市之首。[14]

(二)公共文化服务供给能力逐渐增强

苏州长期坚持、业已形成以公共财政为支撑、以政府公益性事业单位为主导、业余文艺团队为骨干、广大群众积极参与的多元化公共文化服务供给模式。

1. 文艺作品的创作力度不断加大

仅"十一五"期间,就有1台剧目入选文化部建国60年来"首届优秀保留剧目大奖",2台剧目入围国家舞台艺术精品剧目,1台剧目获"文华大奖",5部戏剧和文学作品获中宣部"五个一工程奖"等,10个作品获得"群星奖"。[15]还有一批优秀广播、电视节目、栏目和美术、群文作品获得"星光奖"等全国性奖项。同时,每年面向基层群众创作的各类文艺作品万余件。丰富多彩的文艺作品极大地满足了我市群众的文化欣赏需求。

2. 文化活动的惠民程度不断增强

大力推动群众文艺"群星璀璨"工程、特色文化"品牌培育"工程、群文创作"精品打造"工程、外来务工人员"文化共享"工程，惠民文化活动呈现蓬勃发展的良好态势。如统筹开展了以"我们的节日"、"天天有"、市直舞台艺术"四进工程"和"群星璀璨——城区各广场主题活动"为主要形式的"四大系列"文化惠民活动，受到各层面人群的广泛欢迎和参与。同时，坚持市县区联动，组织好每年一度的全民健身月和全民健身日活动，逐步形成了全民参与、具有本地特色的"苏州体育节"。

3. 公共文化服务方式不断创新

"苏州模式"的公共图书馆总分馆体系不断完善。目前全市共有公共图书馆总分馆148个，基本实现了全覆盖[16]。同时，为实现农村公共信息服务的经济、高效和可持续，我市在全国率先开展了"四位一体"（村图书室、农家书屋、党员远程教育、文化信息共享）农村综合信息服务体系试点工作，基本实现了15分钟免费文化圈。目前，我市已基本形成资源丰富、技术先进、服务便捷、覆盖城乡的数字文化服务体系，广大城乡基层群众均可以通过多种方式使用文化信息资源及享受数字资源服务。

4. 公共文化服务的产业支撑和市场供给能力不断提升

"十一五"以来，我市制定出台了《关于加快苏州市文化产业发展若干政策意见》等多项政策，加快优化文化产业发展环境，鼓励文化企业参与文化产品的生产和供给，基本形成了以文化艺术、出版印刷、广播影视为代表的核心文化产业群，以文化旅游、演艺娱乐、会展广告为代表的外围文化产业群，以文化用品、文化设备的生产制造和销售为代表的相关文化产业群，文化产业增加值位居全省第一。制定并落实了吸引社会力量参与公益文化事业建设有关政策，先后出台《关于支持和服务民营文艺表演团体发展的若干意见》《支持民营文艺表演团体发展奖励办法（试行）》。目前苏州现有34家民营文艺表演团体，常年扎根基层、服务人民，与国有院团和群众文艺团体互为补充，为繁荣苏州文化事业、丰富基层文化生活发挥着不可替代的作用。

（三）公共文化服务保障措施日趋健全

苏州现已经将公共文化服务体系建设纳入政府议事日程，纳入国民经济和社会发展总体规划，纳入政府目标管理责任制，纳入财政预算；初步建立了政府统一领导、相关部门分工负责、社会团体积极参与的管理体制和工作机制，形成了城市对农村的文化援助机制，组织支撑体系初步形成。

1. 政策保障

苏州市委、市政府历来重视公共文化服务体系建设，提出了建设文化强市、文化名市、全国一流文化强市的目标，先后多次召开全市文化工作会议和基层文化建设工作会议,下发了苏州市"十一五"、"十二五"文化发展规划,苏州市《创建国家公共文化服务体系示范区建设规划》《关于加强"十二五"公共文化服务体系建设的实施意见》《苏州市创建国家公共文化服务体系示范区过程管理实施意见》《苏州市公共文化服务体系建设绩效评估制度(试行)》和《苏州市公共文化服务体系建设考核指标(试行)》等文件10多个。同时,先后制定并颁布了《苏州市基层文化标准化建设评选和命名工作的实施意见》《关于进一步加强苏州市社区文化建设的意见》等文件,不断完善基层文化阵地的"建"、"管"、"用"机制。

2. 机制保障

在我市各级党委的高度重视下,各级政府将公共文化服务体系建设纳入了政府中心工作,制定规划,明确目标,建立起了政府统一领导、相关部门分工负责、社会团体积极参与的管理体制和工作机制。市规划部门和文化主管部门紧密协作,编制了苏州市文化设施建设布局规划,努力打造"十五分钟文化圈";市财政部门对文化事业经费做了精心编制,"十一五"期间年均公共文化事业经费投入占财政总支出的比例不低于1‰;市编办、人事和文化主管部门就基层文化从业人员的编制、培训、资格认证等工作做了会商并出台了相关政策;市体育、工会、共青团、妇联等部门积极参与,工人文化宫、青少年宫、妇女儿童活动场所等设施完备,均实行免费开放。各级政府在逐年加大对基层文化事业投入的同时,在整合公共文化服务资源、推进投入方式的多元化、提高整体服务能力方面,积累了许多有益的经验,探索并完善了符合各地实际的、行之有效的基层文化工作新机制。

3. 资金保障

"十一五"期间,在各级政府的重视下,我市公共文化财政呈逐年上涨趋势,市级财政专门设立了"公益性基层文化设施建设引导资金"和"宣传文化发展专项资金",建立"苏州市新农村文化建设奖励引导专项资金",用于扶持基层文化设施建设和基层公益性文化项目,各市(县)、区也相应设立了农村文化建设专项资金,纳入本级财政预算,扩大公共财政覆盖农村的范围,确保了农村和城区重点文化设施建设和文化活动开展的资金需要。

4. 人才保障

一方面,根据《姑苏人才计划》,培养和引进文化高层次人才、领军人才和重点人才;另一方面,规范和加强基层文化队伍建设,对基层文化站(室)的人员编制做了明确规定。同时制定了以"统一培训、统一考试、持证上岗"为主要内容的基层文化从业人员资格认证制度,苏州市人事与文化主管部门联合下发了《苏州市基层文化从业人员资格认证管理制度》和《关于〈苏州市基层文化从业人员资格认证管理制度〉(试行)的实施意见》,从2008年起,连续三年开展了两轮基层文化从业人员资格认证培训,基本实现了基层文化从业人员培训全覆盖,在对基层文化从业人员试行资格认证方面,走在了全国的前列,做出了可贵的探索和实践。截至"十一五"末,全市96个镇(街道)文化站专兼职工作人员共609人,全市1 764个村(社区)文化活动室(中心)现有兼职工作人员1 764人。市级文化单位业务人员占职工总数高于70%,县级文化单位业务人员占职工总数近80%。[17]

(四)文化体制改革初见成效

推进市图书馆、市歌舞剧院等公益性文化事业单位进行了人事制度改革,形成了责任明确、行为规范、富有效率、服务优良的管理体制和运行机制;制定并落实吸引社会力量参与公益文化事业建设有关政策,一大批民间文艺团体活跃在城乡,成为政府公共文化服务的重要补充。资金、人才和技术等方面都有了一定的保障。已经把吸引、培养、留住文化人才纳入全市人才队伍建设之中;公共文化发展空间广阔。

上述成效,受到了文化部督查组的充分肯定:在2012年3月文化部中期评估督查中,督导检查的6大类25个重点指标(东部标准)(附后),我市有24个指标中期进度评定为优,1个指标评定为良,总体督查指标优良率达100%,(详见表1);同时,根据第三方零点公司调查显示,我市公共文化设施基本满足群众的需求,博物馆、图书馆和文化馆(站)免费开放也获得了普遍的好评,资源共享率和群众满意度都较高。中期综合评估排名仅次上海之后,位列东部地区创建单位第二。文化部督查组一致认为,我市创建工作定位高远、积极创新、稳步推进,圆满完成了中期目标,在全国起到了良好的示范和表率作用。

表1 创建国家公共文化服务体系示范区(东部)中期督导情况[18]

城市	6大类25项重点指标的督查评价				
	优	良	中	差	优良率
北京市朝阳区					88%
辽宁省大连市	23	2			100% 总体评分优秀
上海市徐汇区	25				100% 总体评分优秀
江苏省苏州市	24	1			100% 总体评分优秀
浙江省宁波市鄞州区	23	2			100% 总体评分优秀
福建省厦门市	23	2			100% 总体评分优秀
山东省青岛市	24	1			100% 总体评分优秀
广东省东莞市	19	6			100%
天津市和平区					72%

(据文化部公开信息搜集整理编制)

四、苏州率先建成城乡文化一体化发展示范区面临的问题和薄弱环节[19]

依据党的十七届六中全会的新要求、新任务,依据国家文化建设"十二五"发展规划,依据苏州率先基本实现现代化的指标要素,对照文化部等公共文化服务体系示范区创建标准,对照兄弟地区创建实践,苏州的公共文化服务体系建设中还存在一些矛盾、问题,主要有:

(一)基本文化设施仍然存在总量不足、质量不高、结构不优、运行不力问题

1. 总量大,但相对群众需求还显不足

近几年,苏州市农村公共文化设施建设无论在规模上,还是在质量上都取得了显著的成绩,得到了上级文化部门的充分肯定和基层人民群众的普遍好评。但是,与人口总量、与百姓全面小康生活、基本现代化发展需求相比仍显总量不足。尤其是人口过万的农村大社区,这个问题较为突出。

2. 使用频次不高,使用不平衡

农村公共文化设施对丰富基层群众的业余生活、促进社会和谐、改善乡风文明有着显著的成效。农村公共文化阵地建成之初可以说是设施齐全,但现实中也存在部分农村公共文化设施没有完全发挥其应有的作用,甚至有的长期空关,与建设预期的成效还存在一定的差距。在经营管理公共文化设施,提高现有设施的有效利用率和群众的参与度上明显不足,一些已建成的村文化室存在部分被挪用、挤占的现象,有的在完成考核验收命名的使命之后就闲置。我们在调查中发现,苏州市城区某社区配备了室内健身器材及一些科技便民设备,但社区苦于人多空间少,还要有电费的消耗,索性长期上锁空关起来。不少设施有闲置现象,如个别图书阅览室因藏书量少、更新慢、开放时间短,借阅人数寥寥。在公共设施的使用者方面,最突出的问题是年轻人缺位,使得社区文化活动中心在某种意义上沦为老年活动中心的代名词。农村公共文化设施"三分建七分管","管"上普遍需要加强。

3. 文化设施基本普及,但便民性不足

基本文化设施不能仅满足于"有",还要侧重于方便享用。苏州城乡不少一些基本文化设施由于受制于已经形成的规划、建设格局,文化设施布局受用地、用房限制,在布点上便民性不够。

(二)公共文化产品匮乏、服务能力不强、服务队伍严重不足

苏州市文艺创作在全国摘金夺银,但相比城乡居民日益增长的庞大需求,公共文化产品的总供给量仍显不足,特别是贴近城乡居民生活、符合居民自娱自乐需要的优秀原创群文作品的数量还不够多,质量还不够高。

在文化基础设施硬件建设大幅度改善的同时,苏州市文化队伍及其专业素质、服务能力、服务内容、制度标准等"软件"建设相对于硬件建设明显滞后、粗放。文化人才队伍建设经过不断努力正在逐步改善,但总体上的结构失衡问题还没有得到较好解决,公共文化服务人才队伍数量和人才质量都存在不足。一是专业人才少,有职业资格的更少,他们的数量、职位、结构、收入、资格准入等一系列问题需统筹安排;二是培训工作机制不健全;三是文化志愿者建设亟待加强;四是群众自发文艺团队建设需大力扶持和鼓励;五是有的公共文化场所缺乏管理人员,建设时配置的消防设施无人检修,甚至还存在一定的安全隐患,某些乡村文化在城市化进程中前途堪忧;六是城市基层和农村普遍缺乏公共文化服务标准和指南。公共文化服务标准和指南是各级政府履行文化服务职能的规范、面向公众的服务承诺和监管文化服务过程的依据。目前城市做得较为到位,颁布了《苏州市公共文化服务指南》(城区),但农村基层普遍不够到位。

(三)政府主导作用发挥方面存在不足

(1)在推进过程中存在着一些政府对农村文化需求研究不到位、定位不准确、投入效益低下、服务机制和投资机制有待创新、公共文化服务体系政策法规亟须完善等发展性问题,服务农村公共文化服务职能亟待转型。如,关注文化服务需求的共性为多,关注文化服务需求的个性较少,如城乡差异、群体差异;关注公共文化服务内容的均等为多,但注重群众文化权益的均等较少;在推进上也存在着重文艺活动轻文化建设、重政府送文化轻群众文化创造、对文化遗产工作重申报轻保护、重硬件建设轻运营管理等工作误区;对公共文化设施建设投入力度较大,但对公共文化设施的管理力度有待增强,特别是一些基层文化设施的功能和作用发挥还比较有限,提供公共文化服务的能力和活力不足。

(2)政府主导,强化了公益性文化单位的主体骨干地位,但在充分调动和利用市场和社会文化资源,建设良性竞争、多元互补的公共文化服务体系还嫌不足,公共文化服务社会参与机制尚待加强,充分发挥政府、市场和社会的作用方面还有很多空间。

(3)基层政府在公共文化服务中的主导地位发挥需要加强,不但重视建设,更要重视文化产品和文化服务提供,如群众文化需求界定、文化产品设计、文化产品供给等。同时,上下级政府之间的联动,还需要更多的制度设计和政策设计。

(四)基层文化资源整合,逐步融入公共服务体系还嫌不足

文化、广电、体育、科普、旅游、群团组织在基层都有文化建设类项目,但大多各自为政,低水平建设,公共财政资源得不到充分发挥。因此,要消除行政壁垒和区域分割,突破管理体制、流通体制等障碍,加强文化资源的整合力度,建立包括文化、广电、体育、科普、旅游等在内的"大文化"公共服务体系,促进资源共享,提高服务能力。

(五) 文化产业、文化市场支撑还嫌不足

苏州市文化产业加快崛起,但与先进城市相比还有一定差距,文化产业对苏州市公共文化共建共享上作用发挥还不充分,对公共文化建设的贡献力及影响力还有待进一步提升。

(六) 公共文化管理体制和机制改革仍需进一步推进

苏州市文化事业改革早已推行,但文化行政部门与公益性文化事业单位之间仍是行政隶属关系,在提供公共文化服务上尚未向行政合同契约关系转变,管理方式单一,尚未向行政、经济和法律多方式转变;文化行政部门还未由主要管理下属机构向主要管理社会转变。

(七) 加大信息技术的应用,丰富公共文化服务内容

基层文化服务信息化水平普遍不高,创新公共文化服务方式,完善公共文化服务体系,提高公共文化服务的效率、质量和水平。

(八) 在公共文化绩效考核上还存在不足

在积极追求效益最大化,使公众满意度上需要强化,要从关注文化服务的量(如设施量和覆盖率),逐渐转向更加注重文化服务的质(如使用效果和满意度等)。

(九) 创建的国际视野亟须拓展

创建仅盯着标准,缺乏文化公共服务的广阔眼光和意识,对国际国内先进经验缺乏借鉴。如英国伦敦市政府公共文化管理和服务模式,我国台湾公共文化志愿者建设经验、美国社区图书馆运行经验都可以运用到苏州实践中来。

五、苏州率先建成城乡文化一体化发展示范区的对策建议

当下,苏州创建国家公共文化服务体系示范区,按照2年创建周期安排,创建工作已进入纵深推进阶段。对照文化部、财政部的国家示范区的创建宗旨、要求和标准,对照我市出台的《创建国家公共文化服务体系示范区建设规划》(苏府办〔2011〕54号)和《关于进一步加强苏州市公共文化服务体系建设的实施意见》等文件提出的总目标和6大类31个项目119子项的创建任务,基于苏州创建工作态势,基于兄弟省市的创新领先实践,基于苏州创建工作存在的问题,根据调研,笔者认为,以下问题在纵深推进阶段需要我们格外予以重视、加强和改进。

(一) 全面、迅速、及时借鉴兄弟城市的创新经验,促进苏州创建工作又好又快跨越发展

博采众长是我们又好又快迅速提升创建水平的最快捷径。苏州市创建工作中期考评在东部方阵中虽然取得了好成绩,但与近邻上海市徐汇区相比,还有一定差距。上海市徐汇区创建工作的6大类25项检查指标不仅仅得到了"全优"的评分,而且"三馆一站"免费开放工作在第三方的评估中也获得了

"优等"的评定。他们坚决贯彻国家政策,集约化高效高标准推进工作,不仅按照创建标准,做实做好如为农民工群体提供针对性服务项目等基层基础性工作,而且勇担责任,着力探索建设向世界传播中华文化的国际民间艺术交流平台和高雅艺术走进百姓等高端公共文化运作模式,在高效集约文化资源、提高服务数量和质量、优化自身管理效能等公共文化设施建、管、用方面形成了丰富经验,如率先在全国开通上海社区文化活动中心中央管理信息系统,形成了公共文化服务主体社会化、绩效均衡化、手段信息化、内容国际化等上海特色,值得我们消化、吸收、借鉴。另外,北京市朝阳区、福建厦门、广东东莞、山东青岛等地独创性经验也值得我们学习借鉴。

(二)迅速提升一些镇(街道)、村(社区)等基层单位的创建认识,进一步凸显苏州责任担当、目标定位上的示范性

调研中,笔者发现,一些基层单位在创建中存在着只忙于、满足于和止步于达标的现象。实际上,创建标准只是示范区应该达到的最低标准而不是封顶标准,创建工作的价值不在达标拿荣誉,而在其能更高层次推进城乡一体化发展,推动苏州率先基本实现现代化,提升苏州城市现代文明,是苏州经济社会转型,实现科学发展、和谐发展、率先发展的直接体现。因此,苏州不能仅止步于达标,而应该结合自身的实际,以创建标准为参照,制定出与苏州现代化发展相适应的更高目标,应该瞄准发达国家,承担起率先追赶国际一流水平的重任。所以,笔者认为,市委市政府提出的创建总目标中,"到2012年底基本建成'设施网络广覆盖、服务供给高效能、组织支撑可持续、保障措施管长远'的公共文化服务体系"可以经过努力冲刺基本实现,但若止步于达标,那"使我市公共文化服务体系建设工作总体水平处于全国先进位置,并力争向国际同类先进城市看齐"的总目标就有可能折损。

(三)进一步优化基础设施体系,进一步凸显苏州在统筹城乡、全面达标、在集成、整合、提升已有的公共文化服务体系建设上的示范性

文化基础设施体系,苏州不单要在"有"上达标,更要在"好"上示范。首先,立足便利性、均等性、普惠性,进一步细化、丰富、完善苏州四级公共文化服务设施网络,形成与苏州经济社会发展水平相适应的公共文化服务硬件设施体系、公共图书馆服务体系、文化信息资源数字化共享体系、群众文化活动配送体系、广播电视服务体系、覆盖城乡的电影放映服务体系等设施性体系。当务之急,要着力补差,继续加强一些农村和基层的"硬件"提升力度;要注重将设施体系拓展到企业、农民工集聚的工业区,实现公共文化设施体系的有效全覆盖。其次,苏州要加大共建共享力度,克服行政区、系统、部门多头管理、条块分割等体制性壁垒,做存量挖掘文章,探索公共文化服务要素和资源的科学配置、合理流动和集约使用的实现方式。如苏州多年前就提倡学校操场定时向周边居民区群众开放,但至今仍未能普遍推行。建议探索跨地区、

跨部门、跨领域、跨系统的设施、队伍、服务等公共文化资源的整合和优化配置,可推行吴江区域文化联动经验,分步探索推行学校、机关等公共部门文化设施向社会群众开放,等等。

(四)更加注重运行管理、服务内容、服务标准和服务规范等方面的能力建设,进一步凸显苏州转变发展方式、提升服务能力、改善服务效益上的示范性

当前,苏州公共文化服务在资源下移、服务下移、重心下移还有很大空间,在服务的广度、覆盖面上还有很大空间,在服务"量"的扩张和"质"的提升上还有很大空间,市民参与程度和群众自建程度还有潜力可挖,公共文化机构的管理水平和服务能力还要提高。

(1)要突出普惠和均衡,注意保障和拓展困难群体和特殊人群的基本文化权益和文化服务。如苏州已把农民工文化建设纳入公共文化服务体系,但向农民工的文化服务仍然以单向的"送文化"模式为主,农民工的文化参与明显不足,而且在时间、地点、内容、方式上难以顾及农民工群体需求,同时,把农民工文化工作纳入城市社区文化建设和企业文化建设还存在不足。

(2)要充分发挥公共文化设施使用效益,着力在目标人群覆盖率、公众有效利用率、群众文化活动参与率、公共文化服务公众满意率等方面多作为,克服如公共文化服务"低龄儿童"和"高龄老人""两头化"现象,探索把多媒体智能互动终端逐步设置到校园、工业园区、商圈等年轻人集中的地方。建立文化馆、图书馆、博物馆等公益性文化单位服务标准化体系,进一步提高服务能力和水平。

(3)要探索公共文化服务的多元化、社会化投入机制,丰富公共文化服务产品生产和提供,要有一批经常性的服务项目,确保文化服务不间断。坚持以政府为主导,强化公益性文化单位的主体骨干地位,充分利用和调动市场和社会文化资源,形成良性竞争、多元互补的公共文化服务供给体系。加大对各种公共文化服务资源的整合,促进公共文化资源的共建共享,提高利用效率。

(4)着力增强苏图、苏博、苏州公共文化中心、苏州太湖论坛、苏州市公共文化服务信息网等公共文化服务机构的传播能力,提高苏州公共文化服务向高端发展的水平。

(5)以群众需求和满意为导向,建立和引入群众评价机制。

总之,着力公共文化机构的服务能力、政府主导公共文化的能力、社会力量参与公共文化建设的能力,以及公共文化产品的生产供给能力等多方面共同提升,改观目前服务能力不强、效益不理想的局面。完善公共文化服务供给体系,增强公共文化产品的供给能力。

（五）更大力度加强公共文化服务制度创新研究,进一步凸显苏州在解决突出矛盾和问题、探索路径、设计制度等方面的示范性。

当前,苏州一些地方还停留在公共文化服务体系建设本身上,在解决突出矛盾和问题方面普遍存在意识不强、提炼不够的毛病。对于制度研究,苏州不仅要在公共文化服务多元化投入机制、公共图书馆总分馆体系建设、基层公共文化从业人员培训和资格认证方面形成系统化、制度化成果,而且要以解决发展中难题、前瞻性问题、战略性问题为主,激励全领域、全社会共同思考和研究。当务之急,要迅速探索研究如下实践问题:怎样在公共文化服务体系的末端把不同来源、不同口径、不同内容、甚至不同格式的资源整合起来、集成起来,真正形成农村、基层的综合服务平台;怎样进一步强化政策、人才和投入的保障措施;苏州传统文化资源发掘;非物质文化遗产活态展示;动员社会力量参与公共文化服务;公共文化立法;公共文化服务标准化建设;建立公共文化服务绩效考核;在苏外籍人士文化交流与共建;吴文化与国际文化交流;博物馆文化集群;公共文化产品的市场体系补充;网络文明的引导;等等。这些问题,苏州理应在实践和理论层面都要做出回答,既要成为实践示范,也要成为制度示范。这是示范区创建的题中应有之义,不应忽略。

（六）要从实现城乡一体化的全新角度、全面小康社会、率先基本实现现代化高度认识和重视农村文化建设,使之同步起来

要与苏州城乡文明一体化创建统一起来;要重新审视现代化进程中的苏州农村基本文化权益,建立以需求为导向的文化服务产品供给机制;要深化农村基层文化体制改革,使乡镇公共文化设施尽快从服务型向建设型转型;要结合物质文化遗产和非物质文化遗产保护工作,注重农村内生文化的繁荣;要在城乡一体化进程中重视保护乡村文化风貌,促进城乡两种文化互补健康发展;要集约城乡文化资源,引入市场化社会化机制推进城乡文化产业一体化;要鼓励支持社会力量参与公共文化的服务生产;要在率先成为城乡文化一体化发展示范区方面研究制定评价办法,设立"文化示范村"予以带动和推进;要加强制度设计研究,加大对产品供给、服务能力、队伍建设、制度标准等软件建设的工作力度;要促进城乡文化发展人才培养一体化,加快农村文化队伍建设。

基层政府要坚持软硬件建设并重,以城乡基层文化设施为重点,以流动文化设施和数字文化阵地建设为补充,在继续完善文化基础设施硬件建设的同时,更加突出文化队伍、专业素质、服务能力、服务内容、制度标准等"软件"建设;从关注文化服务需求的共性,转为更加关注文化服务需求的个性,从关注公共文化服务内容的均等转向更加注重群众文化权益的均等。

（七）加强公共文化队伍建设,建立高素质的公共文化人才队伍体系

建立基层文化从业人员跟踪管理机制,探索能够发现人才、吸引人才、培

养人才、留住人才、用好人才的体制机制,建立一支稳定的、高素质的公共文化人才队伍;探索建立文化职业资格管理制度,严格新增人员的选拔。落实编制,解决待遇,稳定基层文化队伍,培育基层文化骨干。大力发展文化志愿者队伍。

(八)加大科学技术和现代传播手段应用,强化公共文化服务的技术支撑

充分认识信息技术在公共文化服务体系建设中的基础性和战略性地位,把运用高新技术作为推动文化建设、提高文化创新能力和传播能力的新引擎。坚持以群众需求为导向,加强信息技术应用的整体系统部署,促进业务流程和组织结构的优化重组,丰富公共文化服务内容,创新公共文化服务手段,完善公共文化服务体系。

(九)加强制度设计,探索公共文化服务体系的长效机制

在继续推进实践探索的同时,更加注重公共文化服务体系长效机制的制度设计,如研究制定我市公共文化建设指标体系和考核办法,规范基层农村公共文化服务体系标准和指南,研究借鉴推广国际国内先进经验,如借鉴吸纳伦敦市政府公共文化管理模式、台湾文化志愿者服务模式、美国社区图书馆运行模式等有益因素,有效提升苏州市公共文化服务质效,推动全市公共文化服务体系的良性运行和可持续发展。

(十)倡导文化关怀,加强对特定地域、特殊群体的公共文化服务

加强面向特定地域、特殊群体的文化关怀,丰富农村、弱势群体的精神文化生活,充分发挥文化对于增强归属感、提升和谐凝聚力的重要作用。

参考文献

[1] 胡锦涛:《高举中国特色社会主义伟大旗帜 为夺取全面建设小康社会新胜利而奋斗》,http://cpc.people.com.cn/GB/64162/64168/106155/index.html。

[2] 胡锦涛:《中共中央关于制定国民经济和社会发展第十二个五年规划的建议》。

[3] 胡锦涛:《中共中央关于深化文化体制改革 推动社会主义文化大发展大繁荣若干重大问题的决定》。

[4] 中国农业新闻网:《国家"十二五"时期文化改革发展规划纲要》,http://www.farmer.com.cn/xwpd/szxw/201202/t20120216_698409.html。

[5] 江苏昆山:《7大硬指标咬定文化现代化不放松》,2011年7月5日,新华网。

[6][10] 参见文化苏州网页信息。

[7] 参见苏州2011年统计公报。

[8][9] 参见王鸿声副市长代表苏州市政府在北京争创示范区陈述评审会议

和文化部召开的全国创建示范区动员大会上的讲话:《继往开来 务实创新全面推进公共文化服务体系建设实现新跨越》。

[11] 参见王鸿声副市长在文化部第十五督查组来苏督查创建国家公共文化服务体系示范区工作汇报会上的讲话。

[12][13][14][15][16][17] 苏州市国家公共文化服务体系示范区创建工作领导小组办公室编:《国家公共文化服务体系示范区创建工作简报》1—11期。

[18] 根据创建国家公共文化服务体系示范区(项目)管理平台(http://www.cpcss.org/_d271539154.html),国家公共文化服务体系建设示范区领导小组办公室简报编写。

[19] 方伟:《对苏州深化创建国家公共文化服务体系示范区的几点思考和建议》,《领导参阅》(中共苏州市委党校),2012年第1期。

建立健全苏州现代公共文化服务体系和现代文化市场体系研究[①]

国家治理体系和治理能力必然包括文化治理体系和文化治理能力。研究建立健全现代公共文化服务体系和现代文化市场体系,必须要将之放到国家治理体系和治理能力现代化的制度建设总目标下进行思考。比如建立健全现代公共文化服务体系和现代文化市场体系的"现代性"体现在何处?它们之间有何内在关联性?如何在国家治理体系框架下有效使政府治理、市场治理、社会治理在文化建设中融为一体,进而提出相应对策?这些问题是当下文化发展和文化体制改革的基本实践命题,对苏州而言也不例外,都需要我们从全新的视角去思考去实践。

一、现代公共文化服务体系和现代文化市场体系的"现代性"体现及其内在关联

当下,公共文化服务体系和文化市场体系的"现代性"愈来愈引起理论和实践层面的共同关注。譬如,它要符合社会主义市场经济体制要求,它要符合当下经济社会总体发展的现状要求,它要与整个世界发展过程中形成的时代潮流、全球化浪潮、信息化的发展、现代科技的发展相适应。但我们认为,这些并非现代公共文化服务体系和文化市场体系"现代性"的全部内涵,特别是在全面深化文化体制改革的背景下,需要我们作出更为全面的回答。

(一) 现代公共文化服务体系的"现代性"

构建现代公共文化服务体系是现代化国家治理体系的重要组成部分,是现代化国家治理能力的必备要素。在推进国家治理体系和治理能力现代化大背景下,现代公共文化服务体系将使我国公共文化服务体系建设的理念、主要任务等方面产生相应的变化。

依据党的十八届三中全会精神,我们将要构建的现代公共文化服务体系,是以塑造体现时代精神和中国特色的社会主义核心价值观来作为目标,以保障广大人民群众基本的文化权益作为基础,以政府职能转变和文化体制改革作为驱动力,以政府政策和公共财政为支撑,充分发挥市场资源配置和

[①] 本文为2014年苏州市社科重点立项课题,著者主持,项目编号2014LX126。

社会力量积极作用,科学运用现代传播方式,满足人民群众日益增长的文化精神需求。显然,跟过去的公共文化服务体系相比,体现了如下现代性:

(1)承载任务的现代性,表现在公共文化服务体系的目标任务上。现代公共文化服务体系不仅强调服务目标均等化,以维护公民文化权利为重点,而且更强调要以社会主义的核心价值观塑造符合时代精神要求的社会主义公民,承载好培养现代公民、培育现代文化、传播现代价值观的任务。围绕核心价值体系和文化强国构建公共文化服务体系,是今天中国公共文化服务体系建设最具时代特征的特色。

(2)服务手段、服务方式的现代性,表现在供给主体多元化、运行机制民主化、管理体系法治化。即特别强调要把治理理念纳入公共文化体系建设,突出治理性,强调法治基础,强调政府职能转变,强调多元主体协同合作,在充分利用现代科技的发展成果,充分发挥市场资源配置和社会力量的积极作用,科学运用现代传播手段,在公众多元文化需求表达基础之上,形成政府主导、社会积极参与的公共服务文化建设良好发展局面。

(3)服务效能的现代性,表现在服务效能的高效化。构建现代公共文化服务体系引入治理理念、方式、手段,核心是调整政府与市场、社会的关系,进而提升公共文化服务的规模、效能、效率、效益和质量。因此,构建现代公共文化服务体系,就是要丰富公共文化服务内涵和品质,而非局限于满足群众基本文化需求;就是要引入竞争机制,推动公共文化服务社会化发展,推动公共文化服务体制机制创新,通过法人治理结构、社会参与管理,提高运营管理效率,提高公共文化服务效能,弘扬社会主义核心价值观,陶冶情操、传承文化,实现文化化人。

因此,构建现代公共文化服务体系,涉及文化管理理念、体制机制、服务内容、服务方式、管理模式等诸多方面的深刻转型,其建设体现了现代政府的职责,体现了法制社会的特征,体现了市场经济的要求,同时,也体现出公共文化服务体系要具有创新性和开放性。

(二)现代文化市场体系的"现代性"

依据党的十八届三中全会精神,我们要建立健全的现代文化市场体系,是围绕社会主义核心价值观和建设社会主义文化强国总目标,有着包括书报、电子音像制品、演出娱乐、影视剧等文化产品和服务市场,还包括资本、产权、人才、信息、技术等生产要素市场,在健全的现代文化市场体系中,不仅各类文化市场主体权利平等、机会平等、规则平等,文化生产资源要素可以自由有效流动,可以跨地区、跨行业、跨所有制、跨界融合发展,而且有着健全的行业管理、诚信体系、市场监管、行业协会自律管理等文化市场支撑体系克服"市场失灵"。因此,现代文化市场体系是统一开放竞争有序的市场体系,与传统文化市场体系的区别突出表现在意识形态属性、市场属性和技术属性上。

（1）意识形态属性。现代文化市场体系是文化的市场，不仅具有市场属性，同时还具有意识形态属性，具有鲜明的价值取向。因此，文化市场体系建设必须牢牢把握正确方向，坚持把社会效益放在首位、社会效益和经济效益相统一，不能一味照搬一般社会商品市场体系建设的做法，而要充分关注文化市场体系自身的价值取向属性，既立足提升经济效益，更要重视提升社会效益。从这个意义上讲，所谓建立健全现代文化市场体系，就是建立健全社会主义文化市场体系。用社会主义核心价值观来引领文化市场体系是现代文化市场体系与传统文化市场体系首要的区别。

（2）市场属性。现代文化市场体系是现代市场体系的一部分，它的建立健全与现代产权制度、现代企业制度、现代财政制度的完善密切相关。无论是文化资源配置，还是文化产品生产、传播和消费，都越来越离不开市场，构建统一开放竞争有序的现代文化市场体系，成为在社会主义市场经济条件下文化改革发展的重要内容和决定性因素，以市场为文化资源配置基础，以竞争为主要手段，是现代文化市场体系与传统文化市场体系最明显的区别。

（3）技术属性。当前，现代技术正在全方位、全局性地影响着文化的发展，特别是数字技术的普及发展及其与文化的高度融合，正在迅速改变文化的产品形态、传播方式和产业格局。事实表明，技术将是现代文化市场体系中极其活跃的要素。现代技术与文化的进一步融合，将决定文化产品和服务的创新性与吸引力、文化传播的辐射力与影响力、文化业态的创新性与多元化。这又是现代文化市场体系有别于传统文化市场体系的显著特征，必然要在现代文化市场体系的建构中得到体现。建立健全现代文化市场体系，必须高度重视其现代技术属性，在文化产品和服务市场中，在文化生产要素市场中，在文化流通和传播市场中，都要提升文化现代技术含量。

另外，建立健全现代文化市场体系与提高文化开放水平、切实维护国家文化安全也有着密切关系。开放性和安全性是现代文化市场体系构成的重要内容和标志，不开放的文化市场一定不是现代文化市场。缺乏安全性的市场，不能给国家、社会和个人提供文化消费安全的市场，也一定不是现代文化市场。

（二）现代公共文化服务体系和现代文化市场体系的内在关联

基于文化的特殊属性，我党提出了一系列既相对应又密切关联的概念：文化事业和文化产业，文化管理体制和文化生产经营体制，现代公共文化服务体系和现代文化市场体系，这就明晰地揭示了在推进国家文化治理体系和治理能力现代化离不开现代文化市场体系、现代公共文化服务体系和现代文化管理体制机制，它们都是衡量国家文化治理体系和治理能力现代化的重要内容和指标。

（1）现代公共文化服务体系不仅关乎全面深化改革总目标，同时也关乎我国当前公共文化服务体系的现状和广大人民群众的文化需求。发展现代公共文化服务体系意味着国家财政在文化方面的投入将不断增加,会对文化产品和文化服务进行更大规模的政府采购,刺激人民群众更多的文化消费需求,必将促进文化市场体系发展和完善。

（2）现代文化市场体系是推动社会主义文化大发展大繁荣,建设社会主义文化强国的重要支撑体系。建立健全现代文化市场体系,对于促进文化产品生产,扩大文化消费内需,引导文化产品外销都将产生直接的引擎作用,是社会主义市场经济条件下满足人民多样化精神文化需求的重要途径。同时,必然会推进政府文化治理方式的转变,提升国家文化治理能力和治理水平。

（3）现代文化管理体制机制是构建现代公共文化服务体系和建立健全现代文化市场体系的关键环节。从当前看,文化管理体制机制创新核心是实现政府、市场、社会的有机融合,需要政府转变职能、简政放权,需要从单一主体转向多元共治,充分吸纳和发挥市场主体、社会团体、行业协会、基层群众、媒体机构等参与文化治理的功能和作用。同时,还需要实现依法管理、精细化管理,更加尊重艺术规律转型,形成以人民为中心的工作导向。文化管理体制机制做不到现代化,健全现代文化市场体系、构建现代公共文化服务体系也难以落到实处。

因此,构建现代公共文化服务体系、建立健全现代文化市场体系,是社会主义文化强国建设的两大支撑,是深化文化体制改革的"一鸟两翼"。两个"体系"的提法,是对'文化事业''文化产业'两个方面发展的全面、系统的制度化保障,也是中央在文化领域既强调市场经济健康发展又强调民生保障的充分体现。

二、苏州构建现代公共文化服务体系和建立健全现代文化市场体系的基础和必然

（一）苏州具备了创建现代公共文化服务体系和现代文化市场体系的坚实基础

（1）城乡文化设施体系更趋完善,公共文化服务成效显著。2011年,苏州成为我国首批国家公共文化服务体系示范区创建市,2013年,以全国总分第一的佳绩,被授予"国家公共文化服务体系示范区"称号,实现了"公共文化服务体系建设工作总体处于国内领先位置"的目标。目前,苏州人均公共文化设施面积达到0.25平方米,居全国前列。全市镇（街道）、村（社区）综合文化设施达标建设覆盖率达100%,各级政府兴办的公益性文化设施单位实现100%免费开放。图书馆总数达201个。其中苏州图书馆新建分馆12个,总数达57个。图书馆对市民的吸引力逐年加大,各级公共图书馆书刊文献外借人次、书刊文献外借册次、举办各类活动等主要业务指标都有明显增长。文化馆实现全覆盖,对老年人、未成年人、残障人士及农民工组织文艺活动等占总的文艺活动的比重稳中有升,在提供公共文化服务均等化方面优势明显。近三年来各级美术馆举办展览和参观人次稳中有升,市民参观展览的热度逐年递增。文化惠民活动精彩纷呈,第十三届中国戏剧节、全市群众文化大会演、第二届新苏州人新作品展演、"家在苏州·欢乐大舞台"广场演出季、民营文艺表演团体演出周、"群星璀璨"等系列文化活动高潮迭起,惠及农村及社区群众数千万人次。图书馆数字资源整合平台、数字博物馆、数字文化馆、智慧示范社区等文化数字化服务创新推进。以《关于建立健全国家公共文化服务体系示范区长效管理机制的意见》为代表的政策支撑愈加完善。上述创建成效有力推进了我市公共文化服务体系示范区创建全面转入了巩固、提升新阶段。

(2) 文化产业发展步伐加快,文化市场发展健康有序。近年来,苏州文化产业规模和增速保持全省领先。2013年文化产业营业收入超过3 000亿元,增速20%。文化产业增加值占地区生产总值比重达到6%。一是积极推动产业集聚发展,目前,全市已有7个国家级、11个省级和39个市级文化产业示范园区(基地)。二是大力推进产业融合创新,进一步加大重点项目和龙头企业扶持力度,加大了文化产业与金融、科技、旅游等行业融合的推进力度,特别是推动文化产业与金融业的深度合作,先后建立文化产业担保基金、创业投资基金、风险补偿专项资金等。三是通过承办第二届"创博会"搭建文化交易平台,推进产业推介对接和人才交流。四是牢牢把握正确导向,着力加强广播影视业、报刊等传输渠道管理,确保了近些年文化安全无事故。五是优化服务管理,健全文化市场管理体制机制,加快推进演艺行业整合发展、娱乐行业集聚发展、网吧行业连锁发展,"苏州剧院联盟"大发展,加大对民营文艺院团和高雅艺术演出项目扶持。上述举措,有效推动了苏州文化市场繁荣健康发展。

(3) 文艺精品创作和对外文化交流取得突破。近年来,苏州文化精品成果卓著,如市滑稽剧团作为全省唯一院团,入选文化部"全国地方戏创作演出重点院团";《青春跑道》参加第二届优秀保留剧目全国巡演获好评;实景版昆剧折子戏《游园惊梦》入选文化部"春晚";滑稽戏《顾家姆妈》精彩亮相文化部举办的"名家、名团、名剧——地方戏剧精粹"演出,昆剧《长生殿》《红娘》成功在国家大剧院商演。对外文化交流也丰富多彩:新吴门画派赴台湾巡展,中日版《牡丹亭》赴法演出,苏博文物赴美展览,非遗项目赴菲律宾、韩国等交流展示,受到了当地观众的好评。

(4) 文化遗产保护亮点纷呈,文物业对国民经济的贡献突出。截至2013年底,29个国家级非遗项目、市级非遗项目159项,全市国保单位59处,成功完成大运河苏州段申遗,苏州历史文化名城城市文化形象识别提升。文物业举办陈列展览、参观人次总体稳步上升,门票销售总额在博物馆免费开放的作用下稳中有降。以拙政园为代表的4A和5A级景区中的文物景点、文物资源为苏州的旅游业及社会经济发展做出了突出贡献。

（5）文化规划、法规和人才队伍建设取得新成果。编制完成《苏州文化现代化行动纲要》和指标体系，文化法规体系进一步健全，先后制定颁布《苏州市非物质文化遗产保护条例》《苏州市古村落保护条例》《苏州市民办博物馆扶持办法》及《实施细则（试行）》《苏州市民办美术馆管理办法（试行）》《苏州市"有线智慧社区"建设标准（试行）》《苏州市文化"走出去"扶持项目资金补贴办法（试行）》等法规、规范性文件，为加快文化改革发展提供有力法制保障。除了加强基层文化工作者队伍建设外，还重视文化领军人才建设，增选省"333"工程第二层次1人、第三层次3人。

（二）创建现代公共文化服务体系和现代文化市场体系是苏州文化发展必然要求

（1）这是苏州保持苏州公共文化服务体系建设在全国全省的领先地位的需要。苏州现代化进程不断加快，继成为我国首批国家公共文化服务体系示范区后，苏州公共文化服务体系建设进入一个新的阶段。如何继续保持苏州公共文化服务体系建设在全国全省的领先地位，继续努力把苏州建设成为服务理念先进、服务方式现代、城乡服务均等、体系运行高效的公共文化服务现代化地区？加快构建现代公共文化服务体系成为必然，苏州仍需继续努力和担当。

（2）这是推进苏州文化产业发展和文化市场体系建设提档升级的需要。当前，苏州文化产业领域的业态、商业模式和竞争格局都在发生变化，挑战和机遇并存。比如，市场化趋势快速增强；数字化技术主导的大平台发展趋势显现；传统企业进入转型发展的关键时期，传统媒体和传统文化产业将继续遭遇较大幅度的冲击；企业并购增多，企业两极分化加速，企业创业和企业上市将纷至沓来；等等。迫切需要苏州加快建立健全现代文化市场体系。

（3）这是加快推进苏州文化治理体系和治理能力现代化改革实践的需要。构建现代公共文化服务体系和建立健全现代文化市场体系，这是在推进国家治理体系和治理能力现代化的总目标下的具体改革安排，是全面深化文化体制改革核心任务。因此，加快推进苏州文化治理体系和治理能力现代化改革实践既对公共文化服务提出了更高要求，也对转变文化发展方式提出了更高的要求，必然要求加快构建现代公共文化服务体系和建立健全现代文化市场体系。

三、苏州构建现代公共文化服务体系和建立健全现代文化市场体系面临的问题

面对构建现代公共文化服务体系和建立健全现代文化市场体系的时代任务，经过调研，我们认为苏州在以下方面还有不足：

（一）在更加凸显社会主义核心价值观为引领，建设社会主义文化强市方面还有很大空间

培育和践行社会主义核心价值观已上升为国家战略任务，它要融入中国特色社会主义建设各大布局，尤其要在文化建设和文化体制改革中得以彰显。因此，党的十八届三中全会把它作为文化发展和文化改革的总目标。显然，相比于过去，无论是构建现代公共文化服务体系，还是建立健全现代文化市场体系，都要牢牢坚持这一总目标，并将之贯穿于文化建设和文化改革全过程和各方面，这里尚有许多工作要做。

（二）在公共文化服务体系建设上还存在不完善、不均衡、不协调、不可持续等问题，需要向现代化转变和提升

苏州市公共文化服务建设虽然建设成效巨大，但相对现代公共文化服务体系及人民群众文化需求而言，仍然存在不完善、不均衡、不协调、不可持续的问题，需要向"现代"化的转变和提升，转变的是当前公共文化服务体系的弊端，提升的是当前公共文化服务体系的制度化水平和制度化能力。调查发现，下列问题严重制约了苏州公共文化服务体系的现代性体现。

（1）资源统筹问题。目前，苏州公共文化设施短缺与一些公共文化设施使用效率不高、闲置现象严重同时并存，需要通过政策措施建立起全面、科学、刚性的文化改革发展指标体系，实现全社会文化资源的高效统筹和均等化，解决公共资源配置的公平合理。比如，公共财政投入存在一定不均衡问题。统计表明，苏州近年来对群众文化业、博物馆业、图书馆业以及文化产业、非物质文化遗产等投入较多，城区的投入超过农村的投入，政府财政支持和补贴不够均等，公共文化资源配置尤其是区域、城乡发展不够均衡。

（2）活力激发问题。目前，苏州公共文化服务还存在内容老化、服务效率低下、群众参与热情不高、对人民群众的亲和力与影响力不足的问题。苏州公共文化服务主体在演出的原创剧目、演出场次和吸引观众方面欠缺活力，各类艺术表演在吸引观众上不占优势。比如，苏州一些艺术表演团体和场馆演出收入占总收入的比重逐年下滑，财政补贴仍然是主要的收入来源；文物业、博物馆陈列布展方式缺乏创新，开放参观中未成年人参观人次远小于参观人次增长速度，都需要对不同年龄、不同群体服务对象的吸引力。

（3）提供更好文化产品问题。市场化、社会化机制运用不够，参与主体单一、缺乏多元化机制，存在公共文化产品和服务提供的有效性欠佳，公共文化资源的供给不足、总量偏少的问题。

（4）深化改革问题。目前公益性文化事业单位存在运行、管理及考评机制不科学、收入分配制度、人事制度不完善等问题。比如，在多元投入方面，配套激励政策还有待完善，欧美等发达国家的企业很愿意捐赠美术馆、博物馆，因为已经形成了比较完善的税收抵扣制度，捐了款就可以免除部分税收，

所以愿意在公益方面投入。而我国在这方面的制度还比较少,这涉及国家的财政、税收等方面的制度设计;公用文化事业费缴纳标准还比较高,虽然属于非营利性质,但是水电等公共事业费却按照商业性质征收,造成运营成本每年居高不下。

(三)在现代文化市场体系建设上还存在发育水平不高、融资困难、流通不够顺畅、信用缺失以及创新能力低下等问题,需要向现代化转变和提升

总体而言,苏州市文化市场继续保持良好的发展势头,文化市场建设与管理取得显著成绩。但是苏州现代文化市场体系建设尚处起步阶段,竞争不足或无序竞争同时并存,仍存在发育水平不高、融资困难、流通不够顺畅、信用缺失以及创新能力低下等问题,现代文化市场体系建设整体水平还不高。主要体现在:

(1)现代市场主体发育水平不高,创新、效率不足。调查发现,从现有业态来看,全市传统文化市场经营企业整体创新不足,受新兴行业冲击利润有所下降,经营成本还在提高,特别是房租上涨加大了企业的经营成本。比如,网络文化市场行业发展进入到瓶颈期,大多传统经营模式的互联网上网服务营业场所,生意一落千丈。娱乐市场随着人们生活水平的提高、休闲时间的增多,发展呈现加速,总体规模日益壮大,但仍显总量不够,搞笑低俗的产品泛滥,高质量更少。艺术品市场和消费已成为人们内在的文化需求,但存在赝品泛滥、投机现象严重等突出问题,亟须规范。演出市场正向有序、健康的方向发展,但影响力和水准还远不够,缺乏有实力的中介企业。转企改制院团对行政部门、行政资源依然存在较强依赖心理,适应市场能力不强。

(2)现代文化市场发育不够,文化消费不足。调查发现,相对于苏州经济发展总量而言,目前苏州文化市场总量占比仍不大,文化消费市场总量的增长幅度落后于整个社会消费市场的增长幅度,落后于苏州经济的整体增长幅度,这与苏州文化产业要发育成为苏州支柱型产业的战略目标仍有差距。主要是全市文化产品市场、文化服务市场不够发达,文化消费潜力还未充分激发出来,文化要素市场的发展相对于苏州其他市场就更为滞后,在知识产权、人才、资本等方面,还未充分市场化,资金市场、设施市场、人才劳务市场、中介市场、产权交易市场等急需建设和发展,市场中介和社会化分工不发达,对外文化交流贸易能力不强,这些都与苏州文化历史名城和现代活力城市明显有差距。

(3)现代市场化体制机制尚未健全,多头管理不利于文化资源的有效统筹。目前,我市文化领域基本实行分业管理(文化产业由宣传部门主抓,文化部门、新闻出版和广电系统等政府文化部门分业管理),这种格局易导致政企不分、政府与市场中介组织不分、营利性机构与非营利性机构不分,导致按部门、按行政区划、按行政级次分配文化资源,难以适应文化融合发展的潮流,

阻碍市场机制发挥作用，导致文化产品流通和服务渠道不畅。比如，文化产业并购中，民营文化企业并购十分活跃，而国有文化企业相对滞后，要实现跨行业、跨地域、跨所有制、跨媒介的资源组合，在全方位、大范围内配置资源还有很多困难。

（4）现代市场监管与引导机制尚待完善，成为苏州文化产业发展的短板。市场保障支撑体系是文化产业发展的重要保障，但这些现代市场保障支撑体系恰好是苏州文化产业发展的短板。目前，苏州市场不规范，比如价格无序竞争、侵权盗版等问题还比较突出，缺乏对不合格的市场主体进入市场、侵权盗版等违禁性的市场交易的有效管控机制；缺乏一套引导文化市场的核心评估指标体系；缺乏对国内外文化市场信息反应灵敏机制；文化市场多头执法、多头管理现象依然存在；在传统的文化市场，政府监管过多，而在新兴的文化市场领域，管理则是缺位；等等。总之，苏州有效防止"市场失灵"，有效防止文化发展方向迷失，有效推进文化市场规范化法治化建设的任务还相当艰巨，文化领域的法治化建设需要加大力度。

（四）现代信息技术应运相对滞后

加快发展技术先进、传输快捷、覆盖广泛的现代文化传播体系信息、文化市场的管理手段还未跟上科学技术的发展水平和文化产业的增长水平等。

四、苏州加快构建现代公共文化服务体系和建立健全现代文化市场体系的建议

构建现代公共文化服务体系和建立健全现代文化市场体系是一个系统、动态发展过程，需要苏州打出组合拳，主动作为，这样才能增强苏州文化整体实力。

（一）必须紧紧围绕建设社会主义核心价值体系、社会主义文化强国去推进

苏州构建现代公共文化服务体系和建立健全现代文化市场体系必须紧紧围绕建设社会主义核心价值体系、社会主义文化强国去推进，这是必须牢牢把持的基本方针，否则公共文化服务体系和文化市场体系的现代性都将失去方向和依归。因此，全社会都要大力加强社会主义核心价值体系建设，自觉培育和践行社会主义核心价值观，融入到公共文化服务去，融入到文化市场生产和服务中去。

（二）必须深化政府改革，完善文化管理体制，在转变职能基础上提高政府文化宏观管理能力

构建现代公共文化服务体系和现代文化市场体系的前提是文化体制机制的创新和建设，政府职能改革成为首要任务，要突出抓好以下改革任务：

（1）加快政府文化部门职能转变。围绕以下方面履行政府公共文化服务与管理的责任和职能：一是制定文化发展战略，制定文化发展规划和文化政

策,营造文化秩序。二是加大财政投入力度,完善文化经济政策,如推行有利公共文化事业的财政、税收、金融、社会保障、土地使用等扶持政策,形成长效化政策支持机制,保障公共文化服务的顺利开展。三是利用现代公共管理模式,对公共文化服务责任主体和实施主体进行绩效管理与评估,形成社会化管理参与机制,促进公共文化服务水平提高。四是管理好文化市场,维护国家文化安全,建设良好的文化生态环境。

(2)深化文化市场行政审批制度改革,实现监管机制现代化。建立规范化审批准入机制,着力解决政府干预过多和监管不到位的问题。一是进一步精简行政审批项目,放宽市场准入,在制度层面为文化市场发展拓展空间;二是逐步建立法制化的市场监管体系,着力加强文化立法、加强文化执法,及时建立取消、下放审批项目的监管制度,主动与同级工商行政管理部门健全协同机制,建立联动监管平台;三是加强文化市场信息服务,做到行政审批做"减法"、市场服务做"加法";四是加强行业自律,强化文化企业的市场主体责任,着力培育文化市场自律组织和行业协会,充分发挥行业组织等社会力量的作用,促进市场自我管理、自我规范、自我净化。

(三)必须以群众为导向,在统筹城乡基础上,加快构建苏州现代公共文化服务体系,提升公共文化服务能力

(1)大力度提升公共文化服务体系建设的标准化水平。未来几年,苏州应更加注重政府引导,更加注重资源整合,更加注重丰富公共文化服务内涵,更加注重市区联动、合理布局,制定市、区(市)、镇(街道)村(社区)公共文化服务保障标准、公共文化设施建设和管理服务技术标准、公共文化服务评价标准,提档升级城乡公共文化服务体系,推进苏州公共文化服务体系建设的标准化、规范化、精细化,大力度推进"博物馆群"建设,形成以人为本的广覆盖标准高的公共文化服务体系。

(2)大力度提升公共文化服务体系供给能力的现代化水平。依托建设主体多元化,供给方式市场化、社会化,提高现代公共文化服务体系的供给能力。一是转变政府投入方式,鼓励社会力量、社会资本通过兴办实体、资助项目、赞助活动、提供设施、文化志愿等参与公共文化服务体系建设,推动文化志愿服务工作制度化、常态化。二是引入竞争机制,推动公共文化服务社会化发展,加大政府购买公共文化服务力度,通过购买服务、原创剧目补贴、以奖代补等,扶持公共文化产品生产和提供。三是大力培育文化非营利组织,使公共文化服务更有效率。四是建设优秀传统文化传承体系、文化遗产保护体系,激活苏州文化资源转化为文化发展活力。

(3)大力度提升公共文化服务的均等化水平。一是更加注重公共文化资源在区域和城乡之间的合理配置,建立"资源整合、共建共享"的公共文化服务跨部门、跨区域、跨层级的交流合作机制。二是大力实施重点文化惠民工

程,推动公共文化设施扩大免费开放范围,补贴困难群众、农民工等特殊群体的文化消费;三是整合基层宣传文化、党员教育、科学普及、体育健身等设施,形成集文化、教育、体育、基层党建等于一体的综合性服务中心,以社区文化服务中心为基点,开展文化落地、文化到家活动。四是建立和完善长效经费保障机制;五是加强监督管理和绩效评价,切实保障人民群众享有基本公共文化服务的权益,实现城乡公共文化服务的均等化。

(4) 大力度加强公共文化服务的国际化借鉴。苏州与很多国家城市建立友好关系,有很多文化团体和企业走出去进行文化交流,我们可以以此为契机和平台,主动拓展公共文化服务体系建设的国际化视野。以治理逻辑增强国家文化治理能力是发达国家公共文化服务体系建设的成功之道,比如法国、意大利等国家推行的公共文化基金会制、公共文化托管制、公共文化招投标制、公共文化有限责任公司制,我们可以借鉴,既可扩大文化国际交流与合作,又可学习发达国家公共文化服务制度化成果。

(四) 必须以市场为导向,建立健全现代文化市场体系,提升苏州经营性文化产业的文化生产力

成熟的现代文化市场体系包括文化产品市场、文化服务市场、文化要素市场,需要多层次、多方面、全方位地打造文化市场,这就需要苏州更加注重市场化规律和发展的制度化保障,以更加开放的政策措施激发市场主体的活力。

(1) 加强文化产品市场建设。一是注重资源整合与结构优化,壮大苏州传统文化市场。应立足于广电市场、网络视听市场、电影市场、演艺市场、动漫市场、艺术品交易市场、休闲娱乐市场、网络游戏八大重点市场,不断丰富以广播、电视、电影、新媒体为主体的视觉文化品种,更加重视发展芭蕾、交响、戏剧等经典舞台艺术品种,推动举办一年四季的城市广场绿地音乐会,让市民享受高雅文化艺术体验;持续推动为广大百姓所喜闻乐见的近民、便民、利民、惠民文化市场品种创新,发展地铁文化、商圈文化、集市文化、街头文化和创意文化,推动传统文化市场做大做强。二是完善市场化主体扶持机制,发展和壮大市场主体,打造具有竞争力的文化企业和品牌。① 发动全社会力量参与文化建设,着力推进市属文化企事业单位改革,保持和发挥他们在市场中的主体地位和主导作用;着力对民营文化企业敞开大门,发挥他们生力军作用;着力培育社会市场组织。② 实施品牌化牵引战略,发挥中国戏剧节、金鸡奖、太湖文化论坛等重大活动的活力、魅力、影响力等推动苏州文化市场形成品牌化集聚效应。③ 利用文化产业园等载体,集聚文化产业,鼓励各种所有制的文化企业进行跨所有制、跨地域、跨行业的资产兼并重组,提高文化产业规模化、集约化、专业化水平。④ 大力度扶持小微文化企业发展,培育、规范娱乐市场、演艺业、演艺经纪公司、动漫和网游、艺术品经营、画廊等

各个门类的知名企业,选择大批主业突出、拥有自主知识产权和文化创新能力、核心竞争力强、成长性好的综合性文化企业集团,加大政策、资源、项目、资金等方面扶持力度,尽快做大做优做强,使之成为文化市场的主导力量。⑤联动上海艺博会、博览会、文物拍卖、演出业务洽谈会等平台,形成一体化发展联动机制,拓展苏州文化市场。三是加强与旅游、教育、体育、金融、绿化等相关领域融合发展,优化市场业态和结构。利用苏州独特资源优势,支持发展文化与科技、文化与创意、文化创意与制造业、旅游业、农业等国民经济多领域跨界融合的新产品、新业态。重点推动文化与科技融合,推动演艺市场、娱乐市场、动漫市场、网吧市场、艺术品市场、文物市场与科技融合,通过科技手段,打造一流演艺业基地,打造一流的剧场环境、一流的数字技术支撑,提升苏州文化市场品牌。更重视资本要素的重要作用,建设文化金融合作信贷项目库和文化金融服务中心,适时创建文化金融合作试验区,鼓励金融资本、社会资本、文化资源相结合,文化产业规模化、集约化、专业化水平构建与苏州发展相匹配的现代文化市场体系。四是提升消费者的文化消费能力和消费愿望,培育文化消费市场。文化消费需求最终决定着文化市场的繁荣程度和文化市场体系建设的成败,必须通过有效形式,培育消费者的文化消费观念,激发消费者对文化的消费热情。

(2)加强要素市场建设。文化产业的要素包括人才、资本、资源要素、市场要素。加强与上海文交所、深圳文交所、天津文交所深度合作,有序发展文化产权、版权、人才、技术、信息等要素市场,建立健全文化资产评估体系和文化产权交易体系,发展以版权交易为核心的各类文化资产交易市场。一是推进文化资本市场建设,促进金融资本、社会资本与文化资源有效对接。二是推进文化产权市场建设,加快制定完善著作权、企业品牌等无形资产评估、登记、质押、投资、托管、流转、变现等管理办法,鼓励和支持文化企业依法进行股权、版权、商标、品牌等方面的交易。三是应以更加开放的文化市场人才政策,打造一批掌握现代文化市场高端技术、懂经营、会管理的复合型人才,尤其是适应文化"走出去"需要的国际化人才和掌握文化传媒技术的专门人才;组织实施文化创业创意人才扶持、重点文化设施经营管理人才培养;加大对高层次领军人物和拔尖人才、基层文化骨干、乡土文化能人、民族民间文化传承人等队伍的培养力度;要营造优秀文化人才脱颖而出的制度,探索建立文化人才评价发现机制,健全文化人才激励保障机制,形成专兼结合、广泛参与的文化人才队伍格局。

(3)加强文化服务市场建设。文化服务市场需要加强文化行业组织和中介机构建设,充分发挥其提供服务、反映诉求、规范行为的作用,这是建立健全现代文化市场体系的重要条件、积极发展版权代理、文化经纪、评估鉴定、技术交易、推介咨询、投资保险、担保拍卖等各类文化市场中介服务机构,制定和完善文化中介机构管理办法,引导其规范运作,为各类文化市场主体提供全方位服务,要坚持培育发展和管理监督并重,加强各类文化行业协会等行业组织建设,健全行业规范,完善行业管理,更好地履行协调、监督、服务、维权等职能。

(4) 积极实施"文化走出去"战略,大力发展与国内外的文化贸易。不断提高文化开放水平,着力构建政府为主导,民间交流为主体,市场调控为杠杆,文化外交与贸易相结合的文化交流新机制;要大力培育外向型文化企业;要深入挖掘以丝绸、刺绣等产业为代表的吴文化价值内涵,提升国际社会对吴文化认同;要搭建国际文化交易交流平台,要不断创新文化"走出去"的渠道、途径,既用宣传方式,也用经济的、贸易的方式,进一步扩大文化领域的对外交流与对话机制。充分借鉴上海自贸区先行先试的经验,着力推动对外文化贸易的发展与创新。

(五) 必须高度重视现代技术,深化文化和科技融合,提升公共文化服务体系和文化市场体系的现代性

现代公共文化服务体系和现代文化市场体系之所以冠以"现代"的前缀,正是表明它与传统文化市场体系差别就在它的技术属性,现代技术的进步对文化发展有着深刻影响。因此,要大力深化文化和科技融合。

(1) 加快公共文化服务体系与科技的融合。加强数字服务体系建设,迅速增强数字图书馆、数字博物馆、数字文化馆、移动阅读、掌上服务等数字资源提供能力和远程服务能力,构建现代文化传播体系,享受现代化的公共文化服务。

(2) 加快文化市场体系与科技的融合。第一,在文化产品和服务市场中,不仅要提升文化产品和服务的现代技术含量,增强文化产品与服务的吸引力和感染力,而且要运用现代技术培育文化新业态,为文化市场提供更多更好的数字文化产品。第二,在文化生产要素市场中,应进一步加强文化技术市场、文化信息市场和文化人才市场建设,借此提升文化生产的技术含量。第三,在文化流通和传播市场中,应加强数字文化传播平台建设,以扩大文化的传播力和辐射力。

(六) 必须以文化法治建设为支点,推动文化管理机制的转型,逐步建立法治化的市场监管体系

法治化管理是现代公共文化服务体系和现代文化市场体系的重要标志,也是形成统一开放文化市场的重要保障,有利于保障文化市场的公平正义,有利于促进文化事业繁荣发展。为此,苏州要重点加强以下文化法治化工作,使文化市场管理走上规范化、法治化的轨道。

(1) 修订完善文化管理地方性法律法规,规范文化管理和文化市场;

(2) 加强文化领域财政预算管理,加强绩效评估,促进把有限的文化投入

用好、用准、用实、用出效益；

（3）加大文化领域知识产权保护力度，建立激发文化原创、保护市场活力的优化机制；

（4）加强文化市场监管领域的法治建设，建立健全以综合行政执法、社会监督、行业自律、技术监控为主的文化市场监管体系；

（5）强化监督约束机制，使一切执法行为都在群众、舆论、法律的监督之下进行，最大限度地体现文化市场管理工作的公平、公正、公开性；

（6）突出网络传播、网吧、盗版等管理重点，依法严惩文化违法行为，净化文化市场环境。

后 记

追随党的理论创新和创新实践,解读好、宣传好、研究好中国特色社会主义的伟大事业、党的建设新的伟大工程、改革开放的伟大实践,是每一位党校学人义不容辞的职责。苏州是改革开放的热土,中国特色社会主义在苏州的生动实践,提出了许多前沿热点问题。近十年来,我先后通过苏州市社科课题研究、苏州市软科学课题研究、省社科规划办课题研究等项目平台,同时也受相关部门单位委托,常态跟踪苏州乃至长三角经济社会发展中的热点问题,先后完成了省市不同层次二十多个立项课题和委托课题研究。为总结这么多年对苏州发展现实问题的观察与思考,我从中选出参与或主持的省社科规划项目2项、市社科重大课题1项等共计27项研究成果,按照"党的先进性和纯洁性建设"、"公共管理与基层治理"、"和谐苏州建设与城乡一体化改革发展"、"民生建设与民生改革发展"、"文化建设与文化改革发展"等五个篇章,以《观察与思考:苏州发展现实问题研究》为名结集出版,直观呈现我对苏州这片热土改革开放和现代化进程的关切和多维思考。

接地气的现实问题研究使我获益良多,不仅充实开阔了我的学术视野,而且丰富提升了我的教学水平,建立在课题研究基础上的教学专题《党的执政新方式——科学执政、民主执政、依法执政》受到了中央党校表彰,《毫不动摇坚持和发展中国特色社会主义》荣获全省党校教学评比一等奖,先后被聘为苏州市委党的十七大、十八大宣讲团成员、苏州市形势政策宣讲团成员、江苏省反腐倡廉师资库特聘教师。

需要说明的是,本书共有五篇研究成果是合作的产物。这些研究成果除了我是主要执笔人外,课题合作者还有我的领导、同事,他们是《苏州市农村卫生现代化研究》孙艺兵、周国平,《城市居家养老模式的发展困局和突破》孙艺兵、周国平,《苏州高新区枫桥街道"十二五"时期优化发展研究》孙艺兵,《新农村建设中苏州农民思想道德建设情况调查与思考》邰才生,《关于基层党员干部理想信念状况的调查与思考》陆德峰、孙志明、田坤,在此向他们表示衷心的敬意和感谢。

为了能比较原汁原味地呈现自己的研究脉理,每一篇都是项目最终结项成果实录,没做任何改动,再加上水平所限,难免存在重复和错谬之处,敬请读者批评指正。

所有课题的研究都离不开省市两级相关智库平台,更得到了我的单位中共苏州市委党校及校主要领导李杰同志的全力支持,不仅给了时间和一定经费保障,更给了莫大的精神鼓励。苏州大学出版社及薛华强主任和责任编辑施放、王娅老师也为本书的出版付出了辛勤劳动。课题研究中参考了学术理论界和相关部门专家学者的一些理论研究成果,前去调研的苏州相关部门和有关领导、朋友热情提供了第一手资料,在此一并表示最衷心的感谢!没有这些支撑、支持和帮助,我的课题研究和本书出版就无法顺利进行。

实践创新永无止境,理论探究也无止境。感恩这个时代,感恩苏州这片改革开放创新热土,在党校新型智库建设中我将继续砥砺前行。

方伟于苏州
2015 年 10 月